中国法理

CHINA JURISPRUDENCE

徐显明题

第3辑

◆中国法理学研究会主办
◆李　林　齐延平　主编

中国法学会资助出版

法律出版社
LAW PRESS·CHINA

编 委 会

目 录

东亚法治研究

司法理论

理论纵横

法 治 中 国

年 会 简 况

东亚法治研究

东亚法治秩序的局限与超越维度

马长山

【摘　要】 近代法治是在市民社会与国家的二元化进程中,以社会权利制约和平衡国家权力为基点而得以形成和发展的。东亚国家的现代化进程虽然也出现了市民社会,但却因历史传统而呈儒化倾向,它既设定了东亚法治秩序的局限,也赋予了其一定的超越维度,展现了多元现代性的东亚法治走向。

【关键词】 东亚法治秩序;儒化市民社会;局限与超越

一、东亚市民社会的兴起及其儒化

在传统东亚并没有市民社会得以衍生和发展的土壤,而是在自然经济、中央集权和"家国一体"的儒家思想基础上形成了"东方专制主义",构造了国家吞并市民社会的单维政治共同体,近代民主和法治无以生成。但是,随着西方国家率先实现现代化并以武力扩张形式而不断地君临东方,亚洲国家才在巨大内外压力下开始了"后发外生型"的现代化进程,市民社会也才开始从国家吞并中分离出来并日益获得自主性发展。[1] "亚洲市民社会蓬勃兴起的重要意义就在于它本身对以往亚洲国家与社会一体化的模式构成挑战。"[2]它在抑制权力扩张和专断、推进民主参与、增进政治稳定与合法性、促进良性社会秩序形成等方面发挥着积极的作用,从而成为推动亚洲现代化的重要社会力量。然而,东亚市民社会的兴起及其与国家的互动发展与西方国家有着重大差异。其一,东亚国家有着浓重的儒教文化传统,成为人们思想和行动的重要文化根基;其二,东亚国家在以西方为范本而展开现代化追求的过程中,又出于民族自尊、殖民反抗和传统刚性而本能性地要对西方文化予以抗拒,尤其东亚模式的崛起和新儒家的勃兴,以及西方现代文明的内在张力和自我反思,更增强了东亚对现代化多样性的关怀,虽历经亚洲金融危机,"东亚价值观"和"东亚意识"的信心仍有增无减;其三,东亚现代化的启动均源于国家。它有很强的"追赶"意识和"富国强兵"取向,对以和谐和团体为本位的儒家伦理颇为注重,以弥合社会转型给社会带来的裂痕和减缓社会震荡。这样,就使得东亚市民社会的兴起不仅具有

---

〔1〕 参见[韩]李寿勋等:《1987～1992 年韩国过渡期的政治:市民社会的兴起》,徐漪译,载《现代外国哲学社会科学文摘》1998 年第 6 期;[美]詹姆斯·科顿:《东亚民主政体的进步与局限》,林本炫译,载刘军宁编:《民主与民主化》,商务印书馆 1999 年版;[日]猪口孝等编:《变动中的民主》,引言,林猛等译,吉林人民出版社 1999 年版。

〔2〕 张蕴岭主编:《亚洲现代化透视》,社会科学文献出版社 2001 年版,第 518 页。

其私人权利、契约自由和民主法治诉求,而且也承运着儒家价值观和文化理念,因而造成了东亚市民社会发展的儒化倾向。

首先,市民社会对国家的依赖与合作取向。西方市民社会的生成历史造就了其与国家的分离对立关系,尽管它在当代“国家社会化”和“社会国家化”的浪潮中已有改观,但是,市民社会制约与抗衡国家的“本性”及其民主精神仍无实质性的改变。东亚市民社会并不像西方那样是与国家同步生成的,而是在庞大国家统治的历史传统下由国家推动而兴起的。它一方面,赋有现代市民社会所特有的分割国家权力和抵御公权力扩张,进而维护私权利和社会自由的重要目标取向;另一方面,它对国家也有天然的依赖成分,并基于儒家遵从权威、渴望圣君贤相的价值传统转换,而赋予国家权力以“好人政府”“施仁政”“开明的精英民主”等道德企盼和权威合法性,而政府也自觉地强化这一社会企盼的角色意识,这就进一步促进了市民社会对国家的价值寄托,因而形成有别于西方市民社会进路的市民社会对国家的依赖与合作取向。

其次,实质理性优于形式理性的价值取向。众所周知,西方市民社会的形成、发展并走向现代化的进程,也是一个日益理性化的进程,以至于后来工具理性获得了优势发展,逐渐形成西方社会占统治地位并具有“意识形态”性质的技术理性。[3] 尽管存在韦伯所说的价值理性与工具理性的内在张力和矛盾,但工具理性(形式理性)确实促进和保障了价值理性(实质理性)的实现和社会经济的快速发展,成为推动西方现代化进程极为重要的内在力量之一。而东亚市民社会的兴起,则在很大程度上是在外在殖民压力和政府力图追赶现代化的背景下,由国家予以扶植和推动的:一方面,市民社会的发展必然产生现代性的理性化要求,并力图通过可信的“威权型”政府来践行这一要求,以维护其自由和权利;另一方面,市民社会又与“威权型”政府有一定的矛盾张力,特别是在政府加速社会转型和利益结构调整的过程中,其意图建构的现代理性取向,会触及不同群体的既有利益和新群体的期望利益,从而与市民社会面对既得利益和预期利益时所主张的具有儒化色彩的“和谐”“公平”“公正”“合理”等理性要求发生某种悖离。与此同时,“现代化意味着各种新和旧、现代和传统的群体越来越意识到自己是作为一个群体而存在的;意味到自己在与其他群体关系中的利益和要求”。[4] 面临着传统断裂和不同文化的“儒化”过程,其利益和要求则往往具有据守儒家价值观及其“实践理性”的内在倾向。这就使东亚市民社会理性化要求中赋有较浓重的重结果、轻过程和机会的实质理性取向。政府也往往基于社会稳定的压力和“仁政”道德偏好,严重地倾向于“牺牲个人的消费要求,照顾集体的福利”。因而,它在建构法律形式理性的过程中,也必然要较多地关注实质理性。尽管这些实质理性要求确实反映了东亚社会转型期所应克服的公平与效率的矛盾,但是,其过重的实质理性优于形式理性的价值取向也是客观现实。

最后,市民社会精神的伦理化取向。近代意义上的市民社会起源于中世纪的西欧城市,从一开始就表现出与封建领地和庄园显著不同的超凡气质,孕育和造就了崇尚民主参

---

[3] 参见[德]霍克海默、阿多尔诺:《启蒙辩证法》,洪佩郁、蔺月峰译,重庆出版社1990年版;[美]马尔库塞:《单向度的人》,张峰译,重庆出版社1988年版;[德]尤尔根·哈贝马斯:《作为“意识形态”的技术与科学》,李黎、郭官义译,学林出版社1999年版等。

[4] [美]亨廷顿:《变革社会中的政治秩序》,李盛平等译,华夏出版社1988年版,第38页。

与和自由平等、强调私有和尊重法律、注重契约和权利、关注世俗利益等精神品格。这一方面,促进了近代市民社会中法的"非伦理性"即法与传统伦理的分离;另一方面,又把一种适应市场经济发展的新型市民社会伦理注入法律,实现了法与伦理的内在"关联",从而构造了近代法律发展的伦理基础。[5] 东亚市民社会是在具有浓重儒家价值传统的土壤和"后发外生"现代化进程中生成的,这使得它一方面,赋有近代市民社会那种财产私有、契约自由、平等竞争和民主法治的诉求;另一方面,也怀有现代化进程与社会转型阵痛所带来的"乡愁"和道德理想主义的"回归"情感,尤其是把儒家伦理道德注入市民社会精神之中,强调团体本位和义理人情、注重和谐和裙带关系、尊重权威和等级、重责任轻权利等,形成一种较为浓重的"道德偏好"。[6] 同时,东亚国家基于减缓社会转型震荡和维护社会稳定考虑而对"亚洲价值观"的强调和贯彻,则加重了东亚市民社会的伦理倾向。这也是造成东亚金融危机的一个重要因素。

二、东亚法治秩序的局限性与超越性

(一)国家和市民社会的和合发展:东亚法治秩序的本土化根基

应当说,东亚市民社会的兴起及其与国家的分离互动发展,打破了国家统合社会的高度政治社会化、一体化局面,形成了多元自主性权利对国家权力的分割与制衡,促进了东亚民主法治的形成。然而,东亚市民社会主要是由政府推动和扶植的,它不仅尚处于初级阶段,而且从开始就具有一种儒化倾向,即注重"贤人政治"和强调集体地位。东亚政府是一种威权型政府,它注重社会转型期的社会控制,并对市民社会组织的发展予以限制以期使它们成为主要是支持政府的团体,而市民社会在主张和保护其权利的同时,因囿于国家统合社会的传统惯性,在生产、消费、安全保障和社会经济生活等方面也对政府有较多的依赖和企盼。1994 年"新亚洲委员会"所主张建立的"富有成效的和持续的民主",其十分重要的内容就是企求稳定而强大的开明政府和弘扬亚洲文化价值观。[7] 这无疑会形成市民社会面对国家的权威、妥协合作的价值取向,进而赋予威权型政府以合法性。这种取向固然适合了推进东亚国家转型期的社会变革、维护社会稳定和加速经济发展的需要,就像有学者指出的那样,"东亚社会的相对稳定主要归于国家对市民社会的思想霸权"。[8] 然而,它对法治的负面作用和影响也是十分明显的。儒家文化把社会融化在国家之中,"没有为自治的社会机构提供合法性来在全国的层次上抗衡国家的力量"。而且,"在若干东亚国家中,市民社会一直无法逾越国家所设下的界限"。也就是说,面对采取积极干预政策的威权型政府,市民社会缺少应有的权力抗衡力量和权利主张与保护机制,也严重消减了市民社会成员的权利和自由追求,这使权力运作的膨胀性和扩张性很难得到有效遏制,个人、群体的权利和自由难以得到有效保障,进而"容易在团体价值观的

---

[5] 参见[日]川岛武宜:《现代化与法》,申政武等译,中国政法大学出版社 1994 年版,第 7 ~ 47 页。

[6] 同上书,第 218 ~ 219 页。

[7] See Towards A New Asia, *A Report of the commission for A New Asia*, 1994, pp. 31 – 37.

[8] [韩]金勇明:《亚洲式民主》,苗爱芳译,载《现代外国哲学社会科学文摘》1999 年第 1 期。

掩盖下滋长官员权力的膨胀和政治腐败”,其民主法治进程也就要受到严重制约。为此,韩、日等国家的学者才开始着力于对东亚国家“排他性国家主义与法治主义”的矛盾、“赶超型”的权威主义体制和政府主导经济运行机制对多元自主性市民社会的制约、法治进程中西方价值观与亚洲价值观的扬弃与平衡等重大问题进行深入研究,[9]以期回应建立东亚法治秩序的需要。因此,克服市民社会的依赖性和对国家权力的平衡制约,就成为东亚法治秩序建立的关键。

随着当代世界政治经济的迅猛复杂发展和全球一体化进程的加快,西方国家与市民社会的关系也发生了重大变异,即一方面,是福利国家对市民社会的更多干预和公司国家的官僚化倾向;另一方面,则是社群主义、法团主义的市民社会对国家生活的积极参与和权力分享。这种“国家社会化”和“社会国家化”的趋向不仅打破了传统的国家与市民社会的二元对立模式,而且也对西方法律传统带来了重大冲击。由市民社会对抗国家走向市民社会与国家的制衡互补、由权力单向度运行的“统治”走向多向度权力运行的“治理”的变革,以及对“自由法律范式”和“福利国家范式”的反思,使人们看到了西方旨在抛弃国家与市民社会对立发展模式而探寻二者良性互动发展关系,进而克服西方民主法治危机的重大努力。[10] 这意味着西方国家与市民社会的二元发展及其法治模式并不是自足的和“完成性”的,而东亚民主和法治进路也并非是不能创生的。实际上,不管东、西方的市民社会和国家呈现的是什么样的演进路径,但其二元分立发展则是共同的。从当代社会发展趋向来看,市民社会与国家既相谐和补充又相抗衡冲突才是其关系原貌,而国家吞并、统合市民社会,或者市民社会对抗、敌视国家,都无法构成二者的良性互动和均衡发展关系,因而是难以适应当代民主法治发展要求的。为此,西方才努力探寻“第三条道路”和“善治”之道,谋求市民社会与国家的良性发展基因和新型互动关系,以期克服其民主和法律传统的危机。东欧转型国家也在致力于“活化市民社会”,探索国家与市民社会的双向互动机制。[11] 而东亚法治进程中固然存在着市民社会遵从、宽容国家权力的不足,但其基于儒家传统的与国家谐和与合作的价值取向,则有助于限制国家和市民社会的对抗式发展,避免西方正在努力克服的二者深层紧张关系和消减社会转型张力,进而构筑起东亚民主与法治的本土化根基,并促进其健康发展,因而赋有了相对于西方的“超越性”和“本土性”。但是,这种“超越性”和“本土性”必须建立在市民社会的成熟发展和国家的理性自律能力上,尤其是市民社会的充分独立性、自主性及充足的对国家制衡能力基础上,否则,这种“超越性”和“本土性”就可能演化成对国家统合市民社会的“复归性”。因此,在东亚国家,自由而活泼的市民社会、自主的政治领域、市民社会与国家的良性互动发展关系,以及在此基础上的民主与法治,都“还只是一个进行中的过程,而非结果”。[12]

---

[9] 参见郭道晖:《多元社会中法的本质与功能——第二次亚洲法哲学大会述评》,载《中外法学》1999年第3期。

[10] 参见马长山:《国家、市民社会与法治》,商务印书馆2002年版,第三章。

[11] 参见[德]G.施罗德:《市民社会——关于重定国家和社会的任务的几点思考》,逸蓠译,载《国外社会科学》2001年第3期;[德]J.施特拉瑟:《活化市民社会》,逸蓠译,载《国外社会科学》2001年第3期。

[12] [美]詹姆斯·科顿:《东亚民主政体的进步与局限》,载刘军宁编:《民主与民主化》,商务印书馆1999年版,第29页。

(二)建构与反思:国家秩序与民间秩序的双向互动

东亚现代化基本都是国家导向型的,加之其不同于西方的特有的市民社会与国家和合互动发展关系,这无疑导致其国家秩序和民间秩序关系的特殊性和复杂性。一方面,作为现代化推进者、导引者的东亚国家,必然要根据市场经济和社会发展的需求,大量引进和移植西方"先进性"的法律制度,树立和培养"现代性"的法观念和法意识,以建立起促进与保障市场经济发展和多元利益分化整合的理性规则秩序。它体现着一种加速社会转型的"现代性"诉求,也固然反映了市民社会兴起过程中的一种理性化期待。然而过重的历史传统无疑会形成一种惯性力量,它所造就的民间秩序必然要与国家秩序发生甚于西方的矛盾冲突。虽说西方法治生成和发展过程中也存在国家法与民间法、建构理性与经验理性的某种分离和张力,或者说也"存在一些非官方法律原理",但从根本上讲,近代法治则是西方市民社会内在理性精神的弘扬和升华,体现了市民社会权利制约和平衡国家权力的根本要求。而东亚市民社会的发展则有很大的不成熟性和儒化色彩,并缺少相应的现代法意识,因此,在国家法取代传统温情主义、家族主义等人情义理规范时,法律实效很难"从下面"得到保障而往往需要"从上面"强行地控制,因此,"说法律生活的近代化,决不只意味着引进近代国家的法制进行立法",而关键是"要把这种纸上的'近代法典'变为我的生活现实中的事实"。[13] 国家秩序与民间秩序的这种冲突,从东亚学者关于现代性与本土资源、官方法与非官方法、固有法与移植法等的争论中就可见一斑。应当说,东亚法治进程确实没有必要也不可能对西方法治进程亦步亦趋,因为现代化本身就是一个多元开放的进程,而且传统与现代也不是截然分开的,"亚洲是可以也应该有一个不同于西欧的'现代性'的"。[14] 也就是说,东亚法治确实应有其"地方性"属性,而民间秩序与国家秩序的冲突,也确实有民间秩序反抗国家秩序的"西化"意向和普适性"霸权"的合理动机。然而,民间秩序依其惰性传统抵制法律理性和现代性的内在"回归"意识,也是绝对不可忽视的。从这一意义上讲,东亚民间秩序对国家秩序的抵制,反映了传统权力等级、义理人情,以及共同体主义精神对国家推行的现代形式主义的法律理性的抗拒。另一方面,国家通过法律移植而建构"现代性"国家秩序的过程中,又基于加强社会控制、保证权威合法性、实现"赶超"的努力,以及权力本身的扩张性等,使得国家秩序带有严重的工具主义和实用主义倾向,"立法和执法相互脱节而导致的执法不严、法律工具主义等观念与制度是东亚社会的一个通病",形成一种"国家主义法治"。[15] 为此,在民主"第三波"运动背景下,东亚市民社会的自由和权利诉求不断上升,[16] 并着力于工具主义法律观向价值主义法律观的转变,从而把市民社会的自由、平等、人权、正义等价值理念诉诸国家秩

---

〔13〕 [日]川岛武宜:《现代化与法》,申政武等译,中国政法大学出版社1994年版,第52页。

〔14〕 金耀基:《中国现代的文明秩序的建构》,载刘军宁等编:《经济民主与经济自由》,生活·读书·新知三联书店1997年版,第50页。

〔15〕 参见郭道晖:《多元社会中法的本质与功能——第二次亚洲法哲学大会述评》,载《中外法学》1999年第3期。

〔16〕 参见[韩]金勇明:《亚洲式民主——来自东亚的短评》,载《现代外国哲学社会科学文摘》1999年第1期;李路曲:《文化与民主:"亚洲式民主"的再探讨》,载《贵州师范大学学报》(社会科学版)2001年第2期。

序建构之中。从总体上看,民间秩序与国家秩序的这种双向互动,在深层上反映了东亚儒化市民社会的实质理性追求。民间秩序以其世俗伦理的“实践理性”来抵制国家秩序的形式主义的现代法律理性自不待言,就是民间秩序抗拒“工具主义”国家秩序的过程中,其具有现代性的价值关怀也带有东方色彩而不同于西方,体现了亚洲自由秩序、社会关心和个人主义价值观。因此,市民社会的针对“工具主义”“国家主义法治”的价值诉求,在具有现代性要求的同时,也蕴含一定的儒化成分。这致使东亚法治进程中“法侧重于实体的合理性(subst-antive rationality),其价值高于形式的合理性(formal rationality)”。而从法律的实现环节来看,也是“合作与团体意识的价值高于竞争本身的价值,法律秩序的最后形成往往依靠合作的价值得到实现,以个人主义为本位的竞争原理不像西方社会那样拥有广泛的市场”。这种实质理性追求,一方面,可能导致不加扬弃地“传统回归”而侵蚀现代性和阻碍民主法治进程;另一方面,也会导致实质理性对形式理性的“霸权”地位,进而消解现代法治的形式理性追求。而实质理性与非理性可能只有一步之遥,尤其是在没有形式理性制约和保障的情况下更是如此。

从另一角度来看,东亚儒化市民社会的实质理性追求,也有其超越维度。西方形式主义的法律理性传统,固然型构了现代民主法治社会。但是进入垄断资本主义以来,尤其是“二战”后,形式理性的西方法律传统面临着重大挑战。面对自由主义法治向福利国家法治的转型,哈耶克、昂格尔、伯尔曼、基顿等人大呼西方法治传统的危机和衰落,而哈贝马斯、弗里特曼、艾伦等人却视其为现代文明的趋势,后现代主义法学的解构策略则直指法律理性本身的可能性,这无疑使西方现代形式主义的法律理性受到重大冲击。从更深层面来看,西方过度发展的形式理性逐渐演化为技术理性,在践行其带给人类丰裕生活和空前主体能力承诺的同时,则成为消蚀人的主体性、脱离并凌驾于人性之上的异化统治力量,也即“技术理性越来越由解放人、确证人的本质的文化力量转变为束缚人、统治人的异化力量”。[17] 这种内在紧张的生存境遇就会造成西方人“逃避自由”的冲动,以及经验中有一种“深刻的无方向感”。[18] 于是,他们开始反思西方官僚制中的法律理性带来的究竟是奴役还是自由,进而认为“正义的准则不能局限于法律理性。衡量所作出的决定和所采取的行为是否合理,共识和相互信任是必要的”。[19] 针对西方法律形式主义危机,诺内特和塞尔兹尼克力图以“回应型法”、卢曼力图以法律制度功能的重新定位、哈贝马斯力图以“沟通理性”来予以回应,而图依布纳则设法超越对法律危机“内在”变量和“外在”变量的审视,以法的“反思理性”消解形式法律理性和实质法律理性的张力。由上可见,西方社会正在以实质理性修补形式理性,直至以“反思理性”来实现二者的整合,从而克服其法律传统的危机,恢复法治的当代活力。以此回首东方,“儒家追求和谐的与秩序的理性或价值观,非常不利于落后国家现代化的启动;但是在一个国家已经高度现代化或面临现代危机之时,儒家理性和价值观的意义就必须重估了”。而在东亚儒化市民社会

〔17〕 衣俊卿等:《20世纪的新马克思主义》,中央编译出版社2001年版,第17页。

〔18〕 参见[美]李普曼:《公共哲学的复兴》,晓苓译,载刘军宁等编:《市场逻辑与国家观念》,生活·读书·新知三联书店1995年版。

〔19〕 [美]奥斯特罗姆:《政治文明:东方与西方》,潜龙译,载刘军宁等编:《经济民主与经济自由》,生活·读书·新知三联书店1997年版。

的实质理性追求中，则赋有一定程度的重心性义理与谐和中庸、重人格完善与人本精神、重社群价值与实质公平等儒家传统价值观，这无疑蕴含内在自醒、反思超越的潜能，因而与西方过于发展的形式理性形成对照，并与其“反思理性”有可通约之处，这就为东亚法治进程中避免西方形式主义法律传统危机，实现法律制度的反思能力创造了条件，体现了东亚儒化市民社会实质理性追求的超越维度。当然，我们必须看到，“只有在旧制度解体比较彻底的地方，传统儒学中包含的实践理性的东西才可能被解放出来，在新条件下推陈出新，发挥作用。否则，也只能是传统儒学的变种，新形式下的旧事务”。[20]

（三）市民社会理念的伦理化与东亚法秩序

我们说，在近代西方法治的形成过程中，实现了法的“非伦理化”和法与伦理的“关联”，这一双向运动使得新型伦理成为法秩序的内在支撑。而东亚儒化市民社会的兴起，在诉求市民社会现代性价值观的同时，又蕴含一定的儒家传统价值理念，加之东亚法治进程主要是由国家来推动并仰赖大量的法律移植，因而一方面造成法的非伦理性的“不彻底”，另一方面又造成法与伦理关联的不够“充分”。尽管东亚社会变迁中已使现代性价值观念日渐增强，但重义理轻法律、重团体轻个人、重和谐轻利益、重责任轻权利、重权威轻自由、重情感轻诉讼等传统观念仍颇有市场，裙带关系、血缘纽带、等级身份、权力本位等传统遗迹尚存，现代契约精神、人权精神、民主精神、自由和平等精神尚不发达，使得“法律体制与技术上的西方化和法律运作背景的浓厚的伦理性之间难以协调”。从某种意义上说，东亚金融危机在法治方面的一个重要原因，就是“法治理想、法律制度在现实运作过程中遇到的各种人为的阻碍因素，没有全面实现法治的精神”。[21] 这种儒化市民社会的伦理性必然使传统伦理秩序或隐或显地得以存续，进而消解着东亚法治秩序的真正建立，而现代性的市场经济新型伦理又难以有效形成并为法治秩序提供必要支撑。因此，克服儒化市民社会的伦理性，弘扬现代法价值和法精神则是东亚法治秩序建构的一个关键要素。

当然，东、西方不同的现代化进程及其“现代性”维度也表明，儒化市民社会伦理性经过现代的创造性转换，则可构成现代法治运行的补充纠偏机制。我们知道，现代西方法治正经历着“法律传统的危机”，既包括国家与市民社会双向“侵蚀”导致的张力关系方面，又包括形式理性的过度发展方面，也包括其过分依赖法律而轻视道德共识和公共理性方面。对此，一些西方学者进行了深刻的反省：“我们最迫切的问题不是由我们法律中的缺陷引起的，而是起因于应该支持法律的道德共识的分崩离析。”事实上，秩序必须建立在能够赋予社群以意义的规范基础之上，而规范并不仅仅是抽象的法律体系，“而是与某个特定社会所共有的一套传统、目标、价值观和准则相关联的人群和社团”，这套传统目标、价值观和准则也在法律中得到表达，但更多的时候是一种“社会现实中患难与共的体验”。因此，“狭隘地依赖重视惩罚的法律理性，其结果就是人们普遍地采取只遵守法律

[20] 罗荣渠：《现代化新论续篇》，北京大学出版社1997年版，第89页。

[21] 韩大元：《东亚法治的历史与理念》，法律出版社2000年版，第48～49、121页；[美]奥斯特罗姆：《政治文明：东方与西方》，载刘军宁编：《经济民主与经济自由》，生活·读书·新知三联书店1997年版，第272页；[奥]霍利：《全球化和社会失范》，马迅译，载《现代外国哲学社会科学文摘》1998年第11期；[美]巴尔：《三种不同竞争的价值观念体系》，力文译，载《现代外国哲学社会科学文摘》1993年第9期。

条文,寻找法律漏洞的策略,从而避免惩罚,对此就需要严格先前的法律,弥补漏洞,而这会使得法律更加严厉。如果所有人都把自己的事业发展限制在法律的范围之内,那么生活就会变得不可忍受。"从根本上讲,这是西方过度而浪漫发展的个人主义和理性精神所致。我们不能否认,西方价值观在促进个人自由、民主法治和经济繁荣方面的伟大功绩,但是,它的弱点和不足也是致命的。西方文明危机的征兆就已预示了其作为道德共识和公共观念的"天命"成了问题,也预示了西方式市场和民主的内在限度。〔22〕 现代文明进程表明,秩序必须根植于社会成员自觉维护和遵守的道德共识和共同信念,也即"民众的政府及其法律必然依赖某种先于国家和人为法律而存在的基本的道德秩序"。〔23〕 西方法治文明恰恰忽视了这个问题。而东亚文明固然有其悖离于现代民主法治要求的不良传统,但是,其注重和谐与道德共识的倾向也确实令西方文明回眸"青睐",并标示着东亚新型民主法治的创生。也就是说,"尽管儒家思想与英美民主有冲突,但儒家所强调的秩序、和谐、共识等也许会有助于新的民主制的生存而并非使其处于危险之中","我们可以认为一种东亚式多样化民主,是把西方的尊重个人和参与的价值与东方的共识和权威的价值结合起来,但这不能等同于为权威主义统治的辩护"。可见,对东亚儒化市民社会进行现代性变革,抛弃其不良传统并注入自由民主社会的新型伦理之后,是可以克服西方社会秩序危机,而为东亚法治秩序提供内在支撑的。

三、并非结论的结论

通过上文的分析,我们可以得到以下几点认识:

第一,东亚儒化市民社会兴起背景下的法治秩序,展现了多元现代性的东亚走向。世界性的现代化进程表明,现代化并不等于西方化,"非西方社会在没有放弃他们自己的文化和全盘采用西方价值、体制和实践的前提下,能够实现并已经实现了现代化"。这无疑展示了"现代性"的多元化发展。西方对个人主义和自由精神的乌托邦式追求,使其"现代性"在承载"解放"功能的同时,也造成了人的严重异化和"主体意义失落";而东亚儒家传统中重团体、和谐、权力和秩序而轻个人、自由和权利的价值观念,在阻碍和消减东亚"现代性"的同时,也赋有了对西方"现代性"反思和超越的维度。从文化深层来看,"东方更关心生命历程中的历时的语言变化,关心生命中每一个阶段的成就潜力,并如何实现它。相反,西方却依赖个人的自主能力来设计普遍的原则,并把它应用于所有人类,而不管构成人类社会基本关系的共同知识、共同的理解、责任模式以及相互信任"。这就决定了东、西方文化的深层相遇及不同的"现代性"向度,它不仅展现了"现代性"的多样性图景,也预示了东、西方"现代性"良性互补的可能。事实上,当今全球化时代正在形成一种世界文化,但"世界文化的要点更在于所有文化互相尊重以及平等

---

〔22〕 参见[法]阿塔利:《西方文明的崩溃:市场和民主的限度》,载《现代外国哲学社会科学文摘》1998年第8期。

〔23〕 [美]亨廷顿:《文明的冲突与世界秩序的重建》,周琪等译,新华出版社1998年版,第70页;[韩]金勇明:《亚洲式民主——来自东亚的短评》,载《现代外国哲学社会科学文摘》1999年第1期;[美]巴尔、力文:《三种不同竞争的价值观念体系》,载《现代外国哲学社会科学文摘》1993年第9期。

沟通的能力和愿望"。[24] 更为重要的是,不管是西方还是东方,谁都不能宣称自己将独握天命。

第二,东亚儒化市民社会相对于西方的反思和超越维度,必须以现代的创造性转换为前提。东亚市民社会的兴起及其儒化,反映了现代与传统的交汇,而东亚儒家传统是有相当强的生命力和历史惯性的,虽然说它有许多与"现代性"相通约的文化价值,但相对立的力量仍不可低估。更不能借口"地方性"来消解现代性"共相",或者以"多元现代性"来抵制现代性的共同趋势。因此,不管现代法治是怎样地包含多元化契机,但也绝不可曲解法律秩序多元性和地域性而否认法治的共性目标,更不可急于以"后现代"策略来解构现代法治构架而"纵容"不良传统,乃至过于对"本土"和现实"秩序"予以热情呼唤和进行合法性、合理性确证。[25] 因此,我们一方面要对儒化市民社会的不良传统进行摒弃,另一方面又要对其具有创生转换潜力的价值观进行"现代性"改造,否则将导致的是"传统复归"而不是再生和超越。

第三,中国法治进程同样面临着儒化市民社会的问题。一些学者指责"市民社会论"有囿于冲击—回应、西方—东方、传统—现代的二元对立逻辑之嫌,也有学者对中国是否有市民社会或者能否型塑一个市民社会抱有疑虑。尽管这些批评和疑虑亦有其合理省思的地方,但是并未看到根本。宏观的审视表明,市民社会与国家的二元化进程并不能因生发于西方而天然地成为西方的"专利",它乃是人类历史演进的必然表现,也就是说,"西方型模只有在历史的意义上是西方的,但在社会学意义上说,则是全球性的"。更重要的是,随着中国改革开放和现代化建设的加快,"小政府、大社会"的政治经济格局日渐形成。随之而来的是,多元利益的分化导致社会分层的出现;国家权力日益缩减使社会权利日益扩展并呈多元性;社会资源占有日益分散化和分布多元化;社会分工分化的加速导致社会组织日趋自主化、多元化;社会重大分化解组推动了社会价值观念的多元化;等等。这表明,国家与社会的分离和市民社会的兴起已不是一个可能的问题,而是一个现实问题。作为东亚儒家传统的发源地,中国市民社会也自然在兴起中走向儒化,面临着儒化市民社会与法治秩序之间既有局限又有超越的复杂境地。然而,中国的问题毕竟是"中国"的,诚如有学者所言:"中国建构新的现代文明秩序的过程,一方面,应该不只是拥抱西方启蒙的价值,也应该是对它的批判;另一方面,应该不止是中国旧的传统文明秩序的解构,也应该是它的重构。"[26] 因此,在扬弃儒化市民社会,促进法治秩序建立的进程中,又必须立足中国国情。[27]

第四,儒化市民社会并不是影响和决定东亚法治秩序的唯一因素,东亚的儒化市民社会也只具有"家族相似性"。然而不容否认的是,确实是影响东亚法治秩序的一个十分重要的因素,对这一因素的考察和研究,无疑有助于我们深化对东亚法治秩序现状及未来的认识和把握,从而进入到现代法治多元缤纷的图景中去。

---

〔24〕 [奥地利]霍利:《全球化和社会失范——走向世界新秩序途中的问题和机遇》,载《现代外国哲学社会科学文摘》1998 年第 11 期。

〔25〕 参见季卫东:《法治中国的可能性:兼论对中国文化传统的解读和反思》,载《战略与管理》2001 年第 5 期。

〔26〕 参见马长山:《国家、市民社会与法治》,商务印书馆 2002 年版,第四章。

〔27〕 金耀基:《中国现代化的文明秩序的建构》,载刘军宁编:《经济民主与经济自由》,生活·读书·新知三联书店 1997 年版,第 54 页。

东亚法治发展的文化依归

张 清 程冰洁

【摘 要】 近代以来，东亚法治仿照西方的发展模式，在一定程度上忽视了传统文化对本土法治建设的作用。东亚各国受中华传统儒家思想影响深远，东亚法治发展的传统文化依归于儒家的民本思想和秩序观，而民本和秩序思想中含有与西方法治工具性价值与实质性价值相似的人本与规则要素。但是，当前中国的法治思想在一定程度上还处在压制型法的阶段上，法治发展在传统向现代的过渡中出现的问题是未自然构建去“等级”的秩序与过分追捧具有个人主义倾向的秩序。日本、韩国在法治从传统向现代转型虽作出相当的努力，但其中也存在问题。因此，在对中国法治道路的探寻中，应追求实质与形式的统一，吸收经验教训并向“回应型法”过渡，以此实现对东亚法治发展的方向引领，并赋予法治以东亚文化气质的新内涵。

【关键词】 东亚法治；法治文化；儒家民本思想；儒家秩序观；回应型法

当下的世界发展呈现全球化、多元化的趋势，人类之间的联系越发紧密与深入，地缘相近的地区更是如此。对此，文正邦先生曾说：“人类的一切活动都离不开一定的地域空间—区域，所以，任何国家或地方的经济、政治、文化以及社会发展既都是在与其他国家或地方的经济、政治、文化以及社会因素的相互影响和作用中展开的，又都是在一定区域内实现和完成的。”[1]作为整体中的部分，区域发展正在展现各自的特色，其内部又由于地缘、文化等的影响而出现相似的发展共性，因而给我们带来了观察社会发展的一个重要视角。

法治作为文化的一个重要方面也呈现出新的发展趋势。发源于西方社会的法治概念在历经多年发展后几乎覆盖全球范围，可是由于地域文化的差异，现阶段又出现各地区法治发展上的不同。追问这些不同的原因并赋予法治新的文化与时代内涵，对区域法治文化研究具有重要意义。

现阶段的中国，法治国家建设已经成为党和国家的重要任务。以往研究国家法治发展问题的惯常角度是“自己看自己”，这样做往往会有局限性和片面性。当我们扩大视野范围，放眼于整个东亚时，伴随着历史文化积淀所形成的文化的共性特征凭借“以大见小”的方式折射出中国法治的发展特点，这样的视角在宏观把握中国法治发展方向的同时也带动着对“东亚区域法治”的更深刻的认识。

---

〔1〕 文正邦：《区域法治研究纵论》，载《法制现代化研究》2009年第1期。

一、论证的前提

东亚法治文化研究是在区域法治大概念下的研究，因而要将研究具象化，就要对“东亚”“法治”“法治文化”的概念有一定的认识。界定“东亚”范围对该区域法治发展的整体性研究具有前提意义；而“法治”概念的渊源以及法治发展的“东亚”特点则为之后的研究规定了具体的范围和框架；“法治文化”的概念则更加具体化，它把文化的动态性融入区域法治的研究中，可以提供传统向现代的研究进路以及共性与个性的对比方法。

（一）东亚

对于“东亚”这一概念，从地理意义上说有广义与狭义之分。多篇文章中指出，广义的“东亚”地域覆盖较广，北起俄罗斯的远东地区和日本，中经朝鲜半岛的朝鲜和韩国、中国（包括台湾、香港、澳门地区，下同），直至越南、泰国、新加坡、马来西亚、印尼等国。[2] 而狭义的“东亚”则多指日本、中国、蒙古、朝鲜和韩国。[3]

经过对地理位置的界定，我们对东亚的范围有了大致的认识。但是，在现实中，对于以“东亚”为名称的各种国际会议的参与者来看，诸如召开的首届东亚运动会就有日本，中国的香港、澳门、台湾地区，以及韩国、中国内地、朝鲜、蒙古等国家“东北亚经济论坛”，有中、日、韩、蒙四国人士参加。从这些国家当前的发展状况来看，中、日、韩三国居于主导地位。综合各方面因素，笔者认为所谓东亚概念所界定的是以中、日、韩三国为中心但又不限于此三国的一个大致范围。

（二）法治

“法治”发源于西方，追寻其源头，要从亚里士多德说起。他说“法治应包括两重意义：已经成立的法律获得普遍的服从，而大家所服从的法律又应该本身是制定得良好的法律”。[4] 亚里士多德的定义奠定了法治的发展基调，即从实质与形式两方面来衡量，这也可以说成是价值意义与手段意义。此后，西方法治经历了漫长的发展阶段，但都未能离开对其道德价值意义与工具意义的探讨和追寻。

诺内特和塞尔兹尼克在《转变中的法律与社会——迈向回应型法》一书中将法律分为三大类：压制型、自治型和回应型，且这三种类型也是法律与政治秩序和社会秩序的关系的进化阶段。压制型法最先出现，是“人治”的产物，强调权力的纵向性，是对法所内含的实质力量的认可；自治型法的出现弥补了压制型法权力无法限制的不足，是“法治”的产物，它强调了规则本身的价值，是对法律形式意义的认可；而回应型法则是笔者认为较理想的类型，即实现“使得实质正义与形式正义统合在一定制度内”。[5] 考察法律的历

---

〔2〕 参见茹越心：《亚洲意识在东亚的崛起》，载《国际观察》1994年第6期。

〔3〕 参见赵永植：《东亚地区的发展问题略谈》，载《齐鲁学刊》1994年第6期。

〔4〕 亚里士多德：《政治学》，吴寿彭译，商务印书馆1965年版，第199页。

〔5〕 诺内特、塞尔兹尼克：《转变中的法律与社会——迈向回应型法》，张志铭译，中国政法大学出版社1994年版，第3～6页。

史发展进而对其归类也同样可以发现与亚里士多德法治定义中包含的实质与形式价值相同的价值,明显进步的地方则表现在强调了实质与形式的统一性。

(三)法律文化与法治文化

法律文化与法治文化的不同关涉传统与现代连接的可能性与可行性问题,也是讨论以上问题所采用方法可行性的论证。在这一问题上,笔者比较偏向于徐爱国先生的解释:"法律文化与法治文化的含义是不一样的,法律文化在价值判断上是中性的,它强调的是历史和传统,而法治文化是带有价值判断的,它强调的是当下和变革……法律文化是一种描述,法治文化是一种构建。在东方社会的语境下,从法律文化到法治文化的转化,意味着非法治的法律文化向法治的法律文化的转向。"[6]法律文化与法治文化分具静态与动态性,对当下的讨论离不开对过去的回溯,而研究法治文化从过去到当下的进路、从传统向现代的视角是回应问题的重要方式。

二、东亚法治发展的传统文化基因

东亚各国受中华传统儒家思想影响深远。具体到各国来看,首先朝鲜最先接受中国儒家文化。"4世纪时,高句丽输入中国书籍,汉字成为通用文字,在中央设置太学,各地建立学校……朝鲜统治者将以和谐为宗旨的儒家思想作为治国的根本向全国颁布《政戒》。"[7]"4世纪末时,儒家文化经朝鲜的百济传入日本,日本开始使用汉字记录历史……604年,圣德太子又依据儒家的'德治''仁政''和谐'思想,颁布了《十七条宪法》。"[8]东亚文化由于地缘上的亲近关系形成文化上的一体性,但是东亚文化上的共同性却不止于此。"16世纪以前在中国和其他东亚国家之间的'朝贡体系'和'华夷秩序'下,中华文明传入其他东亚国家并存留至今,使东亚国家文化具有延续的亲缘性。"[9]古代中国在政治上的强势地位也是连接东亚国家形成整体的重要原因。一切都说明,东亚文化发展过程中具有共性特征,因而讨论儒家思想中的法治基因具有统摄意义。除此之外,法治发源与发展告诉我们,法治所包含的实体价值与形式价值在东方传统儒家思想中也有与这两者相似的文化基因。

(一)儒家思想之民本思想——法治之以人为本

夏勇教授在论述法治的实质价值时提到"人类尊严与自由是法治的核心价值,从这个核心价值出发,我们还可以推演出其他的相关价值,例如法治对民主的价值"。[10]传统儒家思想中没有"民主"这一理念,但有与其相似的理念即"民本"。从周公"平易近民,民

[6] 徐爱国:《从法律文化到法治文化》,载《人民法院报》2012年2月17日,第5版。

[7] 张锐智:《东亚国家将儒家和谐观与现代法治相融合的经验及启示——以日本、韩国为例》,载《法律文化研究》2010年第00期。

[8] 同上。

[9] 刘兴华:《地区认同与东亚地区主义》,载《现代国际关系》2004年第5期。

[10] 夏勇:《法治源流——东方与西方》,社会科学文献出版社2004年版,第48页。

必归之”到孟子“民为贵,社稷次之,君为轻”,再到贾谊“闻之于政也,民无不为本也”,再到李世民“君依于国,国依于民”,[11]这些无不体现着民本思想。但是,这些思想与民主人权又有很大差别,是建立在“君”基础上的“民”,而非人人平等意识下的“民”,在某种程度上说,是等级制下君对民的一种恩惠而非民之为民的固有权利属性。

即便如此,也不可否认东方法律思想中与西方法治思想相近似的对“人”本身的重视。譬如,西周法律思想的重要发展是“以德配天”“明德慎罚”,主张崇尚德治,提倡德教,统治者通过道德教化去教育、感化民众,使天下诚服,而不应该“乱罚无罪,杀无辜”,这表现了古代法律中宽以待人的思想萌芽。再如,汉代法律制度中的“亲亲得相首匿”在最新修改的《刑事诉讼法》中重被重视,反映了古代法律符合人性基本需求的特征。在传统思想中剥离出“人本”思想倾向并非生拉硬拽地向西方靠拢,也不是大民族主义下的自恃清高,而是通向现代的必经阶段。这些都证明了东亚法治发展有人本情怀的重要基因。

(二)儒家思想之秩序思想——法治之规则意识

虽说法治起源于西方,但是其发展并没有限于西方。19世纪,伴随着西方船坚炮利而来的是一股股新的思潮,法治思想作为其中之一也开始活跃在亚洲舞台上。首先要提到的国家是日本,其对法治思想的学习和接纳带有更多的主动性,随后是中朝等国的被动发展。

日本在近现代推动着东亚法治的发展。东亚地区缺少法治发展的土壤,因而在学习法治的问题上更多地强调了法治的工具价值。日本拉德布鲁赫研究专家铃木敬夫教授曾说:“客观审视第二次世界大战时期在大日本帝国宪法之下制定的殖民地统治法……都是失去法本质的恶法……这是因为正如拉德布鲁赫所主张的,本来应该以实现人类的尊严与价值为目的的法律,竟然在法律之名下推行不平等,蹂躏人类的自由,这样的法律完全是不配为法的‘制定法的恶法’。”[12]此外,在对中国法律理想图景的追问畅想中,邓正来先生说:“迄今为止,中国的法律‘体’在很大程度上依旧是一个主要经由某些‘技术’或‘工具’而连接起来的存在诸多冲突或矛盾的法律规则集合体——以及一个更多关注法条或具体制度之特定功效而不关注一般法律制度本身之性质赖以为凭作为其正当性或合法性之先决条件的‘中国法律理想图景’。”[13]

东方对西方法治工具性价值的学习不仅因为西方法治本身的工具性内涵,还因为东方自身的秩序传统。理想的社会秩序是中国传统思想家的共同追求。在礼法共生的中华法系社会,这两者是秩序思想的主要表现。首先,在对“礼”的认识上,“它具有一定宗教性并被上升为国家意识形态,从外在形态来看,礼是复杂的礼仪制度,又是维护宗法血缘关系和宗法等级制度的精神原则和言行规范的总称”。[14] 从礼的功效上看,“它维护社

[11] 参见刘新:《中国法律思想史》(第3版),中国人民大学出版社2008年版,第161~165页。

[12] 铃木敬夫:《相对主义法哲学与东亚法研究——一位日本拉德布鲁赫主义者的理论追求》,法律出版社2012年版,第295页。

[13] 邓正来:《中国法学向何处去——建构“中国法律理想图景”时代的论纲》,商务印书馆2006年版,第32页。

[14] 曾宪义、马小红主编:《礼与法:中国传统法律文化总论》,中国人民大学出版社2012年版,第300~301页。

会等级秩序,确认王权的特殊地位与权力的合法性,同时也是人们日常行为的规范和评判是非的准绳"。[15] 其次,在对中华法系之"法"的理解上,儒家关于秩序的思想主要集中在荀子的思想中,他提出"明分使群,化性起伪"的学说。也就是说,一方面,用等级划分人群,使得相互之间不至于相互争夺;另一方面,通过对性恶的人们进行教化来使得人们懂得礼仪,这也是礼法起源的目的。这样就明确了传统的秩序观,即人们通过对礼法等级的内心认可和行为信守而达致"和"的目的。

这样的传统观念和现今法治的目的有相同之处。西方法治传统包含了对实体制度的关注、对规则意识的认同、对秩序精神的崇拜,这些都是传统儒家所赞许的。虽然两者所尊崇的对象有所不同,但正如郑永流先生所言:"无论无讼、兴讼,伦理化、家族本位、义务本位,还有严刑峻法、教化为先、刚柔相济、顺其自然等,终不失'规矩方圆'之要义。"[16] 对规则的默认与遵守是每个民族历来所遵循的,这是习惯与传统的形成过程和结果。由此,所有民族都有着对秩序权威的内心认同,东亚儒家传统中固然不会缺失这一优良基因,其又在与现实的对比中产生了。

综上所述,传统儒家文化与近现代法治思想的对比和解读中证实了东亚法治发展基因的存在,这并不是为了靠拢西方而采取的抽丝剥茧,而是历史发展上的必然。然而,这种民本与秩序都是封建体制下的存在,未能逃离等级思想的笼罩。换句话说,都是处在塞尔兹尼克口中所谓"压制型法"的阶段上。

三、中国法治发展的文化困境

无论是传统民本思想还是秩序思想,都是处在压制型法的阶段上的法律思想,都是在以权力为核心的集体性思想的主导下产生的。正如日本北海道大学今井弘道教授在《产业社会和脱产业社会的紧张均衡》中所说:"在文化上以'国家主义''集体主义'作为'亚洲价值'的核心,把儒教的'血缘共同体'作为自己的基础,形成'强有力的政府'和'亚洲式集体主义'。"[17] 压制型法所依赖的是"受制于长官"的权威性倾向和追求达致实质正义的价值趋向,在中国其没有像西方那样为控制"无法无天"的权力而自然过渡到自治型法。

(一)未构建去"等级"的法律秩序

对中国法治现状的描述必须从历史说起。作为传统向现代过渡中介的日本学者大久保利通一代人将日本法治推向高峰,而中国却从"中体西用"的洋务运动到维新变法、再到辛亥革命,甚至从器物到制度的一番学习也未能坚持走下去。中国法治发展的道路在此之后又经历了两次重大的断层,虽然两次断层性质不同,但都对法治发展具有深远影响,以至于1978年开始"重新来过"。

---

〔15〕 同上书,第303~305页。

〔16〕 郑永流:《转型中国的实践法律观——法社会学论集》,中国法制出版社2009年版,第120页。

〔17〕 郭道晖:《多元化社会中法的本质与功能——第二届亚洲法哲学大会主题论文荟萃》,载《中外法学》1999年第3期。

1949 年之后的中国确实有不断立法的过程,但是从总体上说制度还是在权力的框架下的、在高度集权的范围内设立的,封建的"等级"观念并未完全剔除,法律未能限制扩张的权力。有学者如是说道:"在作者罗列的压制型法的各种特征中,最重要的有两点:第一,政法合体;第二,放纵裁量。这种属性不可避免地导致了阶级性正义和对特权者的保护,但同时也使法制具有明显的缺陷:不安定和正当化程度很低。为了弥补压制型法的缺陷、控制率性不羁的国家强制力,自治型法应运而生。"从中华人民共和国成立后国家一系列的政策可见,行政干预与政府主导的机制还是主流,率性不羁的国家强制力未能被有效控制,在经历了几番政治变革后,国家并没有自然过渡到自治型法的阶段。没有过渡到自治型法的后果很明显,国家集权不断强化,1958 年"大跃进"、人民公社化运动,以及"文化大革命"的发生便是体现。当时的情况与诺内特、塞尔兹尼克论述的压制型法发展后期的特征是相一致的。

(二)过分追捧具有个人主义倾向的秩序

对中国来说,以宗族为基础的集体性思想传统一直居于主导地位。1978 年后伴随制度与经济模式的学习,侵入东方社会的是一种与东方家族性集体意识相反的个体性思想,而且这种所谓的"个人主义"近年来影响的深度和广度也在扩大。虽然"西方现代化道路在文化上得到了个人主义(以个人为本位的社会发展机制)、物质主义和唯理主义的强有力的保证,个人主义、物质主义和唯理主义是相互联系的,它们造就了普遍的物质文明的进取精神和竞争机制,促进了工具理性和科学技术的空前发展,促进了物质文明的空前发展,如果没有西方文化,整个人类恐怕到现在仍然在中世纪的时代里徘徊,西方的个人主义、物质主义和唯理主义功不可没,但是它们都是完整事物的一个方面,也就是说迄今为止的西方社会一直处在片面发展之中。个人主义压倒了集体性思想,理性压倒了非理性,物质文明压倒了精神文明"。[18]

在中国,对个体性思想的理解颇多,大多数人认为个体性思想就是地主阶级、资产阶级的思想,自私自利,不为他人考虑,甚至认为个体性思想就是与利己主义等同的。[19] 但是,显然这些思想并未结合个体性思想产生的历史语境去分析,理解上存在片面性。从自治型法与个人主义两者的关系上看,西方在从压制型法到自治型法的过渡中就伴随着个人主义的发展。自治型法的观念基础是以权利为本位,强调了辩护的重要性,同样也说明了个人既要遵守法律,也可以向法律权威挑战。但是在学习中,极端的个体性思想也给中国带来诸多问题:极端的利益追求,腐败问题比较突出;强烈的个人化倾向导致群体性精神联盟的破坏,法治所承载的道德滑坡,制度受众的集体崩溃;等等。总之,极端个体性思想导致了秩序遵守的危机。

虽然对个体性思想的内涵需要有全新的认识,但不能改变的事实是,个体性思想在当下无论是西方社会还是东方社会都在往极端方向变化的事实。在中国这样一个曾经不断

---

〔18〕 朱光烈:《搅拌机效应与未来文化猜想——兼评"亚洲价值"论》,载《现代传播》(北京广播学院学报)1996 年第 3 期。

〔19〕 参见杨明、张伟:《个体性思想:西方文化的核心价值观》,载《南京社会科学》2007 年第 4 期。

强化集体性的国家,这种突变性的转化实为不能承受之重。笔者以为,这种趋势直接导致的问题是对秩序的漠视与对人权的践踏。详述之,从东方传统立场上看,无论是民本思想还是秩序思想都是在家族团体性意识的基础上产生的,更深刻的表述是在宗族的基础上产生的,因而可谓是脱胎于集体性意识且不能离开集体性意识。从西方的立场来看,虽不能得出与此相同的结论,但是从古希腊至今个人与政治、与国家的关系上看,秩序维护的是整体的利益,人权保障依赖于秩序,在机制优良的状态下,这是环环相扣的。在现今自由愈发广泛的西方社会,个体性思想走向极端化,因为利己而产生注重自己的权利忽视他人权利的情况对普遍性的人权保障是不利的,更有甚者是其侵犯了秩序本身。将此移植到有着深厚集体性土壤的中国,让未脱离传统的中国人产生爆发性的逐利膨胀,也可以成为解释短时间内导致中国人以"暴发户"的姿态活跃于世界的文化因素。

四、开启东亚法治发展的新征程

中国没有从压制型法向自治型法自然过渡,而是在1978年后选择了移植。不发力与力度过大凸显的问题是在传统与现代之间并未能构建起一座坚固的桥梁,在抛弃了传统基因转向西方后出现了与西方共同的"时代病"。同时,在横向上,中国也没有将压制型法所体现的法治的实质价值与自治型法所凸显的形式价值较好地结合,这也是中国当下法治发展的突出特点。而以传统去弥补现代的缺陷不失为一条出路,同时也是寻求中国发展特殊性与东亚文明一以贯之的普遍性的结合。

(一)日本韩国法治发展方式评析

在寻求压制型法的内在力量与自治型法的外在力量的协调上,日本将"和"的精神融入法治建设之中,关注本国法与外国法之"和",以开放的姿态吸收先进思潮。"日本官方曾解释'协和精神'的内容:'我国之协和,不是出发于理性、相互独立、平等的个人机械式的协调,而是本着协和精神逊在与全体之中,由此而保全一体这样一种高度的协和'。"可以说,"和于全体",即是民本的内在寄托,强调"民"、强调"全体"的本质是为求"和"。将传统的民本思想融于形式法治的学习之中,为法治增添内在力量,在这方面日本是下足了工夫的。但是,开放的姿态并非等同于开放的心态。正如之前论述中提到的,日本更多地是以开放的姿态学习法律的外在形式,强调其工具主义的价值,它的"和"与"民本"是为外在的法律学习服务的,并未完全融入法律并赋予法律东方价值的精神内涵,不然也就不会出现"二战"时期的极端现象。

传统的秩序观以等级思想为依托,所以民众对权威的崇拜心理尤为明显,韩国国家民众有效保留了这种传统的内心依赖。体现在韩国的具体部门法中,如婚姻家庭法中亲族概念的确立、户主地位的规定等。从现代法治发展来看,等级思想已经不合时宜了,容易产生压制型法中的权力膨胀。虽然韩国保留的传统型权威意识有利于民众守法的内心指向,但是如若过于强调"亲族"的前提会不会重燃古代的等级思想观念从而阻碍自治型法的发展、阻碍法治的实质价值与形式价值的统一呢?即便是文化发展的心理惯性也使得人们对秩序的依赖不再停留在对权力威望的信仰上,而是对整体、集体的信赖上,即相信在整体利益下“我”的个人利益可以得到保护。因此,韩国在推进法治发展上的努力也不是完全没有问题的。

(二)中国法治发展道路前瞻

结合中国法治发展中存在的问题,吸收日本、韩国法治发展的经验教训,借用诺内特与塞尔兹尼克第三类法的论断,笔者发现,东亚法治发展存在的共性问题是都没有将塞尔兹尼克与诺内特所谓压制型法的优势与自治型法的优势相结合以达到法治的实质与形式价值的内在统一。对此,诺内特与塞尔兹尼克给出了回应型法的发展模式,他们主张,“在回应型法的模式下‘制度’有必要由目的来引导,目的能够设立批判既存的规章制度的基准,并据此开拓出变革之路”。换言之,回应型法在扬弃和综合压制型法与自治型法的基础上,试图改变法学方法论上的自然法与法实证主义二元对立的局面,赋予国家制度以自我修正的精神。正如有学者指出的:“法治所要求的若干规诫在表面上看的确带有工具性,但是倘若组加推究便不难发现,它们是以若干重要的实体价值为支撑的。”

回看东亚传统的民本与秩序思想可以发现,去等级化的规则意识与规则限权式的人本意识结合才能实现我们所期待的“二元对立的自我修正”与“以实体为支撑的形式”。笔者认为,中国在现阶段的法治发展中可以遵循三种做法:第一,将民本思想融进法律中,可采取的具体措施是以法律限制约束行政权力,如专设监督机构、专定限权法规。从这个角度去强调民本,扩大人权保障范围,避免民权(人权)与行政权力的对抗。第二,将传统秩序观的内心权威意识去等级色彩,但不极端个人化,而是以良法树立人们的内心依赖,良法的来源是人们对群体的认同。第三,接纳和吸收社会法学的要旨。回应型法在协调实质与形式方面的同时力图追求“回应社会的需要”。庞德的社会利益理论是对此的一项直接的努力。“在这种理论看来,好的法律应该提供的不只是程序正义,它应该既强有力又公平,应该有助于界定公众利益并致力于达到实体正义。”

(三)东亚法治发展新方向

20世纪90年代东亚经济发展迅速,“亚洲四小龙”的出现一度掀起对包括已故新加坡总理李光耀与马来西亚总理马哈蒂尔在内提出的“亚洲价值”的讨论,认为亚洲经济的苏醒是因为亚洲共同的集权性质的行政管理模式与经济管理模式。换言之,是亚洲儒家权威性、集体性思想的作用。1997年亚洲金融危机的爆发又掀起了一片反对的声音,认为亚洲价值不再具有对发展的有利作用。两种“一边倒”的声音都是时代的反映,但也都颇具主观意味。

我们已经看到集权思想下压制型法发展到后来的弊端,权力不受制约必然出现问题,但仅仅依靠形式法治,脱离权力的框架也会出问题。因此,中国法治发展道路的前瞻性思考可以尝试引领东亚的法治发展方向。在以民本与秩序为主导的法治思想领域里,强调个人与集体的融合、法律的工具性质与法律期待实现价值的融合,在移植自治型法的基础上借助传统文化对实质精神价值关注的特性实现向回应型法的转变与发展。也就是说,赋予形式法治以东亚的儒家精神力量,这应该是法治的东方发展趋势。

五、结语

东亚法治发展的传统文化依归于传统民本思想与秩序观。在以中、日、韩三国为主导的“东亚”范围内,民本思想与秩序思想含有与西方法治工具性价值与实质性价值相似的人本与规则要素。但是,当前中国的传统法治思想是在压制型法的阶段上,法治发展在传统向现代的过渡中出现的问题是未自然构建去“等级”的秩序与过分追捧具有个人主义倾向的秩序。也就是说,在传统向现代的过渡中未有很好的衔接,压制型法未有向自治型法自然转型,而是采取了强制植入的方式。通过对日韩两国法治发展的观察,可见东亚国家在法治转型过渡上都作出了相当的努力,但是其中也出现一些问题,发展并不理想。在对中国法治道路的探寻中,应追求实质与形式的统一,吸取经验教训而采取回应型法,并以此实现对东亚法治发展的方向引领,赋予法治具有东亚文化气质的新内涵。

新权威主义、立宪政体与东亚法治转型

李炳烁

【摘　要】 20世纪70年代东亚国家的新权威主义政体在政治集权、经济自由、开放意识形态的基础上实现了经济飞跃和社会发展。虽然新权威主义政体并不排斥民主和法治，且宪法均获得了名义上的权威，但由于经济发展和社会稳定的优先战略，东亚国家政治结构呈现出民主工具主义和“国家主义法治”的症状。在20世纪末期的第三波民主化浪潮中，东亚各国通过立宪主义的方式实现了民主主义的政治转型。

【关键词】 新权威主义；东亚法治；立宪政体

一、东亚政治的新权威主义

在世界政治史的研究中，新权威主义政体（new authoritarianism regime）是介于民主政治和专制体制之间的一种较为温和的过渡形式。作为后发展国家现代化初级阶段的政治选择，新权威主义的要旨在于通过强制性的政治整合维持社会秩序，以达到发展经济、促进社会进步之目的。[1] 此种政治模式由于借鉴了英美自由民主政体的外壳，如重视法制、权力分立、政党制度等，具有明显的现代变革导向，因而有别于历史上的极权主义；同时，它又反对激进民主主义思想，侧重以强制性的权威意志作为稳定社会秩序、推进经济改革的基础，在政治结构中强调行政主导、弱化宪法的约束，所以又具有强烈的集权特征。在新政治经济学的视野中，新权威主义一般用于描述“二战”后新兴经济体的政治结构，譬如“二战”后拉丁美洲的军人政权（尤其是巴西、阿根廷、智利、乌拉圭），东亚的马来西亚、印尼、韩国、泰国等国家和中国台湾地区。20世纪70年代，美国政治学家阿尔蒙德和亨廷顿首次把新权威主义与世界各国政治历史的总体进程以及实行这一政治体制的社会经济发展模式或现代化模式联系起来进行比较，使这一理论得到了更为广泛的传播。作为一种政治实践，新权威主义的优势在于它提供了一种社会变迁过程的可控性，这一点对置身于现代化洪流之中的许多新独立民族国家而言极为重要。与之相应，其特点大都包含了以下几个方面：明确的现代化导向，实行经济发展优先战略，以民族主义聚合社会共识；低度政治参与，建立庞大而有效的技术官僚体制，以精英主义的行政权力结构作为权威统治的基础；强调社会秩序和政治稳定，其合法性基础立足于经济绩效，个人权利和自由并非终极性价值原则。在东亚各个国家中，韩国朴正熙、全斗焕政权，印尼的苏哈托，菲律宾的马科斯，新加坡的李光耀，泰国的吴奈温政权等都是典型的新权威主义政体。

---

[1] Amos Perlmutter, *Modern Authorianism: A Comparative InstitutionalAnalysis*, New Haven, Yale University Press, 1988, p. 2.

东亚各国的新权威主义政治在特定历史条件下具有一定的合理性,这取决于东亚国家的政治经济与文化条件。第二次世界大战结束后至20世纪60年代初,东亚许多国家相继独立,在英美法等国的影响下,这些国家纷纷试行西方自由民主体制。菲律宾在1946年7月4日取得独立以后,建立了一整套美国式的三权分立体制;泰国在1945年建立了自由泰国政府,著名民主派领袖比里出任总理,并通过新宪法,正式确立了多党民主制;印度尼西亚于1945年8月17日宣布独立,在亲西方的沙里尔总理的极力主张下,也建立了议会民主制度,实行的是法国式的总理内阁制;1948年,韩国的李承晚政权在美国的扶植下,建立了总统制共和国。20世纪50年代中期以后,新加坡、缅甸、马来西亚等国家也在不同程度上实行了英美式的政治体制。但值得注意的一点是,此时东亚各国除日本外无一例外的是农业国家,工业基础薄弱,自身的现代性因素还不够成熟,缺乏自主性的市民社会及各种自下而上的现代化推动力量,同时这些国家又面临着诸多纷繁复杂的政治、宗教和民族矛盾。“这样的社会经济基础很难与西方民主制合拍,倒可能是传统专制权力生存的沃土。所以当西方殖民主义势力撤出东亚后,原来由它们用强权强制性输入的西方民主制,如不适水土的花朵一样很快就枯萎了,被另一种更加契合东亚社会经济基础的威权政治所取代。”[2]事实表明,西方议会民主制在战后的东亚社会未能承载起稳定社会秩序、发展经济的职能,由此,东亚现代化的发展不得不求助于一种强势政权力量:通过政治精英的有效统治,保持社会政治稳定,以克服、缓和急剧变革过程中引起的发展性危机,加强对分散的经济与政治资源的宏观控制,调整各种利益集团的冲突,增强社会的凝聚力,为经济的繁荣与发展,并为中产阶级的发育、壮大,创造一个比较稳定的社会环境。

东亚各国新权威主义政治的普遍特征是政治深度介入经济过程,在经济现代化进程中扮演主导性角色。这种角色主要体现在制定社会发展战略,运用灵活的官僚体系推行制度创新和社会改革,在市场机制先天不足的条件下,以政府的权威保障基本法制和竞争规则,以国家的力量实现生产要素的合理流动等方面。由于结合了现代市场经济的规则优势和权威政治的资源整合能力,采取新权威主义策略的发展中国家,几乎都创造了举世瞩目的经济奇迹。譬如,韩国的朴正熙、卢泰愚政权,虽然以军事政变取得政权,并曾实行严厉的高压政策,压制人民的民主权利,但他们都怀有强烈的民族自尊心,致力于经济发展和社会改革。从1962年的朴正熙政权到1987年的全斗焕时期,韩国经济每年以8.4%的高增长率递增,人均GDP从1962年的87美元上升到1995年的1万美元,世人称为“汉江奇迹”。印度尼西亚的苏哈托在位33年,是东亚执政时间最长的领导人,他也一度推行极端严酷的独裁政治,然而苏哈托运用其强大的统治力量,不遗余力地实行经济改革,使印尼从贫穷落后的农业国变成了初步实现工业化的现代国家,人均GDP超过1000美元,国际地位有了很大提高。

经济的快速发展为东亚各国的权威政治提供了坚实的政治合法性基础,但新权威主义政体并不排斥民主和法治——这也是新权威主义疏离于极权政治的标志。相反,在全球性民主化浪潮的推动下,宪政民主——抑或是对宪政民主的许诺已经成为决定权威政

[2] 陈峰君:《威权主义概念与成因》,载《东南亚研究》2000年第4期。

治能否继续维持下去的关键变量。事实上,以东亚为代表的后发展国家在新权威政治形成之初,均先后颁布宪法,并承诺政治权威的行使以尊重和保障宪法实施为限,在宪法所设定的框架内展开政府权力与社会建设,宪法因此而获得名义上的权威。基于宪法与生俱来的根本性和至上性,宪法一经诞生,其最高统治的权威地位至少在文本上得到了有限承认。〔3〕 例如,1948 年《大韩民国宪法》第 66 条、第 69 条分别规定,总统有责任捍卫宪法的实施,遵守宪法为总统履职之根本。1957 年《马来西亚联邦宪法》第 4 条直接规定,本宪法为联邦最高法律。1965 年的《新加坡共和国宪法》对宪法统治的权威地位设置得尤为严密,该宪法不仅在第 3 条规定总统、副总统就职时必须宣誓遵守宪法,而且在其后多项条款中,分别申明总统、内阁、议会等政府机构在履职时必须"以遵从本宪法各项规定为条件"。"制定宪法并在宪法文本中设定宪法的统治权威,形式上是政治权威对宪法权威的妥协,实质上体现了政治权威对民主的有限认可和吸纳,其目的在于借助该技巧性设置以强化其威权统治的合法性,也是对民意的低度迎合。在民主成为全球浪潮的背景下,拒斥民主显然是不明智的。"〔4〕

从法治进程的结果来看,在现代化过程中,东亚各国的法治演进并没有像英美等西方国家那样,致力于对国家权力的分割与限制,建立以控制公权力为核心的法律体系和宪政机制。相反,东亚国家的法治发展致力于强化国家权力,以维持一个稳定的社会秩序为前提条件。为此,新权威主义政治盛行之下的东亚国家法治呈现出国家主义法治的症状:通过法律移植而建构的"现代性"国家秩序,基于加强社会控制、保证权威合法性、实现"经济赶超"的努力及权力本身的扩张性等,使得法律体系的建构带有严重的工具主义和实用主义倾向,"立法和执法相互脱节而导致的执法不严、法律工具主义等观念与制度是东亚社会的一个通病"。〔5〕 所以,东亚国家宪法的制定不是出于社会整合与社会发展的内在需要,而主要是作为政治独立和政治现代化的一个象征而存在,其形成也主要是通过外源性移植,而不是内发的、原生的。在新权威主义行政主导的东亚国家,宪法规定的公民权利和自由及公权力行使的法律程序规则,如果成为统治者权力实施的障碍,很容易在经济发展和社会稳定的借口之下被虚置、被规避或被政治规则僭越、突破,相对弱小的立法机关和司法机关更多的只是作为现代化的象征符号起着政治修饰的作用。因此宪法和法治的命运从一开始就起伏波折,"有宪法无宪政"成为一种流行的现象。"宪法并没有成为国家认同和政治合法性的唯一象征,也没有真正用来保障社会的自主空间和公民的自由权利尤其是政治权利天生不能对政治权威构成实质性的制约。在新权威主义国家,宪法仅存在于规范之中,而没有践行于政治与社会实践。"〔6〕

以东亚政治最为成功的新加坡为例。新加坡的法律体系相对比较完备,政治治理的法治化程度是亚洲乃至世界上最为优秀的典范之一。新加坡的宪法文本也是尽善尽美,

---

〔3〕 参见占美柏:《威权政治下的宪法权威——"二战"后东亚国家的政治体制转型》,载《东南亚研究》2005 年第 3 期。

〔4〕 韩大元:《东亚法治的历史与理念》,法律出版社 2000 年版,第 64 页。

〔5〕 同上书,第 42 页。

〔6〕 占美柏:《威权政治下的宪法权威——"二战"后东亚国家的政治体制转型》,载《东南亚研究》2005 年第 3 期。

但宪法的权威始终仅止于形式规范,而没有演绎至政治实践层面并支配政治实践。新加坡政治的突出特点是行政权无限膨胀,甚至凌驾于司法和立法权之上,造成立法权形同虚设,司法权缺乏独立性。对于行政决定,司法审查不可能实行,即使实行也不可能成功。首先,法官直接由执政的人民行动党控制;其次,在少数准许上诉的案件中,政府能够决定由什么法官参加案件审理,在必要时甚至可以改变宪法和有关审判的法律,有些行政法律规范,如《维持宗教和谐法》,甚至明确包含了将司法审查排除在外的条款。[7] 在公民权利方面,个人私生活领域的自由权利受到政府的严格保护。然而,一旦涉及公共生活领域,尤其是涉及公民对政治生活的参与问题,其情景则迥然相异。以政府选举为例,新加坡是一个在多党民主体制外壳下成功保持一党独大的权威主义国家。一方面,这个国家的政治体制具有多党制民主政治的一般特征:新加坡有定期举行的一人一票的全国公开大选,有合法存在的反对党,反对党可以独立宣布自己的政纲以争取选民支持,议会中的多数党有权组成政府施政,等等。另一方面,执政的人民行动党牢牢控制了选举委员会、高等法院、传媒与国家财政拨款机构,通过这些机构来影响选民投票的方向。执政党甚至有时通过对法院的控制来制裁反对党。在1997年大选中,一位反对候选人被法院以诽谤罪判决赔偿总理"形象损害费"260万美元,以致该人不得不逃离新加坡。在2001年的选举中,一位民主党候选人路遇总理吴作栋,这位反对党人士当面厉声质问吴总理,要求他回答借给印尼苏哈托的170亿新元的下落。由于出语不逊,执政党声言要以诽谤罪控告他,这位人士此后作了三次公开道歉,单在报章按对方律师的要求出整版的道歉声明,就花费数万元。这一事态全程呈现在电视观众面前,确实起到"杀一儆百"示警的效果。这可以说是新加坡大选文化中典型的例子。一位评论家曾这样批评说:"在新加坡,通过法律程序迫使一些批评者破产,从而使他们退出政坛,使用诽谤罪起诉来搞倒政敌,是新加坡政界高层惯用的方式。"[8]

二、立宪政体与新权威主义的民主转型

新权威主义政治虽然具有一定的合理性,但它仅仅是第三世界后发展国家在早期现代化的特定历史阶段的一种特殊政治形态,是现代化过渡时期的暂时现象。在低度政治参与的条件下,新权威主义政体的政治稳定,在很大程度上是以对大众传媒、集会、结社等公共领域的控制,以及执政党对各级政权、选举过程的有效掌控来实现的。从发展社会学的角度来看,这种低参与度的体制有助于抑制过度政治参与膨胀,保证改革启动期所需要的政治稳定,然而却也无法避免权力配置封闭性所造成的政治腐败和权力失范。新权威主义政体无疑对这些内生性矛盾缺乏自我调节能力。社会结构深层次矛盾如果持续积累,就会极大削弱大众对社会体制的政治认同,从而造成转型时期的政治合法性危机。所以,虽然新权威主义政治确立了现代政党体制和技术官僚制度,但其实质在于始终不放弃利益集团对国家的

---

[7] 参见李文主编:《东亚:宪政与民主》,中国社会科学出版社2005年版,第137页。

[8] 萧功秦:《新加坡的"选举权威主义"及其启示——兼论中国民主发展的基本路径》,载《战略与管理》2003年第1期。

独占形式，并充分运用国家的暴力潜能来维持少数人统治的特殊地位。政府主导、国家深度介入经济过程的发展模式在推动经济快速增长的同时，在缺乏有效监督机制的情况下，也助长了少数权贵、财阀势力集团的形成，大规模、弥漫性的“寻租”行为几乎到处可见。譬如，韩国前总统卢泰愚执政期间，共收取多达2359亿韩元（约合3亿美元）的贿赂，青瓦台总统府成了政界与财阀进行钱权交易的场所；同时期印度尼西亚的苏哈托政权则被称为世界上最大的贪污集团，其家族垄断了国家经济命脉，掌控着包括金融、贸易、投资、税收在内的众多经济大权，权力高层腐败严重。这些积重难返的政治弊端提供了东亚政治转型的动力机制。但更为重要的是，经济的高速发展导致社会的持续分化，作为民主化中坚力量的中产阶级不断壮大，公众的民主意识、权利意识增强，削弱了国家对社会的控制，打开了新权威主义政治的缺口，逐渐改变着原有的政治生态。所以亨廷顿才断言，“从长远的观点看，经济发展将为民主政权创造基础。从短期看，迅速的经济增长和经济危机会瓦解权威政权”。〔9〕当民主逐渐成为全社会大多数成员所追求的政治目标，曾经柔化了的权威政治体制不能再作为民主的替代品时，政治转型的趋势就是不可逆转的了。

20世纪80年代以来，全世界范围内掀起一股宪法改革的浪潮。菲律宾、韩国、泰国等许多东亚权威政治体制也先后步入了转型期，不同程度地开始了政治民主化的进程，形成了一股民主化潮流，并且成为世界民主化第三次浪潮的重要组成部分。这一政治转型主要表现为三个方面：第一，“政治体制的制度化程度不断提高，强人统治色彩日渐淡化，政治权威的基础逐步回归宪法规范，政府更迭、政治运作愈加注重法治，军人政权纷纷向文人政权转变，军队在政治生活中的影响越来越弱”。〔10〕譬如，1986年菲律宾重建了文人政权；泰国1992年“五月风暴”后，建立了新一届文人政府；1992年金泳三当选为韩国总统，标志着军人政权的结束。第二，从一党制逐步走向政党竞争性选举。譬如，我国台湾地区在20世纪80年代中期开放党禁，逐步完成了向政党竞争制的转变；韩国的金泳三、金大中都是以反对党身份当选为总统。第三，“伴随制度化参与渠道的建立和扩大以及政治文化的发展，政治参与的广度和深度加大，个人自由、个人权利观念增强，立法系统的发展削弱了行政系统的主导地位，议会日益成为社会各种利益及其代表讨价还价的场所”。〔11〕虽然这一转型步履蹒跚，但多元民主体制的雏形已初步或大体上确立。

东亚政治转型的一个重要特征是通过修宪或立宪的方式来实现政治改革，这种思路实际上反映了社会理性力量的增长。从法治发展的角度来看，在20世纪80年代全球民主化浪潮中，东亚国家宪政改革的特色表现为，司法尤其是法院的司法审查功能得到了普遍强化，东亚各国和地区大都在一定程度上通过修改宪法、建立宪法法院、强化司法审查制度、平衡立法机构权力等措施，加强了对行政权力的制约，使政治结构由行政集权向分权制衡体制方向发展，许多国家从传统行政主导的国家变成了由专门法院制约的宪法至上国家。譬如，韩国、泰国、菲律宾等国家，都是通过改宪、制宪比较顺利地实现了一轮乃至多轮的和平移交

---

〔9〕［美］塞缪尔·亨廷顿：《第三波——20世纪末的民主化浪潮》，刘军宁译，上海三联书店1998年版，第82页。

〔10〕魏姝：《东亚政治发展比较》，载http://www.cngdsz.net/discourse/article_show.asp? articleid = 1045，最后访问日期：2015年4月28日。

〔11〕同上。

政权,逐步确立了新的多党制反复游戏规则,民主主义的政治框架虽然还不是很完善,但却正在逐步走向稳定和成熟。"亚洲各国的经验表明,把违法的权力之争转变成依法的程序之争,把一纸空文的宪法转变成名实相符的宪法,是民主化得以成功的关键。"[12]

以韩国为例,第六共和国(1987年至今)为了引进更加民主的政治程序,对司法审查制度作了根本改革,1987宪法恢复了1960年设置的宪法法院。1988年后宪法法院的运转成为韩国宪政史上最引人注目的政治革新,它所起的作用影响相当深远,直接为金泳三文人政权的更迭作出了贡献;同时更重要的是,它改变了公众对宪法、法律以及总体上对法治的态度。宪法法院的一个重要改进是允许有关各方在普通法院拒绝其审查请求时,直接向宪法法院提出请求。宪法法院的审查重点是立法是否合宪和宪法请求书。迄今为止,宪法法院发挥了相当积极的作用,裁定了许多重要的法律违宪。自1988年9月重新设立宪法法院至1999年9月,宪法法院共受理了4658件诉案,其中,对2088件作出了判决,在审查中驳回了2305件案件。在所受理的有关立法是否合宪的案件中,宪法法院裁决了708件,其中264条法律被裁定完全或部分违宪,大约37%的裁决导致了立法的无效或部分修改。这一数字象征性地表明了司法审查完全独立于政治权力。[13] 因其积极的作用,宪法法院已极大改变了公众和官员对宪法和政府权力的态度。政府权力终于按宪法的标准受到审查。宪法法院的积极作用意味着宪政的发展,就宪法问题的积极讨论已给公共领域输入了新鲜血液。过去,独裁政治和缺乏宪法裁决使宪法规范仅限于教条,而今,宪法裁决已成为法律最重要的来源之一。而这种复杂的转变过程有两个步骤至关重要:"第一,在朴正熙被暗杀后建立的全斗焕政权为了获得合法性而作出让步,规定了较短的总统任期以及通过改宪延长任期的决议不得适用于在职总统本人。后者是一项完全程序性的规定,与著名的平分蛋糕——让切割蛋糕的人最后领取蛋糕以免出现分配不均的设例很相似,即宪法承认总统有权根据政治需要按照一定程序改变任期规定,但他本人却无法从中直接获得个人利益。其结果,宪法的效力得到加强,韩国在1987年第一次实现了政权的和平转移。第二,经过各种曲折之后在1987年改宪建立了独立的宪法法院,重点审查和处理法律条文内容是否违宪的问题,以防止执政党利用多数席位推行议会专制,歪曲法治主义。"[14] 正是由于司法审查制度真正发挥了积极作用,宪法才在实际上具备了最高效力,政治生态开始发生深刻变化。

再如印度尼西亚,尽管1954年的印尼宪法规定了司法独立原则,但是没有民主政治的保障,司法制度只能是政治统治的工具,必须服从苏哈托政府的改革目的。由于司法依附于腐败的政治,导致司法本身的腐败。1998年亚洲金融危机苏哈托政府垮台之后,印尼大选开始了新的宪政设计,并于2001年对宪法进行了修改,宪法修改过程中形成的共识是建立独立的法院来保护公民权利和实现政治民主。[15] 为了保证司法权独立于政治系统,2000年印尼在普通法院系统中设立了特别法庭——宪法法院和人权专门法庭(Adhoc Human Rights Courts),宪法法院的裁决涉及解决政府部门之间的分歧、政党的解

---

〔12〕 季卫东:《再论宪政的复权——亚洲新格局与中国政治改革》,载《经济管理文摘》2003年第6期。
〔13〕 [韩]尹大奎:《韩国立宪主义的历史与现状》,载《经济管理文摘》2003年第6期。
〔14〕 季卫东:《再论宪政的复权——亚洲新格局与中国政治改革》,载《经济管理文摘》2003年第6期。
〔15〕 强世功:《法律人的城邦》,上海三联书店2003年版,第304页。

散、选举争议和弹劾总统的程序等。同一时期，泰国也以立宪的方式开启了民主化的进程。炳(Prem Tinsulanonda)将军在连任两届总理之后急流勇退，泰国过渡到了文人政权，并于1997年制定了新宪法，在普通法院系统之外建立了独立的宪法审判委员会和行政法院双重结构的司法审查体系，其目的是限制政府的权力，以此来解决历史上持续不断的军事政变难题(1932年以来泰国大约经历了19次政变，有16部宪法)。[16] 在这部学者们广泛参与制定的新宪法中，试图通过法院来稳定维持宪政秩序，宪法同时规定了极其严格的法官遴选程序，对法律采取事先审查和事后审查相结合的司法审查方式。

需要指出的一点是，上述东亚各国宪政改革的过程也并非一帆风顺。虽然一部分权威政体的政治精英迫于压力而主动采取了变革措施，如新加坡、我国台湾地区，亨廷顿把民主化的这种特征归纳为“妥协、选举和非暴力”。[17] 但多数国家的政治转型却是伴随着群众运动和流血冲突。例如，韩国民主改革之前的全斗焕时期，为争取民主斗争的“光州惨案”“六月抗争”运动付出了上千人伤亡和巨额财产损失的代价；而1987年宪法的制定也得益于不断高涨的民众抗议活动。在1987年6月10日至26日的半个月间，韩国各地共爆发2145次示威，参加人数达830多万。在群众运动不断高涨和权威统治内外交困的背景下，执政的民主党代表委员卢泰愚不得已在1987年6月29日发表了著名的八点民主化宣言，继而于10月27日，全民投票通过了《大韩民国宪法》，由此才开启了韩国政治转型之路。

三、结语

进入21世纪以后，东亚各国的新权威主义政体作为政治转型的突出现象，已经结合了各个国家的文化与历史、传统与现代、法律与政治等诸多因素，它作为从社会历史的重负中释放出来的新生力量，已经深深地渗透到东亚各国的政治结构之中。虽然今天东亚各国仍然以不同的形式面临民主的挑战，但对新权威主义的反思，“已经不仅仅限于肯定这种政治体制在经济发展中扮演了如何重要的角色，而是应该从新权威主义确立的多元政治格局中去体认民主政治的未来”。[18] 我们欣赏李光耀、马哈迪尔等政治领袖弘扬的亚洲价值，实际上，作为儒家文化圈的代表，东亚国家的发展已经证明同情、分配正义、责任意识、礼教、热心公益、人际关怀、群体取向等亚洲价值也是现代化演进的一个方向，近代西方并不是世界取得有意义进步的唯一舞台，“现代化过程本身一直受到扎根于古老传统的多样文化形态的制约”，[19] 多元的现代文明可以在一个一体化程度更高的世界上共存。因此，政治制度的演进必须与经济、历史、文化等多种因素有机契合，才能具有鲜活的生命力。

---

[16] [泰]阿南：《泰国的民主化：从抗议示威到新宪法》，载《经济管理文摘》2003年第6期。

[17] [美]塞缪尔·亨廷顿：《第三波——20世纪末的民主化浪潮》，刘军宁译，上海三联书店1998年版，第203页。

[18] 郭洪纪：《新国家主义的政治前景及特征》，载公法评论：http://www.gongfa.com/xinguojiazhuy.i htm，最后访问日期：2015年8月5日。

[19] 杜维明：《多元现代化：儒家东亚的启示》，载公法评论：http:www.gongfa.com/duoyuanxdhduwm.htm，最后访问日期：2015年8月5日。

东亚法治秩序的正义特质*

——从儒家的“义务对等”型法正义切入

贾永健

【摘　要】 东亚地区曾同处儒家文化圈，未来其法治秩序必受其深刻影响而形成迥异西方的正义特质。儒家以“五伦”宗法关系为主干，依据“名分相称”公平原则，运用“礼法”在各社会主体间对等分配宗法义务，形成了“义务对等”型法正义思想。虽在“儒表法里”的传统政制下，它曾被扭曲而异化出“义务本位”的不公正法制，但其思想内核的正义性仍然保留。东亚法治秩序若吸取儒家法正义思想，重视“民主共和政体”建设，让人民牢牢掌控立法权和社会各阶层充分参与立法，那么“义务对等”就不失为其正义的一个可能特质。

【关键词】 东亚法治；儒家；义务对等；法正义；立法权

当前，构建公平正义的现代法治秩序已成世界潮流，浩浩荡荡。但各地区和各国的法治秩序可能多种多样而具有不同正义特质。比如，西方法治秩序经过长期演化，形成了权利本位的正义特质。那么以儒家文化为传统底蕴的东亚地区，未来所形成的法治秩序是否也应当且必然是“权利本位”呢？

19世纪以来，东亚许多国家都朝此方向付出了艰辛努力，特别是中国大陆近20年的主流法治理论更是将其奉为圭臬。[1] 但在许多地区，权利本位的法治秩序还未显现之时，却又有诸多新问题生成。比如，“权利本位”的现代法价值观被狭隘理解和偏激推崇所导致的“私欲膨胀、罔顾法律责任和公共利益”等不良后果，也正日趋成为威胁社会正义根基的严重问题。以致许多激烈论者直斥，“权利本位”或许只是理论家虚构出来的一个现代法理迷信。[2] 在此背景下，对前述问题的回答已经不能再如从前可以不假思索而

---

* 贾永健，河南大学法学院校聘副教授。本文系国家社会科学基金重大项目“全面推进依法治国与全面深化改革关系研究”（14ZDC003）；河南大学科学研究基金项目“控告权滥用的法律治理路径研究”（项目编号：2015YBRW014）资助。

〔1〕 参见马长山：《东亚法治秩序的局限与超越维度》，载《中国法学》2003年第3期。

〔2〕 麦金太尔深刻批判现代“权利神话”说：“真理是显而易见的，即：根本不存在这类权利，相信它们就如相信狐狸精与独角兽那样没有什么区别……这类权利的存在不可能得到证明”，“因此，自然权利或人权是虚构的，只不过是具有高度特殊性的虚构。”参见［美］阿拉斯戴尔·麦金太尔：《追寻美德：道德理论研究》，宋继杰译，译林出版社2011年版，第88～89页。批判该弊病的代表性观点参见桑本谦：《反思中国法学界的“权利话语”——从邱兴华案切入》，载《山东社会科学》2008年第8期；宁立标：《美国“权利病”的分析及其对中国的启示——读〈权利话语〉一书》，载《学术界》2008年第5期。

予以绝对肯定回答,而是需要更多维度的审慎思考。

诚然,作为源于西方的现代主流治国模式,法治秩序在东亚的形成当然会包含“权利本位”的一些因子。但是儒家思想已经历史地成为东亚法治的文化底色,[3]是其终究无法走出的“传统”,正如人无论如何都走不出自己的皮肤一样。[4] 所以一定意义上,儒家法思想必然会对东亚法治秩序塑造产生或多或少的潜在影响,东亚法治正义亦必然会具有儒家特质。而这正可能就是其迥异西方法治秩序之处。那么这个特质是什么?若从儒家法正义思想的特质来切入,不失为探其究竟的有效途径。

一、人与人关系的正义:儒家法正义论的终极关怀

长期以来,许多理论法学著者往往将我国以儒家法思想为指导思想的传统法,概括为“义务本位”型法。详言之,我国传统法以规定被统治者的义务为主要内容,并附以残暴的刑罚手段来保障这种义务的履行。它违反了权利义务的公平分配原则及人道原则,因而是不正义的法。由此进一步得出结论,儒家法思想亦是“义务本位”型的,亦是不公平不正义的法思想,不存在法正义论,只是代表并维护封建统治阶级利益的法律学说。[5]

认定我国传统法制为“义务本位”型法并斥为“残暴不义”之法的观点,具有一定的文本依据,似乎无可置疑,但仍存在“以今人观念苛责古人”之嫌。如若以此推定作为指导思想的儒家法思想,也是“义务本位”的、“毫无公平正义”可言,就存在理论上的“武断”。但它至今仍主导着法理学界对待儒家法思想的认识和态度,遮蔽了儒家法思想中蕴含的巨大理论价值。因而为进一步研究借鉴儒家法思想来推动现代法理学的完善,有必要廓清这个法学理论问题:儒家法思想是否包含有“法正义”思想?其中,首先要解决的一个前提问题是,儒家思想中有正义论吗?或者说正义在儒家思想中处何位置?

众所周知,儒家是较早以人为中心、以人与人的关系为重心的古代思想学说。对人、人事的关注,始终是儒家思想的全部主题。儒家的仁学就是以人为本位的学说,《礼记》就说:“仁者,人也”(《礼记·中庸·右第二十章》)。俞荣根教授就认为:“在中华民族发展史上,仁的思想有着突出的地位。孔子,则是仁学思想体系的创始人。仁,是我国古代关于人的学说。”[6]其实在孔子生活的春秋末期,“重人”“贵人”的思想观念开始兴起。社会舆论对非人道的人祭、人殉的普遍谴责,以及公元前384年秦献公颁布“止从死”法令以法律形式对该行为的禁止(《史记·秦本纪》),“表明人们对人神关系的认识发展到

---

[3] 参见张清、程冰洁:《东亚法治发展的文化依归》,载《学习与探索》2015年第5期。

[4] 参见[美]爱德华·希尔斯:《论传统》,傅铿、吕乐译,上海人民出版社2009年版,第141页。

[5] 郑成良、张文显等学者在20世纪80年代较早系统地提出了“前资本主义法律是义务本位型法,资本主义及其后的法律是权利本位型法”的“权利本位”论,当前已经成为主流的法理学观点。可参见郑成良:《权利本位说》,载《政治与法律》1989年第4期;张文显:《从义务本位到权利本位是法的发展规律》,载《社会科学战线》1990年第3期;张文显、于宁:《当代中国法哲学研究范式的转换——从阶级斗争范式到权利本位范式》,载《中国法学》2001年第1期;张文显主编:《法理学》(第4版),高等教育出版社2012年版,第78页;怀效锋主编:《中国法制史》,中国政法大学出版社2010年版,第6页;周旺生主编:《法理学》,北京大学出版社2011年版,第195~196页;付子堂主编:《法理学进阶》(第4版),法律出版社2013年版,第34页。

[6] 俞荣根:《儒家法思想通论》,广西人民出版社1992年版,第202页。

了一个新的高度——由神为主转变为以人为主。社会发现了人,人发现了自身的价值",表明了当时"人的解放已成为时代的趋势,人的地位和价值得以提高,一个人文思想勃兴的灿烂时代开始了"。[7]

孔子顺势而动,创立了专注人与人关系的仁学——儒学。[8] 对《礼记·中庸》中"仁者,人也"一句,"郑康成注:'譬如相人偶之人。'数语足以明之矣。春秋时孔门所谓仁也者,以此一人与彼一人相人偶而尽其敬礼忠恕等事之谓也,'相人偶'者谓之人之偶也,凡仁必于身所行者验之而始见,亦必有二人而仁乃见"。[9]

儒家思想中作为五德之首的"仁",乃是"一个人与人的关系概念,本身就内涵有他人以及人我关系的维度,恰构成了儒家伦理的基础"。[10] 与西方现代政治学说以"自我"为中心、以"单个人"为出发点的特征形成鲜明对比,儒家思考和建构其政治学说的着眼点是"偶数人的关系",其中心单位乃是"群"这种政治性组织和结构。[11] 所以,儒学实为"人与人关系"的世俗政治学说。

作为儒家核心价值的"仁",本质乃是其所追求的人与人关系的一种"正义"状态,或者说是实现人我关系正义的基本准则和最高原则。因此可以说,实现人与人关系的正义,才是儒家思想的终极追求。

为落实这个正义目的原则,儒家法思想才形成了"义务对等"型的法义论。

二、人与人"义务对等":儒家法正义的构建

儒家为塑造一个正义社会,将古代社会结构抽象概括为"五伦"宗法关系,并以"五对"社会主体为主干,编织"礼法"之网来对等分配相应德性义务,从而形成了自己的"法正义"思想。

(一)儒家法义论的主体结构:"五伦"宗法关系

儒家法思想中的"法",最核心的初始含义即为"宗法",俞荣根先生谓之"宗族伦理法"。[12] 在古代中国,"宗法是传统政治法律思想文化的核心概念",[13] 宗法精神是贯穿社会结构一切领域的根本观念。[14] 因此,宗法关系也成为儒家概括古代中国社会关系的基本概念。

"宗",古代汉语中,谓之始祖、祖先,[15] 进而指由同一始祖繁衍而成的群体——宗

---

〔7〕 俞荣根:《儒家法思想通论》,广西人民出版社1992年版,第202~203页。

〔8〕 参见孙实明:《孔子的仁学及其现代价值》,载《孔子研究》1991年第1期。

〔9〕 阮元:《揅经室一集》,中华书局1985年版,第157页。

〔10〕 柯小刚:《古典文教的现代新命》,上海人民出版社2012年版,第94页。

〔11〕 儒家以"群"为中心的思想特征,早在先秦时期就已经形成。参见赵明:《先秦儒家政治哲学引论》,北京大学出版社2004年版,第19页。

〔12〕 参见俞荣根:《儒家法思想通论》,广西人民出版社1992年版,第132~140页。

〔13〕 梁启超:《先秦政治思想史》,东方出版社1996年版,第49页。

〔14〕 参见冯尔康主编:《中国社会结构的演变》,河南人民出版社1994年版,第237页。

〔15〕 参见王力等编:《古汉语常用字字典》,商务印书馆2007年版,第519页。

族,所谓“同祖为宗”。“宗,尊也,为先祖主也,宗人之所尊也。”[16]“宗法”,顾名思义,就是“以宗为法”或“以宗子为法”,其基础乃是依据血缘区分的长幼、嫡庶、远近等亲属关系。[17] 在原本意义上,“所谓‘宗法’,即以血缘为纽带调整家族内部关系,维护家长、族长的统治地位和世袭特权的行为规范”;[18]所谓“宗法关系”,原指以血缘关系为基础的家族关系。

后来“宗法关系”通过“政治拟制”突破血缘家族关系而扩大为社会政治关系。古代中国氏族社会后期,在部族之间频繁的征伐战争中,某一族姓强势胜出、一统天下而建立了早期的国家,该族姓之宗法关系基本上也就被完整保留下来。这样,家的扩大形成了国,即所谓国家。[19] 梁启超先生就此评曰:“凡国家皆起源于氏族,此在各国皆然。而我国古代,于氏族方面之组织尤极完密,且能活用其精神,故家与国之联络关系甚圆滑。”[20]这样,氏族(宗族)首领也即是国家的统治者,出于自然的经验惯性,其所用以治理氏族(宗族)以实际血缘为基础的宗法关系结构,通过比附、拟制方式也被用来概括以地缘为基础的国内社会关系结构。

由此,“宗法关系”的适用领域以及含义都得以大大扩展,乃至成为主导古代中国政治法律建构的一个核心概念,其“基本含义是以家族作为伦理、政治、法律等诸类理论的推理基础,而以尊尊亲亲、内外有别为核心原则建构社会结构以及人与人关系”。[21] 在此意义上,“中国传统的政治、社会结构可以称为宗法结构,而传统制度所建构的人与人关系都可成为宗法关系”。[22] 这种人与人的宗法关系包括两个层次:一是核心内层的“家”,根据实在血缘形成的社会关系;二是外层的“国”,根据拟制血缘形成的社会关系。

之后,古代中国社会“宗法关系”的演进理路,完全为儒家所继受并进一步发扬。[23]第一步,儒家首先就从以实在血缘关系为核心的家庭宗法关系出发,将其抽象为三伦社会关系:“父子、兄弟、夫妻”,相对应的宗法德性就是“父慈、子孝、兄良、弟弟(悌)、夫义、妇听”(《礼记·礼运》)。然后第二步,家内的宗法关系通过比附和拟制的方式,扩展到国内的政治社会关系——君臣(官民)关系和朋友关系。后者是人为比附和创设的新血缘关系——拟制血缘关系,即以“父子”比附“君臣(官民)”,以“兄弟”比附“朋友”。所以有“君父”“臣子”“四海之内皆兄弟”的说法。冯友兰就评论说:“家族制度过去是中国的社会制度。传统的五种社会关系……其中有三种是家族关系……君臣关系可以按照父子关

---

〔16〕 班固:《白虎通德论·宗族》。

〔17〕 曾宪义、马小红主编:《礼与法:中国传统法律文化总论》,中国人民大学出版社 2011 年版,第 61 页。

〔18〕 张国华编著:《中国法律思想史新编》,北京大学出版社 1998 年版,第 25~26 页。

〔19〕 有学者比较中西“国家”含义时就发现:“西方表示国家的 country、nation、state 等词语,都没有‘家’的意思,最多有‘乡土’‘政治共同体’的意思。只有中国,才把‘国’与‘家’连在一起说。其实,在古代中国思想里,家和国只是一小一大而已,把‘国’看成是放大的‘家’。”古代中国,“家是国的基础,家族的秩序和原则放大了,就是国家的秩序和原则。”参见葛兆光:《古代中国文化讲义》,复旦大学出版社 2006 年版,第 38~39 页。

〔20〕 梁启超:《先秦政治思想史》,东方出版社 1996 年版,第 44~45 页。

〔21〕 毛国权:《宗法结构与中国古代民事争议解决机制》,法律出版社 2007 年版,第 10 页。

〔22〕 同上书,第 12 页。

〔23〕 儒家作为中国传统思想的主体,将这种家国关系的拟制扩展思路传承下来并刻印在中国人的思维观念中。当今 21 世纪人们很自然的一些说法,如“两岸一家亲”“中华一家人”等,就仍反映着以家庭关系比附普遍的人与人关系的传统宗法关系思维和观念。

系来理解,朋友关系可以按照兄弟关系来理解。通常人们也真的这样来理解的。”〔24〕这样,社会宗法关系也从三伦发展为完整的五伦:君臣、父子、夫妇、兄弟、朋友。

《礼记·中庸》就讲:君臣也,父子也,夫妇也,昆弟也,朋友之交也,五者天下之达道也。(《礼记·中庸·右第二十章》)

这“五伦”宗法关系就成为儒家建构法正义论的理论主干,即儒家法围绕“五伦”宗法关系的主体——“五对”社会主体,公平对等地科以相应义务,形成所谓“十德”。

(二)儒家法正义的基本要素:“十德”义务

与社会关系的概括理路类似,儒家对社会义务的对等分配包含“从家到国”的两个步骤:第一步,对作为核心社会关系的“三伦”家庭宗法关系:父子、兄弟、夫妻,对等赋以相应宗法义务或德性——“六德”,即“父慈、子孝、兄良、弟弟(悌)、夫义、妇听”(《礼记·礼运》)。第二步,以家庭宗法德性比附国家和社会宗法德性。在儒家看来,从家到国的过渡或者比附是如此自然而“圆滑”,〔25〕以致“家与国的核心伦理原则——忠和孝,根本上也是相通的,孝为忠之本,是忠的基础”。〔26〕故“有子曰:‘其为人也孝弟,而好犯上者,鲜矣;不好犯上,而好作乱者,未之有也’。”(《论语·学而》)

因此,儒家参照以“父子”比附“君臣”,以“兄弟”比附“朋友”的宗法关系扩展理路,也相应把宗法德性扩展到两种拟制血缘关系“君臣和朋友”上。换言之,儒家认为,“君臣和朋友”关系欲达致正义,“君臣”关系就应当秉持“君仁、臣忠”德性,“朋友”关系则应崇遵“长惠、幼顺”德性。〔27〕这样,“五伦”社会宗法关系:君臣、父子、夫妇、兄弟、朋友,就各自对应10种德性或义务。(如图1所示)

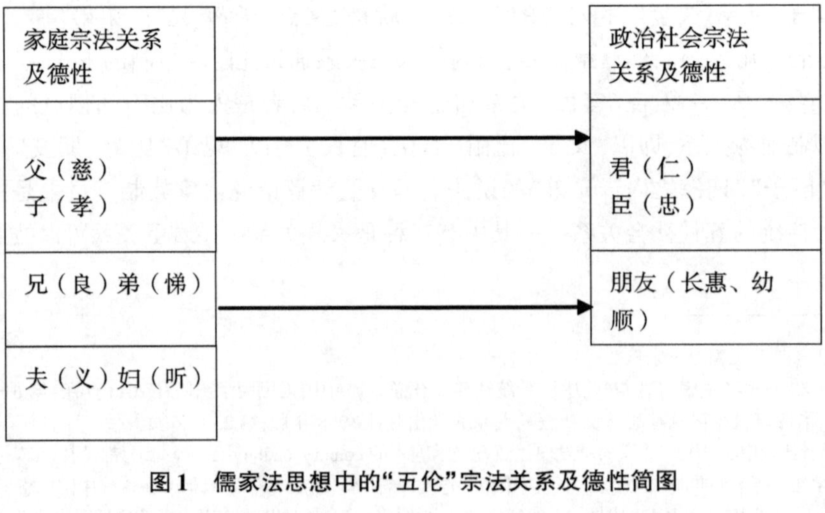

图1　儒家法思想中的“五伦”宗法关系及德性简图

---

〔24〕冯友兰:《中国哲学简史》,北京大学出版社1996年版,第240页。

〔25〕这是借用的梁启超先生评论我国“家到国”过渡过程的用语,参见梁启超:《先秦政治思想史》,东方出版社1996年版,第45页。

〔26〕葛兆光:《古代中国文化讲义》,复旦大学出版社2006年版,第39页。

〔27〕参见冯友兰:《中国哲学简史》,北京大学出版社1996年版,第240页。

“父慈、子孝、兄良、弟弟(悌)、夫义、妇听、长惠、幼顺、君仁、臣忠”(《礼记·礼运》)的“十德”义务,就是儒家法正义的基本要素。在儒家看来,如若社会全部五伦宗法关系秉持各自宗法德性、各社会主体能够忠实履行各自宗法义务,社会就能达到“父子有亲,君臣有义,夫妇有别,长幼有序,朋友有信”(《孟子·滕文公上》)的正义状态。这就是儒家法所努力塑造的理想社会。

那么,这种正义秩序具体依赖什么才能得以实现呢?答曰:礼法。

(三)儒家法正义的实现路径:“礼法”

在宗法关系通过“政治拟制”由家而国得以扩展之时,宗法伦理也由“家法”扩展为“国法”——最早体现为儒家所推崇的“周礼”。根据梁启超的研究,周礼是适于同姓宗族的宗法扩大适用到异姓族间关系而形成的国家大法:“周人自厉行此制,于是‘百姓’(即不同姓的宗族——引者注)相互间,织成一亲戚之纲,天子对于诸侯,‘同姓谓之伯父,异姓谓之伯舅’(《王制》),《诗》有之:‘岂伊异人,兄弟甥舅。’(《伐木》)其大一统政策所以能实现者半由是。此制行之三千年,至今不变。我民族所以能繁殖而健全者,亦食其赐焉。以上所言者,异族相互间之关系也。若夫同族相互间,更有所谓宗法者以维系之。”[28]因此,“周代礼制的核心,是确立血缘与等级的同一秩序,就是把父、长子关系为纵轴,夫妇关系为横轴,兄弟关系为辅线,以划定血缘亲疏远近次第的‘家’,和君臣关系为主轴,君主与姻亲诸侯关系为横轴,君主与领属卿大夫的关系为辅线,以确定身份等级上下的‘国’重叠起来”。[29]

后来儒家将“礼”发展“概括为以‘礼、名、分’为核心概念的周礼和宗法制度”。[30]以“礼”为主干,辅之以“法和律”,形成儒家奉为建构国家和社会正义秩序的基本规则的儒家法——“礼法”。[31]

“礼法”就是儒家法义论的所谓“法”,其价值目标就是保障各社会主体履行各自宗法义务,匡扶宗法正义,最终形塑一个正义社会秩序。正所谓“礼义以为纪,以正君臣,以笃父子,以睦兄弟,以和夫妇”(《礼记·礼运》)。因此晏子就说:父慈、子孝、兄爱、弟敬、夫和、妻柔、姑慈、妇听,礼也。父慈而教、子孝而箴、兄爱而友、弟敬而顺、夫和而义、妻柔而正、姑慈而从、妇听而婉,礼之善物也。(《左传·昭公二十六年》)

“礼法”就成为儒家法正义所赖以实现的基本路径。它由儒家思想所宣扬、完善和传承,并有儒生所提倡并实践。在此过程中,传统中国包括家庭关系、政治社会关系在内的

---

〔28〕 梁启超:《先秦政治思想史》,东方出版社1996年版,第45页。

〔29〕 葛兆光:《中国思想史:七世纪前的中国知识、思想与信仰世界》(第1卷),复旦大学出版社2001年版,第34~35页。

〔30〕 参见吴稼祥:《公天下:多中心治理与双主体法权》,广西师范大学出版社2013年版,第175页。

〔31〕 俞荣根先生将儒家法的内在结构概括为“德礼为主、法刑为辅”的模式,在这种法秩序下礼与法不存在严格界限。参见俞荣根:《儒家法思想通论》,广西人民出版社1992年版,第151~153页。

全部人与人的关系,都被"礼法"向着儒家心中的法正义所"一体"塑造。[32]

(四)儒家法义论的公平原则:"名分相称"

之所以说在儒家思想中儒家法追求的是公平正义,之所以说儒家思想存在法正义论,根本的是因为儒家法始终遵循公平原则根据社会主体身份来对等分配义务,即社会各主体的"名"与"分"严格对应。

在儒家的"礼法"中,每个人都有着血缘(实在血缘和拟制血缘)关系所决定的身份:君臣、父子、兄弟、夫妻、朋友——名,相应的身份分别相应承担着不同的对等宗法责任——分,即父慈、子孝、兄良、弟弟(悌)、夫义、妇听、长惠、幼顺、君仁、臣忠。而且,这些身份及责任之间存在"贵贱、尊卑、长幼、亲疏"等不平等的等级差别。[33] 每个人恪守着所具身份决定的差等义务和职责,安分守己,卑贱要服从尊贵,做到"君君、臣臣、父父、子子、兄兄、弟弟、夫夫、妇妇",[34]就是正义的个人;在人与人不平等的基础上形成的社会差序格局,就是正义的社会秩序。[35] 如瞿同祖先生所言,"'物之不齐,物之情也',儒家认为这种差异性的分配,才是公平的秩序"。[36]

儒家法义论中社会主体各等级身份之间义务对等的"名分相称"原则,蕴含"人人平等"思想。它主要体现为"位高者和位低者各自所负义务在理论上是对等的",实际上是一种对等"契约关系"。与卑位者的"忠、孝、敬、柔、悌、听、顺"等义务相对等的是位高者的"仁、慈、爱、良、和、惠、义"等责任。儒家之礼中,"尊卑"二方的义务和责任互为条件、互为前提,并无先后高下之分,是需要一体履行、一体实现,方合正义。"君君、臣臣、父父、子子"(《论语·颜渊》)意谓:"若要以君臣父子之礼待之,前提必须是受礼之人是个合格的君臣父子……礼首先是相互的责任、教育和提高,然后才是权利和权力。"[37]

以"君臣关系"为例,君若仁,臣对等以"忠"之德,反之,君父不仁,虽处"君父贵位"、有"君父尊名"亦非君父,自然不能享受臣子带君父之礼——"忠孝";"君"若不仁则不为

---

[32] 这也是儒家思想所独有的"一体化"作用的体现。金观涛、刘青峰认为,"所谓一体化,即把意识形态结构的组织能力和政治结构中的组织力量耦合起来,互相沟通,让意识形态为政治结构提供权威等组织要素,从而形成一种超级组织力量"。"在外国历史上,宗法组织和国家组织一般来说是互相对立的",但古代中国却是一个例外,"中国封建大国内部宗法组织这一中间层次的强大和国家组织不但不矛盾,反而彼此互相结合起来"。个中原因就是儒家思想对古代中国"家—国"关系的一体化黏合作用。一方面,宗法准则通过作为国家意识形态的儒家思想而扩展为组织国家的根本原则;另一方面,作为"家—国"基本准则的宗法伦理又通过管理国家并治理宗族的儒家士大夫阶层得以深入践行,成为整个社会的普遍规范。参见金观涛、刘青峰:《兴盛与危机——论中国社会超稳定结构》,法律出版社2011年版,第31~52页。

[33] 君、父、夫、兄的地位是尊而贵,相对应的臣、子、妻、弟的地位是卑而贱。即使被认为唯一处于平等地位的一伦:朋友("五伦之中除朋友一伦处于平等地位外,其余四种都是对立的优越和从属关系。")作为拟制的兄弟,实际中还是存在"长幼之别"。参见瞿同祖:《瞿同祖法学论著集》,中国政法大学出版社1998年版,第315页。

[34] 《论语·颜渊》云,"君君、臣臣、父父、子子";《易》下,《咸传》云:"君君、臣臣、父父、子子、兄兄、弟弟、夫夫、妇妇。"

[35] 参见费孝通:《乡土中国》,江苏文艺出版社2007年版,第25~32页。

[36] 瞿同祖:《瞿同祖法学论著集》,中国政法大学出版社1998年版,第308页。

[37] 柯小刚:《古典文教的现代新命》,上海人民出版社2012年版,第5页。

“君”,对此臣不仅不必尽臣之忠,“君不君则臣也可以不臣”。[38] 君不是君,而是独夫,天下可诛之。故孟子曰:“闻诛一夫纣矣,未闻弑其君”(《孟子·梁惠王下》)。“显然,这种关系对双方都有约束,所以原始儒家虽然讲君权父权,但并不等于绝对专制。”[39] 如此“义务对等”关系如梁启超所言:“儒家五伦成立于相互对等关系之上,实即‘相人偶’的五种方式。”[40]

如果人与人义务完全对等,实际上在义务上人与人就是平等的;那么相对地,在权利上也必然是平等的。人与人权利义务平等,在法律上就意味着“人人平等”。只不过在儒家法思想中,“法律面前人人平等”体现为“礼法面前人人对等负有相称宗法义务”。因此,儒家法思想的“名分相称”原则,表明儒家法在理论上是公平的和正义的,儒家法思想内在就包含“法正义论”。

考察儒家法正义论至此,则不得不提醒上文论述的一个重要限定:仅从思想理论上来说。换言之,若从思想理论体系意义上说,儒家法的核心价值是正义,儒家法思想包含法正义论内容。然而,理论不能等同于现实。理论是一回事,其应用到现实中的结果则可能是另一回事。

三、“百代都行秦政法”:“儒表法里”政制下儒家法正义的异化

中国法律制度史表明,当儒家的法义论运用到法律现实中后,儒家法理论和传统法制现实就发生了严重脱节和巨大反差。“义务对等”的法义论原则,并没有成为现实的法律原则。

(一)“义务对等”异化为“义务本位”

儒家法义论将“义务”作为形塑正义社会秩序的基本手段,在此思想指导下的传统法律制度也主要将“义务”作为调整社会关系的手段,将“宗法义务”作为法的主要内容,并对附加了严厉的制裁手段。“凡是违背这些义务的便是违法的有罪的。”[41] 以儒家法思想得以集中运用的《唐律》为例,其所严厉惩处的最严重的10种犯罪行为——“十恶”中,位于前列的“谋反、谋大逆、谋叛和大不敬”,都是为保障“忠”这个政治关系中的宗法义务得以履行;其后所严厉惩处的“恶逆、不孝、不睦、不义和内乱”等犯罪,则直指“孝、顺、悌、听”等其他宗法义务。

由此可知,传统法律虽将宗法义务转化为了法律义务,但是其对法律义务的规定,并未遵循儒家法义论所要求的“义务对等”原则。在法律上,统治者与统治者的义务严重不对等。法律所实际规定的义务主要是被统治者(位低者)的义务,所制裁的对象也主要是作为大多数人的被统治者(位低者)。正是在此意义上,以儒家法制度为主体的中华法系就被现代学者称为“义务本位”型法系。俞荣根先生对此解释道:“说中华法系及其法心

[38] 秦晖:《传统十论——本土社会的制度、文化及其变革》,复旦大学出版社2003年版,第215页。
[39] 同上书,第173页。
[40] 梁启超:《先秦政治思想史》,东方出版社1996年版,第91页。
[41] 俞荣根:《儒家法思想通论》,广西人民出版社1992年版,第19页。

理属于义务本位,并非指它们不讲权利,而是权利义务在主体那里被割裂了。在中国古代,权利和义务统一于社会共同体——家庭或国家,其中一部分人以国家或家庭的名义占有了别人的权利。于是在国家和家庭之内,少数人(君主、官吏、家长)享有权利,而大多数人(卑者、贱者、臣民、子女)只有尽义务的份。"[42]传统法律制度的"义务本位"特征,恩格斯从阶级分析角度曾有深刻阐述:"它几乎把一切权利赋予一个阶级,另一方面却几乎把一切义务推给另一个阶级。"[43]

总之,"义务对等"的儒家法义论并未导致一个"义务对等"的公正法律制度,更未塑造一个公平正义的社会秩序。从理论到现实,儒家法义论发生了扭曲和异化。这未尝不是儒家法思想的一个重大遗憾,让人扼腕叹息之余不禁深思:何以会发生这种异化?

(二)彻底瓦解"义务对等"原则的"儒表法里"政制

1973年毛泽东在《七律·读〈封建论〉呈郭老》中曾言:"百代都行秦政法",一语点破了主导传统政制的"儒表法里"根本原则。秦代政法是显明的"法家政制",虽自汉武帝"罢黜百家、独尊儒术"后,历代统治者都表面上崇奉儒家,然而实际主导其治国的却唯赖"法家"。这种特点被有些学者概括为"儒表法里"。儒家思想受到"尊崇"只是在纸面上,停留在外在表面上的,内里实际政制所行的则是法家的那一套。从秦至清整体来看,中国传统政治主流理念是"儒表法里",表里互相矛盾:说的是儒家政治,行的是法家政治;讲的是性善论,行的是性恶论;说的是四维八德,玩的是"法、术、势";纸上的伦理中心主义,行为上的权力中心主义。[44]

具体到法制方面,"儒表法里"的理念仍然通行。因为儒家法正义追求社会各主体间"义务对等"的公平正义关系,特别是尊卑之间更是纯然的"对等契约"关系,一方义务以另一方义务存在和履行为前提。由此推之,君臣之间若达成正义关系,"君仁""臣忠"的义务要求必须一体实现和履行;换言之,若君不仁,则即不为"君",就丧失被臣民尽忠的资格,沦为了臣民人人可诛的"独夫"。但儒家法正义的如此推理,必不为实际掌控统治权并追求"传子孙万代"的各代君王所不容。明确倡言此理的孟子,其牌位就曾被明太祖朱元璋逐出文庙。

尊卑间"义务对等"的儒家法正义原则既不见容,在现实中就必然被统治者利用有利维护巩固"君权"的法家思想所瓦解抛弃。他们接受法家所追求的秩序,是以权力等级体系为主干的社会政治秩序,保证位高者拥有绝对权力优势来控制位低者。它不是"正义"秩序而是"安全"秩序,是保证尊贵者统治权不受位低者觊觎的安全统治秩序,而非各主体间义务对等公正的儒家正义秩序。

职是之故,实际掌握立法权的尊贵统治者,在行立法之事时,必然抛弃义务对等儒家法正义理念,而追求尊卑间义务责任绝对不对等。二者义务不再互为履行条件,比如君臣关系,臣忠不再以君仁为条件。雍正帝就曾御批申斥臣下"君恩深重,涓埃难报"说:"但

---

〔42〕 俞荣根:《儒家法思想通论》,广西人民出版社1992年版,第21页。
〔43〕 恩格斯:《家庭、私有制和国家的起源》,人民出版社1999年版,第184页。
〔44〕 参见秦晖:《传统十论——本土社会的制度、文化及其变革》,复旦大学出版社2003年版,第176~184页。

尽臣节所当为，何论君恩之厚薄”（《朱批御旨·田文静奏折》，雍正七年六月十五日），厉责臣下要对君主绝对无条件地愚忠尽忠。[45] 位高者义务是弹性的，至多是道德义务，不具法律强制性；而位低者的义务，则是刚性的，则是法律义务，具有法律强制性，不履行则必遭法律严惩。后来科举制的建立和盛行，开启了“儒的吏化”或“儒的法家化”历史进程。[46] 经过这个过程，儒生被改造成为“法吏”，儒家法正义终无主导传统法制的机会。

（三）立法权是决定法正义落实效果的关键

国家法律是立法者制定的，一个国家的法律怎样规定，取决于立法者的意志。古代中国，立法权掌握在作为少数人的“君、官”等统治者手中。在传统宗法社会关系中作为统治者的“君、官”都是居于尊贵地位，属于位高者；被统治者的“民”，则居于卑贱地位，属于位低者。虽然儒家法义论对等赋予二者与其身份相称的义务，但是国家立法权由作为统治者的尊贵阶层所独享，处于被统治地位的位低者丝毫不能参与国家立法。因此，国家法律规定义务时，必然完全倾向于立法者即位高者的自身利益，主要规定的是被统治者或者是卑贱人的义务以及统治者和位高者相应的特权。

“孝”是被儒家视为家庭关系中的位低者所应负的首要宗法义务；而政治关系中位低者的首要德性义务是“忠”。“忠”和“孝”都是卑对尊、贱对贵所应承担的首要宗法义务。因此，在传统法律中，“‘刑三百，罪莫重于不孝’（《吕氏春秋·孝行览》），据说是商代就有的法律规定。秦汉大一统封建君主专制制度定型以后，以‘孝’和‘忠’为核心的‘三纲五常’既是大伦，又是大法。到隋、唐的法律中，‘不忠’‘不孝’被定为不得赦免的‘十恶’大罪”。[47] 位低者的宗法义务几乎都被上升为法律义务，并且对该义务的违背被视为严重犯罪受国家严厉制裁。

与此相对比的是，位高者所对等承负的宗法义务几乎没有上升为法律义务。他们违背宗法义务而危害位低者时所受法律制裁要轻得多，甚至这种危害根本不属于国法调整范围。以“官民”关系为例，儒家法义论中官对民所负的宗法义务或德性是“仁”，相应地民对官的义务是“忠”。民若不忠，侵害了官，在《唐律》中就“罪莫大焉”，所受惩处严重于凡人相犯，甚至会入“十恶不赦”之罪；而若官不仁，侵害了民，在《唐律》中官员可以依官品地位及与皇帝血缘的亲疏，分别享有议、请、减、赎等特权，甚至还会发生“官官相护”而不了了之。[48]

由此可见，儒家法义论中位低者的“忠、孝、敬、柔、悌、听、顺”等义务，几乎都被国家法律规定为法律义务，违背该义务就会受到国家法律的严厉制裁；而其中与之相对等的位高者“仁慈、爱、良、和、惠、义”等责任，并没有转化法律义务，而至多只是作为一种道德义务。若位高者违背该义务，只承担很轻的法律责任，甚至几乎没有什么不利后果。儒家法义论中位高者的德性义务，最后就沦为一种道德宣教、空洞口号乃至虚伪粉饰。

---

〔45〕 参见秦晖：《传统十论——本土社会的制度、文化及其变革》，复旦大学出版社2003年版，第178～179页。
〔46〕 同上书，第206～207页。
〔47〕 俞荣根：《儒家法思想通论》，广西人民出版社1992年版，第19页。
〔48〕 中国古代法规定的位低者义务及位高者特权，详细可参见瞿同祖：《瞿同祖法学论著集》，中国政法大学出版社1998年版，第237～248页。

虽号称以儒家思想作为立法指导思想,中国传统法制“选择性”地运用了儒家法思想。儒家法义论的国家和社会各主体间“义务对等”并未成为中国传统法制的核心立法原则;不公平的“君为臣纲,父为子纲,夫为妻纲”单向义务规则才是其实际主导原则。儒家法义论中的对等宗法关系被扭曲为一种严重不平等的权力服从关系,理论中的社会各主体间的义务平衡关系在现实中异化为严重的“义务失衡”关系。

综上所言,国家立法权由某一部分社会主体(作为统治者的位高者)所独享才是儒家法义论发生严重扭曲和异化的根本要害。立法权的掌控乃是决定法正义论实现效果的关键。法律实际规定谁的义务,并以国家强制力保障谁的义务得以履行,就看立法权掌握在谁的手中。

立法权属于国家治权。“立法权掌控”(由哪些人掌控?一个人、少数人还是多数人?)这个法理学问题,在政治学中,恰是属于“政体”问题范畴,即国家最高治权的掌控问题。亚里士多德在《政治学》中对古代城邦政体进行分类采用了两个标准:其中一个就是城邦最高治权的掌控情况。最高治权的掌控者可以是一人,也可以是少数人,又可以是多数人。“政体(政府)的以一人为统治者,凡能照顾全邦人民利益的,通常称为‘王制(君主政体)’。凡政体的以少数人,虽不止一人而又不是多数人,为统治者,则称‘贵族(贤能)政体’……以群众为统治者且能照顾到全邦人民公益的,人们称它为‘共和政体’。”[49]

“义务对等”的儒家法正义如欲完全落实,那就需要社会各主体共享国家立法权,是谓“共和”;需要处于卑位且占大多数的被统治者得以分享和掌控国家立法权,是谓“民主”。在“民主(人民)共和”的政体下,国家法律才可能会公平对等社会各主体,对等规定相应义务并保障义务的实现。

这恰是儒家思想的薄弱之处。儒家实现法正义的路径,并不是如古希腊亚里士多德那样着眼于寻求最合适的完美政体(perfect regime)——属于混合政体的共和政体,[50]而主要寄希望于统治者(位高者)的道德自觉。它寄希望于位高者通过“格物、致知、诚意、正心”的自我修炼,自觉到天道正义及自身所负的道义责任,从而自觉履行宗法义务、践行正义准则,最终塑造正义的家庭、政治和社会秩序,即“修身、齐家、治国、平天下”;儒家强调“民为邦本、本固邦宁”(《尚书·五子之歌》),指出“民为贵,社稷次之,君为轻”(《孟子·尽心下》),阐述“传曰:‘君者,舟也;庶人者,水也。水则载舟,水则覆舟。’此之谓也。故君人者,欲安,则莫若平政爱民矣”(《荀子·王制》),亦不过是告诫和提醒统治者要替民做主、为民做主,而非要民自己做主。

中国漫长的千年传统法制史证明,法正义寄望于人的道德自觉来实现,终究是靠不住的。即使某些历史时期,有贤君明相、君子圣人“以天下为己任”,忠实履行道义责任,践行正义准则,但终究不能扭转传统法制偏离法正义的整体历史趋势,没能改变儒家法义论

[49] [古希腊]亚里士多德:《政治学》,吴寿彭译,商务印书馆1965年版,第136页。

[50] 亚里士多德在《政治学》第二卷开始就表明自己的写作意图乃是:“我们打算阐明,政治团体在具备了相当的物质条件后,什么形式才是最好而又可能实现人们所设想的优良生活的体制。”随后用3卷的内容对当时存在的政体理论及政体实例进行详细的考察和评析,最后试图得出结论:混合式的共和政体是最为优良的政体,最能实现正义和善。参见[古希腊]亚里士多德:《政治学》,吴寿彭译,商务印书馆1965年版,第1~4卷。

在现实中最终流于空泛和空想的历史结果。

四、义务对等:东亚法治秩序的可能正义特质

若无论现实结果,仅从理论上来说,儒家法思想具有公平正义性,儒家存在法正义理论是不可否认的;若其“义务对等”原则能完全变为现实,最后通过设置义务所塑造的社会,未尝不是一个可欲的正义社会。

由此可得如下法理启示:第一,权利和义务只是法律调整社会关系的手段,法通过对等公平规定义务,也能塑造一个正义社会秩序。第二,权利和义务须平衡对待,不可偏重和偏废其一。义务本位的儒家法固然存在诸多弊病,[51] 但“权利本位”被扭曲理解和偏激推崇后所导致的“狭隘私欲膨胀、罔顾法律责任和公共利益”等严重社会问题,正可用儒家法义论正予以矫正和诊疗。第三,“民主共和”的国家政体下,人民牢牢掌控立法权和社会各阶层充分参与立法,是法正义充分实现的前提条件。实现法正义,仅有法律理论上的完美设计还是不够,还应着眼现实政体的完善和审慎改良。

当前,东亚国家大致上都在宪法中确立了现代“民主共和”的国家政体,建立一个公平正义的法治秩序,充分实现法正义已经具备了重要的法制前提。而且东亚的主要国家都在努力构建一个公平正义的法治秩序。它们曾经同属中华法系、共同遵儒家法思想。儒家法思想和法文化业已深深嵌入其法治文化底蕴,从而它们在法治秩序方面就存在可期的共通愿景。[52]

展望未来东亚法治正义,相较于西方如有不同,那最有可能的就是体现甚至承续了儒家法正义的特质——“义务对等”。具体来说,该特质在东亚法治秩序中可能会有如下表现:其一,坚持权利义务平衡原则,崇奉权利本位的同时,强调权利与义务一体两面的统一而不可分割关系;其二,法治的公平正义不仅是包含权利平等,更应突出义务对等,其中义务对等比权利平等更为基础;其三,在公法领域,责任优先。公法关系中的每一个人,都是在一定责任履行意识和目的中行使权力或权利的,根据自身位置尽职尽责,做好本职,从而达致政治关系公正和谐。换言之,对政府(官员)和公民,首先要求履行各自法定职责

[51] 儒家法思想将义务作为调整和形成社会正义秩序的主要手段,给每一等级身份都赋予了严密的以“爱人和克己”为特征的义务体系。从最高君主的敬天、保民、仁爱、修身、齐家、治国、平天下……到一般人的事君、孝亲、尊兄、敬长、爱妻、养子、友朋……从上对下的惠、施、宽,下对上的孝、悌、忠等,到具有普遍性的“恕”和“省”等。而尊卑贵贱对很多人来说是相对的关系,每个人会有多重身份,身份重叠,义务交织。这样宗法正义秩序下,每个人所承负的义务都可以说是严重超载。“子贡求息”的故事生动说明了,忠实履行义务的君子,忙碌一生都难得有休息身心、缓解疲劳的闲暇。“子贡问于孔子曰:‘赐倦于学矣,愿息事君。’孔子曰:‘《诗》云:温恭朝夕,执事有恪。事君难,事君焉可息哉?’‘然则赐愿息事亲。’孔子曰:‘《诗》云:孝子不匮,永锡尔类。事亲难,事亲焉可息哉?’‘然则赐愿息于妻子。’孔子曰:‘《诗》云:刑于寡妻,至于兄弟,以御于家邦。妻子难,妻子焉可息哉?’‘然则赐愿息于朋友。’孔子曰:‘《诗》云:朋友攸摄,摄以威仪。朋友难,朋友焉可息哉?’‘然则赐愿息耕。’孔子曰:‘《诗》云:昼尔于矛,宵尔索綯,亟其乘屋,其始播百谷。耕难,耕焉可息哉?’‘然则赐无息者乎?’孔子曰:‘望其圹,皋如也,嵮如也,鬲如也,此则知所息矣。’子贡曰:‘大哉,死乎!君子息焉,小人休焉。’”(《荀子·大略》)。儒家设定的繁密宗法义务超出了绝大多数人的能力,不具现实可行性,最后就只能流于虚伪的空洞口号。

[52] 参见冯玉军:《东亚共通法治的理论愿景》,载《哈尔滨工业大学学报》(社会科学版)2015 年第 1 期。

或责任,方论其权力和权利,并由此形成突出"问责性"(accountability)的良治模式。

美国学者福山曾提出:一个良好治理的国家政治秩序应具备三个基本要素:一是强力国家(state);二是法治(rule of law);三是民主问责制(democracy accountability)。[53] 首重义务的儒家法正义,亦要求高居权位的政府和官员首要注重履行自身责任。

对政府责任和问责的强调,正是儒家政治哲学的一个突出特征。[54] 对儒家来说,第一,政府的责任是第一位的,权力是从属性的,为履行责任而方可使用权力,如"先天下之忧而忧,后天下之乐而乐""在其位则谋其政,不在其位则不谋其政"之理。[55] 第二,政府不仅应对人民的物质生活负责,还要对他们的精神和道德负责。这体现在儒家要求政府对待人民的"庶之—富之—教之"的三段论。"子适卫,冉有仆。子曰:'庶矣哉!'冉有曰:'既庶矣,又何加焉?'曰:'富之。'曰:'既富矣,又何加焉?'曰:'教之。'"(《论语·子路》)另有"子谓子产,'有君子之道四焉:其行也恭,其事也敬,其养民也惠,其使民也义。'"(《论语·公冶长》)孟子也有言:"是故明君制民之产,必使仰足以事父母,俯足以畜妻子,乐岁终身饱,凶年免于死亡;然后驱而之善。"(《孟子·梁惠王上》)在逻辑顺序上说,政府的基本目标首先是解决民众的物质欲求问题,然后培育美德,提升德性。第三,政府永远处于无限责任之下,并承受上天和民众的问责。这包括天谴、民愤、民告甚至民诛,最后的激烈问责就是孟子意义上的民众揭竿而起"诛独夫"。孟子曰:"闻诛一夫纣矣,未闻弑其君。"(《孟子·梁惠王下》)当然在现代法治下,这种问责必须民主化和法治化,转化为民众监督问责政府的稳定长效机制。

简言之,未来现代东亚法治正义所可能共通具备的"义务对等"特质,就是指各人必须承负并履行与其地位力量(权利或权力)相称、能制衡其势力(power)的义务或责任,从而使各人(所有社会成员包括官与民)各守其分,各尽其职,从而达致国家正义,社会和谐。但是,这种正义的法治秩序仅仅是一种理论上的探索和推理。若要其落地实现,则不可遗忘儒家法正义异化的历史教训。为此,东亚法治研究更应着力谋思设计和完善落实各国"民主共和"政体的具体法治机制,为正义法治秩序的"降临"创造坚实的现实条件。

[53] 参见[美]弗朗西斯·福山:《政治秩序的起源:从前人类时代到法国大革命》,毛俊杰译,广西师范大学出版社2012年版;[美]弗朗西斯·福山:《政治秩序和政治衰败:从工业革命到民主全球化》,毛俊杰译,广西师范大学出版社2015年版。

[54] 参见白彤东:《旧邦新命:古今中西参照下的古典儒家政治哲学》,北京大学出版社2009年版,第43页。

[55] 参见谢文郁:《自由与责任:一种政治哲学的分析》,载《浙江大学学报》(人文社会科学版)2010年第1期。

东亚主权观念：生成方式与秩序意涵*

林永亮

【摘　要】 东亚地区的主权观念是东西方价值体系在特定历史情境中激烈竞争的结果，它的生成特征既由价值体系竞争的内在机理决定，又受所处时代外部战略环境的塑造。在东西价值体系竞争的过程中，东亚一直处于国际权力结构中的相对弱势地位，争取平等的国际地位是东亚各国共同面临的一个历史命题。当然，东亚各国在传统价值体系和历史经历方面并非整齐划一，这些不同决定了东亚各国主权观念的生成过程也各具特色。当前东亚地区合作和一体化进程面临的问题，归根结底在于利益难以协调和观念难以整合。为此，东亚地区在超越主权观念、重构东亚价值叙述上至少可以在三个方面取得不同于西方的成就。一是要强调世界的整体性，二是要强调人的“社会性”，三是要强调责任伦理。

【关键词】 东亚；主权观念；生成方式；秩序意涵；重构路径

早在20世纪90年代，中国就有学者提出地区政治研究要注意“地区性”的问题，社会建构主义兴起后国内又有学者提出了“地缘—文化建构主义”的概念。这些学术努力都是对基于西方经验的地区政治理论的反思，体现了中国学者对西方理论缺陷的深刻洞见和强烈的主体意识。这些努力试图告诉研究者，地区政治研究需要有强烈的时代意识和地理空间意识，如果过滤掉地区政治所处的时空背景，分析范式必然会遇到水土不服的问题。具体而言，“地区性”既体现为动态的“时代特征”，又体现为静态的“物质利益结构”和“社会观念结构”，本文聚焦后者，即特定历史条件下“社会观念结构”的变迁问题。

对于东亚地区来说，当前最具显要性的共有观念要数主权观念了，那么东亚主权观念与欧美主权观念的内涵完全相同吗？如果不是，东亚主权观念与西方主权观念在外表相似的背后有何种不同的价值内涵？这些差异是如何形成的？对于东亚地区秩序又有何种寓意呢？国际关系学界关注观念性因素的主要有理性主义、英国学派、社会学制度主义以及社会建构主义等理论流派，这些研究的缺点一方面，在于因先入为主的西方价值观立场而忽视了观念和规范背后的价值逻辑；另一方面，在于因专注单个的观念或规范而忽视了其衍生变迁的时代背景。实际上，观念或规范背后都隐藏着一定的价值立场，行为者接受观念或规范的过程，不应简单理解为“被社会化”的过程，而应理解为不同价值体系竞争的过程。这一竞争过程不是在真空中发生的，而是受到特定历史时代战略环境的塑造。价值体系竞争的内在机理和战略环境的塑造，共同决定了行为者对观念和规范的选择性

* 感谢中国人民公安大学法学院康宁讲师对本文提出的修改意见。当然，文责自负。

接受和改造。

一、东亚主权观念的生成方式

东亚地区的主权观念是东西方价值体系在特定历史情境中激烈竞争的结果,它的生成特征既由价值体系竞争的内在机理决定,又受所处时代外部战略环境的塑造。东西方价值体系的竞争是一个多元、多维的复杂过程,其中最为根本,与国际政治联系最为紧密的要数二者在对个人、国家和行为逻辑的理解等方面的竞争。在东亚传统价值体系中,社会由各种类型的关系构成,人是处于多重社会关系之中、扮演不同角色的“社会人”;在西方现代价值体系中,社会由众多的“个体人”组成,个人被视为社会的目的,是一切价值的归宿,个人的权利和自由是最高的价值诉求。在东亚传统价值体系中,“天下”由家庭向外无限延伸而成,“家—国—天下”是对其传统地区秩序最精炼的概括,“国际关系”实际是家庭关系在国际层面的投射;在西方现代价值体系中,国家由个体人组成,世界由个体国家组成,“人—国家—世界”是其世界秩序原理的最精炼的概括,“国际关系”实际是在国家拟人化基础上自由主义理念在国际层面的投射。在东亚传统价值体系中,伦理规则偏重责任忽视权利,行为逻辑是相对的,讲究不同情境中的不同角色定位和与之相应的行为逻辑;在西方现代价值体系中,伦理规则偏重权利轻视责任,行为逻辑是绝对的,讲究普适性规则的跨时空运用。在任一价值体系中,这三个维度并非简单的并列关系,对个人与社会之间关系的界定在一定程度上就决定了伦理规则的特征,而这两者又进一步决定了世界秩序观的形态。正因如此,西方现代价值体系在这三个维度上对东亚传统价值体系所构成挑战的力度有所不同,对“家—国—天下”的国际秩序原理冲击最为强烈,影响也最为深入;而对“社会人”、责任伦理以及相对主义之行为逻辑的冲击则不像世界观和秩序观那样彻底。

东西价值体系竞争不是在真空中进行的,在价值体系相遇和博弈的过程中,东亚所处战略环境对主权观念的生成起到了非常重要的塑造作用。在东西价值体系竞争的过程中,东亚一直处于国际权力结构中的相对弱势地位,争取平等的国际地位是东亚各国共同面临的一个历史命题。这一历史命题的长期存在,对东西方价值体系竞争的三个向度产生了或加强或减弱的作用。首先,争取平等国际地位的历史命题促使西方国际秩序观在挑战东亚传统秩序观时占据了绝对优势。这是因为,对于东亚各国来说,西方现代国际秩序观不仅比东亚传统秩序观有更强的解释力,而且可用来作为争取平等国际地位的强大思想武器。其次,在争取平等国际地位的过程中,东亚各国普遍面临着“救亡”与“启蒙”的双重使命。单从逻辑上看,唤醒个人的权利意识与救亡图存的历史使命并不矛盾,甚至只有唤醒国民的公民意识、改造国民性,才能从根本上增强国家实力。但是在外部环境的强大压力下,东亚各国基本都经历了“救亡”压倒“启蒙”的历史阶段。在救亡图存的历史理性驱使下,国家成为最高的价值诉求,国家独立、民族解放成为拥有最高权威的合法性叙述,东亚各国公民意识的成长随之基本偏向了整体主义一边。如此一来,东亚地区主权观念生成过程中,在对外向度上完全接受了西方主权国家体系所包含的独立、自主、平等等理念,在对内向度上则基本倒向了对主权的整体主义理解,个人权利意识未被彻底唤醒,公民意识亦未培育完满。日本主权观念生成过程中民权与国权的变奏和中国主权观念生成过程中公民意识从整体性到个体性再到阶级性理解的曲折经历均可作为这一论断的有力注脚。

当然,东亚各国在传统价值体系和历史经历方面并非整齐划一。这些不同决定了东亚各国主权观念的生成过程也各具特色。日本在其主权观念生成和发展的过程中国力日增,历史上首次获得了超越中国、成为东亚最强国家的机遇。在国家主权缺乏国内"民权"制约的情况下,日本主权观念的对外向度缺乏尊重周边国家的含义。日本在与列强修约的历程中强调的是"万邦林立"的观念,但在处理与周边国家关系时却抛弃了主权观念中"国家彼此平等"的含义,最终效仿西方走上了对外扩张的道路。近代中国与日本有所不同,晚清中国依然保有"天朝上国"的幻想,当这一幻想破灭后其在东亚依然可称为一大强国,只是随着西方列强侵略的逐步加深和历史上首次败给日本之后,晚清中国才开始彻底觉醒。如果说日本有借学习西方之机制衡甚至赶超中国的企图的话,晚清中国则是在由高度自负转为高度自卑的心理落差下开始向西方学习的。日本完成救亡图存时正值列强争夺瓜分殖民地的时代。完成救亡图存使命的中国面临的则是一个主权原则更为饱满的时代,此时的主权不仅包含"吾之主权不容侵犯"的含义,也包含了"吾亦不侵犯他之主权"的含义。当主权对外向度包含了这双重含义之后,地区秩序的形态也就在一定程度上被框定了。

二、东亚主权观念的地区秩序意涵

东亚地区主权观念在对外向度上完成"他对我"和"我对他"的双向叙述之后内涵更为完整。这种双向叙述对于地区内部国家来讲,既包含对自身权利的珍视也包含对他国权利的尊重,既意味着对争取本国合法权利的保障也意味着对侵犯他国意图的约束。在这种主权观念的塑造下,东亚地区整体上的安全和稳定得以维持,国家行为相对比较克制,不易出现大规模的冲突和战争。并且,正是在尊重主权原则的前提下,东亚各国间的相互信任得以建立,沟通和交往不断增强。比如,在中国与东南亚国家关系的发展过程中都遵循了现代主权原则,不仅有力地消除了东南亚国家对中国战略意图的疑虑,而且对中国与东南亚各国关系正常化起到了极为重要的作用。"冷战"后中国—东盟关系的健康迅速发展也是建基于双方对彼此主权的尊重,正是在这一共识之下,中国—东盟自由贸易区得以建成,经贸往来出现滚雪球式的增长。

但是,在促进地区合作进一步发展和推动地区一体化进程方面,主权观念的阻碍作用也日益显现。在维护地区稳定方面,不可否认,主权观念塑造下的各国都珍视自我主权并尊重他者主权,从而有利于维护地区层面的稳定,但是也正因受这一观念的约束,东亚国家或政府间国际组织在某一国家出现政治灾难时往往无法采取有效行动,因而难以有效控制地区潜在不稳定因素。在促进地区一体化进程方面,由于地区一体化进程的内容既包括经济一体化,也包括政治、文化一体化,因此构建地区认同是地区一体化的题中应有之义。然而,主权观念在价值逻辑上与地区主义观念的冲突又阻碍着地区认同的生成,从而不利于地区一体化进程的深入发展。一些突发性的跨国民事纠纷或历史遗留的领土争端一旦控制不好,就会激发有关国家国内民族主义情绪,从而对国家间关系以及地区合作造成破坏。理性来看,诸如中日、日韩海上争端以及中国同东南亚各国的南海争端不应给各国关系带来如此多的麻烦,但主权观念以及与之相应的民族主义情绪的存在使得理性态度在这些问题上往往受到严重的挤压。

正如温特所言,"国家相互承认主权的原则起到了关键作用,也是国际政治中的双刃剑。相互承认主权保证国家能够相信它们的个体性会受到国际体系中其他成员的尊重,这是友谊的必要条件;但是相互承认主权也会怂使国家以利己或自私的方式思维,这又使友谊很难产生。所以,21世纪对外政策决策者面临的最大挑战是发现一种方式,既可以相互尊重主权的个体性,同时又可以把各国纳入建立真正的国际共同体的进程。如果国家能够解决个体性和共同体之间的矛盾,就一定会创建一个康德无政府文化的体系"。[1]

三、东亚主权观念的重构路径

当前东亚地区合作和一体化进程面临的问题,归根结底在于利益难以协调和观念难以整合。因此,要推动东亚地区合作和一体化进程,既要精巧设计合作领域和合作路径,又要探索重构东亚价值观念。然而,无论在东亚合作实践还是在学术研究中,人们基本将精力集中到了第一个方面,即关注东亚秩序中的物质性要素,关注收益考量,而第二个方面却在很大程度上被忽视了。实际上,对于地区合作和一体化进程来讲,利益协调与观念整合缺一不可,东亚地区合作之所以出现流于形式、浮于表面的窘境,深层的根源在于地区共享观念的稀薄和"社会性"不足。因此,对于东亚各国的知识精英来说,探索超越主权观念、打造厚重的东亚共享观念是一块可资开垦的学术领域,可为东亚合作和一体化进程稳定坚实的进步提供观念基础。

从较为宏观的视角来看,当前东亚关于主权观念的争论,是东亚反思现代性、超越现代性弊端的政治体现。对于尚未完成现代化进程的东亚各国来说,超越作为现代性概念之一的主权规范自然颇为不易。但是,从物质因素的发展来看,对主权的超越乃是必然趋势。目前东亚地区对主权的坚守,正是超越主权的压力越来越大使然。对于东亚来说,主权规范必然逐步弱化,这是反思和超越现代性弊端的必然趋势。但是,这并不意味着东亚要完全走欧洲的路子。正如现代性并不是唯一可能的生活一样,对现代性的突破也不应仅遵循某一特定的路径。从这个意义上说,如何塑造超越主权规范的东亚话语,对于世界观念的完满性和东亚地区的主体性具有极为重要的意义。在西方的语境中,东亚之所以难以超越主权观念原因在于其现代性尚未完成,并且东亚突破主权观念的路径必定与西方相同,即经由观念体系中的自由主义和世界主义(以自由主义为支撑)从上下两个方向对主权观念的挑战来完成。这一说法是有道理的,如果没有更高层次的价值追求,就没有能够挑战主权观念的合法性叙述。但是,这一说法也不可避免地带有根深蒂固的西方中心主义倾向。作为延续了几千年的文明,东亚在超越主权观念时必然会有自身的特征,而这些特征正是东亚各国知识精英所应大力挖掘的。本文认为,东亚地区在超越主权观念、

[1] 亚历山大·温特:《国际政治的社会理论》,秦亚青译,上海人民出版社2008年版,第34页。

重构东亚价值叙述上至少可以在三个方面取得不同于西方的成就。这三个方面分别源于东亚传统价值体系中的世界观立场、对人的定位以及关于伦理规则的叙述。

第一,超越主权观念、重构东亚价值叙述需要强调世界的整体性。作为一种世界观,东亚传统价值体系中的“天下观念”在近代遇到西方主权国家体系时受到了重创。但是,这一世界观陷入低潮,与其说是因为世界观本身的局限性,不如说是因为传统制度的落后性。由于古人活动范围有限,“天下无外”的世界观在现实政治层面被作为大一统政治体制的逻辑依据,而在“家—国—天下”秩序遭到西方彻底破坏之后,不但大一统的政治体制遭到了彻底否定,“天下无外”的世界观也遭到了人们的抛弃。然而,这一抛弃毫无疑问是武断的。“天下无外”的世界观是一种对世界的整体性理解,是将我与他、我国与他国、人与其他物种、地球与其他星球均视为一体的一种系统性思维方式。这一思维方式不但强调不同个体的不同角色和功能,同时也强调个体的有限性。在现代化进程中人与自然的矛盾日益凸显的今天,西方社会已经深刻思考人类智慧的有限性,逐渐改变征服自然的想法,这在深层意义上实际正是向“天下无外”世界观的回归。在人与自然的关系上,按照“天下无外”的世界观逻辑,人只是自然生态系统的一个组成部分,人类智慧的最高境界不是追求彻底征服(由于人类智慧的有限,任何欲求征服自然的举动都必然会受到自然界的严重惩罚),而是追求人与自然的和谐相处,实现“天人合一”。回到国际政治领域,在国际政治日益演变成世界政治的当今时代,任何行为体都是世界政治的组成部分,都扮演着不同的角色,发挥着不同的功能。在这一态势下,任何一种行为体都不可能彻底支配整个世界政治的运行规律。作为传统国际政治的主要行为体,现代国家必然面临着如何与其他国家、其他行为体和谐相处的问题。按照“天下无外”的系统观点,现代国家只是世界政治的构成要素之一,只是与个人、国际组织、公司、非政府组织同样重要的行为体,他们在这一体系中所扮演角色和所发挥作用只有显性与隐性之分,而没有轻重之别。因此,在整体性的世界政治中,国家正在为其他行为体让渡适度的政治空间,如此,各类行为体能够更好正常运转、和谐相处。如果只有国家这一种行为体起作用,就如同人类欲求彻底征服大自然一样,必然遭到世界政治的惩罚,其形式就是循环反复的战争和冲突。只有将国家视为世界政治构成要素中的一种,适当约束国家行为,才能为其他行为体的健康运作和积极性的发挥提供适当的政治空间,才能维持世界政治系统的健康,进而才能维护人类的和平与安全。

第二,超越主权观念、重构东亚价值叙述需强调人的“社会性”。如前文所述,东亚传统价值体系中的人是处于一系列社会关系之中的,是“一切社会关系的总和”。西方现代价值体系中的个人被视为最高的价值追求,国家是实现个人价值的工具,世界也是维护个人的权利和自由的手段。不可否认,西方个人本位的价值立场为其突破主权观念提供了价值张力,即个人权利和国家权利的冲突为西方突破主权观念提供了观念动力。但是,这一突破是建立在对抗式思维的基础上的。个人与国家是对立的,个人与世界也是对立的,而个人与国家之间、个人与世界之间广阔的社会领域被严重忽略了。实际上,随着社会学学科的创立和不断发展,人们对社会本质的认识不断深化,对社会本体的界定不断革新。在此背景下,将个人与国家二元对立的观念正遭受着严厉的批判。尽管个体主义和整体主义逻辑在方法论意义上具有永不褪色的价值,但在本体论意义上却存在难以弥合的重大缺陷。毕竟,人是彼此独立的,也是相互依存的,社会由人组成,人也必须生活于社会之中。因此,有意识地对主权学说进行本体论革新,挖掘居于“个人”与“国家”两端之间的广阔的社会领域,可以为理论的发展开拓巨大的空间。当然,这种革新的本体论意义大于其方法论意义,可能很难发展出具有较强逻辑性的理论,但仅就本体论这一点而言,其重要意义都难以估量。这是因为,赋予个人与国家之间的中间地带以本体地位可以消弭自我与他人、个人与国家之间的张力关系,创建“社会本体”的国家逻辑。在国家内部,个人与国家间的张力关系被“社会本体”的价值叙述所取代;在国家外部,国家与国家之间的张力关系也被“世界社会”的价值叙述所取代。这无疑是一种更为接近社会事实本质的价值叙述方式。

第三,超越主权观念、重构东亚价值叙述需要强调责任伦理。欧洲自文艺复兴、启蒙运动始倡导个体人本位主义,强调个人权责对等。事实上,权责对等正是自由主义的本质。但是,由于自由主义有反愚昧、反专制的历史使命,所以后世的西方文明实际是一个相对更偏重权利而弱化责任的文明。这一特征一直持续到现在,并正在强力地侵蚀着后发国家。而反观中国,我们传统伦理价值体系中个人是缺位的,因而强调义务、强调责任、强调自我反思,忽视个人权利。儒家传统的这一价值逻辑最为经典的概括就是“反求诸己”。在今天的世界,在权利逻辑具有压倒优势的合法性地位的情况下,将“反求诸己”的责任逻辑和反思意识注入世界文明之中实际是必要的,这有利于世界文明的均衡性和包容性成长。具体到国际关系领域,当今依然占主流地位的主权原则实际是自由主义逻辑在国际政治领域的一种投射。这一规范只不过是将国家拟人化,强调国家的权利不可侵犯。与其他领域一样,人们关于国际关系的价值观念中也是偏重权利而弱化责任的。尽管外交辞令中关于国际义务的说法渐趋增多,甚至冠冕堂皇,但关于责任的价值逻辑依然虚幻却也是不争的事实。因此“反求诸己”的价值逻辑同样可以用于国际政治的价值叙述,它有利于更平衡地进行关于国家权利与责任相对等的价值叙述。如果“国家天生具有国际责任”能够在人们意识中拥有与“主权不可侵犯”同样的地位,那么国家间关系中的张力就会不断弱化,而更多地表现为和谐状态。

文明是相对的,文明差异的本质在于对或互补或冲突之价值的不同排序。世界文明健康发展的标准不是将某一价值发挥到极致,而是更为包容地接纳新的价值要素和更为成功地处理相互冲突价值间的平衡问题。拥有光辉灿烂历史的东亚文明,理应给出超越主权观念的主体性价值叙述方式,为世界文明的健康平稳发展注入新的制衡性价值要素!

日本法律近代化的精神动因

李丽辉

【摘　要】 本文通过对日本民族的伦理价值体系及占据其核心地位的名誉观的考察,发现其独特的伦理道德成为日本人在近代完成法律转型的重要精神动力因素。对名誉观念的重视是日本人不甘心落后的人生目标,其所依托的伦理道德“恩”由“义务”“义理”两大类规范组成,它们构成了日本人生活的主要道德规范。名誉观的实现方式深化了日本民族对名誉观念的重视,其两个衍生物现世主义和对教育的重视促进了日本法律在近代的转型。本文从精神层面的探究仅仅是种研究的尝试,以期对中国的法治进程有所禅益,并不意味着否认其他因素在日本社会法律转型中的重要作用。

【关键词】 名誉观;道德;法律近代化;精神动因

一、日本法律近代化的精神动因

通过对历史一定角度的考察,人们发现在日本人的伦理价值中存在忠为先、孝在后的顺序。在近代的日本,履行报答天皇之恩的“忠”和报答父母之恩的“孝”这两类义务时,废除孝道的行为只有在与对天皇的义务发生冲突时才可以作出。而且,相当露骨的相互怨恨只在孝道中可以看到,这种现象在尽忠这一重大义务中是不存在的。忠孝的先后顺序之分与日本人的名誉观这一民族特性密切相关,后者最终成为日本法律近代化的精神动力。正如迪尔凯姆(Emile Durkheim,1858—1917)所言:“每一种社会事实都是一种力量,而且是一种支配我们力量的力量,又因为每一社会事实都有它们固有的特性,所以要使它们存在,仅凭意图或愿望是不够的,还必须有能够产生这种决定性力量的力量和能够产生这种特性的特性。二者在这种条件下,社会事实才能够存在。”[1]

(一)名誉观的含义

一般情况下,中国人认为“最贪者莫过于自杀,最弱者莫过于自杀,最无自信者莫过于自杀。在人道的意义上,最残忍的更莫过于自杀,在精神的生活上,最矛盾纷乱而不能统驭的心理无过于自杀”。[2] 在西方人的眼中,认为中国人的自杀原因与西方迥然不同。在玛格丽·沃尔夫(Margery Wolf)关于中国女性自杀的论文中,她发现了这样的问题:“自杀行为和中国人的许多其他行为一样,不仅仅是一种个人行动、自身绝望的表示,更

---

〔1〕［法］埃米尔·迪尔凯姆:《社会学方法的准则》,狄玉明译,商务印书馆1995年版,第107页。

〔2〕蒋百里、戴季陶:《日本人与日本论》,凤凰出版社2009年版,第143页。

是一种指向他人的行为……西方人对自杀通常的设问方式是'为什么',但在中国,人们可能更关注'谁?谁逼她自杀的?谁应该对此负责?'"[3]这一研究结论与一位旅居中国的西方人的经验不谋而合。清末民初,在中国东北行医的苏格兰长老会的克里斯蒂目睹了当时一个穷人因为地界纠纷与富人打官司,富人通过行贿取胜之后,穷人家的三个儿子相继在富人家门口自杀。这家穷人通过这样的方式获得了富人家的赔偿、赢得了在村里的威望。这个传教医师写道:"在中国,人们自杀并不是因为厌倦生活,也不是因为想从耻辱或悲伤中解脱的怯懦想法,而是因为不可遏制的愤怒,或者他知道他的死会陷对手于不义。"[4]

通常情况下,中国人不会因为"想从耻辱中解脱"而自杀,而这种想法却是西方人和日本人自杀的重要原因。以自杀作为解脱耻辱的方法,在这个意义上,日本人和西方人颇多类似之处。但是"类似"并非完全一致,日本的自杀率比其他经济发达国家都要高,平均每个自杀者都有十多次以上的自杀未遂经历。如果以生活压力大、人的脆弱性作为解释自杀率高的原因,那么,这一原因难以解释在生活压力更大的其他国家为何没有出现那么高的自杀率?难道日本人较之其他民族就特别得脆弱?值得注意的是,在日本不仅普通民众选择这种方式结束人生,而且许多著名人士如号称明治"维新三杰"之一的西乡隆盛、甘为天皇陪葬的军国主义者乃木希典、获得诺贝尔奖的作家川端康成等也以同样的方式结束生命。也就是说,自杀在日本社会具有普遍性。在这种普遍性的背后、在这种对自杀的价值观认可的背后,究竟存在什么样的原因?

在迪尔凯姆关于自杀的研究中,他发现这种特殊的社会现象与种族、遗传因素、个人素质、心理状态、精神病、自然条件、气候变化之间的关系不大,却与社会环境有着密切的关系。并且,"在任何时候,决定自杀人数多少的都是社会的道德规范。因此,每个民族都有一种具有一定能量的集体力量推动人们去自杀。乍看起来,自杀者所完成的动作似乎只表现他个人的性格,实际上是这些动作所表现出来的某种社会状态的继续和延伸"。[5]按照自杀的不同原因,迪尔凯姆把自杀分为三种类型:利己主义的自杀、利他主义的自杀和由于社会混乱所引起的自杀。在第二种类型当中,又包含了三种不同的形式:义务性利他主义的自杀、非强制性利他主义的自杀和强烈的利他主义的自杀。第一种形式义务性利他主义的自杀是因为社会强制性规定了这种牺牲是为了社会的目的,"社会迫使他承担自杀的义务,使这种义务具有强制性的条件和环境就是由社会造成的"。[6]个人只是整体的一个组成部分,没有自身的价值。如果个人不履行这种义务,就要受到侮辱和宗教的惩罚。第二种非强制性利他主义的自杀直接和明显的动机都是微不足道的,因为不留恋生命被视为一种美德,社会的奖励给予了由此产生的自杀,拒绝这种奖励就会招致惩罚。"为了在某种情况下逃避耻辱,就是为了在另一种情况下赢得更多的尊重。"这种自杀的习俗部分是自发的,它训练人们从童年时代起就习惯于不重视生命,可以为了最小的借口而放弃生命。第三种强烈的利他主义的自杀不是社会强加的义务,也不是与

[3] 海青:《始于自杀,终于"自我"》,载《读书》2010年第6期。

[4] 同上。

[5] [法]埃米尔·迪尔凯姆:《社会学方法的准则》,狄玉明译,商务印书馆1995年版,第321页。

[6] 同上书,第228页。

荣誉有关的事件起了作用,而是“为了得到牺牲的乐趣,因为毫无特殊理由地自我牺牲被认为是值得赞扬的”。[7]

尽管迪尔凯姆强调利他主义是原始人的道德特点,低级社会是利他主义自杀的温床,但是在现代社会中,这种利他主义自杀也是存在的。日本人的自杀就非常地接近迪尔凯姆所描绘的利他主义自杀的第二种形式。为了名誉,甚至个人的生命也可以轻易成为抛弃的对象。至于选取切腹的方式,是因为社会形成的习惯使然。无论这样的行为或者习俗是否低级社会的道德观念,这些道德实践逻辑背后的形而上学体系才是它们的根源所在。

(二)“名誉”词源考

“名誉”一词在日语中有四个含义:一是指荣誉;二是指名声;三是指体面;四是指在歌颂别人丰功伟绩时在形式上使用的说明,如“名誉教授”;[8] 在汉语中则有两个含义:一是个人和集团的名声;二是名义上的(多指赠给的名义,含尊重意)。[9] 逐个剖析这些含义——“荣誉”是特指光荣的名誉,“名声”是在社会上流传的评价,“体面”是种传统、身份或者光荣、光彩。可以发现,“名誉”一词在两种语言中的含义相比较而言,共同之处在于二者均使用于名声和名义上,差异之处则在于日文中的“名誉”更指向那些与光荣、体面有关的积极方面的含义。

(三)独特的名誉观

的确,名誉的意识除了包含人格的尊严和对价值的明确自觉之外,在日本人心目中,名誉更是他们为了赢得普遍的尊敬而持久不变追求的目标。这种在出生之前就受到熏陶的名誉心,“触及他心情的最敏感之处”。[10] 在他们看来,名誉即使只是虚荣或世俗的赞赏,也被视为人生的至善,具有极高的地位;它成为青年们追求的目标。如果不能得到名誉和声望,知识、财富甚或生命本身,也被视为毫无价值,可以迅速而平静地舍弃。精心观察过东方制度和人民的汤森(Meredith Townsend,1831 ~ 1911)认为:“我们经常说欧洲如何影响了日本,却忘记了这个岛国的变化完全是它自身发生的。并不是欧洲人教导了日本,而是日本自己发起从欧洲学习文武的组织方法,从而获得了今天的成功。”它“自身发生”变化的原动力在于国民自身之中:不能容忍被蔑视为劣等国家的名誉感是日本发生变化最强大的动机。[11]

在名誉感的驱动下,日本人唯恐落后,古代学习中国,近代学习欧洲,现代学习美国,“对日本人来说,所谓外国,就是长期内经常给自己带来文化的地方,来自外国的文物往

[7] [法]埃米尔·迪尔凯姆:《社会学方法的准则》,狄玉明译,商务印书馆 1995 年版,第 232 ~ 233 页。
[8] 《外研社日汉双解学习词典》,王萍等译,外语教学与研究出版社 2005 年版,第 1668 页。
[9] 参见中国社会科学院语言研究所词典编辑室编:《现代汉语词典》,商务印书馆 1983 年版,第 797 页。
[10] 参见[日]新渡户稻造:《武士道》,张俊彦译,商务印书馆 1993 年版,第 47 页。
[11] 同上书,第 96 ~ 97 页。

往给自己带来新的便利和富裕”。[12] 从江户时代开始,他们已经有了在世界各国的序列中尽可能名列前茅的愿望。所以,当不可能不接受传统熏陶和教诲的明治政治家们到西洋考察后、意识到他们不适应这个世界时,文明开化的政策便成为他们的首选,明治维新成为“西方化的开始,也是江户以来中国化的完成”。[13] “他们把西洋作为了一个进步的尺度,一个日本前进的目标。”[14] 当时的日本人认为最需要的是把西洋的文明引入日本,欧洲化、西洋化就是文明开化。于是,在殖产兴业初期,政府从英国引进了织布机,从各国雇佣了数量惊人的外国人。为了引进技术,社会各个领域包括绘画等都在积极学习西方。时至今日,家族徽章的繁多,[15] 工作服上装后背的组织图案,商店的象征性标志门帘[16] 乃至生活中对清洁的癖好[17] 等无不象征、体现着日本人珍惜、重视“名誉”的观念。

近代时候的中国人并不是不爱惜或重视名誉,孟子就曾经说过:“羞恶之心,义之端也。”[18] 然而,在中国人眼中,名誉观念的内涵并不包括为了赢得普遍的尊敬而持久不变追求的目标;其次,名誉的观念也不像日本人那样在其人生的伦理价值中占据着极高的特殊地位;再者,中国人追求名誉实现的态度和方式也不同于他们。在儒家修身齐家治国平天下伦理的熏陶下,中国人更珍视的是“仁”的品质和价值。所谓“己欲立而立人,己欲达而达人”是其积极的一面,“己所不欲,勿施于人”则是其消极的一面。[19] “仁”也不是孔子所认为的最高境界,“圣”才是最高境界,但孔子认为即使尧、舜都未必能达到。如果名誉受到损害,中国人会以“君子报仇、十年不晚”的精神去卧薪尝胆、发奋图强,或者以置之不理等其他方式挽回受损的名誉;但却很少有人像日本人这样为了追求名誉的实现,全力以赴而不计较方式的采纳;或者当其名誉受到损害时,不论用何种方式一定要雪除名誉的污点。所以虽然二者在实质上都属于耻感文化的范畴,然而娓娓道来的话,却也有着诸多的差异。

在日本人的道德观念中,只要受到的侮辱、毁谤及失败而未得到报复,或者污点未被雪除,世界就不平稳;一个正派的人必须努力使世界恢复平衡,这是人的美德而非罪恶。在任何重视雪除名誉污点的观念占优势的地方,其人生价值的核心总是超越物质意义的利益,一个人为了名誉牺牲其财产、家庭、生命是这种地方经常提倡的精神价值的基础。然而把名誉看作高尚理想的一部分,耻必须雪的观念却是日本人所特有的。在与其他民

---

〔12〕 薛福成:《出使英法义比记》,转引自艾永明:《清末法制近代化为什么失败——从中日比较的角度分析》,载《比较法研究》2003年第3期。

〔13〕 [日]渡边浩:《“进步”与“中华”》,转引自孙歌:《求错集》,生活·读书·新知三联书店1998年版,第65页。

〔14〕 中央电视台《大国崛起》节目组:《日本》,中国民主法制出版社2006年版,第83页。

〔15〕 中国没有类似徽章的东西。日本的徽章就其历史、种类、图案而言都不逊色于欧洲,在江户时代的鼎盛时期,家徽的种类多达12 000种以上。

〔16〕 无论是家族徽章、工作服上装还是标志性门帘,都是把集团的名誉、信誉用一种视觉的记号表现出来,以体现集团的名誉与团结。

〔17〕 在日语中,“清洁”一词除了有汉语指涉卫生状况的含义外,还具有了“人格和生活态度等正确而没有污点”的引申义,涉及人的精神状态;而汉语只有借助于换喻的手法,才可能用它来指涉人的精神。这样,日本人的整洁习惯实际上已经具有了卫生手段以外的意义。

〔18〕 《孟子·公孙丑上》。

〔19〕 参见《论语集注》,杨伯峻译注,中华书局1980年版,第16页。

族有所差异的地方最能够体察出一个民族的特性，而从这样的特性，又可以观察其背后的社会生存意识的特质。之所以有这样关于名誉的独特观念，是因为他们独特的伦理价值体系。名誉的价值观念只不过是伦理价值体系之树上面所悬挂的一颗果实，果实的品种取决于树木的品种，而树木的状态也不可避免地会投射到果实的状态上。这种属种关系的存在，使得伦理价值体系的独特产生了名誉观的独特。当然，名誉观在整个伦理价值体系中所占据的核心地位是不容否认的。这一核心地位的拥有使得对名誉观的考察更具有管中窥豹的作用和功效。反之，这一独特的伦理价值体系，不仅能够从纵深方向展现名誉观念在日本人生活中的重要地位，而且能够使人们深入了解日本人名誉观的逻辑构造，掌握其确切、全面的内涵。

二、恩的伦理价值体系

(一)恩的特性

同中国人一样，日本人也认为自己是历史的负恩者，通过祖先崇拜的仪式，人们表示承认对过去的一切欠有巨大的恩情，两国的语言中都有"养儿方知父母恩"的民间俗语。但是由于社会结构和传统文化的差异，中日两国人们不仅对恩的理解、分类不同，而且报恩的方式也有所差别。几百年来，"不忘恩情"这种习性在日本人的习性中占有最高地位。对日本人而言，"恩"作为一种必须偿还的债务，也意味着对所欠恩情的回报。"恩"一经接受，则成为永久存在的债务，就要用报恩来进行积极地、刻不容缓地偿还。"欠恩不是美德，报恩则是懿行。为报恩而积极献身之时就是行有美德之始。"〔20〕

日本人非常重视"投之以桃，报之以李"。这次收了别人的礼物，下次必定会还礼。即便是几年以前送给别人的礼品，几年之后再度见面时，日本人不仅会提到上次所接受的礼品，并且会馈赠相应的礼品。所以，日本人举办婚礼，"赚"得很少，因为收礼必定要还礼。〔21〕这种习惯的形成是因为日本人把礼物视为了一种必须偿还的恩情。在莫斯对斯堪的纳维亚文明和其他文明中礼物的研究发现，交换和契约总是以表面上自愿的礼物的形式达成，而实质上，送礼和回礼都是义务性的。这些表面自由和无偿的自愿呈献，实际上却是强制和重利的。因为在这样的社会之中，"这些进出往来，便意味着无论在氏族之间、个体之间，还是在品级之间、性别之间和世代之间，都存在着一种既关涉物也关涉人的精神方面的持续交换"。〔22〕而在这些"精神"当中，荣誉的观念扮演着重要的角色。有尊严的回报被视为一种强制性的义务，倘若没有履行这一义务，将会散失一辈子的颜面并遭到惩罚。所以在日耳曼古语中礼物也具有双重的意涵：一方面是礼物；另一方面是毒药。虽然莫斯将研究的范围限定在后进社会或者古式社会，但是他也承认，我们在生活中所采用的原则其实都是些由来已久的原则，我们社会与阶层所熟稔的动机也是古式的道

〔20〕［美］鲁思·本尼迪克特：《菊与刀》，吕万和等译，商务印书馆1990年版，第80页。
〔21〕参见叶永烈：《樱花下的日本》，中国社会出版社2009年版，第58页。
〔22〕［法］马塞尔·莫斯：《礼物》，汲喆译，上海人民出版社2005年版，第24页。

德。[23] 从日本人对礼物接受与返还的敏感当中,人们不难发现荣誉这一民族性因素的重要作用。虽然这一习俗并没有以法律制度的形式存在,但却顽强地存续在日本人的历史和现实生活之中。这一存在实际上从另一个侧面印证了莫斯的研究,增加了其现代社会的素材。

(二)恩的第一类义务:“义务”

日本人把恩分为各具不同规则的不同范畴:天皇之恩、父母之恩、主人之恩、师长之恩以及一生中与各种人接触时所接受的“恩”。他们不仅将所有对自己施恩的人都视为自己的恩人,而且要主动偿还这些从被动立场产生的义务,向恩人回报这些义务,这样就有了恩的两类义务。

第一类义务无限的恩又称为“义务”,也即无论如何偿还都是无法全部还清的,而且偿还时间也是无限的。这类义务包括报答天皇之恩的“忠”和报答父母之恩的“孝”。孝道包含对双亲、祖先的尊敬、服从以及对子女的照顾,无论父母是否值得尊敬、是否破坏自己的幸福,都不能不奉行孝道。废除孝道的行为只有在与对天皇的义务发生冲突时才可以作出。无论是“忠”还是“孝”,二者都具有强制性,是任何人与生俱来的义务。

比之于中国古代历经若干个朝代的更替,日本历史上只有一个“万世一系”的皇室。天皇在明治维新后被塑造为最高主祭者、日本统一与永恒的象征,“忠”成为每个日本人对神圣首领的报恩,一句“这是天皇御旨”的号召就可以唤起强制力超过任何现代国家的“忠”。在民政管理中,“忠”强制着从丧葬到纳税的一切事物。在日本人看来,遵守法律就是对他们的最高恩情——皇恩的回报;所以,“忠”就包含了对天皇、国家和法律的义务。如果说报答父母之恩的尽孝义务之中还可以看到家族成员之间露骨的怨恨的话,这种现象在报答天皇之恩的尽忠义务根本不存在。天皇超越了国内一切政治纠纷,“作为忠诚的象征,其意义远远超过国旗”。[24] 所以在日本,如果有人说人的最高义务是爱国他就会受到指责,而必须说人的最高义务是对天皇报恩。

(三)恩的第二类义务:“义理”

1.“义理”的含义

第二类义务又称为“义理”,[25]也即应当如数偿还的恩情债,而且偿还时间也不是无限的。如果说源自中国的“忠”“孝”概念在日本虽然有些改变,但与中国所熟悉的道德性要求仍有着某种渊源类似点的话;那么“义理”的观念则是日本独有的范畴,它包含了从报答旧恩到复仇一系列混杂的义务。[26] 对于恩的第一类义务“义务”,人们在报答的过

---

[23] 参见[法]马塞尔·莫斯:《礼物》,汲喆译,上海人民出版社2005年版,第162~165页。

[24] [美]鲁思·本尼迪克特:《菊与刀》,吕万和等译,商务印书馆1990年版,第90页。

[25] “义理”是日本文化中对这类义务惯常使用的称呼,在中文中则有时会使用“情义”一词,二者含义相同。

[26] 日语中的许多词汇虽然还保留着中文的形态,但含义却已经物是人非。譬如,中文里的“义理”是指言论或文章的内容和道理,日文中却改变了含义;在中国伦理价值体系中具有崇高地位的“仁”,在日本不仅被彻底排除在伦理体系之外,而且社会地位低下;“行仁义”一词的含义变成做法律范围以外之事,或者是在地痞流氓之间通用的道德标准,或者使用于应该受到惩罚的不良行为之上。

程中不会含有“不愿意”做的意思;对于“义理”的报答却充满了内心的不快,凡是发自内心的行动都不能称为“义理”。但是同时,“义理”也借此机会发展人与人之间相互扶助的关系。“义务”的范围包括了对直接家属应负的一切义务,“义理”则只包括对姻亲家属应负的一切义务。强调“义务”是表示积极接受对方的要求,强调“义理”则是敦促人们之间维持一定关系。

义理的准则是必须报答,否则就会像利息那样增长,“为了义理”这句话最能表达日本人那种负担沉重的人际关系。所有阶层的人都要讲“义理”,与日本其他一切义务和纪律一样,身份越高,“义理”的责任就越重。如果说一个人不懂义理,他就会在人前蒙羞,成为受到其同伴藐视和厌恶的可悲者。于是由于担心世人的舆论,人们不得不遵守“义理”,并且通过对各类人履行各种义务来报答义理。这些义务又可以进一步划分为两类:对社会的义理和对自己名分的义理。

2.“义理”的分类

第一类“义理”又称为对社会的义理,也即向同伙人报恩的义务,大体可以描述为履行契约性的关系,在英语中常常被译为“conformity to public opinion”(服从舆论)。它包含了对主君的义务、对近亲的义务、对他人的义务和对非近亲的义务。对主君的义务属于重大传统的“义理”,是重视名誉的人对其上级及其同辈所尽的忠诚;对近亲的义务则是对姻亲家属应该承担的义务,“履行义理”就是对配偶的家庭终身履行契约性义务;对他人的义务是报答自某人处得到的“恩”,如工作上的帮助;对非近亲如伯父、表兄妹的义务是为了报答共同祖先的恩情而援助这些人,而不是从他们身上得到了什么“恩”。在这里,对近亲的义务和对非近亲的义务并未列入孝行的范围之中,这也是日本的家族关系与中国的家族关系有所差异的一个重要方面。在2011年的“3·11”日本大地震中,面对帮助自己的中国国际救援队员,日本人用鞠躬和“对不起”的言说表示致谢。有人对于他们不用“谢谢”却用“对不起”的说法表示不解;实际上,这即是日本人第一类“义理”中对他人的义务。[27]

第二类“义理”又称为对名分的义理,就是保持自己名声不受任何玷污的义务,它与古典时期西班牙的el valor Español(西班牙的勇敢)和德意志的die Ehre(名誉)颇有共通之处。它既包含受到侮辱或遭到失败时洗刷污名的义务,也就是不被视为侵犯的复仇的义务;也包含不承认自己专业上失败和无知的义务;还包含遵守日本人礼节的义务,也即是遵守一切礼节、严守身份、克制感情等。严格来说,这类义理不属于“恩”的范围,因为并不是往日受恩于别人的问题,而是保持自身名誉的问题;但在日本人的眼中,他们是完全统一的。日本封建时代的历史表明,有许多充当家臣的武士为主君捐躯尽忠或者背叛侮辱自己的主君以进行复仇。尽忠是对社会的义理,复仇是对自身名分的义理,二者都是义理,不过是一块盾牌的两面罢了。

对自己名分义理的内容一方面,包括遵守各种繁琐礼仪的要求,能够忍受痛苦,在专

〔27〕 日文中的“对不起”可用于两种完全相反的情况,既能表示抱歉又能表示报恩。在应该完成的事情未能做完之时说“对不起”,表示给对方增添麻烦的歉意;在感谢对方的热心帮助时说“对不起”,表示感受到对方为了帮助自己确实付出了一定代价。

业及技能上维护自己的名声。另一方面,还要求受到侮辱或遭到失败时,有洗刷污名的义务,亦即报复或复仇的义务;因为侮辱会玷污名誉,必须洗雪,必要时可通过自杀的方式来达到目的。只要对于耻辱不是等闲视之,雪耻的方法可以是上面两种极端中的任何一种。具体来说,除了在特定场合要求的复仇之举外,还包括稳静的、克制的行动,即使剖腹时的武士也必须泰然自若;[28]生活与身份相适应也体现了对名分的义理,否则就丧失了自尊。例如,德川时代的法律规定,不同等级的农民只可以给他的孩子买不同种类的布娃娃;除了守本分,还要履行其他多种义务,如借款时把"对名分的义理"抵押给债主,当新年来到时,无力还债的人会用自杀来洗刷污名;各种职业上的责任也与"对名分的义理"有关,这种"对名分的义理"决定了实业家不能向任何人透露他的资产已经枯竭,外交家也不能承认自己外交方针的失败。

在上述的伦理价值体系下,人们可以看到,日本人名誉观的内容实际上范围甚广、含义甚深。在这种道德观熏陶之下的人们,即便身处不同的领域,做事的原则、应对的策略其实大同小异。这种名誉观有时会催人进取,有时也会沮丧人生。尽管日本人采取了等级制、家族制和繁琐礼节等方法,避免因为失败而引起的耻辱,以致引起有关名分的义理问题,但是在现实生活中,人们对耻辱仍然看得很重,对失败的反应仍然很敏感。自杀是最为极端的攻击自身的行为,但日本人却尊重自杀,认为"用适当的方法自杀,可以洗刷污名并赢得身后好评","它是一种光荣的、有意义的行为。在一定场合,从'对名分的义理'来说,自杀是最体面的办法"。[29]

三、名誉观与日本法律近代化

(一)名誉观推动近代法律转型

通过以上的分析,不难发现"名誉"的观念在日本人伦理价值体系中所占据的核心地位。"名誉"被认同和界定成日本人为了赢得普遍的尊敬而持久不变追求的目标,在这一前提之下,当由于对恩情的不同分类而产生出了不同的报恩义务之时,"名誉"在各个范畴之中所呈现出来的面貌也是有差异的。也就是说,"虽然达到目标是价值系统中首要关心的,但是所要达到的目标内容则是相对可变的"。[30] 这样,为了"名誉"的实现,人们势必在一定的领域中结合具体的情况采取相应的手段,以便报答天皇之恩和父母之恩、对社会的义理和对自己名分的义理。只有这样,"整个日本才会繁荣,而日本的繁荣甚至会

---

〔28〕 剖腹是日本人用刀切开腹部的自杀仪式,是日本平安时代以后广泛流行的自杀方法,也是封建时代最有尊严的死法。尽管剖腹的痛苦较多,但自杀者在死的时候,还必须保持住清晰的生存意识,不能够使身体有倾斜,或者使十字纹有偏倚,或者把使用过的武器随意乱扔。为了减少剖腹的痛苦,有时有"介错人"从背后挥刀斩首帮助剖腹者迅速结束死亡。

〔29〕 [美]鲁思·本尼迪克特:《菊与刀》,吕万和等译,商务印书馆1990年版,第115页。

〔30〕 [美]贝拉:《德川宗教:现代日本的文化渊源》,王晓山、戴茸译,生活·读书·新知三联书店、牛津大学出版社1998年版,第21页。

影响至外国。赈济村村户户的人，即是他正在回报所受的天、地、人之恩”。[31]

明治时期的政治家们通过对西方社会的考察，感受到了自己的落后，并且发现“在现代人类的世界上，除了家庭和亲友之外，不论政府、公司、买卖、借贷、一切事物莫不依据法规办事”。[32] 在名誉心的驱动下，他们意识到“就目前的情况而言，促进世界文明的工具，除了法制以外并无其他更好的办法”。[33] 虽然法制的精神是无情的、法规的形式与遵守法规的思想或许是可鄙的，但是与无法规的害处相比较，利弊不可同日而语。尤其是在感受了西方社会在各方面蒸蒸日上的发展之后，他们更加认定“这些都是法制的日益周密和实施范围日益扩大的表现”，决心“通过法制以实现大德的事业”。[34] 明治的政治家们积极地向当时较为先进的西方法律靠拢。他们认为日本的君主专制政体将来不能永存，但是民主也不能立刻适用，需要制定合乎日本特点的宪法体制。当注意到普鲁士的国情与日本相似之时，他们决心效仿普鲁士，在日本建立集权主义政体。时任司法最高负责人的江藤新平为了尽快将1840年的《法国民法典》变为《日本民法典》，进行催促时所说的名言“误译无妨、只要快”在当时广为流传，典型地代表了政府引进西方法律的迫切心情。该民法草案几乎就是《法国民法典》的直接翻译，穗积陈重形容其为一部彻头彻尾的“模仿民法”。他们通过积极地翻译、吸纳和推进西法完成了对法制的改革，最终实现了自己的报恩义务和赢得普遍尊敬的目标。

在名誉心驱使下的民众则通过创办私立学校等举动积极地学习西方，不仅这些私立学校大多为专门教授法律的学校，而且到1897年12月，各学校已经云集了众多的学生：东京帝国大学法科大学744人、东京法学院1099人，东京专门学校685人、明治法律学校997人、日本法律学校507人等。[35] 相比之下，清朝同时期的西式学堂不仅寥寥可数，而且教授的多是技术方面的知识。明治时期的民众也通过自己的方式实现了报恩和赢得了尊敬。

生活的经验和心理研究的结果告诉人们：最孤立的细小行为，彼此之间也有某些系统性的联系。当人类社会为它自身的生活进行设计时，数以百计的单项行为便构成了一个总体；当这个社会对某些情况的处理及评价方式表示赞许时，那个社会中把这些结论视为全世界基本结论的人们就会把这些结论融为一体。所以，人们一旦接受了生活的某种价值体系，“就不可能同时在其生活的另一部分按照相反的价值体系来思考和行动”。[36] 为了追求和谐一致，人们即使在不同的情境下作出不同的行为，这些行为背后的价值准则仍然是一脉相承的。

比较中国晚清时期和日本明治时期对西方法律的采纳，虽然学者们曾经在二者所处的经济环境、政治环境和国际环境等方面发现种种相似、相异之处，但尤其不能忽视的是

---

〔31〕 [美]贝拉：《德川宗教：现代日本的文化渊源》，王晓山、戴茸译，生活·读书·新知三联书店、牛津大学出版社1998年版，第158页。

〔32〕 [日]福泽谕吉：《文明论概略》，北京编译社译，商务印书馆1959年版，第120页。

〔33〕 同上书，第118页。

〔34〕 同上书，第120页。

〔35〕 参见[日]手冢丰：《明治法学教育史研究》，转引自丁敏、丁相顺：《私立法学教育与日本法制近代化的历史考察》，载《法学家》(京)2003年第5期。

〔36〕 [美]鲁思·本尼迪克特：《菊与刀》，吕万和等译，商务印书馆1990年版，第8页。

透过这些差异所凸显出来的价值观念、伦理道德等隐藏在社会行为及法律语言之后的差异。正是这些差异,日本才会存在即便是在闭关锁国的德川时代仍然对外开放着的港口城市,才会存在明治维新之后对传统天皇制度的保留与加强,也才会存在日本人对西方法律从深恶痛绝到趋之若鹜的态度转变。相似或差异,都可以获得理解一种生活方式的启示;而由于最细小的差异也可以决定一个民族未来独特的发展方向,所以差异的价值更尤为珍贵。倘若将差异更多地作为“正值”来看待和利用,则差异奉献出来的,绝不仅是形式层面的内容,而将更多揭示出实质层面的内涵。不要忽视这些深层次的、在法外的“法之理”以及它们本身具有合理性的存在,很难否认它们才是导致不同文化之间在交流过程中产生融合或者排斥的真正原因。所以,在观察和分析这些文化上的融合与排斥现象时,更多的精力应当投向对这类深层次事物的捕捉,找寻蕴含这些行为的前提;而非仅仅浅尝辄止,满足于表层的差异与分析,那样虽能望梅止渴,但画出来的饼终难充腹内之饥,对法治的实际进程则裨益无多。

(二)赤穗四十七士事件

名誉观已经浸透到日本民族的血液和骨髓,支配着他们的喜怒哀乐,所以,不应无视、更不应轻视它对日本人生活的深刻影响。由“赤穗四十七士事件”之中,人们不难发现无限的恩和义理的身影贯穿始终;由日本人对此事持续至今的津津乐道中,更不难发现名誉观早已成为他们生命和生活中不可或缺的一部分。

江户时代每逢年初,幕府会派人向天皇和太上皇拜年。之后,天皇和太上皇会派敕使、院使前往江户城答礼,幕府则安排各地的大名负责接待仪式。江户中期元禄十四年(1701年),幕府任命两位大名主持接待仪式,赤穗藩的大名浅野长矩是其中之一。由于不熟悉仪式,两个大名不得不向幕府的老年权臣吉良义央请教。但由于浅野没有像另一个大名那样赠送重礼给吉良,吉良故意让他在举行仪式时穿上了违反仪式的服装。当浅野发现自己受到侮辱时,在将军殿拔刀而起,砍伤了吉良的前额。这就是严重违纪的江户城“刃伤事件”。此事震怒了当时的将军德川纲吉(Tokugawa Tsunayoshi,1646—1709),[37]同时为了表达自己对天皇的忠心、避免加封官职的仪式被取消,他命令浅野长矩即日剖腹自杀,惩罚他家从此“断绝”。这就意味着不但赤穗藩的名号封地一律撤销,而且浅野家削为布衣、300名家臣沦为浪人、[38]失去俸禄和地位。浅野长矩因为受辱而向吉良义央复仇,履行了“对名分的义理”;但在将军殿上拔刀动武则属“不忠”,必须按照规定自杀,才能够实现尽忠的义务。于是,浅野长矩欲辩无辞,当即剖腹自决。

就义理的角度而言,浅野长矩的家臣们有义务跟随主君一起剖腹,同时也是对吉良义央所施侮辱的抗议。但是,首席家老[39]大石良雄等人认为,首先是幕府处理有失公正。既然“刃伤事件”是两个人的纠纷所导致,那么无论是按照幕府向来的惯例,都应该是吉良义央和浅野长矩两人均受处罚。然而现在一人剖腹自杀,另一个人却逍遥法外。其次,

---

〔37〕 德川幕府第5代将军。

〔38〕 指日本幕府时代失去禄位、到处流浪的日本穷困武士。幕府体制瓦解后,浪人不断增加,其中部分改营农商,但多数仍保持武士传统。明治维新后,有些浪人为军部所用,从事侵略扩张活动。

〔39〕 家臣之长。

剖腹不足以表现他们对主君的义理,他们应该完成主君因为被人拉开而未实现的复仇之举——杀死这场灾难的罪魁祸首吉良义央。这一思路的形成,成为他们日后诸多行动的注解,也使得赤穗四十七士事件至今仍然脍炙人口。这样,他们要做的第一件事情是放弃抵抗、向幕府开城。实际上,对于这个元禄年代势力颇大、军备过剩的尚武藩国,幕府也不敢擅自妄动。事实上在赤穗藩的家臣内部,也出现了究竟是投降还是抵抗的分歧。最终在杀了吉良义央报仇这一前提下的开城统一了众人的意见。接下来他们要做的第二件事情是挑选出真正能够实施复仇大业的人。本来,幕府有一项能够调和"忠"与"义理"矛盾的制度:策划复仇的人事先呈报计划,确定行动日期;若在期限之前不能够完成报仇,则只能放弃这一行动。但由于吉良义央是幕府近臣,这一复仇的计划势必不会得到幕府的批准。于是,大石召集了曾经是浅野家臣的300多名浪人,提问如何分配主君的财产。在这一测试中,阵营迅速划分清楚。实际直到实施复仇计划的那天,一直都有脱离盟约、退出复仇的人;但不管离开是出自何种原因,没有出现一个告密者。最终留下的47个人歃血为盟,共谋报仇之业。之后,他们要做的第三件事情是麻痹吉良义央,使之丧失警惕。当时江户城的人们都在猜测他们要报仇,可是,四十七士不仅矢口否认此类企图,而且装作是不懂义理之人。其中,有的浪人因为岳父对其行为甚为愤慨,被赶出家门、取消了婚约;有的为了筹措复仇的资金,把妻子卖入妓院;有的潜入与吉良义央家有往来关系的商家充当杂役。经过一年零八个月的潜伏、忍耐和等待,他们终于等到了真正要做的事情。元禄十五年(1702年)12月14日夜(也即浅野长矩忌日),四十七士袭击了吉良义央的官邸,打败了其侍从,处死了躲藏在存放木炭屋里的吉良义央。他们用其主君浅野长矩剖腹时使用的刀砍下了吉良义央的首级,列队走向埋葬着浅野的泉岳寺。在墓前,他们祭上了首级和刀,同时派人向江户幕府自首。

至此,四十七士报答了对于主君的义理,然而由于违反了国法——未预先呈报就进行复仇,他们还必须执行尽忠的义务。幕府为妥善处理此案煞费心思。对吉良义央,众口一词主张严惩;对四十七士,则饶恕不死和依法处死的言论兼而有之。将军德川纲吉虽有愧于刃伤事件的草率处理,但终究需要在体制内行事:幕府最终命令四十七士集体剖腹。这一结局使得四十七士无论对于无限的恩还是义理都作出了最高的报答。对于四十七士的复仇之举,民间的认同度颇高,[40]现代日本人更把他们视为"男子汉终极美学的罗曼史"。[41]这个历史故事还得到了官方的认同,明治天皇的嘉赏令写道:"固执主从之义,复仇死于法。百世之下,使人感奋兴起。"[42]关于赤穗四十七士事件,虽然不同的版本中会有吉良义央的隐退、海盐利益的争夺,但这些细枝末节的差异不足以对整个事件的发展过程构成颠覆性的影响。更重要的是,当四十七士唯一的幸存者寺坂吉右卫门[43]在1748

---

〔40〕 四十七士袭击吉良义央家时,吉良的邻居在围墙上高举灯笼,以照亮院子便于义士们行动,并且命令家臣在围墙旁守备、防止有人翻墙逃脱;四十七士撤离之时,幕府派使者警告吉良的嫡子不许追击;分别被羁押于四个大名家中时,四十七士受到款待。

〔41〕 [日]茂吕美耶:《江户日本》,广西师范大学出版社2006年版,第257页。

〔42〕 张承志:《敬重与惜别——致日本》,中国友谊出版公司2009年版,第152页。

〔43〕 因为寺坂吉右卫门的身份低于武士,主谋大石良雄判断他会在事后被从轻发落,故而命他逃生,并传递报仇成功的消息。所以剖腹者虽实有46名,但人们还是习惯称为"四十七士"。

年逝世之后,人间舞台的幕布随之揭开。在赤穗城,不仅矗立着四十七士的雕像,而且四十七士的墓地长久以来成为著名圣地,成千上万凭吊者留下的拜帖使墓地周围成为一片白色的海洋。

四十七士的故事不断传播,并通过各种艺术形式而广泛流传。早在这一事件结束后的第四年(1706年),大阪的竹本座演出了净琉璃《棋盘太平记》开始以虚构的假名代替真事。从此,以净琉璃和歌舞伎为表演形式的义士主题便常演不衰。大约自1732年起,戏牌子上出现了"忠臣"一词,它暗示着一种评判的稳定,以及一种主题和套路的成形。1749年,也即是四十六人剖腹后的47年,大阪的竹本座演出了《假名手本忠臣藏》。[44]自此,"忠臣藏"一词成为描写赤穗四十七士及其复仇的艺术作品代名词。《假名手本忠臣藏》的戏进入日本人的生活后,人气超乎想象,以至于演艺界人云"京阪歌舞伎,无一不演义士复仇"。这种情况延续了200多年,《假名手本忠臣藏》成为今天日本歌舞伎中最为优秀的剧目之一。除了这些民族的艺术形式,《忠臣藏》的身影也出现在影视屏幕上。据日本评论家的统计,《忠臣藏》的拍摄,在明治年代,12年间拍摄了19种;大正时代拍摄了34种;昭和年代在战前战中拍摄11种,战后至1978年拍摄了11种。即使不算描写著名义士的大约60种外传片,日本总计拍摄了135种《忠臣藏》的电影。[45]

据中国作家张承志在东京观看《假名手本忠臣藏》时的观察,日本的观众与其说是在观赏剧情,不如说是在参加仪式。观众们吟味良久,缅怀良多,神情令人难忘。这一出戏已经不仅仅是戏剧了;人们所缅怀和吟味的,是日本人至今仍然推崇的报恩的义务。尤其是当义务与义理这两类报恩的义务发生冲突之时,历史上的人物如何在此种煎熬中寻找平衡。即便结局是其他悲剧性的方式或者死亡,但只要人物能够通过这样的方式保持了自己的名誉,履行了自己应尽的义务,实现了名誉不受玷污的目标,一切的方式都是可以接受的。换句话说,这一出戏之所以能够保持如此长久的生命力,是因为它既体现也包含了日本人所接纳和推崇的伦理价值观念。

比较"赤穗四十七士事件","曾我兄弟复仇事件"和"键屋之辻决斗事件"的报仇原因相对单纯,一个是履行孝道的义务,另一个则含有履行对社会的义理之意。不像"赤穗四十七士事件",既要履行尽忠的义务,又要兼顾对社会的义理;人物挣扎在两种义务的冲突和煎熬中,最终唯有一死得以两全。这大概是"赤穗四十七士事件"较之其他两个复仇事件流传更广、名气更大的原因之所在。三个有名的复仇事件在这里能够共同提炼出来的信息是:报恩的观念已经融化在日本人的生活之中——如果义务、义理没有得到履行,个体或者集体生命的丧失都是小事,最重要的莫过于个体或者集体的名誉由此所受到的玷污。倘若个体或者集体生命的消逝能够保证名誉已有的光泽度,甚或能够为名誉增添光彩,那么,情感的煎熬和肉体的痛苦只会增加死亡的尊严,最终维护了名誉的尊严。这大概是日本人推崇并纪念这三大复仇事件的真正原因之所在。而这样的推崇和纪念又反过来显现出名誉观在日本人生活中所占据的重要地位。

---

〔44〕"假名"一词在这里暗指47个义士,"手本"就是榜样,"藏"是仓库的意思。所以,"假名手本忠臣藏"的含义就是说47位堪称楷模的忠臣义士聚集在一起的意思。

〔45〕参见张承志:《敬重与惜别》,中国友谊出版公司2009年版,第158页。

四、结语

前述部分在对以名誉观为核心的伦理价值体系进行分析的过程中，发现日本人为了实现名誉的目标，可以根据具体情况对实现目标的手段进行取舍；而且，随着情况的变化而相应地改变态度，他们并不认为这是道德问题。这样便产生了日本民族的伦理价值体系中重视“义务”和“义理”的光明面和阴暗面。前者使得日本人善于适应现实的情况，随着情况的改变而及时地进行调整，从而能够自行涤除积垢；后者使得日本人为了达到实现名誉的目标，重视眼前的利益和功效，从而对实现目标的方式不加选择。不论是“义务”或者“义理”的光明面还是阴暗面，都直接导致了日本人现世主义生活态度的产生。

名誉观的另一个衍生物是对教育的重视。在以名誉观为核心的伦理价值体系的影响下，日本人必须在实现报恩义务和义理的过程中培养并珍惜种种品质，以保证名誉观这一价值目标的最终实现。教育对这些品质的培养起到了重要的作用，也成为日本人寻求发展的一种有力手段。所以，与其说日本人的教育观是受到儒家文化的影响，[46]不如说是来源于他们以名誉观为核心的伦理价值体系的影响。至于儒家文化，即便曾经在日本国内居于主导文化的地位，但实质上，它只是和佛教、兰学等外来文化一样，在不同的历史时期对日本产生了影响而已。[47]

以名誉观为核心的伦理价值体系加上衍生出来的现世主义和重视教育，推动了日本法律在近代转型的完成。与自然成长型的近代化国家不同，日本属于目的意识型的近代化国家。在前一种类型的国家之中，近代化是作为历史发展的自然结果而出现的，英国是这种类型国家的典型。在后一种类型的国家之中，已经有了近代化的模式，以其作为目标来推进近代化。然而，不论是自然成长型的近代化国家中身份制的残留，还是目的意识型的近代化国家中对近代化进行指导的意识形态，无不带有身处近代化这一历史进程中主体选择的痕迹。主体在选择时的有意识抑或无意识已经不再重要，重要的是意识的有或者无都反映出主体所生存环境的深刻烙印。正是这种烙印决定了主体的选择。这样，当带有目的意识的思想一般从高层次向低层次扩展之时，思想能源的动力却是从低层次向高层次上升。换句话说，目的的设定是自上而下的，能源的产生却是自下而上的。[48]这在一定程度上有效地解释了人们的疑问：都是自上而下推进型的法治改革，为何在有的国家中收效甚微，在有的国家里却如鱼得水。这其中，固然有政府推进法治改革的力度、措施等方面的差异，更为根本的原因，在于政府可以设定目标，却不一定能够开启成效之门，除非政府推进改革的措施合乎了民众思想的能源或者动力。

法律受制于社会的现实，但同时亦改造着社会的现状。这种相互影响的关系同时也

---

〔46〕 参见[韩]金日坤：《儒教文化圈的伦理秩序与经济》，邢东田等译，中国人民大学出版社 1991 年版，第 150～153页。该观点认为为了维持现存体制，儒家文化极其重视教育问题，包括对统治阶级的教育和对民众的教化。由此，教育会自然得到普及，教育水平也会不断提高，最终社会生活能力也会全面得到提高。

〔47〕 如果作为一种对民族性有深远影响的文化而言，儒家文化在日本的影响实际上远不及其本土生长起来的神社文化。况且，经过了日本文化的创新和改造后，儒家文化已不再纯粹，而是具有了日本的特色。

〔48〕 参见[日]丸山真男：《日本的思想》，区建英、刘岳兵译，生活·读书·新知三联书店 2009 年版，第 88 页。

存在于法律与民族性之间:民族性影响了法律的创制,法律又反过来巩固了民族性。综观日本近代的法律,正是因为有以名誉观为核心的伦理道德的存在,日本民族才会积极效仿欧美、制定法律;正是因为有等级身份制的观念存在,日本民族才会最终选择了德国法律作为蓝本,制定出拥护天皇制的《明治宪法》;正是因为有神道、家族观念的存在,日本民族才会将《教育敕语》《军人敕谕》作为重要的法律典范,铭记于心而流传于世。《明治宪法》也好,《教育敕语》和《军人敕谕》等近代的法律也罢,它们的问世在彰显着日本人民族性的同时,也在通过法律制度强化着他们的民族性,为其民族性的日益成熟做好了制度上的铺垫。一系列法律制度的制定和施行,将原来仅仅停留于日本民众心中的行为道德规范提升到制度道德规范乃至更高的理论道德规范的层面。当这些原来仅靠口传心授的道德规范见诸于笔端,成为主流的道德规范之时,那么它们所起到的就不只是约束社会成员的作用,还具有了更为重要的坚定其社会成员信念和信心的作用。这是明治维新不同于以往诸多变革之处,也是明治维新的政治家们所未曾料想到的。它站在古代社会的肩膀之上,树立了影响至今仍在延续的近代制度;它站在历史的转折点上,将日本民众的民族性愈发地凸显出来,换上了愈加国际化的服装。

论基于规则与事实的司法哲学范畴*

孙笑侠

【摘　要】　当代中国社会转型期的司法活动和司法改革,使法院正处于多元司法观激烈碰撞交锋的中心,因此中国司法实践存在酝酿出一种本土司法哲学的必要性和可能性。本文认为需要从规则与事实的逻辑起点上来建立司法哲学,并阐述了构成司法哲学基石范畴的是司法形式正义与司法实质正义。根据司法标准、司法主体与司法行为这三个要素,概括并论证了三对并存着的基本范畴,即规则至上与结果导向、职业主体与民主参与、消极克制与积极能动。最后,对当前中国司法中存在的法律效果与社会效果的关系、专业权威与人民本位的关系、司法被动与司法能动的关系、司法中立与服务大局的关系、独立司法与监督司法的关系,作了联系本土实际的分析。

【关键词】　规则与事实;司法哲学;基本范畴;形式正义与实质正义

在个案司法过程中,规则与事实的不对称关系,虽然催生了法律方法的运用,但也把法律方法中产生的难题进一步推给了法哲学。其实这两者的不对称关系折射的是法律形式与社会内容之间的张力关系。这一张力关系在当下中国也已引发一些问题,如20世纪90年代起中国司法实践第一线的法官就提出关于法律效果与社会效果关系的讨论。[1]这一张力关系在美国法学理论上被反复阐述和演绎已达百余年,这是中国学者比较熟悉的。比如,霍姆斯法官强调的"逻辑"与"经验"的关系正是关于规则与事实的关系,[2]30年代卢埃林划分的"纸面规则"(paper rule)和"实在规则"(real rule)也是关于规则与事实的关系,[3]庞德关于"书本上法律"(law in book)和"行动中法律"(law in action)之

* 本文是国家211第3期建设项目"转型期国家司法哲学、制度与技术研究"、国家社科基金重大招标项目"司法公信力的法理要素与指标体系研究"、国家2011计划"司法文明协同创新中心"重大课题"中国特色社会主义司法理论体系基本构成"的最终成果之一。

〔1〕 中国于20世纪90年代后期开始在司法领域出现"法律效果"与"社会效果"等并列的提法。例如,山东省高级人民法院宇培杲院长在全省第十七次法院工作会议的讲话中明确指出:"要坚持多收案、快办案、办好案,提高办案的质量、效率和效果,坚持法律标准和生产力标准的统一,把办案的法律效果与政治效果、经济效果和社会效果有机地结合起来。"参见宋金星:《树立大局观念 努力实现法律效果与社会效果的统一——学习全省第十七次法院工作会议精神笔谈》,载《山东审判》1996年第7期。后来"社会效果"一词于1999年11月出现在最高人民法院颁布发行的《全国法院民事案件质量工作座谈会纪要》,其中提出"在审理新型民事案件时,要注重探索,讲求社会效果"。

〔2〕 参见[美]小奥利弗·温德尔·霍姆斯:《普通法》,冉昊、姚中秋译,中国政法大学出版社2006年版。

〔3〕 Karl N. Llewellyn,"A Realistic Jurisprudence-The Next Step",*Columbia Law Review* 30,1930,pp. 447 - 448.

分,[4]20世纪80年代美国唐纳德·布莱克论述的法律条文主义与法社会学之间的紧张关系[5]等。然而,以德国为代表的大陆法系法学家是如何看待规则与事实关系的呢?后文将会以德国法学家拉德布鲁赫的司法哲学为例证来加以阐述。当代中国法学理论围绕司法的形式思维与实质思维、职业思维与大众思维、[6]规律性与人民性、判决与调解、法律效果与社会效果、“教义法学”与“社科法学”等,引发了热烈讨论。这些成双成对的概念关系都验证着我们在司法个案中存在的常见难题和困境,也把我们引入一个回避不了的疑思——在司法场域中如何处理规则与事实即法律规则与社会事实的关系呢?这就需要通过司法哲学的基本范畴来思考。本文把问题限于司法中的规则与事实关系,旨在探讨司法哲学的若干基本范畴。

一、司法哲学及其在中国的必要性

法哲学主要有两个功能:一是体现在立法领域的指导作用;二是体现在司法领域的指导功能。在立法问题上是以立法政策选择的形态出现的,如立法对死刑存废的选择,立法对同性恋、堕胎和安乐死的态度选择,立法对社会转型期犯罪与转型正义的态度选择,立法对经济改革时期劳工权利与企业主权利平衡方式的选择,等等。这些问题是涉及立法的法哲学问题。而法哲学在司法领域,主要是围绕规则的解释与实施,围绕事实和社会情势的认定与考量,特别是围绕司法中的“难、大、特”案件而展开,甚至司法体制与机制改革也需要司法哲学。这正是卡多佐所谓“需要一种哲学,它将调和稳定与进步这两种冲突的主张,并提供一种法律成长的原则”。[7] 立法哲学问题往往要随着立法的相对稳定期而告一段落,然而司法哲学问题因应活生生的现实而终究要成为法理学——法哲学的核心问题。

在立法稳定期,司法哲学将会是法哲学中的一个核心部分。在很多场合,司法哲学与法哲学之间几乎分不清界线,几乎所有的法哲学问题都关乎司法。在这个意义上,法哲学几乎就是司法哲学。唯一的区别在于,有的法哲学思想间接地影响着司法,有的法哲学思想则直接地影响着司法。比如,同样是美国现实主义法哲学,庞德、卢埃林的法哲学间接地影响司法,作为法官的霍姆斯、卡多佐、杰罗姆·弗兰克等人的司法哲学则是一种对司法观念和司法方法直接产生影响的法哲学。它们虽然有一定的区别,但又在司法实务的接口上紧紧衔接在了一起。从形式上看,司法哲学可分为个人(通常是法官)的司法哲学和国家的司法哲学。司法哲学也可分为常态时和非常态时(甚至还有危机时)的司法哲

[4] See Roscoe Pound,“Law in Book and Law in Action”,*The American Law Review* 40,1910,p.15.

[5] 参见Donald Black,*Sociological Justice*,New York,Oxford University Press,1989,p.288。同时卢曼把布莱克的观点整理成表格,参见NiklasLuhmann,*Law as a Social System*,trans. by Klaus A. Ziegert,NewYork,Oxford University Press,2008,p.457。

[6] 苏力与本人关于是否存在法律思维的争论,也是这对二元关系冲突的延续,我已在《法律思维及其二元论》这篇文章作了论述。参见苏力:《法律人思维?》,载《北京大学法律评论》2013年第14卷第2辑;孙笑侠:《法律人思维的二元论》,载《中外法学》2013年第1期。

[7] [美]本杰明·N.卡多佐:《法律的成长·法律科学的悖论》,董炯、彭冰译,中国法制出版社2002年版,第4页。

学和审判理念。当代中国社会转型期的司法,多种理念并存,其中有常态时的司法哲学和非常态时的司法哲学,也面临着在一系列的理念之间进行选择和平衡。几乎所有的法哲学,都会把触角指向司法,指导司法或对司法产生影响。

中国需要创立一种中国自己的司法哲学来把握和处理司法过程中的规则与事实的关系。当然,其前提是要梳理和归纳西方司法哲学的脉络及其基本范畴。

通览近现代西方国家司法学说史,大致都存在某种相对稳定的司法哲学。有时,在某种转折时期以及在一些重大疑难案件中,都存在回应时代、回应社会的司法哲学。大致上存在三种形态。其一,传统的、经久的、普遍适用的司法哲学,如来自意大利经院哲学(scholastik)的注释法学,[8]发展到以德国为代表的大陆法的法律教义学,再发展到司法的严格规则主义,再发展到司法克制(judicial self-restraint)或称司法消极主义(judicial passivism),等等。其二,某个社会突变和转折时期或疑难个案中出现法律违背普遍的道德准则,因而产生以道德来突破规则的司法哲学。比如,"二战"结束后的纳粹战犯的审判中出现了自然法占主导地位的司法哲学。在这种政治巨变的转型时期,法律的连续性价值经受到严峻考验,成文法相较于法律权利,实证法相较于自然法,程序正义相较于实质正义等,就需要突破和超越,这就是所谓的 Transitional Justice(转型正义)。[9] 其三,社会事实的急剧变化常常导致法律缺漏之时,司法因事实而突破规则,注重结果导向,强调社会效果。用司法的结果主义来弥补传统而普遍适用的严格规则主义,这种司法哲学以源自霍姆斯、卡多佐发展于卢埃林、弗兰克等人的美国现实主义法学指导下的司法哲学为代表。正如霍姆斯所言,"美国宪法不应遵循(社会达尔文主义者)斯宾塞的社会静力学"。[10] 以美国为代表的现实主义司法观成为与欧洲传统相对峙的最受关注的先锋。

这三种司法哲学划分的理据,后来被拉德布鲁赫"三元体系"的法哲学证实,后文将作具体阐述。它基本上与一般法哲学的基点、方法保持着一致性,其三分法的分支脉络基本上是一般法哲学的三分法。法学因基点和方法的不同,可分为规范分析法学、社会实证法学和价值论法学。因此司法哲学按照研究基点与方法进行划分,可分为规范分析司法哲学、社会实证司法哲学和价值论司法哲学。比如,哈特、拉兹、拉伦茨、阿列克西、麦考密克的法哲学中就有规范分析的司法哲学;霍姆斯、卡多佐、卢埃林、弗兰克等人的法哲学中就包含社会实证的司法哲学;富勒、罗尔斯、德沃金等人的法哲学基本上偏向于价值论司法哲学。第一种司法哲学是以规范实证主义分析法学即法教义学为根据,第二种司法哲学是以法律价值为导向的自然法学为源泉,第三种司法哲学则是以社会实证法学或现实

[8] 参见戴东雄:《中世纪意大利法学与德国的继受罗马法》,台北,元照出版有限公司1999年版,第61~62页。

[9] 参见璐蒂·泰铎:《变迁中的正义:迈向民主时代的法律典范转移》,郑纯宜译,商业周刊出版公司2001年版,第17页。

[10] 霍姆斯(Oliver Holmes)在"洛克纳案"的"反对意见"中提出的观点。1897年美国纽约州劳动法第10条规定,为了保护面包工人,他们每周工作时间不得超过6天,每天不得超过10小时。洛克纳是纽约一面包房主,他起诉该法律侵犯他的"合同自由"和私人财产权。州法院依纽约州新规则两次判其败诉,最后在上诉审,联邦最高法院以5:4的比例(占上峰的是依传统的"契约自由"的"实质性程序正义"的司法哲学)判定他胜诉。但当时即遭到最高法院法官之一霍姆斯的反对。直到1937年,"洛克纳案"的终局判决又被推翻。

主义法学为归宿。

司法哲学对于当代中国为什么必要?

当代中国司法正处于从大众化走向专业化的改革时期,又适逢社会转型期,司法受到转型变迁的巨大影响,司法活动和司法改革正处在各种司法观和法律价值观碰撞、交锋的中心。这个时期的司法观念交织着马克思主义传统司法学说和观念、当代中国社会主义改革时期的司法观、中国以儒法两家为代表的司法观甚至专制时代的司法观、中国新民主主义革命根据地时期的司法观、中华人民共和国成立初期的司法观、苏联苏维埃司法观、欧洲近现代司法理念、美国现实主义司法理念以及亚洲模式的司法理念等,不一而足。在这些不同的司法观当中,有的是相互排斥的,却都在社会转型期进入人们的视野。不同地区的法官、检察官,有不同的区域性差异的司法观念;不同审级的法院、检察院,也有不同的司法理念,进而影响着各自的司法政策和司法行为。因而使得国家司法的统一性受到了严峻挑战。

正如我们所看到的那样,国内结构性的社会矛盾问题仍会持续集中凸显,诸如贫富悬殊、官民冲突、民生事件、底线突破、群体事件、网媒审判、公案司法及其政治角力……与此同时,社会正经历着巨大的变革,互联网、草根民主、城市化、新媒体、全球化、高新科技、知识经济……几乎所有问题都会向司法逼近,重重包围着本来需要独立和理性的司法。司法在面对种种新问题、新困难的情况下,却仍然固守传统的司法模式和观念显得不合时宜。可是我们的司法仍然是传统司法模式和观点或观念,没有树立真正符合司法规律、符合中国传统特质和现实国情的司法理念,更没有我们自己的司法哲学。缺乏国家层面合理的司法哲学的基础理论,使得全国的司法缺乏哲理的支撑和统领,因而无法应对中国传统与国情,也无法应对新时期的新问题和新挑战。

由于没有合理的司法哲学,许多现实问题在认识上得不到澄清,比如如何处理司法职业主义与司法大众主义的关系?职业化与民主化的紧张关系如何处理?有的现实问题会以官方语言或口号的方式提出来,比如“顾全大局”,它与“独立司法”构成了紧张关系;“能动司法”,则与司法克制构成了紧张关系;“社会效果”,则与“法律效果”构成了紧张关系;还有“司法效率”则与司法成本(司法管理与经济的面向)构成紧张关系;宽严相济,则与罪刑法定构成紧张关系。此外,还有一些是现实中存在的,没有被官方概括出来的。诸如,我们需要什么样的司法公平观?它与稳定、和谐是怎样的关系?司法正义观上的实质正义与形式正义?比如,诉讼主义与非诉讼纠纷解决机制的关系,民事诉讼中的抗辩主义、协商主义与职权主义的关系;比如,刑事案件中打击犯罪与保障人权的关系,罪刑法定主义与宽严相济的关系;比如,行政诉讼中司法审查管辖范围的严与宽的关系,司法依据上如何处理国家法与私域习惯和公域“软法”[11]的关系,司法成本与司法效率(司法管理与经济的面向)的关系,司法方法依靠法律解释学还是倚重法律政策学?等等。这一系列的问题都在挑战我们的司法。当下中国的司法实践已经出现这样一种情形:缺乏稳定、成熟、有应对性的理论指导,司法活动处在众说纷纭的争论之中。在当下转型期困境下,

〔11〕 罗豪才先生所谓的“软法”主要是指公域的软法。参见罗豪才、宋功德:《认真对待软法——公域软法的一般理论及其中国实践》,载《中国法学》2006年第2期。

光靠法律条文或政治动员来统一数十万司法官的思想,其效果已经非常有限。

当代中国社会转型期的司法活动和司法改革,使法院正处于多元司法观激烈碰撞交锋的中心。与此同时,我国目前法治实践与司法观念的成熟度也已经允许建立一种稳定的司法哲学。随着法治化的深化,社会民众对司法需求的增长,法学理论界对司法研究的长期准备,一些涉及司法的基本问题和司法哲学的范畴关系正在浮现,法律职业共同体对相关问题的共识也初步形成,司法实践的成熟度也已经允许司法哲学的建立,这些都为现时期产生一种具有中国特色的司法哲学提供了有利条件。因此中国司法实践存在着酝酿出一种本土司法哲学的必要性和可能性。

二、从法学"三度"到司法"二元论"

如前所述,所谓的"三度"是就法律思维的三个对象而言,指规则、价值和事实,这三者构成法律的三个维度,也是法学研究的三个对象,并且是其他社会科学所不存在的三个并列的研究对象。[12] 是什么决定法学具有这个特点?这取决于法律的三个特点,即国家性、社会性与意志性。国家性决定了它的"规则"之维,意志性决定了它的"价值"之维,社会性决定了它的"事实"之维。由此产生了法学的三种方法,即规范分析、价值判断和社会实证,并由此产生了法学的三大流派,即规范分析法学派、自然法学派和社会法学派。

被考夫曼称为"不仅传授正义而且首先履践正义的人"[13]的德国法学家拉德布鲁赫,在涉及"法律理念的二律背反"和"法律人心理学"时,论述了作为平等的正义、合目的性和法的安定性这三个法律理念。[14] 关于这三个理念及其关系的阐述,较少受到中国法学界的重视和呼应。考夫曼对此有进一步阐述,把法的安定性阐述为"实证性""实用性"和"不变性"三个元素。[15] 无独有偶,在英美法学者中也有这样的"三度论"。例如,悉尼大学朱理斯·斯通(Julius Stone,1907—1985)教授在其《法的范围与功能》一书中将法划分为逻辑、正义和社会控制这三层意义,并把法学划分为分析法学、伦理法学和社会法学,他也正是在法的"三度论"(见表1)这个意义上展开的。[16] 这正是价值、事实和规则三者在法律理念上的对应反射。拉氏认为,正义的本质是平等,相同的相同对待,对不同的人和关系不同对待,正义"只确定了这种关系,但没有确定对待的方式"。法的合目的性只就不同的法律观、国家观和党派观,进行了相对主义的解答,是相对主义的自我满足,相对主义不具有法哲学的最后决定权。法的安定性需要法律的实证性,如果不能明确认定什么是公正,那就必须明确规定什么是正确的。[17] 可见,拉氏所谓的正义是法的伦理价值要求,合目的性正是基于社会事实条件提出的要求,法的安定性则是规则的要求。

---

〔12〕 参见孙笑侠:《法学的本相——兼论法科教育转型》,载《中外法学》2008 年第 1 期。

〔13〕 [德]阿图尔·考夫曼:《古斯塔夫·拉德布鲁赫传——法律思想家、哲学家和社会民主主义者》,舒国滢译,法律出版社 2004 年版,第 4 页。

〔14〕 参见[德]G. 拉德布鲁赫:《法哲学》,王朴译,法律出版社 2005 年版,第 73 页。

〔15〕 参见[德]阿图尔·考夫曼:《法律哲学》,刘幸义等译,法律出版社 2011 年版,第 208 页。

〔16〕 See Julius Stone, *The Province and Function of Law*: *Law as Logic*, *Justice*, *and Social Control*, A Study in Jurisprudence, Cambridge/Mass, Harvard University Press, 1950, pp. 30 - 32.

〔17〕 参见[德]G. 拉德布鲁赫:《法哲学》,王朴译,法律出版社 2005 年版,第 74 页。

表1 法的"三度论"

法的三度	规则	规则稳定	法的安定性、职业主义逻辑
	价值	价值取向	正义、自然法与道德诉求
	事实	社会效果	合目的性、结果考量

紧接着,一个重要的问题浮现出来:法律人应该如何处理它们三者之间的关系呢?笔者以为拉德布鲁赫的阐述可能是最有说服力者之一。他把三者关系分为两个组合——可见其"三元论"如何变成"二元论"的,分别论述了合目的性和法的安定性。

第一,"合目的性"为一方,"正义"与"法的安定性"为另一方。拉德布鲁赫指出,"合目的性被看作相对主义的自我满足,但另外两个,正义与法的安定性,则高于法律观和国家观之间的矛盾,也高于党派间的斗争"。[18] 确实,这种合目的性中的"目的"究竟是谁的目的?常常有不同的立场产生不同的目的。目的通常可分为三种情形:一是法律目的;二是现实的个体需要;三是现实政治的需要。前者法律目的,正是法律合目的性的含义所指。如果后两者是符合法律目的的,则也不存在矛盾问题。问题在于,如果后两者不符合法律目的,我们怎么看待呢?在中国,通常情况下,不符合法律目的的现实个体需要显然不属"目的",而不符合法律目的的整体需要,却有可能成为压倒包括法律目的在内的"目的"。我们的政法工作中,常常会把现实整体需要理解为法律的目的,而事实上它只是凌驾于法律之上的"外在于法的目的",把超越法律之外的政府治理中的目的或政治目的,甚至利益集团目的,当作法律的目的,这是值得进一步深思反省的。

第二,"法的安定性"为一方,"正义"和"合目的性"为另一方。拉德布鲁赫指出,"给法律观点之间的争议作出一个结论,比给它一个正义的且合目的性的结论更重要;法律规则的存在比它的正义性与合目的性更重要;正义和合目的性是法律的第二大任务,而第一大任务是所有的人共同认可的法的安定性,也就是秩序和安宁"。"两方处于矛盾之中,法的安定性要求实证性,而实证法则想要在不考虑其正义性与合目的性的情况下具有有效性。"拉德布鲁赫继续分析说,"法的安定性不仅要求限定国家权力,并能够得以实际实施的法律原则的有效性,它还对其内容、对法律可操作性的可靠性以及法律的实用性提出了要求"。他认为法的安定性与"适应个体需要的合目的性"会存在矛盾;法的安定性也会"给予个别案件内容不正确的判决以有效性"。[19]

拉德布鲁赫认为,事实上我们是用"负有目的的正义"来判断,规定(法律)空间是否具备了法律的本质。如果我们进一步分析,会发现在拉德布鲁赫理论中,作为材料的规则,法的安定性具有优位,而价值和法的内容之合目的性不是知识所能解决而是信仰的共同性。他把前者作为单独的一方,而后两者合二为一与其对应,构成"二元论"。这也正是他为什么有时会把三元体系与二元论进行互替。正义价值与合目的性是主观的,安定性是客观的,如果说它们都是正义的,那么,前者是作为理想的正义,后

---

〔18〕 [德]G.拉德布鲁赫:《法哲学》,王朴译,法律出版社2005年版,第74页。

〔19〕 同上书,第75~76页。

者是作为实证的正义;作为外行之人更多倾向于前者,作为法律人士则更多倾向于法的安定性。[20] 而它们之间的差异和对峙,是源自实定规范与社会事实的对峙关系。因为,法的安定性来自实定法规范的制度要求,而法的合目的性则来自由社会事实所决定的主体的需要。

接下来我们要回答的是,规则(安定性)与事实(合目的性)何以成为司法哲学的逻辑起点?

法学作为"规范科学",它不是"通识",而是一门关于解释的学问,是一门职业知识体系。所以拉伦茨说法学是"以处理规范性角度下的法规范为主要任务",它关切的是实证法的规范效力、规范的意义内容,以及法院判决中包含的裁判准则。[21] 但是,大量的有争议的法律问题中,并不都是规范问题,还有许多事实问题及由此引发的价值问题。当法律规则的逻辑与社会事实的经验存在不对称甚至冲突的时候,法官在规范(逻辑)与事实(经验)之间也是张弛有度的。而德国所谓的法教义学正是解决这一对关系的最佳路径。

其实,在美国早有人对此二元关系作出论断,美国理论与德国理论的不同只不过在于何者优位的问题。这种对法律思维进行"二元"分析的理论依据可追溯到兰代尔与霍姆斯的关于法律科学的争论。[22] 霍姆斯于1881年就提出"法律的生命不是逻辑,而是经验",后来美国现实主义法学长期坚持强调社会事实中的经验,而不是法律规则中的逻辑。德国与美国的司法哲学的不一致性在拉德布鲁赫与霍姆斯之间形成了最强烈的分野,尽管他们不是同时代的人。从现实主义法学延续到当代美国法社会学,唐纳德·布莱克认为,在观察和思考法律、司法方法上存在法理学(jurisprudential model)与社会学(sociological model)两种模式。[23] 今天被波斯纳法官批评的约翰·伊利(John Hart Ely,1938—2003)在其*Demorcacy and Distrust:A Theory of Judicial Review*(1980)一书中就言简意赅地指出,法官在思维和方法上(同样也是犯错的路径上)有两种进路:一是法官用道德哲学发现的"基本价值"进路,它给法官的自由裁量权太多了;二是法官"受条款约束的解释主义"进路,它给法官的自由裁量权又太少了。[24] 季卫东教授在《法律解释的真谛》中把法律思维区分为"法律决定论的思维模式"和"法官主观论的思维模式",[25] 也可以理解为是基于"二元论"展开的个案司法中的法解释模式之类型化。台大颜厥安教授提出的法学五组对立模式(概念法学与利益法学、价值中立法学与评价法学、体系主义与个案推论主义、现实主义法学与弱指令主义法学、实用主义法学与道德主义法学),[26] 至少这五组中的概念法学与利益法学、体系主义和个案推论主义属于规则与事实二元构成的关系,它

---

〔20〕 同上书,第102页。

〔21〕 参见[德]卡尔·拉伦茨:《法学方法论》,陈爱娥译,商务印书馆2003年版,第77页。

〔22〕 参见孙笑侠:《法律人思维的二元论——兼与苏力商榷》,载《中外法学》2013年第1期。

〔23〕 See Donald Black, *Sociological Justice*, New York, OxfordUniversity Press, 1989, p. 288. NiklasLuhmann, *Law as a Social System*, trans. by Klaus A. Ziegert, NewYork, Oxford University Press, 2008, p. 457.

〔24〕 参见[美]理查德·A. 波斯纳:《超越法律》,苏力译,中国政法大学出版社2001年版,第230页。

〔25〕 季卫东在这篇文章中对这二元思维模式作了详细的梳理。参见季卫东:《法治秩序的建构》,中国政法大学出版社1999年版,第90~92页。

〔26〕 参见颜厥安:《规范、论证与行动——法认识论论文集》,台北,元照出版有限公司2004年版,第9~17页。

们直接指向个案司法,是对个案司法二元观念的理论概括。

规则优先的法教义学方法与结果导向的判例法推理方法,在德国传统与美国风格之间本身也形成了“二元”相对格局。“二元论”在司法中也长期被实践着。即使在判例法国家,法官思维也要兼顾这二元的统一,卡多佐所谓区分“静态的先例”和“流变的先例”,“前者在数量上要超过后者好几倍”。[27] 卡多佐也主张“不能轻易将长期为人们所接受的规则和先例放在一边,仅仅因为这些规则和先例可能得出的结果对某个具体的诉讼当事人不公道”。[28] 所以,对法律人来说真正的功夫是:在实定规范与社会事实之间如何做到张弛有度,在法教义学和法律实现主义的二元思维模式之间实现平衡。法官既要坚守规则,成为法律的守护神,又要在必要时能够合乎方法论地超越法律。法官为追求社会效果而超越法律是有度的,目前有一些方法和路径试图用来解决法官司法的主观性。[29] 在中国,一方面,是因为立法技术原因;另一方面,是法律传统原因,还有社会转型的原因,立法提倡“宜粗不宜细”,因而当代中国立法水平并不那么成熟。所以,中国最高人民法院和最高人民检察院的司法解释也特别发达,解释权有扩张司法权的倾向,靠司法解释来处理规则与事实、法律效果与社会效果、专业思考与民意要求、被动性与能动性之间的兼顾,这是必要的,也是可以理解的。

至此,我们可以了解到,当把这“三度论”结合到司法问题上观察,司法的正义(法律价值)、司法效果的合目的性(社会事实)和法的安定性(实定规则)正好构成了司法哲学的分析框架。“三度论”常常在司法过程中可简化为“二元论”:作为平等的正义是重要价值,也是司法的重要价值,但通常在个案的司法中不会直接用“正义”进行考量。所以司法基本上是在法的安定性和法的合目的性之间存在“拉锯战”。于是,出现了司法的法律效果与社会效果、被动性和能动性、法官说了算还是民众说了算等问题的矛盾和冲突,构成了司法哲学的范畴。所以说,基于规则与事实关系的“二元论”是司法哲学的逻辑起点。

三、基于司法标准、主体和行为的三对基本范畴

司法中的规则与事实的二元张力关系会产生各种司法理念、观念、主义、学说甚至所谓的“取向”,它们构成了司法的价值观。从司法价值观来看司法哲学,有一对基本的价值范畴(关系),即形式正义与实质正义,放到司法工作中,也就是司法形式正义与司法实质正义的关系。它常常令我们处于迷思和困境之中,但它却从根本上决定了司法的理念、观念、主义和取向。而实际上,形式正义往往是法律职业内部重点关注的,实质正义常常是大众和领导专门强调的。因而形成了职业主义与大众主义的分离甚至对立的视角。那

[27] [美]本杰明·卡多佐:《司法过程的性质》,苏力译,商务印书馆1998年版,第103页。

[28] 参见苏力在《司法过程的性质》的译者前言,本杰明·卡多佐:《司法过程的性质》,苏力译,商务印书馆1998年版,第4页。

[29] 季卫东教授为此归纳了四种:一是通过经验科学检验和加强;二是通过各种价值判断进行科学的理由论证和交换计算(如“利益衡量论”);三是来自德国的“法律学的解释学”;四是主体与主体的“交涉滴水穿石的立场”。参见季卫东:《法治秩序的建构》,中国政法大学出版社1999年版,第97~100页。

么,司法形式正义与司法实质正义,是怎样构成司法哲学的基石范畴呢?

司法的形式正义和实质正义都有各自的具体构成。我们应当重视,有三个要素是属于形式理性和形式正义的。一是规则,即与社会事实相分离的法律依据。二是程序,即司法行为运行或司法权行使的程序。三是职业。根据马克斯·韦伯的观点,法律职业也属于形式理性,[30]笔者认为他实际上是指司法权主体的专业性及其职业思维。因为职业的法律人思维是形式理性的,是与大众思维的实质性倾向相对的。与之对应,还有三个方面属于实质理性或实质正义:一是事实,即社会事实,如司法面临的政治、经济、社会形势与状况,即国人所谓的"大局",因此会出现依政策判决的情形,政策适用便成了一种事实考量;二是实体权利义务内容,如个案中结果的胜败,如果适用规则的结果是不公正的,则引用原则;三是大众的"法外"思维判断,如要求司法让人民满意、判决要产生良好的社会效果,因此抽象的法律原则,甚至法律之外的道德被强行适用到个案判决之中。

形式正义与实质正义在个案中的冲突,主要集中表现为个案审判依据即司法标准的选择。在哈特与德沃金论战时就成为一个核心问题。德沃金反对哈特的实证主义规则模式论,德沃金认为在疑难案件审判中不仅依照规则,还依照原则和政策。德沃金所谓的原则是指公平、正义的要求或其他道德层面的要求;他所谓的政策是指关于社会的某些经济、政治或者社会问题的改善。[31] 我们应当承认少数疑难案件的特殊性,可以采用原则和政策作为补充。但是在大多数普通案件中,还是以规则为主要依据的。在笔者看来,哈特实证主义"规则模式论"主张的是普遍个案中的形式正义,德沃金的"规则—政策—原则模式"主张的是疑难个案中的实质正义。

形式正义与实质正义各自的三方面要素,都汇聚指向司法标准、司法主体与司法行为这三个问题,司法依何种标准、靠何种主体、做何种行为?根据常识,它们恰恰是司法最重要的三大问题。

在以司法的形式正义和实质正义的基石范畴之下,还存在若干下位的基本范畴,它们是什么呢?根据司法标准、司法主体与司法行为这三个要素,结合西方法哲学或司法哲学,可梳理并筛选出三对并存着的基本范畴。

(一)规则至上与结果导向

由此产生了规则主义与结果主义两种司法理念。之所以说规则至上与结果导向是司法哲学的基本范畴,是因为它体现的是司法标准以及审视司法的衡量标准问题。这个标准究竟是法律规则,抑或是法律之外的标准?至今争议不休。霍姆斯强调经验比逻辑更重要更可靠。[32] 从某种意义上讲,他是在陈述规则主义和结果主义的关系,他认为结果

---

[30] 马克斯·韦伯认为"没有专门的业务知识,它就不会具有理性规则的形式"。"倘若没有有学识的法律专家决定性的参与……从来未曾有过某种程度在形式上有所发展的法。"参见[德]马克斯·韦伯:《经济与社会》(下册),林荣远译,商务印书馆1997年版,第116页。

[31] See R. Dworkin, *Taking Rights Seriously*, Harverd University Press, 1999, pp. 22 – 23.

[32] "The Life of the Law has not been logic: It has been experience", Frome Oliver Wendell Holmes: The Common Law, (With a new introduction by Sheldon M. Novick), Dover Publications, Inc., New York, 1991.

比规则逻辑更重要。拉德布鲁特强调法的安定性(主张规则主义或法的确定性)高于法的合目的性,他强调的是规则主义,而不是结果的合目的性。中国最高人民法院提出的法律效果与社会效果的统一,[33]实指规则主义与结果主义的兼顾等,都可以在这对范畴中得到合理的解释。笔者认为,需要把这对范畴的辩证关系放在具体的场景下来认识。如果把遵循规则看成司法的理想主义目标,那么可以把结果视为司法现实主义,司法理想主义与司法现实主义,正是规则主义与结果主义的翻版。有时我们会遇到司法普遍性与司法个别性的冲突,其实也可以从司法规则主义与结果主义中找到答案——司法普遍主义来自规则主义,个别主义来自结果主义。司法中还存在"司法标准主义与司法个性主义"(司法程序一元化、标准化,还是提供多元性的、有针对性的程序选择)的关系,前者属于规则主义范畴,后者属于结果主义的范畴。同时,司法中常见的"法律真实"与"客观真实","法律效果"与"社会效果"之间的紧张关系,也大体都是源自于此。"有时候,从先例中可能推出苛刻或荒诞的结论,与社会需要相冲突。法律采取墨守成规的做法,与现实生活相脱离。在这个节骨眼上,法官最好保持一种活生生的信念:在形成判决之时,选择何种方法是他们自身的职责。"[34]

规则主义强调规则的普遍性和安定性,结果主义强调个案结果的合理性和合目的性。因此,与规则主义相一致派生的是司法的普遍性,与司法的结果主义相协调而派生的是司法个殊性。司法的普遍性与个殊性,也构成了一对矛盾。两者正是基于对法律的普遍性和个殊性的矛盾,前者强调司法要注重规则的一致性和法的安定性,后者则强调个案的特殊性和结果的合目的性。

(二)职业判断与民主参与

由此产生了职业主义(professionalism)与大众主义(populism)两种司法倾向。司法职业主义又称司法专业主义,司法大众主义与司法民主主义虽然有区别但相关性十分明显,在此暂不作细分。之所以把职业主体与民主参与列为司法哲学的基本范畴,是因为它体现了司法主体的特性与出发点,是反映司法主体、司法立场、司法思维和司法方法等问题的基本范畴。从职业主义来看,强调司法主体的专业性或职业性,强调司法过程的程序性,强调司法根据的规则性或法定性,强调与社会间关系的独立性、隔离性或封闭性,强调法律方法的选择与法律理由的论证。然而,从社会的角度来看,"司法追求的本来就不是某种绝对的真理,而毋宁是社会的秩序"。[35]

有时我们在诉讼领域来讨论问题时,遇到职权主义与当事人主义的矛盾。仔细看来,职权主义是职业主义在程序领域的一种表现形式,而当事人主义本来纯粹是来自大众主义的需求。但由于其弊端的彰显,当事人主义又从"司法竞技主义"转向"司法

[33] 2010年最高人民法院印发《关于贯彻宽严相济刑事政策的若干意见》的通知(法发[2010]9号)中提出,"要深刻领会《意见》精神……切实做到该宽则宽,当严则严,宽严相济,罚当其罪,确保裁判法律效果和社会效果的高度统一"。

[34] [美]本杰明·卡多佐:《法律的成长·法律科学的悖论》,董炯、彭冰译,中国法制出版社2002年版,第38页。

[35] 苏永钦:《司法改革的再改革》,台北,元照出版有限公司1998年版,第96页。

协商主义”。[36] 在司法领域还存在“司法垄断主义”与“司法合作主义”(国家专权,还是与其他社会力量合作)的关系。前者属于职业主义范畴,后者是属于大众主义的范畴。“司法单一主义与司法多元主义”(国家法与民间法的关系,在法律多元意义上,还包括“软法”在司法中的应用)的关系,也类似于这对范畴。

司法职业主义的根本保障还在于司法体制。因此我们总是谈司法独立或司法权独立,事实上司法独立或司法权独立的体制,实际上是根源于司法职业主义。尽管在世界各国对司法独立性有多种角度的解释,但是如果不立基于司法职业主义的观念,则司法独立无法实现。当下中国司法改革中的职业化、独立性目标,与司法的民主化、大众化之间所存在的矛盾和冲突日益突出,两方面的紧张关系也大体产生于此。由于司法是职业化的或需要职业化的,所以应当让司法权独立行使。可是民众要求司法参与、司法公开、司法民主,甚至要求司法按照民主的方式进行。民众担心司法权独立行使会不会削弱人民对司法的监督?政治家担心司法权独立行使会不会导致司法不能“顾全大局”?这就使得司法职业主义又和司法结果主义(司法效果)联系在一起,成为一对辩证关系。

(三)消极克制与积极能动

由此产生消极主义(pessimist)与积极主义(activism)两种司法倾向。消极主义又可称为司法克制主义,在美国也称“司法极简主义”(judicial minimalism),[37] 在日本称为司法谦抑主义。[38] “司法以谦抑为贵,从事立法和行政工作的能走在时代前面被称为优秀,也是分内之事”,司法“当然也有领先时代的心情,但反而要做到最大限度地忍耐克制,‘不越雷池一步’,才能称得上是司法”。[39] 与消极主义对应的是能动主义(judicial activism),其基本宗旨是,法官应该审判案件,而不是回避案件。[40] 积极主义的“能动”是有条件的,如卡多佐所谓的法律“空隙界限之内”的法官创新,[41] 指的就是司法有限的能动性。之所以把司法克制与司法能动作为司法哲学的基本范畴,是因为它体现的是司法行为(行为态度、行为方式和司法方法)的面向。司法按照其原本的规律来讲,需要保持审慎和克制,保持冷静和消极。可是转型期中国社会和民众要求从政法的层面上考虑司

---

[36] 司法竞技主义存在一定的缺陷,在于:将纠纷解决方案定格于利益主体之间的对抗和竞技之上,既容易导致实质非正义,也拖延诉讼和增加诉讼成本。因应后现代秩序性质和政治哲学思想的发展,协商性司法作为一种新型诉讼哲学开始在西方国家司法改革实践中逐步得到体现。协商性司法主张通过对话、协商、合作等方式解决纠纷。

[37] Neil S. Siegel: A Theory in Search of a court, and it self: Judicial Minimalism at the Supreme Court Bar. *Michigan Law Review*, 2005, Vol. 103: 1951.

[38] “司法以谦抑为贵。从事立法和行政工作的能走在时代前面被称为优秀,也是分内之事。高司法的当然也有领先时代的心情,但反而要做到最大限度的忍耐克制,‘不越雷池一步’,才能称得上是司法”。参见[日]山本佑司:《最高裁物语:日本司法50年》,孙占坤、祁玫译,北京大学出版社2005年版,第453页。

[39] 同上。

[40] 参见[美]克里斯托弗·沃尔夫:《司法能动主义》,黄金荣译,中国政法大学出版社2004年版,第3页。

[41] 卡多佐说:“我们必须保持在普通法的空隙界限之内来进行法官实施的创新”,“我们并不是像从树上摘取成熟的果子那样摘取我们的成熟的法律规则。每个法官在参考自己的经验时,都必须意识到这种时刻:在推进共同之善的目的指导下,一个创造性活动会产生某个规则,而就在这自由行使意志之际决定了这一规则的形式和发展趋势。”参见[美]本杰明·卡多佐:《司法过程的性质》,苏力译,商务印书馆1998年版,第63~64页。

法的积极功能,采取能动主义司法的姿态,这就导致2008年以来中国政法高层在司法理念上的一种初步的应变选择。

假如存在各国普遍认同的司法规律,把它作为坐标的中轴,那么前述三对范畴关系,大体上是一种相当于坐标上的强弱度调节关系,一方加强则另一方减弱。因此只能按照司法规律作微调,不能大动,否则会走向违背司法规律而变得"离谱"。三对范畴的辩证关系最终都指向或归结到司法的正义观,即怎样处理三对关系才是符合司法正义的。所以这三对范畴是统领司法哲学的基石范畴。三对基本关系作为司法哲学的基本范畴,普遍适用于各国司法,同样也适用于中国。只是三者的关系如何考量、调节、平衡,则取决于各国司法的实际。接下来,我们看看这三对范畴的逻辑顺序关系。在我看来,司法活动中的司法标准(规则)是第一位的,其次是司法行为程序,最后是司法主体及其思维方式。因此,司法哲学的三对范畴的逻辑顺序关系大致上是这样的:

第一,基于对规则的一种原初的信任和崇拜,人们处理问题时的基本原则是遵循规则。但是由于规则与事实(现实)不断出现不对称和反差,因而可能出现对规则的怀疑,对规则的违背,甚至出现抛弃规则的做法。良好的结果才是人类行为及人类制定规则的真正目的。于是规则与结果之间出现了紧张关系,规则主义与结果主义的两种哲学观念应运而生。第二,当规则与事实的冲突被从法庭程序转移到社会大众中间,便出现了大众对这个问题的见解——大众根据生活逻辑进行思维。大众主义的思考注重结果与实体内容,而以法官为代表的职业思维本质上是规则思维,最多也可能会比较复杂。但无论如何,通常对规则与事实的冲突,两部分人可能会有截然的不同态度和判断。因而,专业逻辑与大众逻辑这两种司法哲学观念随之出现。第三,对规则主义与结果主义、专业逻辑与大众逻辑的关系的看法,在法院或法官司法活动中出现了两种行为倾向:一是消极主义;二是积极主义。前者对待个案中的规则与事实的冲突,专业逻辑与大众逻辑的冲突,选择并坚守司法消极主义的立场,克制、消极地遵从规则的态度就是消极主义的司法观。而另一部分法官会认为:为了保障权利、实现正义等正当目的,规则也是可以突破的;认为根据"经验"而不是根据法律的"三段论"逻辑,司法可以超越法律甚至非原意地解释宪法规则,主张"法官造法",进行积极主义的能动司法,从实质上突破规则以维护权利,追求社会效果以实现社会正义。上述三方面,正是三对哲学范畴在司法实践环节中表现出来的顺序关系。

上述所谈的司法的三对哲学范畴,都绕不过霍姆斯所谓"经验"与"逻辑"关系的经典问题。规则与结果、职业与民众、克制与能动,三对范畴都最终勾连着"逻辑与经验"的关系。结果主要是靠经验发现,大众经验比专业法官更直接,能动就是主张以经验超越规则。如果依据这样的推理,那么司法不需要法官而是可以交给民众,可以超越法律、放弃法律方法。然而,霍姆斯并不是糊涂到如此离经叛道。霍姆斯所要质疑的"逻辑"仅仅是指他所反对的三段论推理。霍姆斯所谓的经验是指"感受到的时代需求、流行道德和政治理论、对公共政策的直觉,不论是公认的还是无意识的,甚至法官及其同事们所共有的偏见"。"共有的偏见"恐怕也就是法律职业共同体内部的共识。他认为这些经验"在决定治理人们的规则方面,比演绎推理影响更大"。[42] 作为"伟大的异议者",霍姆斯在那个

〔42〕[美]霍姆斯:《法律的生命在于经验——霍姆斯法学文集》,明辉译,清华大学出版社2007年版。

对英美法遵循先例几乎没有怀疑的时代,提出这样的问题,无疑是十分可贵的。问题是霍姆斯所谓的"经验"是需要放到一个什么前提下来理解?"经验"是否被人们作扩大化理解了?经验都需要去认同的吗?此"经验"是与大众的"经验"相同的吗?霍姆斯在《普通法》第一讲第一段落就讲清楚了,它们是"人们对某个时代需求的感受"(the felt necessities of the time),"主流的道德"(the prevalent moral),"主流的政治理论"(the prevalent political theories),"有关公共政策的直觉"(intuitions of public policy),甚至还有"法官的偏见"(the prejudices which judges share with their fellow-man),等等。这些因素,在规则逻辑面前,实际上就是事实或对事实的感受。霍姆斯认为它们的作用比三段论推理的作用大得多。[43] 毋庸置疑,我们赞成霍姆斯反对司法中的机械的三段论推理的观点。但是反对三段论逻辑推理,不等于否定规则的大前提地位。没有对规则或先例的遵循,则无法治可言。可见,霍姆斯只是揭示了司法程序背后的这种隐情,而并不是完全去否定"逻辑"并肯定"经验",至少,作为"经验"之一的法官偏见是不合适的。霍姆斯这一论断的意义在于揭示了逻辑与经验的复杂关系,说明司法过程中存在规则间的逻辑之外,还存在着规则和事实之间还有这些复杂的"经验"在起作用这一实情。我们并不需要对所有的"经验"都加以认可和接受,不然职业法官就会落入大众化思考的窠臼。诚然,法官的经验不同于大众的经验,法官的经验应该是在职业化活动中对社会事实作出回应的那种"经验"。

四、当前我国司法的若干辩证关系

规则至上与结果导向、职业判断与民主参与、消极克制与积极能动,这三对基本范畴在中国司法实践中有怎样的表现呢?相信这是人们普遍关注的问题。我们不妨通过近十余年的司法实践与三轮司法改革,[44] 来审视这三对关系在中国的表现,可以看到司法哲学若干范畴在日常司法活动中的矛盾冲突,在每一轮司法改革中的激烈碰撞。

从 20 世纪 90 年代初起,在最高人民法院主导下进行了一场司法改革,其特点表现为:第一,职业主义。举措包括庭审方式、司法统考、判决书说理、人员分类管理、法袍、法槌等。第二,程序主义。强调司法程序的公开、透明、抗辩、举证等。第三,理想主义。注重法律效果,强调机制创新,鼓励探索精神,借鉴外国经验。21 世纪初开始,当时领导人从政治家的角度强调"以人为本""执政为民"与和谐社会,可是至 2008 年连任之初,中国经历了一场突如其来的社会危机,[45] 这使中国进入了"维稳"时期。2009 年最高人民法

[43] 参见[美]小奥利弗·温德尔·霍姆斯:《普通法》,冉昊、姚中秋译,中国政法大学出版社 2006 年版。

[44] 指 1998 ~2008 年肖扬任最高人民法院院长时期的司法改革,到 2008 年至 2013 年王胜俊任院长的司法改革,再到现在正在进行的中央顶层设计的司法改革。

[45] 时任最高人民法院院长的王胜俊大法官曾坦承"由美国次贷危机引发的国际金融危机,给我国经济发展带来了前所未有的困难和考验,也给人民法院工作带来了新的问题和挑战"。参见王胜俊:《能动司法是人民法院服务经济社会发展大局的必然选择》,载《人民法院报》2009 年 9 月 1 日,第 1 版。事实上,2008 年不只是由美国次贷危机转移而来的金融危机,在出现了地震和雪灾等重大自然灾害的同时,还出现范围广大的规模性群体事件、生产安全危机、食品安全危机及其他各种社会乱象,甚至出现以拉萨暴乱和喀什打砸抢事件为典型的极端类型的犯罪。这些问题集中出现在 2008 年,对中国政治、经济、社会发展产生了相当大的影响,国家与社会的治理方针也因此出现了调整和折转,人称"维稳"阶段的开端。

院王胜俊院长在上任后坚持两个基本点:一是“司法为民”;二是“能动司法”。在他主导下进行了一次为期5年的司法改革,其措施主要有:一是高度重视审理涉及民生的案件;二是重视破解执行难问题;三是重视解决涉诉信访问题。其特点是:第一,平民主义。强调以人为本、司法为民,减少职业性,强调大众化、便民原则。第二,综治模式。以行政的模式推进司法目标的实现,强调大调解,能动司法。第三,现实主义。强调司法的社会效果,深入基层,巡回审判,就地办案。直到中共十八届四中全会发布《关于全面推进依法治国若干重大问题的决定》(以下简称《依法治国决定》),对司法公正与司法改革作了全面阐述,定了基调。中央“顶层设计”和司法“行家酝酿”相结合的进路,体现出新一轮改革的优势和特点。在处理这三对范畴关系的问题上也显示出一定的取舍和折衷。但由于前一阶段在司法观念上的纷杂与混乱,至今在我国司法领域存在若干对司法基本观念的紧张关系,它们基本上都是围绕着规则与事实这对基本关系而展开,它们也是我国传统司法哲学所延伸的若干辩证关系。[46] 比如,中国传统法官在法律目的与法律字义面前,倾向于目的;中国传统法官思维中“民意”重于“法理”,具有平民倾向,把民意作为衡量判决公正与否的重要标准;传统法官断案的基本方法是“衡情度理”等。[47] 我们需要立足于中国司法实践从司法哲学上进一步廓清和阐明若干司法观念问题。

(一)法律效果还是社会效果

这是司法活动应该产生什么样的效果的问题,通常把社会效果又附加上所谓“政治效果”。它是“规则主义与结果主义”这对基本范畴在我国司法实践中的具体表现。不少学者和法官关注并研究这个问题,笔者认为孔祥俊在这个问题上阐述得比较中肯。结合其观点,笔者主张,认识和处理好这对关系要从事实背景、问题性质、操作原则、客观标准和法律方法5个方面来把握。(1)最高人民法院提出“两个效果统一”是基于社会转型期司法的复杂背景,“在多样化和多元化的社会背景下,法律适用不再是田园诗般的静态的逻辑推演,而必须加入多样化的社会价值的考量”。在我国司法实践中存在两种误区:一是把法律效果当作机械适用规则;二是无视法律规则为法外效果的目的而曲解规则。[48] (2)从性质上看,“法律效果更多地侧重于对法律标准的常规适用,反映了法律适用的一贯性和恒定性;社会效果更多地侧重于针对特殊情形的政策考量,反映了法律适用的灵活性和应变性”。(3)操作原则应当是两个:一是保持法的安定性为前提;二是特定个案中维护法的合目的性,要肯定个别化司法的必要性。(4)司法中对两个效果的兼顾,需要有可衡量的客观标准,而不是个人的恣意解释,至少也要有正当性程序和合理性论证,来支持这种灵活应变的效果考量。(5)要看到法

---

〔46〕 笔者曾著文《中国传统法官的实质性思维》论述了中国传统法官所谓“实质性思维”,即实质主义思维,其特点是法官注重法律的内容、目的和结果,而轻视法律的形式、手段和过程,也表现为注重法律活动的意识形态,而轻视法律活动的技术形式,注重法律外的事实,而轻视法律内的逻辑。参见孙笑侠:《中国传统法官的实质性思维》,载《浙江大学学报》(人文社会科学版)2005年第4期。

〔47〕 孙笑侠:《中国传统法官的实质性思维》,载《浙江大学学报》(人文社会科学版)2005年第4期。

〔48〕 孔祥俊:《论法律效果与社会效果的统一——一项基本司法政策的法理分析》,载《法律适用》2005年第1期。

律方法在促进两个效果统一上具有必不可少的作用。法律方法的实践经验告诉我们，在法律规则适用中要考虑社会效果“行权”时，基本上可以通过相关法律方法选择和法律理由论证的应用来达到。

（二）专业权威与人民本位

这是“职业判断与民主参与”这对范畴在中国的具体表现。自20世纪90年代以来，我国司法领域一直存在司法专业性和大众性的紧张关系，以贺卫方教授质疑“复转军人进法院”为典型事例。2008年社会急剧转型引发社会多元冲突以来，司法的职业主义与司法的大众主义之间的冲突达到高潮。[49] 随后的2009年8月，最高人民法院颁布《人民法院第三个五年改革纲要（2009～2013年）》倡导“健全司法为民工作机制”，强调“深化人民法院司法体制和工作机制改革的目标是：进一步优化人民法院职权配置，落实宽严相济刑事政策，加强队伍建设，改革经费保障体制，健全司法为民工作机制，着力解决人民群众日益增长的司法需求与人民法院司法能力相对不足的矛盾……”把司法队伍职业化任务概括为“加强队伍建设”，司法能力的重点问题不是职业化，而是为人民群众的“需求”。[50] 从《依法治国决定》来看，2014年10月启动的司法改革目标是“司法的独立与公正”。这一轮司法改革，强调按照司法规律进行职业化改革，具体措施包括司法权独立行使、优化司法职权配置、建立健全司法人员履行法定职责保护机制、为严格司法实行法官审判责任制。与此同时，也提出人民群众参与司法、通过完善人民陪审员制度、建立阳光司法机制等符合司法规律的机制，[51] 来保障落实司法的人民本位观，从整体上把职业性与人民性统一起来。“起诉本身就是一种有意义的参与活动，然而这一点往往容易被人们忘记”。[52] 日本2009年开始实施的一项审判民主化改革，在嫌疑人犯下重大罪行时，随意抽选普通外行人与法官一起，参加决定审判。[53] 日本目前在全国各家庭法院中均设置了家庭法院委员会（委员会是从司法界三方以外的地方公共团体的职员及有识之士中选人的），目的在于听取该委员会对家庭法院各方面运作的意见。[54] 总之，司法民主化也是存在一些符合司法规律的有效措施的。

---

〔49〕 2008年7月出现了一场关于司法形态与司法改革目标的不大不小的争论，贺卫方教授主张职业化道路，与之相对的是来自重庆、主张司法大众化的陈忠林教授。参见马国川：《贺卫方：不走回头路》，载《经济观察报》2008年7月14日。陈忠林：《中国法治：应该怎样向前走》，载《经济观察报》2008年7月21日，第39版。

〔50〕 2009年8月18日，中央政法委召开涉法涉诉信访工作新闻通气会，出台中央政法委员会《关于进一步加强和改进涉法涉诉信访工作的意见》，认为2009年，将是我国进入21世纪以来经济发展面临困难最大、挑战最严峻的一年，也是社会风险因素增多，矛盾碰头叠加，治安形势严峻复杂、社会治安综合治理任务繁重艰巨的一年。这也标志着中央政法委宣布政法工作进入“维稳”阶段。

〔51〕 《中共中央关于全面推进依法治国若干重大问题的决定》（2014年10月23日，中国共产党第十八届中央委员会第四次全体会议通过）。

〔52〕 ［日］小岛武司：《正义体系与市民行动》，郭美松译，载陈刚主编：《自律性社会与正义的综合体系》，中国法制出版社2006年版，第10～11页。

〔53〕 参见［日］六本佳平：《日本法与日本社会》，刘银良译，中国政法大学出版社2006年版，第265～276页。

〔54〕 最高人民检察院法律政策研究室组织编译：《支撑21世纪日本的司法制度——日本司法制度改革审议会意见书》，中国检察出版社2004年版，第90～91页。

(三)司法被动与司法能动

这是"消极克制与积极能动"这对基本范畴在中国的具体表现。司法权在国内外主流法学理论中都被认为是具有被动性和消极性的权力。中国法学界自21世纪初译介了美国司法能动主义理论之后,[55]司法"能动性"概念和问题开始进入中国法学界和司法实践领域。这种理论准备的时间也大致与中国2008年前后形成的社会危机大体相吻合。2009年9月,最高人民法院领导在南京专题研讨并明确提出了"能动司法"的概念和口号。[56] 然而"司法能动"理念在中国被过度地开发利用,因而也就离谱了。有些地方人民法院所搞的能动司法,诸如"大调解""零判决""大接访""庭审直播"等,几乎与司法规律离经叛道。[57] 2012年十八大启动的新一轮司法改革已经没有"能动司法"类似的词语,这应该理解成是对前一阶段司法大众化、行政化、运动化的一种有意识的矫正。但是作为扩大公民权利与自由的司法积极主义,在特定情境下还是有其必要性的。有学者认为"'能动司法'是我国'服务大局'这一特有政治——司法意识形态的一部分,而'司法能动主义'则是具有美国特色的司法哲学,两者之间没有任何客观意义上的直接关联,把两者视为同一或同类,是反向格义导致的结果;与此同时,我国'能动司法'理念的确立尚缺乏一个认真的理论反思过程"。[58] 但实际上,说中美这两种司法观念或理念没有直接关联,乃言之过极。至少其必要性是共同的,均来源于类似的社会事实背景,即实定法无以保障公民权利的新要求,要求法院扩大司法救济和保障的范围。美国司法积极主义有明显突破实定法的特征,如更少强调遵循先例、减少程序上的教条并不顺从政治决策和对政府部门的怀疑、寻求更广泛的宪法根据、主张广泛的司法救济权等,[59]但也是有条件的。美国学者克里斯托弗·沃尔夫在《司法能动主义》一书中对司法能动主义作了这样的解释:"尤其是通过扩大平等和个人自由的手段去促进公平——保护人的尊严。能动主义的法官有义务为各种社会不公提供司法救济,运用手中的权力,尤其是将抽象概括的宪法保障加以具体化的权力去这么做。"[60]我们理解的司法能动主义的适用条件应该是:(1)在公民权利与自由需要救济的个案中(通常是公法案件);(2)在没有法律规则或法律出现违宪嫌疑的情况下;(3)最高审级的司法机构(我国可以设计为最高人民法院和高级人民法院两级进行能动司法的权力配置);(4)必须通过法律方法(如宪法解释方法)而不

[55] 据查询中国知网获得的信息,目前最早介绍美国司法积极主义的论文是发表于2003年的署名"谭融"的一篇文章。参见谭融:《试析美国的司法能动主义》,载《天津师范大学学报》(社会科学版)2003年第6期。2004年经黄金荣博士翻译,中国政法大学出版社出版了美国克里斯托弗·沃尔夫的《司法能动主义》。

[56] 2009年8月28日,最高人民法院王胜俊院长在江苏省高级人民法院调研座谈会上,发表《坚持能动司法、切实服务大局》的讲话,明确提出了能动司法的主张要求。

[57] 河南省高级人民法院院长张立勇自2008年1月当选院长以来,力推马锡五审判方式、裁判文书上网、庭审直播、大调解、法院院长大接访、社会法庭、人民陪审团等一系列举措,"这些措施几乎无一例外地在社会上形成了'叫好'与'质疑'并存的情形"。参见邓红阳:《能动司法不是回避热点案件》,载《法制日报》2011年3月12日,第5版。

[58] 郑成良、王一:《关于能动司法的格义与反思》,载《吉林大学社会科学学报》2012年第2期。

[59] 参见[美]克里斯托弗·沃尔夫:《司法能动主义》,黄金荣译,中国政法大学出版社2004年版,第5~6页。

[60] 同上书,第3页。

是其他手段,来超越实定法甚至宪法。因此,笔者认为应当重视和肯定像四川“李某润诉公安机关案”这样的能动司法案件。[61]

(四)终局裁断与和谐情理

这是三对关系的综合体现,也表现了“司法形式正义与司法实质正义”在中国司法中的特殊表现形态。司法判断具有终局性,具有“一刀切”、不模棱两可的特点。但我们的传统中又有“和谐”情理或精神。在中国,正义观又与“和谐”观念交织在一起,和谐是一种中国式正义观的特有内涵。正义与和谐构成了中国司法正义观最有特色的价值内涵。这两种价值和价值观有时是一致的,有时是区别的,有时“正义”包含“和谐”,特定情况下和谐还高于正义——所谓“和为贵”[62]即是这种关系的典型表述。所谓司法的社会效果里面就夹杂着和谐观。笼而统之地说,它们存在对立统一关系。和谐是一种公共需求,也是政治需求,但通常意义上它不是诉讼当事人的需求。但是,我们不能忘记,司法中的当事人并不是政治家,也不是道德家,而是案件诉讼的两造利益方,他们在个案中通常不会优先考虑和谐,而是进攻与防御的双方。因为“司法不是积极地引导社会,而是切实地保证所有人应予遵守的规则”,“这种角色认知得到了彻底的贯彻……它可以被理解为一种制度化战略的表现,即摆脱激烈冲突的政治争议,小心翼翼地避免司法被政治化”。[63] 如果把司法和谐问题放进诉讼程序里来看,那么司法是否要追求和谐,就显而易见了。司法和谐主义在日本表现为“和的精神”,具体化的制度是调停,它是指由作为第三者的调停机关(由两名调解人和一名法官组成)向当事人提出和解条件,通过经当事人之间的相互妥协所产生的合意来解决纠纷的制度。[64] 日本在民事诉讼程序方面,引入了家事调解、家事审判及民事调解等制度。家事案件不允许直接提起诉讼,而是采取调节前置主义,[65]这也是“和”的司法哲学在司法制度上的体现。

我们毫不惊奇地发现,在日本同样面临中国法官相似的法与情的冲突问题。“法是一种具有特定情境下最大公约数性质的规定,并要求得到普遍的使用。有时候这样普遍适用的法律难免没法一一顾及个案的具体情况而会给人带来‘冷漠、缺少人情味和形式主义’的感觉。但日本的法官一般不会认清‘法就是这样的’而把对上述问题进行矫正的

---

[61] 1998年5月,四川省阆中市水观镇李某润受到一精神病患者的严重威胁,多次向水观派出所求助,但派出所未予理睬,某日李某润被迫为了求生,从二楼跳下致重伤。李某润以其人身、财产损失的主要原因是水观派出所的民警拒不履行保护公民生命、财产安全职责为由,提起行政诉讼,向阆中市公安局索赔。经四川省高级人民法院请示,2001年6月26日,最高人民法院审判委员会就此案作出回复:“由于公安机关不履行法定行政职责,致使公民、法人和其他组织的合法权益遭受损害的,应当承担行政赔偿责任”,最终人民法院判公安机关因行政不作为导致公民损失,承担赔偿责任。

[62] 《论语·学而》,原文为“礼之用,和为贵”。

[63] [日]棚濑孝雄:《现代日本的法和秩序》,易平译,中国政法大学出版社2002年版,第261页。

[64] 日本调停制度最基本的特点在于:第一,通过调停淡化纠纷的权利义务关系的性质;第二,根据“和的精神”这种妥协地解决私人间的纠纷,发扬日本固有的通过人情道德来解决纠纷的传统。“调停的基本理念是和,正如圣德太子在距今1350年前制定的《十七条宪法》第一条中所标明的‘以和为贵’一样,尊重和是我们的国民性。”参见华夏等:《日本的法律继受与法律文化变迁》,中国政法大学出版社2005年版,第261~262页。

[65] 参见[日]六本佳平:《日本法与日本社会》,刘银良译,中国政法大学出版社2006年版,第179页。

工作留给立法者,他们总是努力在现行法的实际运用中尽可能地谋求达到个别的'正义'。对比日本和西方的纠纷解决方式,川岛武宜教授认为,相对于在西方人们倾向通过依据法的一般适用作出诉讼的解决,而在日本则重视对纠纷作出符合各自个性的和解式解决。"[66]

(五)司法中立与服务大局

这基本上也是"法律效果与社会效果""职业主体与大众参与"两对范畴在中国司法中的具体表现。原最高人民法院院长于2009年9月阐述了司法与大局的关系,大局就是经济发展与社会和谐稳定。他认为"司法权作为至关重要的执政权""必须服务于党在不同历史时期所确立的根本任务和发展目标……必须把人民法院工作放在党和国家工作大局中加以考虑""要健全重大司法问题的应对和协调机制,针对弃企逃债、征地拆迁、工矿事故、环境侵权等引发的群体性纠纷,要在认真调查研究的基础上,制定切实可行的措施和方案",他提出人民法院要在"保增长"和"保稳定"中发挥能动作用。[67] 中共四中全会的《依法治国决定》中关于司法"顾全大局"只字未提,也说明这种容易被误解的提法已经被及时地纠正。

司法是国家机器的重要活动,司法和司法公正本身是不是大局?我们当时之所以把"服务大局"作为对司法的一种要求,是因为把司法当作工具而不是目的,是因为没有尊重司法自身的规律,把司法权作为行政权看待,没有看到作为判断权的司法权所应当承担的职责的有限性。司法之所以需要程序,就是为了阻隔对法外因素的过多考虑。从诉讼当事人的立场来考虑,程序机制中的阻隔功能可以防止法官滥用审判权,防止把当事人的正当利益和稀泥般地"和谐"掉。司法权的独立行使与中立原则就是要求我们把司法与社会、把法律与某种案外需求相对隔离开来。应当把司法本身看成大局,把个案的裁判看成当事人的"大局",把司法公正看成是大局,那么司法就真正地顾全大局了。如果把司法之外客观存在的政治稳定、经济繁荣、社会和谐等"大局"都压给人民法院,那就容易成为人民法院和法官抛弃法律规则的正当理由。这些大局固然重要,但如果用这样的大局观来要求司法,则会陷司法于难堪的境地。我们只有在一种情形下,对人民法院提顾全大局是可以理解的,那就是在个案之外,从司法的宏观任务和管理上。

被动中立与服务大局的关系还表现在维权与维稳的矛盾冲突关系上。自2008年以来,由于客观原因使中国政法工作实际上进入了强势维稳阶段,直至2012年十八大召开前夕仍然在强调"维稳"。维稳,维护的是社会秩序,这是以国家治理的总体目标为本位的司法政策;维权是维护个人合法权益,是以人的权益为本位的司法政策。本来稳定也是

---

〔66〕 [日]谷口安平:《新民事诉讼法与纠纷处理的文化》,林剑锋译,载谷口安平:《程序的正义与诉讼》(增补本),王亚新、刘荣军译,中国政法大学出版社2002年版,第199页。

〔67〕 "当前我国经济发展正处在企稳回升的关键时期,经济发展面临的困难和挑战仍然很多,经济回升基础还不稳固,国际国内不稳定不确定因素仍然较多。再过一个多月,我们要迎来新中国成立60周年,保持经济平稳较快发展和社会和谐稳定至关重要。各级法院必须增强忧患意识和风险意识,高度重视经济运行中涉及司法领域的突出矛盾和问题,充分发挥能动司法的积极作用,在有效应对国际金融危机中为经济社会发展提供更加有力的司法保障。"参见贺小荣:《能动司法是人民法院服务经济社会发展大局的必然选择》,载《人民法院报》2009年9月1日,第1版。

人民群众欢迎的，可是为什么民众会排斥所谓的“稳定”呢？众所周知，这种“稳定”是被人为解释了的，是秩序管理者的少数人意志。在司法实践中，两种司法政策的关系具有何种本质的内涵？如果基于“维稳”立场，那么社会效果被当作司法的目标，如果基于“维权”立场，那么法律效果被视为司法的圭臬。2014 年以来确立的“维稳就是维权”观点，这把两者统一起来，把我国前一阶段司法最纠结的关系难题给说清楚了。从法哲学上解析，维权强调的是法律规则与法律效果的出发点，维稳强调的是客观事实与社会效果（进而产生政治效果）的出发点。后者注重的是客观外在事实的面向，而这种面向是政府的立场。司法活动基本上以个案司法为形式载体，不以个案为载体而开展的司法活动只占微量的比例。转型期的个案中存在规则与事实的冲突，需要我们尊重司法规律、遵循法律依据、发挥司法智慧、保障法定权利、兼顾社会效果，而不能单一地只追求司法的“维稳”目标。

（六）独立司法与监督司法

这是“职业主体与民主参与”范畴在中国司法中的表现。人们对司法的“独立性”有不同的理解，甚至有人认为，司法已经够腐败了，怎么还让它独立？进而产生了要求监督司法的广泛要求。于是独立司法与监督司法构成了一对中国式的矛盾。从司法哲学上来看，这对关系仍然是职业主义与大众主义矛盾的延伸。本质上仍然是司法的职业主义与大众主义的关系。

为什么司法需要独立性？司法独立的理由论证在不同国家，其论述是不同的。我们可以找到对理由的三种不同表述。其一，权力关系的物理式机械构架，在国家若干种主要权力之间进行强弱比较，进而分配、分离、平衡、制约等。其二，从受审判者的权利保障来论证司法独立，这也类似于物理力学的关系。只是把人权与公权作为这种“力学”的对应面。其三，从人的认识活动规律和特点入手。深入到司法权的思维特征中来揭示司法独立与学术自由的类似理由，最经典的表述是德国法学家拉德布鲁赫。〔68〕“如果不了解独立问题的根源在于威权体制，忽略民主化已使威权体制走入历史，则许多基于‘经验’对不当干预采取的防弊改革就可能变成过度与过时，造成有限司法资源的浪费。事实上，在各方面都趋于多元开放的后威权时代，只要法官的身份与职务保障达到相当程度，审判不独立即不再是结构性问题，而是个别审判者的操守问题（把持不把持得住的问题）。”〔69〕

司法的独立性原则并不是说司法不需要接受监督，问题在于对司法的监督是怎样的一种监督？司法需要有特殊的监督主体、监督方式，否则就让监督异化成为对司法的干预和干扰。其监督主体是通过司法程序的角色分化，让裁判者的权力分解到其他诉讼主体，包括检察官、律师、陪审员等，也包括检察官对审判权的监督，律师对审判权的监督，当事人对审判权的监督。媒体与民众的监督应当尊重和遵循司法程序与审判活动规范。监督方式是司法机关依法律规定的公开方式和程序法规定的监督方式。监督还存在一个“度”的问题，如司法允许媒体监督，但媒体的监督不应当采取庭审直播的方式，要避免

〔68〕 参见孙笑侠：《司法的政治力学——民众、媒体、为政者、当事人与司法官的关系分析》，载《中国法学》2011 年第 2 期。

〔69〕 苏永钦：《司法改革的再改革》，台北，元照出版有限公司 1998 年版，第 52 页。

"民意法庭",又称"舆论法庭"(the court of public opinion)。这个度虽然表面上看是司法独立的要求,实质上是我们每个人"公平受审权"的要求。[70]

司法哲学中还存在一些局部的、具体问题的辩证关系,如诉讼主义与非诉讼纠纷解决机制的关系,民事诉讼中的抗辩主义、协商主义与职权主义的关系,如刑事案件中打击犯罪与保障人权的关系,罪刑法定主义与宽严相济的关系,如行政诉讼中司法审查管辖范围的严与宽的关系,司法依据上如何处理国家法与私域习惯和公域"软法"的关系,司法成本与司法效率(司法管理与经济的面向)的关系,司法方法问题上的法律解释学还是法律政策学,等等。它们虽然在具体问题领域具有司法理念意义和影响,但不具有普遍的司法哲学的意义,或者说它们只在具体领域或单一层面的司法过程中具有相对的司法哲学意义,因此可以把它们作为遗留的具体问题。

五、结语

综上所述,在司法个案中显现的规则与事实的不对称性,实际上就是逻辑与经验的不对称,形式和实质的不对称,职业思维与大众思维的不对称,这是司法哲学的逻辑起点。它早已经被美国和德国法学家发现,并各自基于规则与事实关系的"二元论"来建立自己的司法哲学。基于现实主义法学的司法,在规则与事实的不对称中偏向于事实和经验而不是规则和逻辑。基于法教义学的司法,在规则与事实的不对称中偏向于规则和逻辑。在规则与事实这对范畴的逻辑起点上,正义价值也就出现了二元分野,司法哲学最基本的价值范畴应该是司法形式正义与司法实质正义。

根据司法标准、司法主体与司法行为这三个基本要素,有三对并存着的最基本的也是最容易在实践中形成困境的范畴,即规则至上与结果导向的关系、职业主体与民主参与的关系、消极克制与积极能动的关系。从中国司法实践(包括司法改革实践)来看,这三对基本范畴在中国司法实践中也都有十分活跃的矛盾冲突表现。具体表现在我国司法中存在的法律效果与社会效果形成的张力、专业权威与人民本位形成的张力、司法被动与司法能动形成的张力、司法中立与服务大局形成的张力、独立司法与监督司法形成的张力。我们的司法审判实践也好,司法改革方案设计也好,都深处在这5对基本关系之中。

就个案司法而言,以规范分析与社会实证相结合,形成常规常态下的中国司法哲学是有一定合理性的。中国传统哲学中的"经"与"权","常"与"变",[71]都反映到中国传统司法与现代司法之中,形成"反经而善""经义决狱""原心定罪",直至当下的兼顾"社会效果"的实质合理性判断。但是,问题在于中国古典司法的"权论"缺乏法律方法意义上的基准,如何判断个案的特殊性呢?即陈林林教授所谓"行权司法的两个问题",一是"法律有效性处置"的问题。在何种情况下可以质疑和否定律法的适用效力?谁可以质疑律

---

[70] 参见孙笑侠:《司法的政治力学——民众、媒体、为政者、当事人与司法官的关系分析》,载《中国法学》2011年第2期。

[71] "经,常也"(《广雅》),权,变也。孟子说"常谓之经,变谓之权,情其常经而挟其变权,乃得为贤"(孟子《离娄》),即所谓"反经而善"。参见陈林林:《法律方法比较研究——以法律解释为基点的考察》,浙江大学出版社2014年版,第188~197页。

法并判断律法不可用？二是合理性的证成问题。这就是法律方法上所谓“法律论证”问题。法律论证是所有解释方法、漏洞填补等方法选择之后的理由证成方法。

我们通过对基本范畴关系构成的分析框架，通过对当代中国司法的5对张力关系的分析，来审视当下中国司法实践和司法改革，来研究和权衡制度设计、改革举措以及司法权运行中的具体问题，能够有助于厘清思路，规范权力，推进改革，同时也为建构中国特色的司法哲学作进一步努力。

论认知风格对法官决策差异形成的影响*

韩振文**

【摘　要】 认知风格作为认知双重加工理论中系统二的重要组成部分，对决策活动产生的影响稳定且持久，但它在司法决策中的作用机制却是一个尚待澄清的核心问题。法官的认知风格是司法决策中个体差异的主要变量，处于整个决策心理机制的顶端，而这种认知风格的个体差异又决定着法官对裁判影响因子的排序。置于认知风格理论模型下，法官决策差异与同案同判、个案正义的悖论冲突可得到有效化解。在司法决策中引进社会科学理由及其训练，可较好地改善法官的认知风格，相应地提升法官认定事实的能力，最终有助于控制法官决策间的过度差异。从年龄阅历视角考察认知风格与法官决策的关联，可以发现司法决策的差异程度可能随着年龄、阅历的增加而出现递减效应，而且专家式法官的认知风格甚至塑造出一国司法在特定时期内的传统形象，从而在长时段比较上司法决策会呈现出阶段性的差异。

【关键词】 认知风格；法官决策差异；影响因子；心理机制；司法假定

法学界有关司法决策影响因素的探讨著作可谓汗牛充栋、蔚为大观，对此论题不同学派的主张也是精致规范且胜意迭现，其中讨论较多的至少包括事实、法律、制度、情境、法官的价值观、法律理念、公众意见、社会期待、后果考量、实用能力等影响因素。但这些相关研究却也有一重要欠缺，即总体呈现为一种规范性分析判断，而相对缺乏经验的实证研究，更不用说对多元因素的循环运行进行详细考察。为此美国法学家波斯纳尝试对司法决策影响因素进行一项较为全面的实证总结，概括了司法行为的9种理论，并详细对其中的一些因素，如任期、薪水、声誉、规则与先例等，作了展开式讨论。他提出在疑难案件带来的"开放地带"，法官是如何决策的，为什么如此决策，决策的后果可能为何，以及哪些智识工具最适合分析这些问题。[1] 从这种实证的审判决策视角来看，以上法官决策的影响因子都会通过心理机制的"酝酿"作用，对司法决策结果产生直接或间接的影响。当然，基于心理机制的法官决策反映到司法行为研究领域，主要的代表性成果则为直觉模型（intuitive model）、态度模型（attitudinal model）、策略模型（strategic model）、分权模型

---

* 基金项目：教育部人文社会科学青年基金项目：审判中心视域下的司法假定方法检验研究（16YJC820009）；浙江省哲学社会科学规划课题项目：论认知风格对法官决策差异形成的影响（17NDJC195YB）。

** 韩振文，浙江大学法学博士后科研流动站研究人员。拙文发表在《中南大学学报》（社会科学版）2016年第6期，《中国社会科学文摘》2017年第5期。此版在原文基础上进行了补充完善，特此说明。

〔1〕 See R. A. Posner, *How Judges Think*. Cambridge, Harvard University Press, 2008, p. 15.

(decentralized model)四种主流模型。[2] 它们很受欢迎,但问题在于这些理论模型只是对裁判思维某一影响因子的放大性阐释,塑造出的有关司法决策图景是简单的、不完整的。确实没有单独哪种模型或进路能永久地捕获裁判思维的复杂性,单一模型的解释总是过于简单化。无论如何,法官的一系列行为不容易被纳入思考司法行为的通常框架之中,对于重要问题的探究不必适合某个特定模型的框架。[3] 因而我们需要创造性地超越这些分析司法行为的标准模型,若能整合进一动态、综合的图景之中,就可较完整或贴切地描述实际的司法决策过程。而恰恰认知心理学和行为科学领域中的认知风格理论,就为这种综合性图景的建构给出了较精细的概念工具与分析框架。这主要是因为在制度性困局与有限理性状态下,法官的认知风格是司法决策中个体差异的主要变量,处于整个决策心理机制的顶端,而这种认知风格的个体差异又决定了法官看待各个影响因子的相对重要性。本文的意图正是旨在探明认知风格为何以及如何会对法官决策差异发生影响,以期更清晰地了解法官决策的影响因子发挥作用的方式,从而为提升司法公信力及优化司法体制改革提供些许启发性建议。

一、法官决策过程中的认知风格模型

(一)认知风格与个体差异变量

认知风格(cognitive style)也称认知方式,指的是个体在处理信息过程中所表现出来的习惯化行为模式。从操作定义上看,它主要关注信息加工过程中的个体差异,既包括个体在知觉、记忆、思维和问题解决等认知过程方面的差异,又包括个体在态度、动机等人格形成和认知能力与认知功能方面的差异。认知风格作为"个体的特征和一贯性的组织和加工信息的方式",[4]有自身的生理基础,其后天养成是长期的,是一个过程变量而非内容变量,因而它对个体信息搜索与决策发挥着长远的显著影响,并导致个体在外在行为模式上相应的差异。对此,认知风格理论模型的探讨及其在真实情景中的应用,为深入了解决策中个体差异变量的作用及机制提供新的视角与合理解释。

个体差异的认知风格对认知加工过程的影响是其对不同认知加工阶段及其相互作用产生的。认知风格变量在信息加工通道中完成输入、编码、存储、变换、提取与使用等,并以一定的阶段性行为表现出来。认知心理学的双重加工理论认为,人类拥有两套优劣互补的思维加工系统:即时自动化的系统一与分析性反思的系统二(见图1)。当进行决策

[2] 这四种模型理论的代表作分别为:Guthrie, Chris, Jeffrey J. Rachlinski, and Andrew J. Wistrich, Blinking on the Bench: How Judges Decide Cases, Cornell L. Rev. Vol. 93, 2007; J. A. Segal&H. J. Spaeth, The Supreme Court and the Attitudinal Model Revisited, Cambridge: Cambridge University Press, 2002; L. Epstein&J. Knight, The Choices Justices Make, Washington D. C.: Congressional Quarterly Press, 1998; J. Ferejohn&C. Shipan, Congressional Influence on Bureaucracy, Journal of Law and Economics, Vol. 6, 1990.

[3] 参见[美]劳伦斯·鲍姆:《法官的裁判之道:以社会心理学视角探析》,李国庆译,北京大学出版社2014年版,第197页。

[4] Tennant M, *Psychology and Adult Learning*, London, Rontledge, 1988, p. 100.

活动时,系统一快速提出直觉性的答案,而系统二则可能会支持、调整或推翻这些答案。[5] 整体而言,所有复杂的个体决策均为系统一与系统二之间动态交互作用的产物。在此须注意的是,系统一独立于认知能力,而系统二与认知能力相关。[6] 由于认知能力的个体差异属于认知风格的系列范畴,因而认知风格成为分析性反思的系统二的重要组成部分,具有跨时间的稳定性与跨情境的一致性。从另一个角度来看,认知风格变量在决策活动中扮演的重要角色,为双重加工理论的实践运作提供了有力证明。

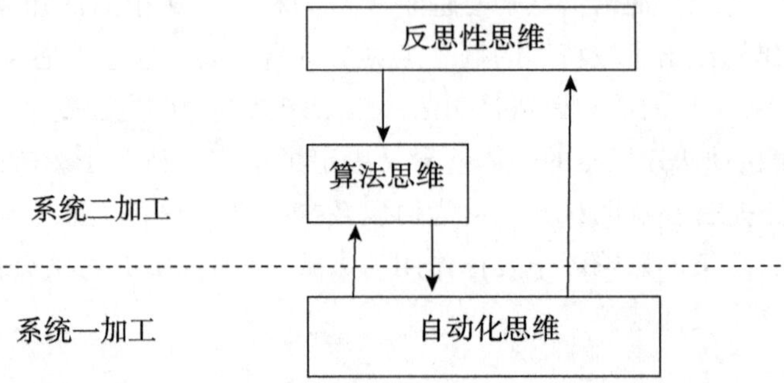

图1 认知的双重加工系统

认知风格的类目繁多并得到调查、评估及验证,如言语—表象型(Verbal-Imagery)、场依存—场独立型(Field dependence-independence)、聚合—发散型(Convergent-Divergent)、熟虑—冲动型(Reflectivity-Impulsivity)、同时—继时型(Simultaneous-Successive)等。这些不同的认知风格结构可归纳为两个基本的认知风格维度(家族):整体—分析(Wholist-Analytic,WA)维度和言语—表象(Verbal-Imagery,VI)维度。WA风格维度表示个体在信息组织过程中是倾向于从整体上把握,还是倾向于从各个局部把握信息彼此间的联系;而VI风格维度反应个体在表征信息或思考过程中是倾向于以言语还是以表象的形式相联系。[7] 由以上WA和VI认知风格维度为核心所构成的认知控制,它在个体内部状态与外部世界相交互的界面上起着重要的组织和表征作用。认知控制将内部状态与外部世界提供的信息组织起来,以个体独特的结构和形式进行反应,影响着个体的态度及行为(见图2)。[8] 此外,认知风格的不同类型在每个人身上都有不同强度的体现。既然认知风格表现存在个体差异,那么认知风格绩效可得到培育与增强。若培育的认知风格类型与职业任务模式相匹配,就能够更充分发挥认知能力和提高办事质量与效率。反之,则采取有意识地失配策略加以弥补。

[5] Daniel Kahneman, Shane Frederick, *A Model of Heuristic Judgment*, Keith J. Holyoak and Robert G. Morrison, Thinking and Reasoning, Cambridge, Cambridge University Press, 2005, p. 267.

[6] Jonathan St. B. R. Evans and Keith E. Stanovich. *Dual-Process Theories of Higher Cognition: Advancing the Debate*, Perspectives on Psychological Science, 2013, p. 225.

[7] Rayner, S. & Riding, R. J. *Towards a categorization of cognitive styles and learning styles*, Educational Psychology, 1997, pp. 5 – 28.

[8] Riding, R. J. *On the nature of cognitive style*, Educational Psychology, 1997, pp. 29 – 49.

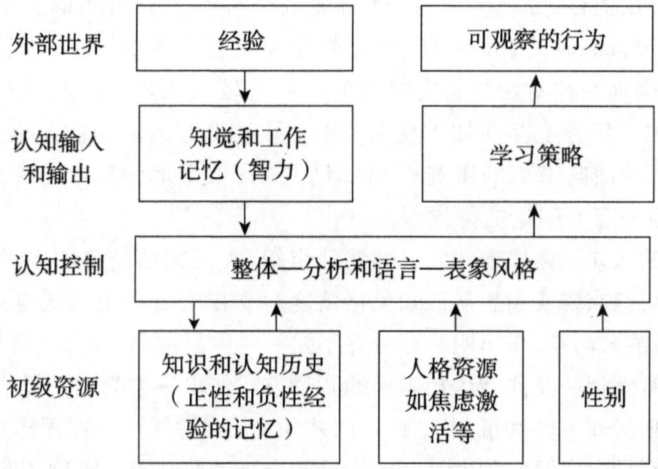

图 2　认知控制的宏观模型

(二)认知风格与法官决策差异的形成

认知风格在司法决策活动中的作用机制是一个尚待澄清的核心问题。法理学的传统理论实际上已经对认知风格有了一定的研究,尽管未能获得法学界特别是规范法学的应有重视或普遍承认。中国法理学者有较早探讨裁判者作出司法判决的风格差异,〔9〕虽然裁判者的认知风格会影响到司法判决的制作方式,但却不同于司法判决的风格特征。司法决策是一种高级心理活动,其认知风格必然对决策过程、决策表现产生影响作用;在司法的特殊场域下,法官的认知风格可与任务情境、情绪状态产生相互作用,从而会对司法行为与决策产生的影响重大且持久。这都“说明个体水平的决策行为可受人格和情境变量的共同影响。这种影响因素的组合会在个体水平上变化,由人格特点和心理决策倾向性变量的强度所决定”。〔10〕法官的认知风格反映出法官个体适用法律、认定事实时特有的定向与偏爱,在实际上影响着法官对裁判的影响因子的排序。不同认知风格的法官在认知过程、认知能力与司法决策倾向上都存在一定的差异。比如,以场依存—场独立型与整体—分析型的认知风格为例:一位德沃金式的法官更倾向于场独立、整体型风格,他可能会以一套宏大的融贯性理论指导自己对目标的排序,把法律作为一个整体来看待,在案情信息加工时注重认知的连续性,主要以内在法律体系为标准进行演绎,而受外在信息表述方式的影响不明显,行为反应特征是“假设导向”的,在整体加工任务上具备加工优势,也就将平等的自由作为重要的价值追求(加工特征),对法律权利和法律义务作出具有融贯性的表达,指导得出“唯一正解”的裁判实践;而一位波斯纳式的

〔9〕 在司法判决的证明风格上所存在的差异进行分析总结,这些差异涉及司法判决的诸多方面,具体可以分为 8 个方面:解释性选择的可能性、语言的专门化程度、具体化程度或决疑性质、表述的详尽程度、隐含的合理性模式、形式理由和实体理由的比例、对司法裁判性质的认定,以及整体色彩。参见张志铭:《司法判决的结构和风格——对域外实践的比较研究》,载《法学》1998 年第 10 期。

〔10〕 Soane E, Chmiel N, “Are risk preferences consistent? The influence of decision domain and personality”, *Personality and Individual Differences* 38, 2005, pp. 1782 - 1791.

法官则更倾向于场依存、分析型风格,他可能以一种经济分析式的灵活眼光评价案件事实、法律与作出裁判时的具体目标,在案情信息选择加工时,更容易受到外在信息表述方式的影响,因而往往对法外特定情景的参照有较大依赖,行为反应特征是“流程导向”的,在细节加工任务上存在加工优势,也就善于找出案情间的相似性和差异性,并以一种实用主义的面向未来的眼光作出归纳判断,很好地跟随社会系统的发展轨迹,而不具体接受某一宏大理论的指导。

当然,法官的认知风格虽表现为习惯性地组织、表征案情信息的方式,看似作出风格种类的区分简单,但在现实中想从认知风格角度对支持宏大理论德沃金式法官和持开放解析思维的波斯纳式法官,作出明确区分并不是一件容易的事。对此,可借用美国政治心理学家 Tetlock 对刺猬—狐狸型认知风格的测量方式作出一番尝试。简单地说,狐狸知道许多小事,但刺猬只知一件大事。[11] 在司法决策背景下,刺猬和狐狸隐喻了不同风格的法官专家:司法刺猬专家倾向于以一套宏大的闭合理论驱动指导审判实践,较多地受既有经验和已有审判实践的影响,主要凭借内部感知线索的因果模式来改组、变化信息而不易受外来因素干扰,并且倾向于忽略一些细节性的事物而作出比较独立的、稳定的选择判断;而司法狐狸专家也许更敏感于特定案件的事实和法律,喜欢注意或处理具体的、细节的事物,在裁判作出前对裁判的结果保持着开放更新的态度,并且不倾向于受过去审判实践和经验的影响,而是较多受到所处周围环境线索的外在指导,以环境的刺激交往来定义特定的案情信息,并有意识地努力平衡整合各种案情因素的冲突,满足于适应时代所需找出合适的案件解决之道。当然这种区分是理想化的,生活中大多还是混合的“刺猬狐狸式”或“狐狸刺猬式”。

在此我们就用 Tetlock 提出的认知风格测量方式来验证德沃金整体型、场独立型的认知风格。面对以碎片化、多元视角观、边缘叙事等为特征的后现代主义挑战,德沃金自信并顽强地高举着“认真对待权利”的自由主义法学大旗,通过建设性诠释获得法律整全性(integrity)事业,始终坚持法律以独立的道德价值为基础(预设),以权利为透镜不存在真正的道德原则冲突,要求法官尊重并依据融贯一致的道德原则(尤其是正义与公平)来解释和适用法律,寻求着司法中唯一正确的答案,不愧为杰出的自由主义学者,一位“浪漫而崇高的梦想者”。特别是在疑难案件裁判中,适用法律规则必须要诉诸于规则背后的道德原则或价值信念,在此基础上确定个案具体的法律权利与义务。[12] 他本人也自诩为属于刺猬式(代表价值一元论)的哲学家,其中价值就是那件最重要的事,独立于我们的意志或命令而存在。因存在某种真理性的法律命题,以将司法实践组织为符合整体的内在要旨或统一价值,也就忽略了一些外在细节性事物。为此,他明确地指出法律实践必须由要旨来理解、适用、扩张、调整、修正或限缩;也就是说,必须对实

---

〔11〕 [美]菲利浦·E. 泰特洛克:《狐狸与刺猬:专家的政治判断》,季乃礼等译,中国人民大学出版社 2013 年版,第 73~127 页。

〔12〕 德沃金关于疑难案件的裁判重构为:针对疑难案件,法官要证成当事人享有一项制度权利或法律权利,就必须诉诸证成该项权利或规定该项权利的规则的一般融贯性正当化理由。这个一般的正当理由就是“游戏特性的观念或原则”。参见王夏昊:《德沃金司法裁判方案的重构与批判——以法律论证理论为基础》,载《政法论丛》2017 年第 3 期。

践赋予意义,然后再根据这个意义,将实践重新构造出来。[13] 正所谓“行有道,吾道一以贯之”。依德沃金本人的术语来说,这种一以贯之的价值体现了自尊的重要面向本真性(authenticity)。本真性乃是每个人都有特殊的伦理责任,一种通过自己认同的前后一贯的风格、品性创造有价值生活的个人责任,如尊重他人的尊严与自己的尊严,这样在生活中进行整体的自我形象与表达。本真会让自己独立选择适合自己和自己所处环境的存在方式,好好生活对生命/活作出合适正确的决定,要求我们要有一种个人品性意识,恪守自己据以行为的标准和理想,而将某些行为认定为是对自我的背叛。[14] 不可否认的是,德沃金这种整体型、场独立型认知风格对司法决策的影响是重大持久的,他也一直秉持健康的、有尊严的价值信念或刺猬信念,[15] 相信有终极的能够据以理性行为的无法通过命令放弃的信念和喜好,致力于在法律帝国中精心编织为有目的的司法实践提供连贯性与原则一致性之网。虽然这种编织“最佳正当化”(the best justification)之网的独断寻求,合乎法律“封闭完美体系”的简约理路发展逻辑,并增加了自身的稳定性与可预测性,但是在实际司法裁决中不可能存在唯一正确的答案,这仅是他构筑整全性的法律帝国中的高贵迷思。

二、认知风格对法官决策差异存有悖论的化解

(一)同案同判与法官决策差异的悖论

以上笔者从理论层面探寻认知风格对法官决策差异形成的影响,那么接下来主要从真实案件入手深入剖析这种影响的发生机理。其实实务中遭遇的困境也倒逼我们必须给予这个核心问题足够的关注。案件的切入首先会面临这样一个悖论:司法决策追求的重要价值目标为“同案同判”(like cases treated alike),法官不能因裁判主体与裁判对象的不同而不同,法官要防御外部压力干预影响,法官“必须使当事人多多少少在某种程度上感受到存在一种保障:审判是依照某些普遍性判断标准对案件进行裁决,无论是谁,在相似的情况下,都能得到相似的结果,谁也不致受到完全随心所欲的处置”,[16] 而认知风格变

[13] See Ronald Dworkin, *Law's Empire*, Cambridge, Harvard University Press, 1986, pp. 47 – 48.

[14] 参见[美]罗纳德·德沃金:《刺猬的正义》,周望、徐宗立译,中国政法大学出版社2016年版,第231~232页。

[15] 刺猬信念(the hedgehog's faith)也就是价值整体主义(value holism)。据此所有正确的价值形成一个环环相扣的网络,其中每一个关于何为善、正确或美的信念都支持着我们在这些价值领域中的其他每一个信念,我们只有通过追求信念背书之融贯,才可能寻找到道德真理;我们在所有事情上都有自己的道德信念,而且在一定范围内是真诚的、有效的,在那些与单独每一个信念直接相关的场合,我们都会根据多孔的有效信念而作出相应的行为;我们不能仅仅因为某些信念与其他信念相匹配、相统一,而强迫我们自己接受之;在价值领域里,无论何处,我们都必须始终坚持相信我们的信念,或者发现其他某些东西与我们确实相信的东西相一致,带着适当的敬意,经过充分的思考,我们必须坚持我们是正确的。参见[美]罗纳德·德沃金:《刺猬的正义》,周望、徐宗立译,中国政法大学出版社2016年版,第121、135、373页。

[16] [日]滋贺秀三:《清代诉讼制度之民事法源的概括性考察——情、理、法》,范愉译,载[日]滋贺秀三等:《明清时期的民事审判与民间契约》,王亚新等编译,法律出版社1998年版,第20页。

量却更多彰显为法官裁判案件的差异性,上文的理论铺垫是否在刻意证成法官决策差异的合理性,却日趋背离统一法律适用的目标呢?实际上这一形式性悖论不难化解,其理由具体如下:第一,世界上的任何案情都是独特的,"同案"指的是同类案件或相似案件而非真正案情完全相同案件,相应的"同判"指涉为同等裁判或类似对待,"同案同判"的理解不能过于绝对,司法决定的规范属性之中就已隐含一般化,案件的类型化处理本是满足统一法律适用主旨的,这样即使不受认知风格影响,在法律适用过程中也会出现法官自由裁量的因素,产生法官决策一定限度的差异也属正常。第二,同案同判是重要的道德价值,但它仅仅是可被凌驾的与司法裁判相关的道德要求,而不能扮演司法裁判的构成性法律义务的角色。所以,只要能够证明同案同判被构成性的法律义务或者其他更具分量的道德要求所压倒,那么法官就可摆脱仅具空洞形式的"同案同判"束缚,而不受其拘束给予特殊对待。[17] 第三,同案同判作为道德价值,主要追求的是平等,而"平等所要求的并不是在先前意见所描述的所有方面上都彼此类似的案件应当得到类似的处理;相反,平等所要求的是,在道德上相关的所有方面都彼此类似的案件应当得到类似的处理",[18] 虽然道德判断会发生流变,但法官的认知风格却具有相对稳定性。第四,法官在进行具体事实认定和适用先例、制定法、习惯法的过程中,会将案件事实、先例、制定法、习惯法表征为一个个元素,这些元素间可能彼此冲突,由于法官的认知风格处于整个司法决策心理机制的顶端,它会以构建故事的形式来调整事实与法律的分量来实现元素间的认知融贯性。当法官对案件的思考达到认知融贯的状态后,就跨越认知和行动门槛,得到一个具体的个案判断,并且法官对该结果抱有很大程度的自信。虽然同类案件得出的具体判定不可能完全相同,"当事人在每个案件中诉讼应对方式和举证情况有可能存在较大差异,这些因素都可能引起案件处理结果之间的一些差异",[19] 但由认知风格有效调控、限制下的不同裁判结果,会在自由裁量空间内都向着认知融贯的方向发展,也就是最终都会向可普遍化证成原则指导下的法律规则、原则或基本权利构成的法规范体系靠拢,从而显现出同等情况同样对待、一视同仁的理想局面。

(二)个案正义与法官决策差异的悖论

案件的切入会遭遇这样的吊诡现象:司法决策受到认知风格影响会产生裁判的差异,按照卢曼的可操作性建构主义知识论看,没有差异区分就没法进行观察与描述,依据上文的论证本来存在差异是合理可接受的,但为何某些案件观察到的结果差异还是引发公众强烈的批判质疑,甚至直接攻击为违背个案正义呢?比如,为何将杀了一个人的药家鑫被判处死刑立即执行,而却将杀了两个人的李昌奎判处死刑缓期两年执行呢?对此遭遇可作出如下的辩解:第一,在认知加工的系统二层面,法官的动机起着实质性的作用。法官在追求准确地认定事实和适用法律之外,也追求其他诸多目标,如社会效果、领导或公众

[17] 参见陈景辉:《同案同判:法律义务还是道德要求》,载《中国法学》2013年第3期。

[18] [美]安德烈·马默主编:《法律与解释》,张卓明等译,法律出版社2006年版,第35页。

[19] 邹碧华:《要件审判九步法》,法律出版社2010年版,第12页。

的认可、及时结案,并尽力避免判决被上级人民法院推翻等。这些目标尽管多种多样,但法官通常是出于特定的行动动机追求这些目标的。比如,不管是出于自我实现的动机,还是出于自我表现的动机,法官都会倾向于追求准确地认定事实和法律。第二,法官的动机有强有弱,如法官既追求节省时间精力,又追求获得领导和公众的认可,这两个目标尽管略显冲突,但由于法官迎合的动机更强,因此他很可能会选择为了获得承认赞美而更努力工作。一些影响因子,如制度性因素(司法科层管理体系,法院内部制度等)和情境性因素(如公众意见),也会对法官的动机产生影响,从而影响整个司法决策。第三,个案由于以上不同的动机效用产生波动,发生个案裁判结果的偏离,乃至产生显著差异超出了一般民众的朴素正义观,招致舆论媒体的强大压力。但由于动机在个案中发挥暂时的影响,而认知风格却是长远持久的,且决定着对裁判的影响因子的排序。因而,看似陷入舆论漩涡的个案(并非冤假错案),却因尊重认知风格而被法律职业共同体容忍或认同。

还是回到以上药家鑫案和李昌奎案的重要批评,这两个案件反映出法官准确认定事实和适用法律的动机、迎合舆情民意的动机强弱有别,但认知风格压倒了强弱有别的动机,并主导了两案裁判存在差别的倾向。具体来说,两起案件的裁判相比,审理李昌奎案的云南省高级人民法院的法官更多受到整体型、刺猬式认知风格的影响,以一套宏大的融贯性理论指导自己对目标的排序,将司法实践组织为符合整体的内在要旨或价值,这种宏大理论和内在要旨放在此案中就是贯彻落实宽严相济的刑事政策;同时,此案法官在案情信息加工时主要依据内在法律体系为标准,而受外在信息表述方式的影响不明显,这种标准就是《刑法》《刑事诉讼法》和最高人民法院《关于处理自首和立功具体应用法律若干问题的解释》有关规定的"具有自首或者立功情节的,一般应依法从轻、减轻处罚;犯罪情节较轻的,可以免除处罚",以及我国长期存在的司法惯例"故意杀人且自首,通常应当被判处死缓而非死刑",并没有受到法外民意、社会效果等的强力干扰。实际上,李昌奎杀两人被判死缓,云南省高级人民法院给出的理由之一就为"李昌奎有自首情节"。

三、认知风格与法官决策差异控制

司法决策的结论性判断是法官在有节制的前见基础上,目光往返穿梭于个案事实与准用规范之间,不断调适、检验司法假定结论(预判)而得来的。[20] 不难发现,法官的目光往返穿梭、左顾右盼,始终脱离不了两项基本任务:适用法律和认定事实。法律问题的处理是价值导向的,侧重于对请求权规范基础作出价值判断;事实问题的处理是价值中立的,侧重于对证据材料、经验法则作出心证评估。一般经过古典正统的法教义学规训的法官,对有效实在法最为熟悉与了解,并在司法作业上把它作为权威文本进行意义解释,随着严格依法裁判的经验积累逐渐成长为处理法律问题的专家,这样大大增强了法律规范

〔20〕 有关法律前见、司法假定对司法决策活动具体影响的论述文献,可参见苏晓宏、韩振文:《论法律前见对司法裁决的影响》,载《东方法学》2013 年第 5 期;韩振文:《司法假定的认知心理学阐释》,载《学术探索》2015 年第 7 期。

适用的确定性与可预测性。[21] 但无法遮蔽的是他或她却一直不擅长从事认定事实,而恰恰事实问题为司法决策中最重要的任务,这样看来如何提高法官正确地认定(或推定)事实的能力至关重要。从认知的双重加工过程来看,系统一对事实问题的处理所借助的是代表性启发式直觉(representativeness heuristic),但这种直觉容易出错而发生认知偏差,[22] 进而会导致严重且系统性的决策错误,因而需要强化系统二的检验纠正作用。波斯纳为此提出了"司法气质"即移情上的超然作为防范纠正措施,以便防止启发式直觉导致目光短浅的司法判决。

前文分析得出认知风格是系统二的重要组成部分,其培育的认知风格结构与职业任务模式相匹配,能够提高办事质量与效率,这不仅对认知风格的教育应用特别有启示,[23] 而且对司法过程事实认定带来有益提示:认知风格的培育与优化的同时,也在强化认知加工系统二对系统一的纠正作用,这必然是对法官认定事实能力"短板"的补强以及直觉型司法决策的偏差抑制。而改善法官认知风格——倾向于场依存、分析型风格的重要路径为司法制度中引进外在社会科学理由,如进行经济学、社会学、心理学等方面的系统性决策训练,注重对法律事实的因果性描述、解释,并以面向未来的灵活眼光评价案件事实,从而保证法官能够最大可能地获取有效的证据信息。总体而言,在事实认定阶段,社会科学主要通过转化成为证据来认定事实;司法中社会科学的引入,有助于增强裁判的说服力,有助于提高法官对后果预测的准确程度,减少法律与社会之间的隔阂,更好地回应社会变化,从而实现法律效果和社会效果的统一;在微观个体上,运用社会科学特别是认知科学认识法官心态,帮助法官作出最优裁判策略。[24] 可以看出法官认知风格的改善,相应地认定事实的能力也随之提升,最终会有助于缩小个案决策之间的过度差异。

对于以上法官认知风格的改善做好相关的社会事实调查至为关键,而社会事实调查又离不开社会科学工具来达成。譬如,在"穆勒诉俄勒冈州案"[25] 中进步派的民众律师布兰代斯(Louis D. Brandeis, 1856—1941)提出的著名"布兰代斯诉讼方式"(Brandeis Brief),就是以大量务实的社会科学数据资料为基础制作了一份长达110页的论辩摘要,确切预测与证明了对禁止限定妇女最高工时的立法若作合宪判决所带来的危害后果。美国联邦最高法院最终采纳了这份"社会科学的证据",判决俄勒冈州限定妇女最高工时的立法合宪。从这里也能发现当前我国学界兴起的强调经验科学的"社科法学"教研进路

---

[21] 针对法教义学的实践功用,有学者也中肯地指出:在实践中,法教义学试图通过有限的分析程序来不断简化无限复杂的社会现实和语言博弈;通过稳固的预期设定来使法律关系具有确定性,防止法官的政治信条和个性以及经济社会背景对审判过程的干扰;从而增大社会行为及其结果的可预测性。参见季卫东:《法律议论的社会科学研究新范式》,载《中国法学》2015年第6期。

[22] Amos Tversky & Daniel Kahneman, "*Judgment under uncertainty: Heuristics and Biases*", Science 185, 1974, pp. 1124 – 1125; Guthrie, Chris, Jeffrey J. Rachlinski, and Andrew J. Wistrich, "*Blinking on the Bench: How Judges Decide Cases*", Cornell L. Rev. 93, 2007, pp. 1 – 43.

[23] 相关研究表明,当教师的认知风格与学生的认知风格完全匹配时,学生的学习适应最好;师生认知风格类型不适配的学生组,其学习适应较差。这一结果启示我们,学生学习障碍的形成有可能与师生之间的认知风格不相适配相联系,因此这对学习障碍的诊治大有裨益,也为教师根据学生的个别差异进行因材施教提供了新的途径。参见杨治良、郭力平:《认知风格的研究进展》,载《心理科学》2001年第3期。

[24] 侯猛:《司法中的社会科学判断》,载《中国法学》2015年第6期。

[25] Muller v. Oregon, 208 U. S. 412(1908).

并非自娱自乐活动,本身应占有其一席之地。无怪乎,也证实了霍姆斯大法官在120年前的预言:"对于法律的理性研究而言,现在的主流是对法律进行'白纸黑字'的解读,但未来必定属于那些精通统计学和经济学的人。"[26]

四、认知风格与法官决策差异:年龄阅历的特殊视角

(一)法官决策差异的递减效应

以往的司法行为研究及司法实践主要聚焦于疑案决策,[27]如上文提到的围绕有智识挑战性的疑难案件(Hard Case)解决归结出的直觉、态度、策略、分权4种主流模型,这些当然反映出法官认定事实背后认知风格与认知能力的差异,但这种理所当然接受的简单疑案案件两分法与认知风格的关联考察,也存在一个主要的理论缺陷,那就是忽略了年轻法官(新手)的认知风格对司法决策差异产生不同程度的影响。好的法官、好的裁判文书往往需要时间来检验。某些年长的法官裁判经验丰富,可视为办案的专家,其长期养成的认知风格稳定持久,往往决定着对裁判的影响因子的一贯排序,从而在若干相似案件中表现出一贯的裁判行为;而对于大多年轻法官来说,其稳健的认知风格养成仍需裁判阅历的逐步锤炼,这时动机往往在个案中发挥暂时的作用,使得影响因子的前后顺序在时间上易产生明显摆动。因而,司法决策的差异程度可能随着法官年龄、阅历的增长而出现递减效应。这种视角下考察认知风格对司法决策差异的影响,可通过法官对司法假定结论的确信态度体现出来。假定结论在庭前信息尚不充分阶段形成后,在接下来的庭审中法官们都做好了核实或校正的准备。法官在形成心证之际,需要对当事人的叙事作出分析,在此基础上建构和检验假定,并且要在法定审理期限内迅速对不断累积和变化的大量假定和暂时性结论进行处理、裁量、判断。[28] 但由于认知风格的差异,法官们对其假定结论所持信度是有差别的。具体而言,对于专家式法官来说,对其假定结论的确信程度较高,并且预判的品质与目标指引都十分可靠有效。[29] 最后裁判文书的作出,表面上看是形式逻辑的推演,实际上是印证支持、满足假定结论所需条件的过程。除非庭审中有新的定案关键证据发现(比如,作案另有他人的颠覆性证据)或出现更有力的裁判理由,否则法官不会推翻预先构造的初步结论,这就是心理学家所言的"满意度"。而对于年轻法官(新手)来讲,对其假定结论的确信程度较低。因为他们往往利用易出错的代表性启发式、后见之

---

[26] Oliver Wendell Holmes, "The Path of the Law", *Harvard Law Review* 110, 1897, p. 1001.

[27] 对疑案决策的解决方法及其评价的相关文章,可参见陈林林、杨桦:《基于"态度"的司法决策》,载《浙江大学学报》(人文社会科学版)2014年第3期;陈林林、张晓笑:《裁判行为的认知心理学阐释》,载《苏州大学学报》(哲学社会科学版)2014年第4期;陈林林:《直觉在疑案裁判中的功能》,载《浙江社会科学》2011年第7期。

[28] 参见季卫东:《法律议论的社会科学研究新范式》,载《中国法学》2015年第6期。

[29] 心理学实验提供了相关证据:当假定锁定的路径唯一时逆向作业最为有效,它比正向前进式的问题解决过程更加奏效;在问题解决中,专家往往能够知觉到更多有意义的信息,并能以更快、更深入的水平看待、表征信息。同时,表现出对领域内知识更强的记忆能力与模式识别能力。参见[美]Kathleen M. Galotti:《认知心理学》(第3版),吴国宏等译,陕西师范大学出版社2005年版,第251、258~259页。

明、锚定效应、可得性等误导性直觉引导,就不易察知案件特征信息间的区别并加以组织运用,且对于预判形成并非投入太多沉没成本,也就表现出对假定结论的担忧(缺乏可信性)更为明显。当然,这种建立的担忧会慢慢减退,因为他们懂得从“坏的判决”中吸取教训,知道下次该在哪个处理环节进行修正,随着诊断个案经验的不断累积及年龄的升高,假定思维得以持续进化,对其初步结论的担忧也会随之降低。[30]

(二)法官决策的阶段性差异

需要特别指出的是,对于最高人民法院中最资深年长的法官来说,他们特有的认知风格甚至塑造出一国司法在一定时限内的传统形象。这样从长时段看,法官的认知风格对司法决策差异产生的影响呈现出阶段性,在宽视野上司法决策的风格会随着时期的变化而发生相应转向。对于此论点我们可以美国联邦最高法院两位大法官的持久影响力作为典型例证,他们分别是坚定的保守派成员安东宁·斯卡利亚(Antonin Gregory Scalia,1936—2016)与优秀的自由派成员威廉·布伦南(William Joseph Brennan,1906—1997)。这两位具有同样卓然才智的大法官[31]并不是在案情加工水平上存在差异,而是在认知风格上迥异——前者为场独立型风格,后者为场依存型风格。这使得他们在服务于最高法院的特定期间,司法决策背后蕴含宪法“原旨主义”(originalism)与“活宪法主义”(livingconstitutionalism)的不同法哲学思想。“原旨主义”以立法、作者为中心,旨在强调法官要忠实于制宪者的原有意图或宪法条文的固有字面含义来解释宪法而不能随时代变迁发生变化,“过去的理解应该控制当下,否则宪法的意义就会任人揉捏”,[32]体现出场独立型的认知风格;而“活宪法主义”以司法、读者为中心,旨在强调法官要把宪政实践当作一项与时俱进的事业,将宪法置于特定时空与社会环境中来能动地解释与适用,不应受其原始含义的约束,这样宪法成为适应环境变化的活的文件,会随着时势变化而不断进化,从而体现出场依存型的认知风格。

在2008年具有里程碑意义的“哥伦比亚特区诉海勒案”(District of Columbia v. Heller,554 U. S.)中,应当如何理解宪法文件中较为具体的条款,斯卡利亚正是以“新文本论”的“原旨主义”这种解释的实践理论为指导,撰写判决意见重新确认了宪法第二修正案赋予个体公民因自卫而保有并携带武器(主要指持有手枪)的固有权利,[33]也就推

---

[30] 对此波斯纳法官有精到的洞察,他在反思录中提过才华横溢的年轻之人可以分析,但他无法清楚表达法官的经验,法官助理撰写的司法意见缺乏色彩、深度和真切,但随着法官助理数量和经验的增加,助理撰写出色司法意见的能力也会增强。参见[美]理查德·A. 波斯纳:《波斯纳法官司法反思录》,苏力译,北京大学出版社2014年版,第55~57页。

[31] 有学者对斯卡利亚大法官的卓越才智与职业声誉给出这样的评价:在联邦最高法院席位上服务整30年的他,贡献了气象宏大的意识形态规划、极尽精巧的司法解释方法和特色鲜明的为人做事风格,他的政治气度、学术成就和法律技艺足以匹配政治家、学者和法律人的三重称号。参见曹勉之:《漫长的告别:美国大法官斯卡利亚的遗产》,载澎湃新闻网:http://www. thepaper. cn/newsDetail_forward_1431719,最后访问日期:2016年4月27日。

[32] Dennis Goldford, *The American Constitution and the Debate over Originalism*, New York, Cambridge University Press, 2005, p. 142.

[33] 美国宪法第二修正案对这一古老权利的原文表述为:“A well regulated Militiabeing necessary to the security of a free State, the right of the people to keep and bear Arms, shall not be infringed.”

翻了华盛顿哥伦比亚特区一系列枪支管制的法律。他也形容自己是一个“懦弱的原旨主义者”，推崇司法裁量权节制与人民自治理念，强烈反对法官造法，坚持认为联邦法官最主要的工作就是解释联邦法律和联邦部门规章的文本含义，司法权威只能基于法律或宪法文本，不能把这项事业仅仅当成法官造法的补充，而脱离文本对立法机关意图的讨论全都是“遁词”，为此指出宪法“所有的目的就是为了防止变化——宪法以一种后代人不太容易抛弃的方式来制定某些权利”。[34] 恰恰相反，沃伦法院(The Warren Court)乃以“活宪法主义”这一有力理论武器指导裁判，极力扩展公民的自由与权利，其中布伦南就是沃伦法院中最富学养的自由派大法官之一。布伦南大法官认为“当代批准”才是宪法意义的来源，卓越之处就在于宪法的伟大原则处理当下问题和当下需要的灵活性。为此他严厉批评原旨主义，认为“披着谦逊的外衣，实则不过是傲慢自大，之所以傲慢是因为它假装从我们的视角可以丝毫无差地知道制宪者对原则适用于具体的、当下的问题抱持着何种意图”。[35] 布伦南大法官被广泛地认为能够对自己的大法官同事施加相当程度的影响力。[36] 这样大法官们朝着自由派的方向移动，变得更为自由能动，越来越多地支持自由主义的原则立场，并捍卫自由主义的价值观。

沃伦法院在斯卡利亚看来属于“实际上例外的先例”之“布朗诉教育委员会案”[37]判决中，以“学校实施种族隔离会对黑人儿童造成心理伤害，并耽搁黑人儿童的教育和发展”等为依据，宣告了各州的公立学校种族隔离教育法违宪无效，就推翻了半个世纪前的先例“普莱西诉弗格森案”。[38] 此案确立了“隔离但平等”原则，也就是认定与先例判决意见相左的“隔离但不平等”才真正体现宪法第十四修正案的平等保护条款意旨。因而，与“哥伦比亚特区诉海勒案”相比，布朗案中的大法官试图探究的并不是制宪先贤者们的原初意图，而是抱以对历史负责任的态度，结合个案特殊情境与社会现实变化，通过建设性解释赋予宪法第十四修正案以正确的时代意蕴，即被后人理解的禁止种族隔离的学校体现平等保护的社会(公共)价值。遵循先例是个技术问题，毫不动摇地坚持遵守先例原则不过是一种“法律神话”，自由的遵循先例原则为先例的灵活适用和发展留下了空间，在它的支配下先例不必始终遵守，至少在美国法官偏离先例的权利和遵循先例原则本身一样被牢固地确立于法律体系中。[39] 简单地说，布朗案偏离先例的灵活适用恰恰满足了足够强理由的严格条件。修正案的一般性语言已许可法院去执行演进中的种族正义理念，其条款可根据社会价值的变化而进行与时俱进的生长和发展。[40] 当然，这种社会价

[34] Antonin Scalia, *Common Law Courts in a Civil Law System: The Role of United States Federal Courts in Interpreting the Constitution and Laws*; Amy Gutmanned, *A Matter of Interpretation: Federal Courts and the Law*, Princeton, Princeton University Press, 1997, p. 40.

[35] Jack N. Rakove, *Interpreting the Constitution: The Debate over Original Intent*, Boston, Northeastern University Press, 1990, p. 25.

[36] 参见[美]劳伦斯·鲍姆:《法官的裁判之道——以社会心理学视角探析》，李国庆译，北京大学出版社2014年版，第18页。

[37] Brown v. Board of Education, 347 U. S. 483(1954).

[38] Plessy v. Ferguson, 163 U. S. 537(1896).

[39] 参见[美]理查德·瓦瑟斯特罗姆:《法官如何裁判》，孙海波译，中国法制出版社2016年版，第74~77页。

[40] 参见[美]托马斯·格雷:《美国法的形式主义与实用主义》，田雷等译，法律出版社2014年版，第12页。

值的评价限于客观法秩序范围的框架内,实际考虑当代公立教育的充分发展和美国人生活现状的基础上,来审视考察隔离教育本身对公立教育所产生的后果,而不是法官个人主观好恶之陈述与表白。

藉此通过"哥伦比亚特区诉海勒案"与"布朗诉教育委员会案"裁判的比较,可明显看出一段时期内司法决策的系统化差异,蕴含了"原旨主义"与"活宪法主义"两种截然相反的宪法解释理论与立场,[41]其实背后更深层次的缘由为大法官在认知风格上根深蒂固的差异,无须再赘言,前者为场独立型风格,后者为场依存型风格。

〔41〕 但在美国法学家杰克·巴尔金(Jack M. Balkin)看来,这两种看似截然相反的宪法解释理论其实并不矛盾,而是"一个硬币的两面",可以兼容相调和。为此,他提出了一种框架性原旨主义(framework originalism)的宪法理论,这种理论将宪法视为一种治理框架,使得政治能够开始运转,美国人民必须通过渐进的宪法解释来完善它。See Jack M. Balkin, *Living Originalism*, Cambridge, Mass, The Belknap Press of Harvard University Press, 2011, pp. 20 – 21.

最高人民法院巡回法庭的制度功能

方　乐*

【摘　要】 作为司法改革的"排头兵"，最高人民法院巡回法庭的设置与实践，既能够通过最高审判权力的"下沉"带来社会矛盾纠纷的就地化解，也能够通过最高司法权的在地化运行来促使巡回区司法行为的规范化，还有助于确立通过司法机制分配地方利益以及这种分配方式的权威性。由此所带来的，不仅是地方司法权的行使被进一步高度统一到最高人民法院的司法行动逻辑上来，而且也确保了国家通过司法进行地方社会治理的可能性，从而有助于国家通过司法权威的塑造来助力国家权威的提升。当然，对于巡回法庭的进一步发展，以及由此所可能带来的对司法世界与政治社会的影响，我们也要敏感并有所预判，要通过巡回法庭司法职能的合理设置以及司法成本的均衡分担，来确保巡回法庭良性运转的同时，促使其司法—法治功能与社会—政治功能的良好发挥，从而实现司法改革的整体目标。

【关键词】 最高人民法院；巡回法庭；国家治理；司法权威；司法体制改革

新一轮司法体制改革中的一项重大举措，便是最高人民法院第一、第二巡回法庭于2015年1月底分别在深圳、沈阳设立，以及两年后，4个新的巡回法庭又分别于2016年年底在南京、郑州、重庆、西安陆续设立。

在6个巡回法庭同时开展新一轮司法实践之际，本文关注的核心问题是：司法改革者对于巡回法庭制度功能的原初定位是什么？其中哪些功能是必须要通过巡回的方式来发挥的？在两年多的先期运行实践中，巡回法庭是否充分发挥了这些功能？如果没有，那么造成功能偏差的因素又是什么？此外，本文还将捎带分析，巡回法庭制度在实践中所产生的、那些可能属于制度设计者"意料之外"的功能，以及这些功能对于当下中国司法/法治所可能具有的意义。

一、制度功能的原初定位

"最高人民法院设立巡回法庭，审理跨行政区域重大行政和民商事案件。"〔1〕要通过这些案件的依法及时公正审理，"推动审判工作重心下移、就地解决纠纷、方便当事人

* 方乐，南京师范大学法学院副教授，江苏高校区域法治发展协同创新中心、中国法治现代化研究院研究人员。

〔1〕《中共中央关于全面推进依法治国若干重大问题的决定》，人民出版社2014年版，第21～22页。

诉讼”。[2] 这是巡回法庭制度功能的原初设计。为了确保这些功能的顺利发挥,最高人民法院在具体落实巡回法庭改革方案时,不仅细化并同时悄然扩大了巡回法庭的受案范围,也在巡回法庭的司法体制与工作机制上进行了一定的创新。[3] 这些行动不仅增强了巡回法庭的制度能力,进而使其在先期实践中就在纠纷的处理上有着优异表现,也使得全社会对于巡回法庭制度功能的全面落实更加充满期待。

的确,与司法的行政化一样,长期以来,司法的地方化或者地方保护主义一直被看成影响当下中国司法公正的一个重要因素。特别是近年来,随着社会发展所带来的“跨行政区划乃至跨境案件越来越多,涉案金额越来越大,导致法院所在地有关部门和领导越来越关注案件处理,甚至利用职权和关系插手案件处理,造成相关诉讼出现‘主客场’现象,不利于平等保护外地当事人合法权益、保障法院独立审判、监督政府依法行政、维护法律公正实施”。[4] 这样,通过设立最高人民法院巡回法庭来审理跨行政区域重大的行政案件和民商事案件,这一改革举措一出场,首先也就自然地被看成一项直指“去司法地方化”或者重拳“破解司法地方保护主义”的,甚至直面司法体制改革“深水区”和“硬骨头”的实质性改革行动。[5] 与此同时,巡回法庭的设置也被看成一项“落实司法为民和诉讼便民利民原则的具体举措”。因为是作为最高人民法院的派出机构,巡回法庭设立在地方,无论是在物理空间上还是在制度心理上,都“与人民群众的距离近了……巡回法庭能让基层的老百姓、当事人和律师有更多机会、更便捷的渠道得到最高人民法院的司法服务,节约他们到最高人民法院打官司及申诉、上访的成本”。[6] 除此之外,巡回法庭的设置还被看成一种有助于更好地发挥最高人民法院作为“最高”人民法院各项职能的自我改革举措。近些年,不仅全国人民法院受理案件的数量不断增加,而且大量案件涌入最高人民法院,[7] 直接导致最高人民法院“审判接访压力增大,息诉罢访难度增加”,从而“不利于最高人民法院发挥监督指导全国人民法院工作职能,不利于维护社会稳定,不利于方便当事人诉讼”。因此,设立巡回法庭,“有利于审判机关重心下移、就地解决纠纷、方便当事人诉讼,有利于最高人民法院本部集中精力制定司法政策和司法解释、审理对统一法律适用有重大指导意义的案件”。[8]

然而,上述这些又都属于巡回法庭功能的制度设计,甚至是巡回法庭制度功能的理想类型。我们不仅需要结合巡回法庭的具体实践来对其多样化的制度功能进行逐一验证,也需要结合最高人民法院本部的案件处理机制来进行比对,考量“最高人民法

[2] 参见最高人民法院《关于巡回法庭审理案件若干问题的规定》(法释〔2015〕3号),2015年1月5日,最高人民法院审判委员会第1640次会议通过。

[3] 参见方乐:《最高人民法院巡回法庭的运行机制》,载《法学》2017年第4期。

[4] 习近平:《关于〈中共中央关于全面推进依法治国若干重大问题的决定〉的说明》,载《中共中央关于全面推进依法治国若干重大问题的决定》,人民出版社2014年版,第57页。

[5] 参见韩永:《巡回法庭:破解司法地方化难题》,载《中国新闻周刊》2014年第40期;顾永忠:《设巡回法庭应为防止司法领域地方保护主义》,载《新京报》2014年12月17日。

[6] 参见胡云腾:《为什么要设立巡回法庭?》,载《求是》2015年第12期。

[7] “近些年,最高人民法院每年审理的案件都突破1万件,最多时一年审理1.4万余件。法官办案压力很大,常常每周工作六天,还经常加班加点。”参见刘贵祥、胡云腾:《巡回法庭:司法改革的“排头兵”——专访最高人民法院第一、第二巡回法庭庭长》,载《中国法律评论》2015年第3期。

[8] 《中共中央关于全面推进依法治国若干重大问题的决定》,人民出版社2014年版,第56~57页。

院延伸出京”[9]的成本与功能发挥之间的收益比例，进而发现那些必须要通过巡回的方式来发挥的功能。

这些其实也就意味着，我们只有结合当下中国司法场域的整体性制度配置以及巡回法庭的具体实践，才能完成巡回法庭制度功能的整体性评估，进而在此基础上，以一种更加审慎也更加务实的态度，来推动巡回法庭的全面深入实践，以及在此之上完成巡回法庭制度的完善，从而最大化巡回法庭的结构性价值以及其对于整个当下中国司法体制改革的全局性意义。

二、制度功能的实践性结构

（一）破解“司法地方保护主义”

就预设的、跨行政区域重大案件的审理而言，来自司法实践的数据表明，在巡回法庭受理的案件中，这类案件所占的比例目前并不高。比如，在2015年，第一巡回法庭受理的跨行政区域案件数，占其受理案件总量（898件）的18.82%，第二巡回法庭受理的跨行政区域案件数，则占其受理案件总量（876件）的15%。又如，自2015年2月1日到2016年9月30日，第二巡回法庭共受理跨省民商事和行政案件共249件，占全庭受理的民商事和行政案件总数的17.82%。与此同时，在跨行政区域重大案件中，跨省行政案件数量极少（甚全接近于没有），[10]主要都是民商事案件。此外更重要的是，就跨行政区域案件的处理结果而言，无论是其二审发回改判、还是提审或提审改判的比率，均低于其他非跨省案件。以S巡回法庭2015年审结的跨省民商事二审案件为例，其发改率为27.77%、调撤率为16.67%、维持率为55.56%。再以该巡回法庭当年受理的跨行政区域民商事案件中的“管辖异议”类案件为例，其维持率为92.86%。这也反映出，巡回区内人民法院基本不存在争夺管辖权的情况，在管辖问题上基本不存在“地方保护”。又比如，在第二巡回法庭2015年2月1日到2016年9月30日所处理的跨行政区域行政案件和民商事案件中，其依法纠错37件，占跨省民商事案件和行政案件总数的14.86%。[11] 这些都“从一定程度上说明，巡回区各级人民法院对跨省民商事案件的裁判虽然存在一些质量问题，但并非人们估计的那么严重，甚至可以认为，狭隘的地方性干预或保护并非当前巡回区各级司法审判存在的主要问题”。[12]

---

[9] 张春波、孙若丰：《巡回法庭：最高人民法院延伸出京》，载《中国审判》2015年第5期。

[10] 这主要是限于有关地域管辖和级别管辖的规定。从实践来看，只有中级人民法院一审的行政案件，在程序上才有可能走到巡回法庭。而根据《行政诉讼法》的规定，只有对国务院部门或者县级以上地方人民政府所作的行政行为提起诉讼的案件、海关处理的案件和本辖区内重大、复杂的案件，才由中级人民法院一审。在巡回法庭的实践中，绝大多数行政案件是中级人民法院一审、高级人民法院二审的信息公开、房屋征收补偿等纠纷，这些案件极少涉及跨行政区域的问题。

[11] 参见罗书臻：《最高人民法院通报第二巡回法庭跨省民商事及行政典型案例》，载《人民法院报》2016年10月31日。

[12] 这是时任第二巡回法庭副庭长的虞政平法官在接受采访时的表述。参见王昱倩：《最高法“二巡”：20个月跨省纠错37件》，载财新网：http://china.caixin.com/2016-10-31/101002333.html，最后访问日期：2016年11月1日。

这或许反映出,通过对跨行政区域重大案件的审理来实现司法的"去地方化",巡回法庭设计的这一制度功能,至少截至目前在实践中的表现还并不突出。与此同时,尽管在实践中,通过巡回法庭对"非跨行政区域"案件的审理,确实既能够实现"依法及时公正审理案件"的目标,也能够起到排除地方干扰、破解案件处理中的地方保护主义的功能,但这与制度原初设计的主要功能定位显然又并不是一回事。此外,即便退一步来看,尽管案件的数量和比例往后可能会有所波动,但其实,由巡回法庭受理跨行政区域重大案件,其所欲发挥的功能和已经发挥的功能,不仅在最高人民法院本部便可实现,而且,与地方在空间上保持一定的"距离感",也会使得这种由最高人民法院本部审理跨行政区域案件的方式在中立性上更具说服力。因而,这或许意味着,无论是在制度机制上还是在实践中,对于巡回法庭的设置而言,通过审理跨行政区域重大案件来破解司法的地方化或者地方保护主义,或许(至少目前)并非是其主要的功能定位。[13] 既然这样,最高人民法院通过设置巡回法庭推动审判工作中心下移,又主要是为了什么呢?是为了加强对于下级人民法院审判工作的指导监督、确保法律适用的统一吗?

(二)统一法律适用

在司法实践中,受各种因素的影响,地方人民法院在日常司法活动中往往存在法律适用上的不统一,这不仅导致"选择性司法"甚至"恣意司法"现象的形成,也造成"同案不同判"的局面,进而冲击法律适用的普遍性以及司法的统一性,最终对司法的公正性产生影响。与此同时,地方人民法院一般更熟悉本辖区的情况而对全国的情况认知不足,并对所处的地方性利益又本能地抱有"同情之理解"与"自然之维护",这就使得它们在发挥司法的全国统一性上缺乏结构及功能上的力量,从而造成司法地方化现象的长期存在,不利于国家司法形象的统一塑造以及公信力的整体提升。

从巡回法庭的实践来看,一方面,通过对日常案件处理过程中所发现的、巡回区内各法院审判工作中所集中存在的问题进行归纳,并运用其与巡回区内各人民法院所建立起的常态化联络机制进行问题以及问题解决的信息反馈,[14] 指导巡回区内各人民法院的审判工作,统一它们对于法律的理解与适用。在实践中,这种指导监督或者统一司法标准的建立,已经细致到接待当事人的司法礼仪、案件庭审的流程把控、裁判文书的写作以及释明口径的统一、时间方式的选择、言词表述的拿捏等各个方面。另一方面,通过发挥巡回法庭审判工作自身的示范作用以及上下级人民法院之间存在的审级利益机制(如发改率、驳回率、申诉信访化解率等),引导巡回区内各人民法院审判工作的规范化,进一步提升它们在法律适用上的统一性,从而在整体上提升巡回区司法的公正性。

显然,较之于最高人民法院本部,巡回法庭在地方的常驻及制度上又要求其"每案必

---

〔13〕 但这并不意味着这一功能就不重要。与此同时,通过巡回法庭对跨行政区域案件的审理来破解司法的地方化,这种积极的司法行动,以及其所传递出的司法改革的价值取向,无疑也是非常重要的。

〔14〕 这些机制既有正式的也有非正式的。正式的机制包括与巡回区各人民法院进行点对点、面对面的审判工作沟通指导,下发典型案件、出具司法建议、派出主审法官到巡回区人民法院授课以及举办新类型或者疑难纠纷审判工作会议、召开专题性工作的部署、开展与巡回区人民法院法官交流审判工作心得座谈会等;非正式的机制则包括电话沟通、私下交流等。

巡”,因而使其能够通过深入固定的巡回区并且常态化的开展巡回审判,在近距离接触地方司法样态的同时及时发现问题、解决问题,从而使其对巡回区内各级人民法院审判工作的指导监督更及时也更具针对性。[15] 与此同时,常态化方式与机制的存在,使得巡回法庭与巡回区内各人民法院之间的交流更具互动性,也使得巡回法庭对于巡回区内各人民法院的指导监督更强力也更有效。而这其实也就意味着,巡回法庭的设置与运行,使其对于下级人民法院审判工作的指导监督更加实质化。除此之外,相较之于地方人民法院,最高人民法院巡回法庭不仅在法律规则与公共政策适用的国家统一性上具有知识—经验与方法—技术上的优势,而且,两年轮换一次的人员任用机制,又能确保这种国家司法统一性的法律/政策认知的及时更新,进而确保巡回法庭规范司法、统一司法功能的稳定发挥以及这种规范、统一的司法更多朝向的是国家层面而非巡回区域自身。

更重要的是,这种规范司法、统一司法的功能与效果,还会在一种双重结构之中被进一步强化。这种双重结构,是由于巡回法庭的设置所带来的其与最高人民法院本部之间的功能区分而形成的。因为根据相关规定的内容,巡回法庭的设置,能够确保最高人民法院本部更加集中精力在指导性案例、司法政策与司法解释的制定及审理对统一法律适用具有重大指导意义的案件上。在实践中,这种双重结构强化司法规范与司法统一的运行机理是:一方面,通过案件的处理及对巡回区内各级人民法院审判工作指导监督职能的发挥,巡回法庭在法律的适用与案件自由裁量的尺度上完成了巡回区内规范司法、统一司法的目标;另一方面,通过规则治理,最高人民法院本部对巡回区内各人民法院的司法行为进行规范化,进而达致统一司法的效果。很显然,这是一种既不同于但又是建立在巡回区域基础之上的、国家统一层面上的司法法治化。也就是说,因由巡回法庭的设置所带来的规范司法、统一司法的双重结构的存在,在实践中,不仅能够强化最高人民法院及巡回法庭通过“纠纷处理”与“规则之治”这两种方式,对巡回区内各人民法院在“法律适用”与“自由裁量”这两个方面共同发挥规范化功能的效果,而且也能够确保司法的区域性与法律适用的国家统一性之间的平衡,进而在规范区域司法、统一区域司法的同时,提升国家司法的公正性与权威性。

但即便如此,在笔者看来,这一功能仍然不是最主要的考量。因为如果抛开精细的成本比较,那么通过调整最高人民法院本部审判业务庭内部现有的案件片区管理机制,以及通过制度化并强化最高人民法院法官开展巡回审判工作的力度,不仅也能够实现这一效果,而且,同样空间上的距离感,还会使得这种上下级人民法院之间的指导监督机制在中立性上更具说服力。[16] 与此同时,通过进一步明晰最高人民法院内部各部门

---

[15] 受访的巡回法庭法官表示,尽管在最高人民法院本部办案也要求开展巡回审判,但在实践中,很难做到“经常下来办案”;而到了巡回法庭,尽管也难做到“每案必巡”,但“下去办案”的次数和频率无疑较之以往都有大幅提升。

[16] 对于来自全国的案件,目前最高人民法院的审判业务庭内部实行的是案件片区分管轮换机制。这种机制的优势在于能够弱化最高人民法院与地方的利益纽带,消解司法的地方化;但它的问题却是由于缺乏对地方人民法院审判工作的持续关注,进而导致其对下级人民法院的指导监督无法有效展开。因此,如果排除固定案件片区所可能带来的司法“地方化”问题(实际上巡回法庭也面临这样的风险),以及排除因由空间距离感的存在所可能带来的案件信息不对称(实际上司法又并非是“越接近基层,离规律越近”的),那么在固定案件片区的前提下实行业务庭内部的人员轮替,同样也可以加强其对下级人民法院审判工作指导监督的针对性、有效性。

之间的分工,[17]不仅同样也能够形成“规范司法、统一司法”的双重结构,而且空间上的距离感还会使得这种结构功能性的力量更为强大。那么,通过巡回法庭的设置所实现的最高人民法院审判活动空间上的腾挪,其中最为主要的考量究竟是什么呢?

(三)就地化解纠纷

最根本的目的是就地化解纠纷。因为,如果纠纷无法就地化解,首先,从司法制度与程序结构上看,它所带来的是大量案件,尤其是再审和申诉信访案件的逐级上移,以致最后都聚集到了最高人民法院,进而造成再审和申诉来访数量在四级人民法院中呈现“倒金字塔”型的分布格局,其中最高人民法院受理再审和申诉来访数量最多、工作最重、压力最大。这一状况不仅会导致对司法程序机制的破坏(如越级申诉),也不利于审级制度功能的发挥(如法定的两审终审制在实践中更多呈现为三审终审),还侵占甚至浪费了大量司法资源(如法官忙于导诉接访而无法将更多精力投入到案件裁判上),从而在恶化司法领域中“供—需矛盾”的同时,动摇司法的整体结构与运行机理。其次,从社会治理成本上来看,由于社会的主要矛盾纠纷集中在基层,如果无法及时就地化解,那么伴随着纠纷的上移以及由此所造成的时间沉淀和情绪及利益的累积,就会增加社会关系与社会秩序恢复的难度,提高社会治理成本的同时,也提升社会风险。在实践中,大量的申诉案件以及涉诉信访未在高级人民法院息讼终止,而是最终都涌向了最高人民法院,这不仅反映出地方人民法院司法权威的不足以及当事人/访民对地方各级人民法院的不信任,而且也因纠纷的上交以及事态的发展,“促使合法性危机加速上移,带来了更深层次的社会治理危机”。[18] 最后,从政治功能的地理区划来看,大量申诉案件与涉诉信访最终都聚集到最高人民法院,不仅会加重地方进京接访的任务,也会造成北京/首都维稳压力的增大。尤其是近些年,在“全国涉诉来访总量呈下降趋势,但到最高人民法院来访的数量却呈上升趋势”的情况下,[19]通过强化社会纠纷的就地化解来分解最高人民法院以及北京的压力,无疑就更加有必要了。

的确,从理论上来说,地方人民法院由于对案件当事人的情况、社会关系、真实诉求、案件背景及当地的风土人情等信息掌握得最为全面,因而它们在化解社会矛盾纠纷方面应当是最容易找到问题解决的关键点,为此也就应该是最能有效就地化解社会矛盾纠纷的。但在实践中,由于不同的地方人民法院对于法律理解的不一致及司法裁量标准的不统一,容易造成“同案不同判”,甚至同一人民法院对同一案件作出两个截然相反的判决。与此同时,地方人民法院司法行为上的不规范、不到位甚至随意性很大,也会造成当事人对于司法感到疑惑甚至不信任。此外,由于各地方人民法院在利益追求或者利益考量上存在差异性,容易导致它们在就地化解纠纷的行动上表现得并不一致,造成相互推诿的局面。这些地方人民法院日常司法活动中存在的问题,不仅会削弱它们就地化解纠纷的能力,也会在将矛盾纠纷上

---

〔17〕 最高人民法院内部各部门之间的具体分工,参见最高人民法院《关于司法解释工作的若干规定》(法发〔2007〕12号)、最高人民法院《关于案例指导工作的规定》(法发〔2010〕51号)以及《〈最高人民法院关于案例指导工作的规定〉实施细则》(法〔2015〕130号)。

〔18〕 于建嵘:《抗争性政治:中国政治社会学基本问题》,人民出版社2010年版,第236页。

〔19〕 参见侯猛:《进京接访的政法调控》,载《法学》2011年第6期。

交上级人民法院的同时,造成当事人的讼累以及对人民法院的抵触、积怨甚至不信任。

设置巡回法庭,通过其功能的发挥,在整体上所带来的巡回区内各地方人民法院司法的规范化与统一性的增强,不仅能够大幅提升巡回区内各地方人民法院的纠纷化解能力,也能够确保它们在司法行动上的统一性。与此同时,通过与巡回区内各地方人民法院所建立起的常态化联络机制及最高人民法院对地方人民法院所具有的指导监督权力,巡回法庭层层传导压力、严格落实属地原则,确保巡回区内各人民法院切实担负起社会纠纷化解的主体责任。这不仅有助于巡回区内各人民法院在社会纠纷的化解上树立整体思维、做好系统工作,也有利于它们在社会纠纷的化解上成为有着利益追求一致性的司法行动者,进而通过发挥上下级人民法院的联动机制、整合各方力量、多种举措并举,共同致力于社会纠纷的就地化解工作。当然,巡回法庭自身在实践中也采取了一系列有针对性的就地化解社会矛盾纠纷的举措。比如,在巡回法庭诉讼服务中心安排专人接访导诉、派出法官到巡回点接访解访、法官亲自到纠纷所在地化解息诉等。此外更为重要的是,最高人民法院巡回法庭的设置,一方面,不仅实现了最高司法权力与司法资源的地方化配置,而且也将终局性的纠纷解决机制与司法方案直接输入到了地方,从而在制度结构与程序机制上确保社会纠纷的就地化解,最终缓解进入最高人民法院本部的案件压力,确保最高人民法院各项职能的均衡发挥;另一方面,它还使得地方与北京/首都之间在地理空间与制度结构上形成了一个涉诉信访的压力缓冲带甚至隔离带,进而确保巡回区内那些潜在的进京上访基本能够得到就地有效解决的同时,充分发挥巡回法庭的“司法护城河”作用,最终减轻北京/首都的信访压力及社会政治风险。

这种司法资源的地方化配置所带来的功能强化与重塑,显然是最高人民法院本部所无法达到的。与此同时,通过巡回法庭的设置所实现的“方便当事人诉讼”的目的,其根本指向也是为了更强有力地吸纳纠纷并更好地就地解决纠纷。这是因为,一方面,司法便民措施的推行,从根本上乃是旨在改变以往人民法院“门难进、脸难看、事难办”的状况,降低当事人参与司法活动的门槛,减少他们对司法的抵触情绪,增强他们对司法的信任度;另一方面,司法为民又要求人民法院/法官必须千方百计地满足人民群众的司法需求,要始终把“人民群众拥护不拥护、满意不满意、赞成不赞成”作为司法活动的衡量标准,[20]全力服务于人民群众,要在司法活动中做到“在感情上心系群众,行动上贴近群众,不能高高在上,脱离人民群众……要扑下身子、主动服务,深入群众、贴近群众,自己多做工作,让群众少跑路、少花钱、少受累”,[21]以期更好地维护最广大人民群众的根本利益。很显然,这两方面举措的综合叠加与共同发力,不仅有助于全面提升人民群众在司法活动中的获得感,也能够从根本上保证社会矛盾纠纷的就地化解。因而我们看到,无论是巡回法庭的设置,还是巡回法庭所采取的一系列便民为民措施,[22]都在有效减少当事人诉讼

---

〔20〕 参见王胜俊:《深入学习实践科学发展观,坚持为大局服务为人民司法》,载《求是》2009年第4期;王胜俊:《始终坚持人民法官为人民,努力建设一支高素质人民法院队伍》,载《人民司法》2009年第11期。

〔21〕 周强:《深入推进司法体制改革,让司法更贴近人民群众》,载《中国法律评论》2015年第1期。

〔22〕 这些举措,既包括到巡回点人民法院接访当事人、询问当事人或者代理律师,还包括在庭审与接访导诉时都坚持“最后一问”、让各方当事人都把话说完,保障其充分行使诉权的同时注重向当事人解疑释惑。参见李想、葛晓阳:《最高法第二巡回法庭司改探秘:便民只有更近》,载《法制日报》2015年10月28日;罗书臻:《瞄准“可复制”当好“排头兵”——最高人民法院第二巡回法庭司法改革探秘》,载《人民法院报》2015年10月27日。

成本的同时,提高了社会矛盾纠纷就地化解的几率。仅以2015年为例,两个巡回法庭除受案1774件外,还接待来访4.3万人次,基本实现了将申诉案件与涉诉信访牢牢吸附并化解在当地的目标,有效减轻了巡回区内进京上访的压力。

社会矛盾纠纷就地化解的背后,是司法公正的输入及社会公平正义的维护。这是因为,巡回法庭的设置与实践,其行动逻辑就是要通过提高自身及巡回区内各人民法院司法的公正性来整体性地实现社会矛盾纠纷的就地化解。换言之,虽然司法最基本的社会功能是解决纠纷,但要始终保持对社会纠纷强劲的吸附力与化解力,就必须依赖公正的司法。[23] 与此同时,由于公正司法又是维护社会公平正义的最后一道防线,因此巡回法庭的在场与行动,不仅将会有助于通过司法来维护巡回区内的社会公平正义,也会进一步夯实巡回区内司法的统一性,进而输入一种"统一的正义"。因为这种司法的统一性虽然来自于巡回法庭,面向的也是巡回法庭所在的区域,但巡回法庭背后更为公共性的因素及更为强大的国家性力量,又使得这种司法的统一性超越区域/地方而具有更为广阔的意义。换言之,因由最高人民法院的身份及这种身份在法律/司法领域中所具有的知识、经验与方法、技艺上的行动力,巡回法庭对于巡回区内司法的统一性,就不再仅仅是一种地方性或者区域性的司法统一,也不再是一种新地方主义的司法统一,而是一种超越地方利益与个案正义界限的司法统一,一种朝向国家制定与普遍适用的法律规则和公共政策领域的司法统一,一种建立在区域基础之上但却是国家意义层面上的司法统一。而也正是基于这种统一的司法,巡回法庭所带来的司法公正及其所维护的社会公平正义,就不仅是个案意义上的,也是普遍意义上的;不再只是区域性的,更是国家意义上的。

很显然,作为一个新事物,巡回法庭自身还存在诸多不稳定因素,还需要司法改革者在制度的实践与发展中,不断通过制度机制的完善及制度功能的动态调整,确保其能够在"稳定"与"不稳定"的矛盾性结构中寻找到更进一步的均衡,进而推动巡回法庭制度的全面良性发展和深入实践。

三、制度功能发挥的影响性因素及其化解

就已完成的首轮巡回实践经验来看,要确保巡回法庭制度功能的稳定发挥,必须既要巧妙地处理好巡回法庭与巡回区内各人民法院、与其他巡回法庭及与最高人民法院本部之间的关系,确保巡回法庭与它们之间的良性互动;也需要通过自身的积极实践,生产出具有普遍意义的制度机制,确保司法成本在主体间的均衡配置及司法制度的良性运转。

(一)合理配置巡回法庭的职能

从实践来看,不仅巡回法庭各项工作的顺利开展,需要巡回区内各人民法院的大力支持与密切配合,而且,在社会矛盾纠纷尤其是涉诉信访的化解上,巡回法庭更是需要与巡回区内各人民法院展开积极联动,以便能够形成共同的工作理念和完整的工作机制,充分调动并整合起多方司法资源与社会力量,确保社会矛盾纠纷的就地化解。正是由于巡回

---

〔23〕 参见周强:《坚持司法为民、公正司法,努力维护社会公平正义》,载《求是》2014年第5期。

法庭与巡回区内各人民法院在纠纷化解上的这种利益、行动上的一致性，使得巡回法庭不仅要注重维护巡回区内各人民法院生效裁判的既判力，也要维护地方人民法院的司法形象。因而实践中我们看到，前者比如，除非案件中确实存在再审申请人与其他当事人主动达成一致而可能撤回再审申请的情形，否则，巡回法庭在再审审查案件询问的过程中，原则上不组织各方当事人进行调解。也就是说，再审审查案件的办理，并不倡导以调解的方式来进行所谓的化解。这一司法政策的基本考量，就是要更加注重对生效裁判既判力的维护，避免以当事人达成的所谓合意而破坏原生效裁判，遏制现实中滥用再审审查调解之便利而损害生效裁判权威现象的蔓延。后者比如，巡回法庭主张再审不仅要依法纠错，更要维护司法权威，[24]要在两者相平衡的功能、结构中推进审判监督程序的运行。这种司法功能的调适，不仅意味着巡回法庭审判监督职能的发挥，必须要在充分尊重生效裁判的基础上对当事人的申请进行事由性审查，而且对于改变生效裁判的案件，巡回法庭要极为谨慎地处理，要平衡好司法公正的保障与地方人民法院司法形象的维护两者之间的关系，避免向社会传递出地方人民法院司法裁判"地方保护多""受到的干预多""不公正的情况多"等错误信号，防止当事人产生对地方人民法院不信任、不尊重等倾向，确保地方人民法院的司法权威、司法公信力不会受到不当的损害。

而从地方人民法院的角度来看，由于深处地方社会情境系统当中，因而一方面，巡回区内的各地方人民法院或多或少都有着自身的地方利益考量。比如，在实践中，巡回法庭受理的跨区域的重大行政案件数量较少，其主要原因就在于巡回区内的各高级人民法院都希望将行政争议化解在自己的辖区之内，为此一些高级人民法院甚至内部规定原则上不受理一审行政案件。另一方面，巡回区内的各地方人民法院也希望巡回法庭能够在司法实践中更多兼顾地方利益。为此，在实践中，他们会邀请巡回法庭的法官到地方人民法院指导开庭、把脉案件；或者，他们会就某个具体案件的处理，事先与巡回法庭的法官沟通联系、征求意见，进而当案件从地方人民法院进入巡回法庭时，巡回法庭能够作出有利于地方人民法院利益考量的处理方案；又或者，他们希望与巡回法庭建立工作上的默契，进而将他们处理起来较为棘手的案件"有意推给"巡回法庭，由巡回法庭来"做工作"。与此同时，出于对巡回区内各地方人民法院生效裁判的既判力以及司法形象的维护，巡回法庭在司法实践中也会在兼顾国家利益的基础上，尽可能维护地方人民法院的利益。此外，为了各项工作能够顺利开展，巡回法庭的法官也会通过工作关系而与地方各级人民法院及法官建立私人关系，并积极解决下级人民法院/法官所遇到的审判工作难题。这样，巡回法庭实际上就处在一个"地方化"与"去地方化"的矛盾结构之中。它既需要"在地方中"实现"去地方化"，又需要在"去地方化"中实现对"地方"利益的最大关注。而要在司法实践中确保这种"地方化"与"去地方化"之间的平衡，尤其是其中分寸感的把握与拿捏，不仅需要司法智慧，更需要政治技巧。

同样的张力格局，也存在于巡回法庭与巡回法庭之间，以及巡回法庭与最高人民法院本部之间。因为伴随着巡回法庭的影响力、辐射范围逐步扩大，虽然其就地化解纠纷的能

〔24〕"再审重在解决依法纠错、维护裁判权威。"参见《中共中央关于全面推进依法治国若干重大问题的决定》，人民出版社 2014 年版，第 22 页。

力会增强,但一些问题亦随之而来。主要包括如下4点:第一,这不仅会造成巡回法庭之间、巡回法庭与最高人民法院本部之间司法冲突的可能性增大,也会带来最高人民法院本部纠纷解决功能的弱化。这尽管有助于最高人民法院本部将更多精力放在法律规则或者司法政策的制定上,但面对日益强大的巡回法庭,以及可能逐步显现出的、巡回法庭之间的冲突,如何重新界定巡回法庭与最高人民法院本部之间的关系,最高人民法院本部又如何协调与巡回法庭还有巡回法庭之间的司法冲突、防止巡回法庭形成"巡回区保护"进而破坏司法的国家统一性,这些都是新的问题。[25] 第二,这不仅会导致最高人民法院机构的日益庞大,也可能会带来巡回法庭自身的体系扩大。这虽然有利于最高人民法院岗位与职级的增多,但人民法院体系扩大所带来的管理难题,是否会强化内部体系上的科层制及管理方式上的官僚化,进而造成司法的"行政化",这也有待继续观察。第三,这不仅会刺激其更多地从事一审、二审案件的开庭审理,以便能够更好地发挥司法机制对地方社会利益——资源的调整作用,而且也可能会使其将再审案件审查模式从现有的"以形式审查为主、实质审查为辅"调整为更多地进行实质性审查,以便更好地发挥监督指导功能及对地方司法的规范化和统一性。这种巡回法庭权力的实质化扩张,带来的不仅是审级制度与再审功能的再次调整(比如,将司法实践中法定的"二审终审制"、实质上的"三审终审制"彻底转变为法定的"三审终审制"),也可能使巡回法庭与最高人民法院的关系从"部门"变为"上下级"。第四,这不仅可能会带来巡回区利益的凸显及维护,也会造成巡回法官身份上的区域性因素日益集中。因为无论是主审法官还是法官助理,他们都更愿意去"离家近"或者"情况熟悉"的巡回法庭,特别是在巡回法庭的扩张所带来的岗位吸引力逐渐下降的情况下。这样,如何创新机制以确保巡回法庭能够立足地方、面向地方但又避免被地方化、避免形成巡回区利益保护,这无疑考验司法改革者的法律智慧与政治能力。

尽管这些都只是预判,但这至少提醒我们:一方面,在巡回法庭规模扩张或者"全覆盖"之后,司法改革者一定要有预案,因为这不仅会冲击最高人民法院的结构与功能定位,也会对司法制度甚至整个司法体制产生重要影响;另一方面,有关巡回法庭的制度改革,要在解决现有问题之时,给司法的未来发展及新问题的解决留有必要空间,要确保有足够的能力和余地来应付,因为从根本上来说,任何一种改革都不可能是一蹴而就的,它既需要全面布局、顶层设计、整体谋划,也需要循序渐进、务实推进、接力而行。这既是一种司法改革的政治权衡与政治考量,也是一种司法改革的政治技巧与政治判断。这更逼迫我们要在一个更为宽广的视野中来审视巡回法庭所置身于其中的、当下中国的司法制度,从而更加立体化地评估巡回法庭制度的稳定性。

(二)均衡司法制度和工作机制中的成本分担

尽管巡回法庭的设置以及其所推出的一系列司法为民举措的主要目的都是便利于当事人诉讼,都旨在通过减少当事人讼累、降低他们参与司法活动成本的同时提高他们的用户体验感和满意度,进而最大化地将社会纠纷吸附进巡回法庭,并确保纠纷能够在此之中

---

[25] 在实践中,已经出现了当事人拿着最高人民法院本部或者一个巡回法庭的裁定书或者判决书到另一个巡回法庭来申诉的情形。

得到实质性化解,但随之而来的,不仅是大量社会纠纷涌入巡回法庭,形成“案多人少”的工作格局,也极大地刺激了当事人/访民对司法公共服务的非理性消费,出现滥用诉权进行恶意诉讼、虚假诉讼甚至将到巡回法庭诉讼/上访作为一种手段来谋取案件之外或者非司法性利益的现象。比如,巡回法庭的设置,的确使得部分原本已不再申诉/上访的当事人/访民又重新开始向巡回法庭申诉/上访。〔26〕 又如,有的案件一审刚结、二审尚在进行之中,当事人却会采取直接向巡回法庭越级提诉的方式,企图以此来向二审人民法院施压以获取法外利益。再如,一到重要节假日或重要会议期间,一些上访老户就会利用人民法院全力维稳的心理到巡回法庭申诉/上访,以引起人民法院的重视,达到满足个人无理要求的目的。在实践中,甚至出现一些当事人/访民将通过上访从人民法院谋取司法维稳金作为养家糊口的生财之道。

一旦合理、不合理的司法需求纠缠在一起并同时涌入巡回法庭,这不仅会挤占人民法院的司法资源,造成有限的司法资源可能被恶意地侵占,也会导致司法资源被无效率地大量消耗掉。而一旦司法的“供—需”矛盾尖锐,那么一方面,巡回法庭所推出的、为确保纠纷的实质性化解所设置的一些制度机制就会难以落实。比如,巡回法庭所要求的以人性化的方式接访来访人,做到“有案必立、有诉必理”,以及所要求的“每案必巡”,深入实地探查案由、下到基层化解纠纷,做到“有诉必应”,这些措施都会因“精力有限”而无法真正落实。另一方面,也可能会造成巡回法庭办案质量的下滑,削弱巡回法庭就地化解纠纷的能力的同时,使巡回法庭所面临的“法—民”矛盾关系的结构化甚至日益恶化。〔27〕 比如,因由“案多人少”的局面所造成的法官工作压力的增加,还可能会导致法官因精力确实有限进而在某种程度上“疲于应付”案件的局面,导致司法实践中,法官形成“申诉案件的当事人大部分都是无理取闹”的固有判断,进而快速制作驳回当事人申请的裁判文书。

要摆脱这种司法的非良性运转,首先,是要使司法制度和工作机制中的成本分配合理化,要通过制度的调整和机制的完善来重新配置司法活动中的利益格局,提高当事人司法活动的成本,使其意识到通过司法的权利救济是稀缺性的,进而达致合理化司法需求、规范化司法行为的效果。这对于巡回法庭的实践而言,首先意味着要适当提高案件进入巡回法庭的审查标准,要从“有诉必理、有诉必应”调整为“有合理合法的诉才应”,要对申诉材料从“形式审查”转变为“必要的实质审查”。在实践中,其一,由于再审申请和申诉案件的立案门槛较低,使得申诉案件中“无理诉”量较大,如果一味地要求“有诉必立”,则不仅会带来案件数量的激增,也会占用法官大量精力及司法资源。其二,由于申诉,尤其是“无理诉”案件处理中的规则输出效应不明显(更多是一种极具个别化的法律生产,“多数不是解决事实和法律问题,而是解决思想和观念问题”〔28〕),它们大量进入巡回法庭,也不利于“纠纷解决”与“规则治理”功能的均衡发挥。其三,仅仅是对申诉材料进行形式审查,也会造成当事人仅通过修改申诉书而未提供新事实、新证据的事由被重复立案。而提高申诉审查的要求,不仅有利于控制案件数量,也有利于维护申诉再审的制度功能。因

---

〔26〕 这是因为“诉讼成本过低会形成鼓励诉讼的倾向。”参见[英]阿德里安·A.S.朱克曼主编:《危机中的民事司法:民事诉讼程序的比较视角》,傅郁林等译,中国政法大学出版社2005年版,第9页。

〔27〕 参见凌斌:《当代中国法治实践中的“法民关系”》,载《中国社会科学》2013年第1期。

〔28〕 胡云腾:《谈谈涉诉信访问题的处理》,载《中国审判》2016年第11期。

此,要适当提高再审申请与申诉案件的立案要求,努力规范再审申请案件,并将申诉案件纳入法治化轨道,改变目前大量的并无严重错误的再审申请和申诉案件涌入人民法院的现状;要对符合法定受理范围的案件,依法立案受理;对于不符合法定受理范围的案件,或者当事人明显的"无理诉",法官可以在接访导诉窗口通过立案前的询问程序,要求其补充材料或者直接予以当场驳回。

其次,是完善巡回法庭的工作机制,建立健全对闹访、缠诉行为的认定标准与规制措施。在实践中,虽然巡回法庭实行的是对闹访、缠诉行为6个月内不再对其来访予以登记的规制措施(尽管这项措施实际上很少适用),但对"闹访、缠诉"的认定还较为主观,缺乏明确的标准,对"闹访、缠诉"规则的施行及其后果仍然缺乏必要的释明,对措施实行后所可能造成的矛盾激化也缺乏预案。因此,要在建立申诉来访接待规则、完善立案前询问程序的基础上,加强对来访人员的程序性引导与释理明法,尤其是对申诉理由不能成立的人员更要耐心做好解释安抚、教育疏导工作,避免他们闹访、过激访及进京访。

最后,是通过司法制度与程序机制的整体完善,促使当事人司法行为的规范化。这些措施主要包括:其一,建立健全相应的司法制度与程序机制,调整并确保当事人司法行为的规范化、理性化。以刑事申诉为例,由于目前我国的《刑事诉讼法》对于刑事申诉没有时效限制、次数限制,相关程序机制的内容规定也相对模糊,故而在一定程度上导致一些当事人重复申诉甚至缠诉缠访。因此,需要通过法律制度的完善,来重新配置申诉活动中的制度资源与利益格局。比如,可将申诉权的主体严格限定为当事人,明确规定只有当事人申诉受限时,近亲属在征得当事人同意或者委托的情况下,方能进行申诉;同时规定当事人的申诉被驳回的,近亲属不得以相同理由重复申诉。又如,合理地设定申诉时效的期限;具体期值可在不超过刑罚执行期限内进行考虑。再如,明确当事人只有一次申请再审的权利、一次申请抗诉的权利,权利用尽,程序即告终结。其二,通过体制机制的完善,来调整当事人/社会参与司法活动的成本分担,法治化当事人及社会大众参与司法的行为。比如,要"对不服司法机关生效裁判、决定的申诉,逐步实行由律师代理制度。对聘不起律师的申诉人,纳入法律援助范围",[29]以切实保障当事人依法行使申诉权利。为此,巡回法庭可以出台必要的措施,为律师援助或者志愿代理申诉提供激励和保障。其三,通过体制机制的完善,区隔纠纷处理上的司法性机制与非司法性机制,同时法治化两种机制的衔接方式,避免"司法的信访化"和"信访的司法化",确保司法制度运行的稳定性。因此,要全面"落实终审和申诉终结制度",[30]夯实纠纷解决领域中司法解决的终局性和权威性;要实行诉访分离,建立涉法涉诉依法终结制度,避免"访—诉"之间的无尽回流,消解"涉诉涉法信访事项终而不结、无限申诉、反复缠访缠诉和启动法律处理程序"的局面。

很显然,一旦影响巡回法庭制度功能发挥的影响性因素得以化解,那么通过巡回法庭的全面设置与深入实践,就会在更大的空间场域,以及制度结构和机制体系中推动司法行

---

〔29〕《中共中央关于全面推进依法治国若干重大问题的决定》,人民出版社2014年版,第24~25页。

〔30〕同上书,第24页。

为的规范化,以及同时确立司法作为一种社会利益再分配与维护社会公平正义的公共机制及其权威性,进而使得巡回法庭的实践为我们带来一种“统一的正义”。

四、制度功能实践的法治意涵

我们要意识到这种正义的重要性。因为要在中国这样一个超大型的国家里完成司法的统一、实现司法的正义分配,不仅是法治中国建设的一项重大战略部署,也是现代国家政治治理的一项重要任务。而经由巡回法庭的稳定运行所生产出的这种“统一的正义”,既能够生动地体现出一种最高司法权力向社会扩充以及司法资源再分配的过程,也能够反映出一种通过最高司法机制参与地方社会治理、分担地方社会治理责任的政治规划。这对于当下中国而言,尤其是伴随着巡回法庭司法对社会的影响力日益增加,所将产生的法治意涵,不仅会有助于提升司法公信力与司法权威,也会使通过司法的社会整合与政治治理成为可能,更能够确保国家权威的司法塑造得到进一步夯实和提高。

(一)正义产品的稳定生产将会有助于司法公信力的提升

公正司法是司法公信力和司法权威得以形成的重要基础。如果司法不公正,“人民群众通过司法程序不能保证自己的合法权利,那么司法就没有公信力,人民群众也不会相信司法”。[31] 相反,司法越公正,“就越有权威和公信力”。[32] 经由巡回法庭的“全覆盖型”设置与深入实践,尤其是通过“规范司法、统一司法”双重结构的功能发挥,不仅有助于规范巡回区内各人民法院的司法行为,也有利于统一裁量标准,进而消除不同人民法院、同一人民法院内不同审判组织之间的司法冲突甚至司法矛盾,从而提升巡回区内司法的公正性。

与此同时,通过对跨行政区域重大行政案件和民商事案件的审理,巡回法庭不仅实现了利益资源在各个地区的重新分配,也强化了其在公共利益分配上的作用。因而伴随着这种审判实践活动的深入开展,巡回法庭必将逐步确立起这种通过司法的利益分配机制的权威性。此外,巡回法庭对司法资源所进行的再分配,无论是在巡回法庭之内,还是在巡回区各人民法院之间,都始终遵循以有利于司法正义产品的生产为统一标准来进行。而所有这些因素的综合,都意在表明因由巡回法庭的设置与实践所带来的统一的司法与正义,将从整体上有力地推动司法公信力与司法权威的提升。

(二)通过司法的公共理性倒逼社会理性

通过强调社会纠纷的实质性、在就地化解决及层层传导压力来强化巡回区内各人民法院在纠纷就地化解工作上的主体责任,巡回法庭不仅将社会纠纷的化解吸附进入巡回区内的司法机制,也将巡回区内各人民法院联合起来共同致力于社会纠纷的就地化解,尤

---

〔31〕 中共中央文献研究室编:《习近平关于全面依法治国论述摘编》,中央文献出版社2015年版,第67页。

〔32〕 习近平:《严格执法,公正司法》,载中共中央文献研究室编:《十八大以来重要文献选编》(上),中央文献出版社2014年版,第720页。

其是涉诉信访的终结上。这就使得巡回区内各人民法院虽然各自都有不同的现实考量与利益追求,但都不得不把工作的重心放在纠纷的化解上。与此同时,对于巡回区内各人民法院而言,它们与巡回法庭之间所存在的常态化、内在性的联络机制与协作方法,又足以使得它们不仅能够更加准确地了解最高人民法院以及巡回法庭的工作计划、工作重点和司法政策精神,而且也能够更加及时地按照最高人民法院以及巡回法庭的各项政策精神来调整自己的工作思路。这样,在社会矛盾纠纷的化解工作上,就形成了一个以巡回法庭为中心、巡回区内四级法院"纵向一体化"的格局。这种格局的存在,不仅能够确保基层社会的矛盾纠纷朝着它所希望的方向行动,而且也能够确保基层社会的纠纷解决机制"朝着它所希望的方向适用法律规则来解决争议"。[33]

而为了确保这一格局的运行效果,巡回法庭在完善审判权依法独立公正行使的制度基础上,会进一步对司法活动予以程序规则与结构功能上的适当调整,以确保司法活动能够更好地运用话语的功能性力量与沟通的结构性作用,更好地发挥庭审过程与裁判文书的说理功能,最终提高司法的可接受性,实现社会矛盾纠纷的就地化解以及案结事了。在实践中,比如,第二巡回法庭不仅创设了"庭前释明"程序,而且在庭审与接访导诉时都始终坚持"最后一问",确保司法公开,以及让当事人都能把话说完、把话都说在法庭上,保障其充分行使诉权的同时,要求法官全力做好当事人的解疑释惑工作。又如,第一巡回法庭创设了"阶段性合议"的方式(即"合议庭在休庭期间进行阶段性合议,针对双方当事人质证及事实争议情况,经过合议,在随后的庭审中对当事人予以回应"[34]),不仅增强了庭审的针对性、提高了庭审的效率,也增加了庭审的互动沟通与说理回应的功能。再如,要求法官"每案必询",即"凡是申请再审人对原审裁判提出事实证据争议或者新证据的,办案法官在再审审查时必须当面询问再审申请人"。还比如,巡回法庭不仅要求法官对当事人"有诉必回应"(无论这种诉求是否合法合理),而且要求法官回应要讲理,要"对应讲理"。[35] 为此,我们在实践中看到,面对当事人的诉求(哪怕这种诉求在当事人自己看来可能都是很无理、站不住脚甚至胡搅蛮缠的),巡回法庭的法官都会以法律为依据逐条予以充分回应,而不是简单地以不符合法律规定为由予以驳回。

这种调整自然与巡回法庭受理案件的主要类型有关,但它根本目的,不仅是要让人民法院成为"最讲理的地方",[36] 也要让司法成为"沟通—说理"的场域。要通过这种司法的讲理或者沟通—说理,不仅让当事人/访民完成了诉求的理性表达与情绪宣泄,也让法官充分地进行了"辨法析理",更在此基础上,通过主体间的相互沟通,实现了法律道理、审判理由与个人事由、事件情由甚至"天理""道义"等的充分对话,进而推动共识的达成与规则的建立,最终产出可接受的司法产品。这既是一种实践/行动意义的司法法治,也是一种务实且综合性的司法法治。这种司法法治模式,不仅能够有效回应当事人/访民的

---

[33] [美]马丁·夏皮罗:《法院:比较法上和政治学上的分析》,张生等译,中国政法大学出版社2005年版,第75页。

[34] 刘贵祥、胡云腾:《巡回法庭:司法改革的"排头兵"——专访最高人民法院第一、第二巡回法庭庭长》,载《中国法律评论》2015年第3期。

[35] 参见胡云腾:《谈第二巡回法庭的三项办案改革经验》,载《中国审判》2016年第14期。

[36] 参见任重远:《第一巡回法庭:"法院应该是最讲理的地方"》,载《南方周末》2016年2月3日。

司法需求，也能够有效平复当事人的情绪、化解其“心结”，实现“案结事了”。

更重要的是，对于更广泛意义上的、当下中国社会的问题，这种司法法治模式，也具有司法政治意义上的规范功能与实践意涵。因为这种司法法治的模式，无论是将司法的目标指向为纠纷的实质化解还是要求提高司法的可接受性，也不管司法行动的逻辑是强调“辨法析理”还是“沟通对话”，它们其实都是建立在一种所谓主体间性司法知识观上的司法实践，它强调的是要通过主体间复杂的交往行动来追求一种公共理性与共识达成。[37]而寻求并建立社会交往实践的公共理性化，推动社会共识的达成，乃是当下中国社会重建的重要基石。[38] 换言之，学会“以平和的心态、现实的态度，提出自己合理的有限的利益要求，并在商谈、对话中作出必要的妥协和让步，从而获得社会交往的积极成果”，[39]这不仅是现代社会交往理性的基本要求，也是当下中国社会公民意识的培养、公共生活的培育、公共规则的建立、公共秩序塑造所需的基础动力。巡回法庭所践行的“沟通—说理式”的司法，不仅为我们提供了参与公共生活、学会欲望克制与诉求妥协、锻炼交往实践能力的平台，也为我们生产了具有公共理性的法律服务产品，为我们的社会输入了公共规则以及公共价值的伦理判准。而这或许意味着，伴随着巡回法庭司法的深入实践，将不仅有助于强化人民法院作为公共事项处理平台的价值，提升司法作为社会交往实践、社会共识凝聚、社会公共利益分配等机制的重要性，提高司法的公信力与权威性，而且也会提高司法对于社会的塑造力，进而使得通过司法的社会治理成为现实的同时，确保这种治理的法治化。

（三）司法权威的提升将会有助于国家权威的塑造

我们知道，在中国这样一个超大型的国家里，不仅区域间法治发展存在差异性、不平衡的格局，而且区域法治与国家法治之间也存在内在紧张与关联统一的矛盾结构。与此同时，地方立法权主体的扩容，又不仅会加剧这种格局的差异化及差异的内在化和紧张，而且也会使得法治统一在区域和国家双重层面上同时面临结构性难题。更重要的是，如果区域或者国家都无法从这种矛盾性的结构中寻求到均衡性的张力，那么这不仅会反过来进一步加剧区域法治的碎片化以及国家与地方因由法治分化所带来的冲突和紧张，而且也会使法治统一性的难度进一步增大，进而造成经由法治统一所带来的社会整合与政治融合也面临风险，最终危及国家权威。这样，在当下中国区域与国家的复杂性法治结构关系中，如何通过差异性的法治来化解社会矛盾、维护社会稳定同时又避免因由法治分化所造成的社会冲突甚至分裂，就成为了一道政治难题，而且寻求一种有效的新机制来调和国家与区域之间的关系，确保区域法治发展始终保有活力的同时又能实现国家与区域在法治发展领域中的协调统一，也已然是一项重要的政治任务。

巡回法庭的司法机制与实践，能够很好地处理其中的一些问题。一方面，通过践行“沟通—说理”式的司法，它既能够为案件参与者提供社会交往理性的公共实践，也能够

[37] 参见吴英姿：《司法的公共理性：超越政治理性与技艺理性》，载《中国法学》2013 年第 3 期。
[38] 参见孙立平：《重建社会：转型社会的秩序再造》，社会科学文献出版社 2009 年版，第 8 页。
[39] 孙利天：《现代性的追求和内在超越》，载《中国社会科学》2016 年第 2 期。

为败诉方当事人或者访民提供情感宣泄的渠道及相应的社会抚慰,确保社会矛盾纠纷有效化解的同时,避免案件当事人/访民因由情绪的长期大量积压所导致的群体性事件甚至社会运动爆发的可能性,进而恢复并稳定基层社会秩序。另一方面,通过以巡回法庭为中心、巡回区内四级法院"纵向一体化"的格局,巡回法庭在司法实践中不仅能够确保国家法律及公共政策在基层社会的输入,而且也能够确保以一种直接参与的方式来衡平法律世界里的各种冲突,进而保障国家法律在基层社会得到相对一致、稳定的贯彻实施。而这或许意味着,通过巡回法庭的设立与实践,不仅基层社会的司法治理能够得以完成,而且还是以一种行动/实践中的司法法治化模式来推行的;不仅区域间法治的冲突能够得到司法的衡平进而有效化解,而且区域间法治的统一也会在司法对国家法治的输入中逐步形成。

除此之外,由于以巡回法庭为中心、巡回区内四级法院"纵向一体化"的格局还能够在为最高人民法院提供对下级人民法院实行科层控制所需结构性机制的同时,也能够为国家通过人民法院层级结构实现对基层社会的治理或者强化中央对地方的控制力提供顺畅管道,进而在增强"中央对地方管理的有效性以及中央集权(centralized)的合法性基础"[40]的同时,提升基层社会对国家的认同。换言之,司法成为国家进入基层社会的一个途径。这样,经由巡回法庭的设置与实践,不仅实现了最高司法权的地方化配置,而且也便利于最高人民法院巡回法庭的法官常态化地深入巡回区内的基层社会,直接到"田间地头"现场办案或者化解纠纷。这种国家最高司法符号与权力运行的常态化,对于基层社会的象征意义和实践功能都是不言而喻的。它反映出经由巡回法庭的设置,不仅将最高司法权力常态化地带入原来地方权力习惯于发挥作用的地域并将它对征服者的影响带至乡村,[41]而且也扩大了基层社会及其私人或者群体对这种最高司法机关以及它所提供的纠纷解决机制权威性的认同。比如,在实践中,一些当事人更愿意接受巡回法庭法官对于纠纷化解所提供的方案(即便这个方案可能远远没有地方人民法院提供的条件优惠),更愿意接受巡回法庭法官对于法律理由的释明(即便释明的内容与地方人民法院是一致的)。当然,这种对巡回法庭的认同及将纠纷交由巡回法庭处理的司法行为,反映了基层社会存在的一种趋向权力中心而非离散性的权利主张与司法行动的逻辑。因为在它们的背后,是一个以承认巡回法庭的正当性为前提、最终朝向的是认可国家对纠纷解决的权威性的法律行动世界,一个依旧对"天"充满正义想象与法理移情的知识观念世界。而这其实也表明,实践中巡回法庭之所以具有强大的纠纷吸附力与化解力,不仅反映出它们通过审判权力运行机制的改造,使其在纠纷解决的市场竞争中取得了优势,也反映出基层社会对中央权力的信任和国家权威的认同。这样,伴随着巡回法庭对纠纷的化解以及规则的建立和输出,不仅有助于基层社会的整合与稳定,也将有助于维护国家的社会融合与政治统一。与此同时,伴随着巡回法庭统一司法正义产品的不断生产,不仅司法权威将逐步建立,国家权威也会因此得以夯实。

---

〔40〕　参见陈杭平:《统一的正义:美国联邦上诉审及其启示》,中国法制出版社2015年版,第16页。

〔41〕　[美]马丁·夏皮罗:《法院:比较法上和政治学上的分析》,张生、李彤译,中国政法大学出版社2005年版,第34页。

更为重要的是,巡回法庭司法机制上的结构性张力,又使得它有足够的能力去处理好国家法治与区域法治的冲突与平衡问题。因为作为最高人民法院的巡回法庭,它不仅具备司法/法律的国家视野和全局考量,而且在国家与地方利益上一般偏好前者;但是作为置身于地方或者最高司法权力地方化配置的组织机构,它又必须充分考量其所在的地方社会情境系统,在化解纠纷时又不得不充分整合地方性因素、聚集地方性力量、调动地方性资源,以确保司法良性运转的同时及时有效地就地化解社会矛盾纠纷。这样,在司法行动中,它所寻求的,就并非只是以体现国家意志的法律来彻底否定区域性法治,也并非只是以体现中央意志或者全局利益的公共政策压倒地方性的具体考量,而是在中央与地方的关系上进行动态化、均衡性调整,确保中央与地方之间建立一种相对稳定且比较紧密的法律政治关系,进而在此基础上,实现区域法治差异化基础上的国家法治统一。而这其实也就意味着,因由巡回法庭的设置所带来的最高司法权力的地方化配置与实践,不仅有助于最高司法权力以一种直接参与的方式来减少区域间司法的冲突,而且也有助于通过司法机制来消除巡回区内的法治冲突,进而实现区域法治的统一。更重要的是,这一相对灵活的机制的存在,还能够在国家与地方的法治冲突上达成一种在整体上有利于全国利益的平衡,进而实现国家法治与区域法治之间的差异性统一。而一旦作为提供统一性司法正义产品的巡回法庭司法成为一种协调中央与地方关系的重要机制,那么伴随着巡回法庭司法实践的深入,以及司法权威的提高和统一正义的强化,不仅巡回法庭司法的政治社会功能将得到进一步增强,而且也将有助于国家权威的整体提升。

很显然,这种对于巡回法庭司法的社会意涵与政治功能的判断,并非完全只是基于巡回法庭现有的实践格局所作出的,而是还基于巡回法庭未来实践影响力的积极拓宽。换言之,我们有足够的理由相信,只要巡回法庭的运行效果稳定,那么伴随着巡回法庭司法对社会影响力日益加大,巡回法庭司法的政治社会功能将逐步累积,巡回法庭制度实践的丰富法治意涵也将得以实现。

理论纵横

法治必然承诺特定价值吗?

陈景辉*

【摘　要】 虽然作为理想的法治似乎必然承诺特定的价值,实质法治观念看起来不可避免,但它所真正要求的反而是一种并不必然承诺特定价值的形式法治观念。如果法治的确重要,那么所有形式法治观念的反对者都将遭遇理论上的困难。法治之所以值得追求,是因为它的反面是错误的,但实质法治观念虽然以法治为名,但是它却包括了法治的反面的某些内容。所以,形式法治是唯一正确的法治观念。

【关键词】 法治;实质法治;形式法治

导言

在当今的世界,法治作为一种值得追求的理想的地位(the rule of law as an ideal),已经获得了普遍的承认。具体来说,一方面,与民主、平等、自由及人权等政治观念一道,法治也被视为一种独特的政治理想(political ideal);另一方面,由于它至少在字面上等同于"法律的统治",所以法治同时又被当作一种法律理想(legal ideal)。[1] 然而,一个值得重视的有趣现象是:虽然法治已经被普遍接受为一种"政治—法律"理想,但是理论家之间仍然在法治的概念及实现条件等方面,存在激烈的意见交锋。甚至可以这样说,除了共同接受"法治是一种理想"这个极端单薄的主张之外,研究者之间很难存在其他方面的共识。但是,请不要轻视这个单薄的共识,正因为它的存在,才能使得那些立场极端对立的主张,能够被归入一个被叫作"法治"的统一话题之下,[2] 而不是根本无法交流与沟通的不同问题领域。这表明,接受"法治是一种理想"的单薄共识,是所有法治理论的基本前提。

与此同时,这个单薄共识的重要之处还在于,它蕴含一个非常重要的理论攻击方式,即主张特定的法治观念,由于严重贬损了"法律作为一种政治—法律理想"的地位,所以

---

* 陈景辉,中国政法大学教授。文章的写作受教育部"新世纪优秀人才支持计划"、中国政法大学"优秀中青年教师培养支持计划"及中国政法大学"校级人文社科项目"的资助,黄建武、翟小波、刘叶深、马驰对初稿给出意见,谨此致谢!

〔1〕 See Ronald Dworkin, *Justice in Robes*, Cambridge, Mass, Harvard University Press, 2006, p. 5.

〔2〕 在这个意义上,"法治"才被视为一个争议性概念。Jeremy Waldron, "Is the Rule of Law Essentially an Contested Concept (in Florida)?", *Law and Philosophy* 21, 2001, pp. 137 - 164.

必然是错误的。显然，在这种批判结构之下，实质法治观念[3]的支持者至少具有表面上的竞争优势。因为形式法治观并不承诺任何特定的实质价值，而这种主张似乎蕴含严重的道德风险，于是"法治作为一种理想"的地位可能会因此受到根本性地动摇。反过来讲，这似乎表明，实质法治观必将获胜，因为它会坚持"法治必然承诺特定价值"的核心主张，这显然匹配了法治作为一种理想的地位。那么，"法治必然承诺特定价值"的主张正确吗？形式法治观念因此必然失败吗？这就是我所要着力回答的问题。

在这篇文章中，我将运用概念分析的方式，来捍卫形式法治观念。我的基本主张是：虽然作为理想的法治似乎必然承诺特定的价值，实质法治观念看起来不可避免；但基于接下来将要谈到的理由，它所真正要求的反而是一种并不必然承诺特定价值的形式法治观念。为实现这个目标，相应的讨论将围绕以下四个关联问题依次展开：第一，有法律就有法治吗？这用来说明为什么法治被视为法律的优越形态。第二，法治为什么会被视为一种"政治—法律"理想？因为法治的重点在于法律具备指导包括政府在内所有主体行动的能力，这一点不仅事关法律、也同样事关政治。第三，法治真的重要吗？如果法治的确重要，那么所有形式法治观念的反对者都将遭遇理论上的困难。第四，法治的反面是什么？法治之所以值得追求，是因为它的反面是错误的，但实质法治观念虽然以法治为名，但是它却包括了法治的反面的某些内容。所以，再次重申笔者的结论：形式法治是唯一正确的法治观念。

一、有法律就等于有法治吗？

如前所述，包括实质法治与形式法治在内的所有法治理论，它的基本出发点都在于承认如下这个命题：法治是一种"政治—法律"理想。初步而言，这个命题至少蕴含三重含义：[4]第一，作为一种理想，它至少意味着法治必然具备某些美德，因为只有美德才具备价值上的感召力，才能被视为一种理想。所以，法治与美德或者价值等概念就存在直接的关联。第二，法治作为一种"政治理想"的意思是说，法治关系到政府公权力的分配和行使，所以"依法而治"这个法治的表面含义实际上就是"(政府应当)依法统治"；当然，这并不是说，法治与人民的生活不产生关联，因为"政府如何统治"与"人民如何生活"，就像硬币的两面一样互为表里。第三，法治作为一种"法律理想"，意味着"并不是有法律就等于有法治"，法律至少要具备某些必要的特质(essential characters)，才能使得这种"法律的统治"有资格被合理地称为"法治"。[5] 当然，这些表述都不够清晰，需要进一步说明。笔者将从最后一个表述入手，因为它的含义将决定前两个主张的含义。

那么，为什么一旦承认法治是一种法律理想，就必然蕴含"有法律不等于有法治"的

---

[3] 实质法治和形式法治作为法治观念的基本分类，请参见 Brian Tamanaha, *On the Rule of Law*: *History*, *Politics*, *Theory*, Cambridge, Cambridge University Press, 2004, p. 91。

[4] 严格来说，这个命题其实只有后两重含义，因为只要成功说明法治为什么是一种法律理想和政治理想，那么"法治是一种理想"的主张就会当然成立。

[5] See Grant Lamond, "The Rule of Law", in Andrei Marmor eds., *The Routledge Companion to Philosophy of Law*, New York & London, Routledge, 2012, p. 495.

主张？这是因为："理想"一词，本来就具备"某种值得追求的状态，虽然尚未实现、但有实现的可能"之类的含义。按照这个理解，一方面，理想通常不是某种已经被实现的状态，或者至少是某种尚未充分实现的状态；[6]另一方面，理想一定具备实现的可能，否则这就不是理想、而只能是幻想。[7] 显然，我们不太容易将"法律(的存在)"视为某种理想，因为对一个国家或者政治体而言，"存在法律"通常是一个事实上的状态。当然，法治的确必然以法律的存在为条件，不存在法律根本就无从谈起法治、更不用说法治的可能性了。然而，对法治而言，仅有法律显然是不够的；否则，只要一个国家存在法律，那么该国理所当然就是"法治国家了"，这种看法显然与常识不符。[8] 所以，法律只是法治的必要条件(necessarily condition)而已，有法律(的存在)并不必然意味着有法治(的存在)。

在我看来，要想合并"法治作为理想的地位"与"有法律不等于有法治"这两个主张，最佳的方式是从法律的体系性(systematic nature of law)或者法体系(legal system)这个概念出发。一旦承认体系性是法律的本质属性，[9]那么法律就与法体系拥有同样的含义。所以，像中国法与中国法体系、美国法与美国法体系这些表面上不同的表述，其意义实际上并无明显差别。[10] 因此，至少在字面意义上，法律的统治就等于法律体系的统治。不过，一种错误的观念可能基于直观的印象给出：有法律不等于有法体系，所以有法律不等于有法治。这种看法的错误之处在于：如果承认体系性是法律的基本属性，那么有法律就等于有法体系，任何不属于法体系的单个规范都不具备"是一条法律"的地位；[11] 所以，结论应该是"有法律就有法体系"，但"有法体系不等于有法治"。

于是，我们现在面对的问题是：为什么有法体系不等于有法治？这是因为，存在法体系的门槛条件(threshold)与法体系的优越形态的两分。所谓门槛条件，指的是一些个别规范合并在一起能够被称为法体系的最低条件。用比较抽象的方式来说：是什么样的条件，使得一个规范 N_1 因为属于一个法体系 S，因此成为一个法律规范？至少有两个条件：其一，起源条件(the condition of source)，即该规范 N_1 满足法体系 S 的鉴别标准 C 的检验，无论这个鉴别标准 C 是凯尔森的基本规范，还是哈特的承认规则；其二，内部关联条件(the condition of internal relation)，即该规范 N_1 与经受鉴别的其他规范 $N_2, N_3, N_4, \cdots$, Nn 之间是相互支持或者相互预设的。[12] 一旦规范 N_1 满足这两个条件，那么它不再仅仅是一个规范，而是转变成一条法律规范。[13]

然而，尽管如此，我们只能说"存在一个法体系"，但并不能说"存在一个好的或者优

---

[6] 这就说明了为什么很多理论家将法治视为某种程度(degree)问题。

[7] "三、"讨论的 Postema 的理论，就是从法治实现的条件出发，来说明为什么形式法治与实质法治这两种主要的法治理论都是错误的，因为它们都没有关注法治实现的可能性。

[8] 另外一个例证是：研究者在讨论法治的起源时，往往只会回溯至希腊的思想，而不管理论家如何争议于法律的起源，但法律的历史显然不会仅回溯至希腊就停止了。

[9] Joseph Raz, *The Concept of Legal System*, 2nd edition, Oxford, Oxford University Press, 1980, p. 1.

[10] 这一点，也能帮助我们区分真正意义的法与比喻意义的法。例如，道法自然中的"法"，指的就不是通常意义的法律，因为没有办法将道法自然直接转换为"道法体系自然"。

[11] Raz, *The Concept of Legal System*, p. 2.

[12] Raz, *The Concept of Legal System*, pp. 5－6.

[13] 例如，在中国，"亲友结婚应当送红包"是个社会规范(习惯)，但它并不是个法律规范，因为它并未满足法体系的两个检验标准。

良的法体系”。如果“法律等于法体系”与“法治是一种法律美德”这两个主张都成立,那么这必然意味着不仅仅存在一个法体系,该法体系还需要具备使它成为优越法体系的其他一些条件,并且只有依照这种优越法体系的统治,才能被合理地称作“作为一种理想的法治”。必须注意,这些使得一个法律体系得以优越的条件,并不是“法律”概念的内在成分,但它们却是“法治”这个概念的核心要素。因此,法治的概念和法律的概念并不是同一个问题,那些试图将二者联系起来一并处理的做法〔14〕就存在严重的缺陷。或者这样说,一个在法概念上将价值排除在外的法实证主义者,理论上有可能是坚持法治必然承诺特定价值的实质法治的支持者;同理,一个坚持法概念必然包括价值在内的自然法论者,如富勒,有可能是反对法治承诺特定价值的形式法治的主张者。

那么,这些条件具体是什么?这正是形式法治与实质法治之间的核心争论点。在这个问题,富勒的看法广受尊重,他列举了8项在今天依然具有统治地位的条件:一般性、公开性、不得溯及既往、意义的明确性、不得自相矛盾、不得颁布超出人们能力之要求的规则、稳定性、官方行动与法律的一致性。〔15〕虽然理论家基于各自的主张,对富勒的这8项内容给出了不同的修正方案。不过,在笔者看来,即使遵循富勒的论证逻辑,至少也有一项要求需要剔除,这就是“不得相互矛盾”这项要求,因为一旦承认内部关联条件是法体系的门槛条件,那么它必然蕴含法体系内部不得相互矛盾的结果,所以这项要求是法体系的存在条件,而不是“好法体系”的存在条件。〔16〕一旦剔除不得相互矛盾这个条件,将剩下的那些要求重新带回到讨论中,那么满足这些要求的法体系,与缺乏这些特质的法体系相比,就具备明显的优点,所以它们可以被称为法体系的美德。而依照具备如此属性的法体系来统治,就是“有法律不等于有法治”的最初含义。

一旦法治的含义不再单纯是“依照法律的统治”,而是“依照具备某些特殊要求的法律来统治”,那么某种对于法治的怀疑论就有了被彻底反驳的可能。这种法治的怀疑论认为,由于法律存在某些缺陷,因此无论在理论上还是实践上法治均是不可能的,当然也就缺乏理由将法治视作某种理想。例如,有论者注意到法律必然存在模糊性与不确定性,所以法治是不可能的。〔17〕更有甚者,法治怀疑论的极端形式,将会演变成一种对于人治的召唤。必须注意,一旦将富勒关于法律体系优越性的讨论附加进来,那么法律本身存在的缺陷将会因此大为减少。例如,富勒关于“意义明确性”的讨论,将会在很大程度上降低法律的模糊性与不确定性。〔18〕当然,这并不是说法治就是完美无缺的,〔19〕而是说我们必须要明确地区分“法律的缺陷”与“法治的缺陷”,不能将它们等同视之并由此推导出否定法治的结论,也更加没有理由进一步认为“人治是更优的选择”。

---

〔14〕 See Jeremy Waldron, "The Concept and the Rule of Law", *Georgia Law Review* 43, 2008, p. 5.

〔15〕 See Lon Fuller, *The Morality of Law*, Revisited Edition, New Haven, Yale University Press, 1969, pp. 46 - 91.

〔16〕 或者也可以这样来表述:不得相互矛盾,是法体系的基本要求,而不是法治的基本要求。

〔17〕 See Timothy Endicott, "The Impossibility of the Rule of Law", *Oxford Journal of Legal Studies* 19, 1999, pp. 1 - 18.

〔18〕 See Andrei Marmor, "The Rule of Law and its Limits", in his *Law in the Age of Pluralism*, Oxford, Oxford University Press, 2007, pp. 25 - 26.

〔19〕 需要提醒的是:由于法治的具体观念是不同的,因此形式法治观念与实质法治观念会导致各自不同的缺陷。所以,通常无法说“法治”的缺陷,而只能说形式法治或者实质法治的缺陷。

重新回到富勒所主张的这些要求上来。显然,这些要求本身都是形式性的,它们并未对法律的内容提出任何特定的要求。[20] 所以,一旦法治就是追求依照具备这些特点的法体系来统治,那么由于这种法治就在法律的内容上保持中立的态度,这种法治必然是一种形式法治。显然,实质法治观念的支持者,必然反对这种在法律的内容上保持中立的主张。不过,这并不意味着,他们反对富勒所提出的这些形式化的法治条件。这是因为,无论是形式法治观念还是实质法治观念的支持者,都认为富勒所提供的条件或者类似于富勒的其他某些形式性的要求,是法治的必要条件(necessarily conditions)。换句话说,形式法治与实质法治之间争论的核心,并不是富勒的“这些条件是否正确”的问题,而是“这些条件是否充分”的问题,即除了这些条件外是否还需要增加其他一些条件的问题。其中,形式法治论者认为,即使富勒的这些条件仍有遗漏,但所增加的仍然只能是同类的形式化的条件;而实质法治论者却认为,除了这些形式条件以外,还必须附加其他一些实质化的条件。

这个争论可以被进一步分解为如下两个重要的疑问:其一,为什么要选择以上这些条件、而不是其他的那些条件,来定义好的法体系?或者这样说,我们对于某事物×存在认知上的共识,但是对于“好×”难道不是因人而异的吗?例如,我们都接受“理性的生物”作为“人”的定义条件,但是“好人”的条件却缺乏足够的共识,谦虚守礼、助人为乐、谈吐文雅、衣着整洁都是可能的备选项。但是,只能认同前两项的人凭什么否认后两项呢?其中所奉行的标准是什么?这样的标准正当性的根据又在哪里?其二,假设承认满足这些要求的法体系是一个好的法体系,但是这里面的“好”就是道德意义上的“好”吗?显然,当我们说一个东西是好的,并不意味着该事物因此就具备道德上的优点。例如,笔者写作这篇文章时所用的这台电脑,的确是一台“好”电脑,但因此说它就是一台具备“道德优点”的电脑,这样的说法不是很荒谬吗?这两个问题都不太好回答,这需要依赖一套相当实质的主张,来说明法治的重点(point)是什么。只有说明了这个问题,才有可能接着说明为什么只有这些、而不是那些条件是法治所必需的,才能说明拥有这些要求的“好”到底是不是一种道德上的好。

二、法治为什么是个“政治—法律”理想?

那么,法治的重点到底是什么?这就需要仔细分析“法治”的含义。通常,对“法治”字面意义的理解是:法治是法律的统治,而不是人的统治。从广义上看,法治意味着人们应当遵守法律并受法律的统治。但是,如果从最常被接受的狭义角度来说明法治,那么它所针对的主体就会由“人们”转向了“政府”,它特指政府应当受法律的统治并服从它。[21] 显然,这种狭义的理解呈现出非常鲜明的政治味道:如果政治就是政治安排与权力分配的方式的话,那么法治就是一种有别于人的统治(人治)的政治安排和权力分配方式;并且,

〔20〕 Fuller, *The Morality of Law*, p. 97.

〔21〕 See Joseph Raz, “The Rule of Law and its Virtue”, in his *The Authority of Law*, 2nd edition, Oxford, Oxford University Press, 2009, p. 212.

这种作为特殊政治统治方式的法治,就要求政府的统治行为必须依照法律来进行,而且这种统治行为本身必须获得法律上的授权。正因为如此,法治才有可能被视为一种政治理想。

然而,这个被普遍接受的狭义表述,仍然存在一些严重的困难:其一,将法治限定为“政府应当受法律的统治并服从它”,显然蕴含“政府的权力(公权力)应当受到严格限制”的主张,所以“限制公权力”经常被视为法治的重点之所在。不过,这样的说法只能部分成立,因为如果法治目标就是限制公权力,但法律显然不是必要的手段,权力分立之类的政治安排也能有效地实现这个目标。并且,这样的政治安排并不必然只能以法律的方式来实现,传统之类的力量——华盛顿只担任两任总统的事实限制了其他总统的任期,至少也具备大致相当的能力。简单地讲,即使这样的理解方式成立,它也只能说明法治为什么是一种“政治理想”,而对“作为一种法律理想”这个部分的说明至少是薄弱的。〔22〕

其二,正如拉兹三十多年前指出的那样,“政府应当受法律的统治并服从它”这个表述本身,难道不是循环论证或者套套逻辑(tautology)吗?未获得法律授权的行动怎么可能被叫作“政府的行动”呢?或者,即使事实上存在未经授权的“政府行为”,但这种行动本身既是非法的也是没有法律效力的。〔23〕 一个最典型的例子,就是黑社会“收保护费”的行动与税务机关“收税”的行动,虽然共享了要求对方支付一定的金钱、如果拒绝支付将会面临暴力的使用等共同之处,但是其中最重要的区别依然在于:税收的行动不但是政府事先经由法律授权的行动,而且其权力的行使也必须是依照法律所允许的方式而展开的。换句话说,即便是税务机关的公职人员,如果未能依据法律来主张一定数额的金钱,这样的行动与收保护费并无区别;即便是经过法律授权的公职人员,如果未能依照法律规定的方式来运用这个权力,这样的权力运用方式至少是有瑕疵的。

其三,即使撇除刚才这个批评,承认法治就意味着“政府应当受法律的统治并服从它”,但这个表述本身也是存在问题的。通常而言,“政府应当受法律的统治并服从它”与“法律的统治、而非人的统治”,这两个表述之间是可以相互替换,所以“肯定法治”往往意味着“否定人治”,这甚至成为法治最重要的信条。然而,问题是:难道所有类型的统治不都是由具体的人来作出并由人来落实的吗?法律的统治可以不借助具体的人来实现吗?可以想象一种与人没有关联的政治统治方式吗?法治,显然不是一套自动落实的装置,即使被视为自动装置的电脑程序,仍然需要“启动”这个人为操作部分的存在。于是,“法治就是依照法律来统治”“法治而非人治”之类的表述,似乎只是一个缺乏实质意义的修辞而已,必须借助人的因素这一点使得“人的统治(人治)”似乎无法避免。〔24〕

这些困难表明,法治的狭义表述是存在问题的;或者说,即使法治的确意味着政府必须依照法律来统治,但这个方面也不是法治的全部重点之所在。这就迫使我们必须回头

〔22〕 在我看来,这是20世纪90年代中后期中国法学界关于法治讨论的重要缺陷之一,他们过分关注了“法治就是为了限制公权力”的部分。

〔23〕 Joseph Raz, *The Rule of Law and its Virtue*, p. 212.

〔24〕 这一点,是理性的人治主义者立论的基本根据,这也是对法治正当性的严重挑战。任何严肃的法治支持者,都必须能够成功地回答这个问题,否则他的法治主张都会缺乏充分的基础。

重新关注法治的广义表述,即人们应当遵守法律并受法律的统治。[25] 但接下来就会衍生出这样的问题:为什么人们应当遵守法律并受法律的统治? 这个问题看起来似乎是说:如果缺乏充分的理由,人们可以选择脱离特定的法律体系或者法律实践的拘束。然而,这样的理解方式显然是错误的:一方面,人们的确可以脱离特定国家或政治组织的法律体系或法律实践,但是他同时会落在另一个法体系或者法实践当中;另一方面,人们的确可以像鲁滨逊一样脱离所有法体系和法实践的拘束,但是鲁滨逊对于文明社会的强烈渴望表明,这样的做法非但不能持久、更加是不现实的,他仍有理由加入到特定法体系和法实践中。如果事实上无法逃避法律的拘束,那么我们所面对的问题实际上是:倘若我们必须得身处特定法律的笼罩之下,那么这套法律必须具备什么样的特点,才会使得人们"有初步理由(应当)"[26] 遵守法律并受法律的统治;甚至在特殊情形下,人们"有义务"[27] 遵守法律并受法律的统治。于是,关于法治的广义理解,必将导致对法律一些特殊性质的考虑上,而不是仅仅存在法律就足够了,因为既然逃避法律的拘束是不可能的,那么人们接受法律统治(法治)的理由,就应当在"存在一套法体系"这个事实之外来寻找。这样的思考显然就可以同前面的讨论连在一起,因为它们共同指向了一个重要的问题:有法律(体系)不一定有法治。

问题是:法律必须具备什么样的特点,才会使得人们"有理由(应当)"遵守法律并受法律的统治呢? 或者,什么样的法体系才符合法治的要求呢? 对于这种问题的回答很容易因人而异,答案既可能像形式法治论者的看法一样,仅关注法体系形式方面的要求,将法律内容的道德属性放置在一旁;也可能如同实质法治论者一样,转而关注法律必须尊重和保护从自由、个人权利到人性尊严这些实质要求上来。但是,无论如何,对这些回答的基本要求是:这不可能只是研究者或者部分社群成员的个人偏好,否则其他社群成员将会失去遵守法律并受法律统治的初步理由,更不用说"他们有义务遵守法律并受法律的统治"了。

那么,什么样的条件才会满足这个要求呢? 显然,最基础的条件必然是:法律有指引人们行动的能力。[28] 这是因为:只有具备这样能力的法律,才有资格被视为人们的行动理由,才能使得人们至少"有初步理由(应当)"遵守法律并受法律的统治。而且,这再次说明了一个问题:仅仅有法律是不够的。例如,溯及既往的法律,由于它明显破坏了人们的行动预期,所以这样的法律即使存在,也缺乏有效指引人们行动的能力。[29] 因此,富勒

---

〔25〕 马默(Marmor)也认为对于法治的恰当理解,应当转向"人们应当遵守法律并受法律的统治"这个部分,虽然他给出的理由是不同的。参见 Andrei Marmor, *The Rule of Law and its Limits*, pp. 4 - 6。

〔26〕 "必然身处特定法体系"的事实,只能说明我们受到这套法体系拘束的原因(causes),但是"有原因做一件事"并不等于"有理由做一件事"。例如,张某因为妻子红杏出墙打伤她,这个伤害行动只是"有原因"的,而因为反抗抢劫打伤劫匪,却不仅是"有原因",也是"有(初步)理由"这样做的。

〔27〕 "有初步理由"与"有义务"的区别在于:如果特定行动背后存在多个支持或者反对的理由(reasons),那么依照任何一个理由行事,这样的行动都是"有初步理由"(*prima facial* reason)的;之所以说这只是初步理由,是因为这些理由存在被推翻的可能性。然而,"有义务"特指按照其中分量最强的终局性理由(conclusive reason)来行事,这样的理由是无法被推翻的。

〔28〕 所以,拉兹才说:"法治的基本直觉是:法律必须有能力指引其主体的行动"。Joseph Raz, *The Rule of Law and its Virtue*, p. 214.

〔29〕 Andrei Marmor, *The Rule of Law and its Limits*, pp. 19 - 25.

所提出的那些与“不得溯及既往”同类的形式条件,首先就会呈现在理论家的面前,形式法治观念由此就会形成。但是,关键之处仍然在于,还需要附加其他类型的条件从而使得法律具备指引行动的能力吗?实质法治观念的支持认为,还需要对法律的内容附加某种类型的实质要求。此外,理论家近来又提出来了某种新的要求:存在相互课责关系的秩序良好的社群(well-ordered community)是法治得以落实的条件,因此相互课责关系也应当是法治的概念要素之一。[30]

受限于讨论的程度,现在还不是回答这些问题的合适时机。不过,目前的讨论已经足以说明一开始的问题了,即法治的重点是什么。显然,法治的重点在于法律具备指引人们行动的能力,这首先就指向一些形式化的条件。一旦法律具备这样的能力,那么就意味着一切与法律有关的主体(包括政府和政府治下的人们),受到同样一套公共标准的拘束;未经法律本身规定的或者容许的方式,这套公共判断标准不能被随意改变,无论这种改变是由政府还是由人民发起的。当然,经验表明,最经常可能改变这套标准的,通常都是政府而非人民。所以,在这个意义上,法治的确必然蕴含着对政府权力的限制(法治的狭义表述),这也说明了法治为什么是一种“政治”理想;但由于人们也可能改变这套标准,所以它始终是不全面的描述。[31] 而且,这也将与法治的字面含义保持一致,即法治就是满足这些要求的法律的统治,而这些要求本身表明,法治同时是一种“法律”理想。于是,我们就可以理解法治为什么是一种“政治—法律”理想了。

不过,刚才这种关于“具备指引行动的能力”的说明,是一种形式法治的主张,它本身存在被追问的余地。实质法治观念的支持者会这样认为:如果法治必然要求法律具备指引人们行动的能力,那么仅仅满足一些形式条件是不够的,因为和表明法律将被视为一种合适的行动理由,而任何合适的行动理由本身必然蕴含“好/善”(goodness)的属性,否则它就不是真正的行动理由。因此,“具备指引行动的能力”本身,除了要求法律必须满足一些形式化的条件,同时还会要求法律的内容必须满足“好/善”的要求,至于“哪种好/善是适当的”姑且不论,但法治就是一种“善法之治”的主张至少获得确立。这样一来,“具备指引行动的能力”作为法治的重点,将会要求一种对内容附加实质限制,这必将是一种“依照‘善法’来统治”的实质法治观念。

三、法治真的重要吗?

刚才的讨论表明,目前所获得的成果仍然是开放性的,它们并没有蕴含必然支持或者否定形式法治观念和实质法治观念的结论。所以,前文最后提出的两个问题仍然没有最终的答案:(1)为什么只能选择某些条件而不是其他条件来定义法治?(2)法治所带来的“好”是不是道德上的“好”?下文的讨论将集中回答这些问题,基本的前提仍然是文章一

---

〔30〕 See Gerald Postema, “Law's Rule: Reflexivity, Mutual Accountability, and the Rule of Law”, in Xiaobo Zhai & Micheal Quinn eds., *Bentham's Theory of Law and Public Opinion*, Cambridge, Cambridge University Press, 2014, pp. 7-39.

〔31〕 而且,狭义表述中蕴含的人治可能性也将极大降低,因为即使法律的运作离不开具体的人,但是满足形式化要求的公共标准严格限制了个人任意选择的可能性。

开始的那个单薄共识:法治是一种"政治—法律"理想。其实,这个单薄共识可以转换成另一种表述方式:法治本身是重要的或者法治是好的。这是所有法治讨论的参与者所必然接受的前提,否则法治就不是一个值得关注的话题。在下文,笔者将通过对两个形式法治观念的反对者所无法摆脱悖论的讨论,间接证明形式法治观念具有理论优势。其中一个是实质法治观念的悖论,即由于它要求善法之治,而善法必将蕴含法治冗余的结论;另一个是近年来关于法治实现条件讨论的悖论,它会误解法治与秩序良好的社群之间的逻辑关系。用一句话来总结:由于这些形式法治反对者的主张,都会以某种方式贬损法治的重要性,所以它们必然是错误的。

(一)善法与法治的冗余

对于前文最后所提出的两个问题,实质法治观念通常是这样来回答的:其一,法治所拥有的"好"是且只能是某种"道德善"(moral good),否则就无法说明法治为何拥有一种"作为理想"的地位;其二,对于法治的概念条件的选择必须依照这种"道德善"来作出,并且这些条件和道德善一起共同构成了一个完整的法治观念。此时,这种特定的道德善就是法治所必然承诺的价值,并且这些价值本身内在于法治的概念之中成为法治的概念要素。而形式法治观念仅仅关注某些形式条件,将特定的道德善排除在外,这种观念因此必将错误。

当然,不同的实质法治论者在"何种道德善应当是法律所承诺的价值"的问题上,的确意见分歧。笼统而言,备选的答案有三种基本类型:(1)个人权利(individual right):财产、契约、隐私、自治;(2)尊严权和/或正义(right of dignity and/or justice);(3)社会福祉(social welfare):实质平等、福祉、社群保存等。[32] 显然,由于个人权利、尊严权和/或正义,以及社会福祉是相当不同的实质价值,所以实质法治论者之间仍然存在激烈的理论辩论:他们都认为对方错误地理解了法治所拥有的道德重要性,而只有自己所认同的那个道德善才是唯一的选择。不过,实质法治论者的相互攻击,不能被视为形式法治当然获胜的理由,一方面,形式法治观念的支持者之间同样存在不同的立场,如程序法治的论者虽然会认为法治只是一种形式性的概念,但是他们认为只有民主之类的程序性要素与福勒式的形式条件结合起来,才能形成一个完整的法治概念;[33] 另一方面,这种论辩仍然只是实质法治内部的分歧,一旦面对形式法治论者的时候,他们就会强调与形式法治相反的共同主张:法治必然承诺某种特定的道德价值,无论这种道德价值是什么。

虽然实质法治论者存在这样的分歧,但是他们都认为形式法治论者对法律的内容保持道德中立的态度,将会产生巨大的道德风险,进而将会损害到"法治作为一种理想"的地位。也就是说,一旦缺乏对法律内容实质的道德要求,既无法阻止法治被滥用,也无法防止法治被用来服务于错误的目标。所谓法治被滥用,是指本来要求必须

---

〔32〕 See Tamanaha, *On the Rule of Law: History, Politics, Theory*, p. 91.

〔33〕 See Jeremy Waldron, "The Rule of Law and the Important of Procedure", in James Fleming eds., *Getting to the Rule of Law*, New York & London, New York University Press, 2011, pp. 3 – 31.

以服从法律的方式来实施统治的政府,在缺乏对其行动的实质要求时,可能任意地运用他们手中的权力,因为这既没有要求政府的权力必须服务于特定的价值,而且也没有要求政府必须以某种特定的方式来运用手中的权力。简单地说,政府此时有多种方式来运用自己的权力,且不违反法治的要求。所以,政府可以用自己最想要的方式来行使他们手中的权力,于是"以服从法律的方式来实施统治"就成为一句空话。至于"法治被用于服务错误的目标",是说当政府将某种特定的价值确定为法治的目标,然后运用自己手中的权力来实现的时候,一旦这些只是负面的价值(如果也能称为价值的话),那么在法治的名号下无法阻挡它们的落实,因为秉承道德中立的形式法治的观念,并不能有效阻拦这些错误目标的实现。[34] 其实,就连形式法治论者自己都会承认:一种基于否定人权、普遍贫困、种族隔离、性别歧视及宗教迫害的非民主的法律体系,原则上可能比任何更开明的西方民主社会更加能够满足法治的要求(但这并不意味着它比这些西方民主社会更好,它无疑是个极为糟糕的法体系,但在某一方面它仍然是优越的:它符合法治的要求)。[35]

必须注意,法治被滥用与法治被用于服务错误的目标,是两种不同的道德风险。如果说,前者是无头苍蝇,那么后者就是偏执狂。当法治被用于服务错误的目标时,政府其实并不会滥用自己的权力,这些目标会对"何种是最佳的权力运用方式"有所限制或要求,因为与这些目标匹配的权力运用方式是有限的;或者说,如果政府必须以最佳的方式运用自己的权力,那么它在手段上就缺乏选择余地。因此,政府对权力的滥用是一种豁免于责任的道德风险,而法治被用于服务错误的目标的道德风险,并不来自政府豁免于特定责任,而是因为它们所要实现的目标本身就是错误的。显然,无论是法治被滥用还是法治被用于服务错误的目标,都来源于形式法治观念所必然蕴含的"道德中立"的主张。因此,要想克服形式法治的道德风险,对法律的内容附加某种实质价值上的要求,就成为唯一有效的办法。

仔细分析的话,这些看起来顺理成章的论述,其实潜藏着一个与"法治作为一种理想"的主张矛盾的结论:法治并不重要。其一,从概念的角度来看,无论哪种实质价值被放置在法治的概念之中,那么都会发生法治和这些价值之间的混淆;同时,由于这些价值本身的重要性并无争议,法治的重要性很容易被这些价值吸收,它自身的独特重要性因此就会消失。所以,拉兹警告说:如果法治就是一种"善法"之治,那么法治这个术语就缺乏任何有价值的功能,因为此时等于相信"善"必将获胜,由此也就失去了皈依法治的理由。所以,一旦将法治与民主、平等、人权等价值混淆在一起,法治也就变得不必要了。[36] 笔者将以抽象的方式重组其中的逻辑:

主张1:由于法治是一种理想,所以法治是好(重要)的;

主张2:实质法治主张法治即善法之治;

主张3:依据主张1和主张2,得出"善法之治是好的";

〔34〕 参见庄世同:《法治与人性尊严——从实践到理论的反思》,载《法制与社会发展》2009年第1期。

〔35〕 See Raz, *The Rule of Law and its Virtue*, p. 211.

〔36〕 See Raz, *The Rule of Law and its Virtue*, p. 211.

结论:一旦去掉主张3中的同类项,法治并不必然是好的。[37]

显然,这个结论与主张1矛盾,而主张1又是所有法治讨论的前提,因此要想维持主张1的有效性,唯一的选择就是放弃主张2,即放弃实质法治的观念。

其二,从功能上看,一旦将民主、平等、人权等实质价值加入法治的概念中,那么就在法治与这些价值之间建立起必然的联系,法治由此就被视为服务于这些价值的工具;反过来讲,如果法治无法实现这些价值,那么也就不存在真正的法治了。表面上看起来,这样的做法可以有效地捍卫法治的重要性:如果它所服务的价值越重要,那么法治也就变得越重要;同理,如果法治被用以服务于错误的价值,那么法治也就丧失了所有的优点,这正是形式法治理论不负责任的地方。然而,问题也在于此,如果法治就是这样一种服务于特定价值工具,那么如果有更好的方式实现这些价值,那么法治的重要性因此就会大为降低,甚至消失不见。[38] 或者说如果法治用以服务于那些特定的实质目标,那么为什么还需要法治?为什么不能直面那些实质目标?就像自行车曾经是服务于"交通"的工具,但是在今天汽车显然是更好的选择,所以骑自行车基本上应转化为某种运动的方式,它的重点已经不再是"交通"。实质法治论者当然可以进一步补强说:法治不仅仅是实现这些价值的工具之一,它是唯一的工具,于是法治的重要性重新得到证明。但这样的说法显然过于任意,毕竟,通过法治来实现这些目标只是一种间接性的做法,它起码在效率上是低于直接追求这些目标的直接做法的。因此,实质法治论者无法避免这种可能性的存在:在某种情形之下(例如,严重的人权危机),为了更加直接地实现这些目标(保护人权),以至于放弃法治或许成为最佳的选择。或者另外一个例子:为了实现打击犯罪的需要,官方可能采取的一种不合法的数据或者DNA的搜集方式可能是更加有效的手段,但是它的确是违反法治。[39] 当然,形式法治并不否认法治可能是服务于这些价值的工具,只是这种服务关系是偶然的、而不是必然的,有它更好,没它,法治本身也依然重要。

(二)法治与秩序良好的社群(well-ordered community)[40]

必须注意,刚才的反驳所针对的只是"法治被用于服务错误的目标"这个批评,并没有涉及"法治被滥用"的部分。如果这个部分没有被成功驳回,形式法治观念依然岌岌可危。近年来,Postema就从限制法治滥用的角度,发展出一套关于他自己认为有别于形式法治和实质法治的理论,由于这个理论也是对形式法治观念的反对,所以值得认真对待。这套理论的起点是关注法治实现条件,[41]其重要之处在于:即使法治在概念上是成立的,但如果缺乏实现的可能性,那么法治依然不过是镜花水月而已。在他看来,法治观念植根

[37] Marmor也提出大致相同的反驳,参见Andrei Marmor,"The Ideal of the Rule of Law",in Dennis Patterson eds.,*A Companion to Philosophy of Law and Legal Theory*,2nd edition,2010,Oxford,Blackwell,p.667。

[38] 参见陈景辉:《法律的内在价值与法治》,载《法制与社会发展》2012年第1期。

[39] Grant Lamond,*The Rule of Law*,p.498.

[40] 笔者在这篇文章中将well-ordered society严格依据字面含义翻译为"秩序良好的社会",而没有采取"良善社会"的译法,主要是由于"良善社会"的译法过于直接地与价值(value)连在一起,并且不同的主张者对于"何种价值是最佳的"存在严重分歧,因此采取这种价值中立的译法。

[41] See Gerald Postema,*Law's Rule:Reflexivity,Mutual Accountability,and the Rule of Law*,p.7.

于这样的想法,即以法律这种独特的工具来保护社群的成员免受(政府)权力的专断运用。[42] 从这个核心目标出发,由于专断的权力意味着权力的自由决定与自由选择,所以它是不能被课责的(unaccountable);因此,如果法治就是限制专断的权力,那么“可课责性”(accountability)就必然在法治观念中扮演着核心角色。[43] 然而,无论是形式法治观念所提出的那些形式条件,还是实质法治观念主张对法律的内容作实质的限制,由于都蕴含专断权力的空间,所以它们都无法满足可课责性的要求,只有附加“忠诚”(fidelity)这个条件,才能真正地实现对专断权力的限制,所以法治的核心就在于“忠诚”。而忠诚必然蕴含一个存在相互课责(mutual accountability)关系的社群,即社群中的人民与官员相互之间承担责任,而不是人民对于官员的单方承诺,否则,限制专断权力的目标将无法实现。[44] 所以,法治的第一要务,并不是运用法律来指导权力如何运用,而是去构造一种社会秩序的方式(a mode of social ordering)或者去塑造一种联合的方式(a mode of association)。[45] 只有在这个基础之上,那些形式条件及对法律内容的某种实质要求,才能发挥限制专断权力的功能,法治才有被实现的可能。

简单地说,在 Postema 看来,由于法治是必须实现的理想或者无法实现的法治并非真正的法治,而法治的核心就在于限制权力的专断运用,只有存在一个官员和人民存在相互课责关系的社群(忠诚)才是法治实现的核心条件,因为只有它才能够实现限制权力的目标,由于无论是形式法治还是实质法治都不包含“忠诚”,所以它们都是错误的主张。在笔者看来,这套理论的关键之处在于,如何理解“存在相互课责关系(忠诚)的社群”? 理论上有两种可能:其一,该社群是一个“真正的社群”(a real community);其二,该社群是一个“秩序良好的社群”。接下来笔者将说明:无论做以上哪种理解,这个理论都将失败。

很明显地,一个社群是由一群人组成的,但是任意的一群人并不必然能够被叫作一个社群,只有一群人的“联合”才能被叫作一个社群。这种联合当然是建立在某种规范性条件(相互课责关系可能是其中之一)的基础之上,只有这样,才能将所有成员“绑”(bond)在一起,才能形成一个真正的社群。回到法治的话题,任何人都不会否认这一点:法治必然以真正的社群的存在为前提条件。你无法想象一个处于内战的“社群”可能正在追求法治,因为内战已经将把成员绑在一起的因素摧毁,这已经不是一个真正的社群了。然而,即使承认法治必然蕴含真正的社群,并没有使得其中的相互课责关系变成法治的概念要素。因为,一方面,任何的政治理想,其实都蕴含一个真正社群的存在,而只凭借这一点,无法将法治与平等、自由、人权等政治理想区别开来。这就相当于,人必然会呼吸,但呼吸并不是人的概念要素,因为至少动物都会呼吸,无法单靠这一点将人和其他动物分开一样。另一方面,这其实违反了“有法律不等于有法治”的要求,哈特关于“最低限度自然法”的讨论,其实是在另一个侧面说明法律存在的条件就是存在着一个真正的社群,[46] 因此“法律”的存在条件就与“法治”的存在条件一样了,这相当于说“有法律就等于有法治”。

---

〔42〕 Gerald Postema, *Law's Rule: Reflexivity, Mutual Accountability, and the Rule of Law*, pp. 10 - 11.

〔43〕 Ibid., pp. 11 - 14.

〔44〕 Ibid., pp. 18 - 21.

〔45〕 Ibid., p. 22.

〔46〕 H. L. A. Hart, *The Concept of Law*, 2nd edition, Oxford, Oxford University Press, 1994, pp. 193 - 199.

要想避免刚才的批判,只能将"存在相互课责关系(忠诚)的社群"理解为"秩序良好的社群",毕竟一个真正的社群未必是秩序良好的社群,所以平等、自由、人权等政治理想可能被视为真正社群的要素,法律也只是以真正社群的存在为条件,但法治则是以秩序良好的社群为条件的。这样一来,原有的两个批评就可以成功避免了。并且,如果法治是以秩序良好的社群为条件,那么忠诚(相互课责关系)就必然是法治的概念要素,形式法治观念因此一定错误。但问题没这么简单,一方面,这涉及平等、自由、人权等政治理想到底是秩序良好的社群、还是真正的社群的条件的问题。罗尔斯如此来定义秩序良好的社会:该社会被用以促进其成员的善,并且该社会被一套正义的观念有效地规制。因此,它是这样一种社会,即每个人接受且知道其他人也接受同样的正义原则,而且基本社会制度满足并且也被认为是满足这些原则之要求的。[47] 不难想象,在现实的情况中,存在一个不平等、不自由、不保护人权的社群,可能仅仅因为习惯或者求助上帝之类的原因所导致的盲目服从关系的存在,将社群成员绑在一起;虽然它并没有被用于促进其成员的平等、自由、人权等方面的善,因此并不满足罗尔斯关于秩序良好社会的定义,但是却不能否认这依然是个真正的社群。

另一方面,更重要的是,即使承认平等、自由、人权是关于真正社群的条件,"法治以秩序良好的社群为条件"的主张还是存在严重困难。在理论上,法治与秩序良好的社群之间的关系,至少存在三种可能:其一,法治以秩序良好的社群为条件,这就是 Postema 关于忠诚(相互课责关系)的讨论所自然蕴含的结果。这种看法实际上是说,如果不能事先建立起一个秩序良好的社会,法治就缺乏实现的可能性。其二,法治以秩序良好的社群为目的,即法治是工具性的,它是形成秩序良好的社群的必要手段;反过来讲,如果不存在法治,那么该社会就很难被视为一个秩序良好的社群。其三,法治与秩序良好的社群之间是相互促进的,任何一方取得进展都会促进另一方的完善。[48] 受限于篇幅,在此笔者无法详细讨论哪种说法是最佳的。不过,如果必须坚持"法治是重要的"这个基本直觉,那么最应当放弃的就是第一个可能。这是因为,如果法治是以秩序良好的社群为前提,这意味着存在一个无需法治的秩序良好的社群。如果一个社群,在没有法治的情况下,依然可以被视为是秩序良好的社群,这已经充分表明法治其实不那么重要,也就丧失了追求法治的基本理由。[49] 反过来讲,如果承认法治的确是重要的,那么正确的答案只能在后两项中进行选择,无论是立场更强的第二种可能,[50] 还是立场相对较弱的第三种可能。[51] 但无论如何,我们都必须抛弃第一种主张,即法治是以秩序良好的社群为前提的。

---

〔47〕 John Rawls, *A Theory of Justice*, Cambridge Mass, Harvard University Press, pp. 4 – 5, 453 – 454.

〔48〕 相互促进的说法还有一个变形:法治是秩序良好的社群的构成性条件,即只有包括法治在内的社群,才能被叫作秩序良好的社群。

〔49〕 Lamond 近年来也提出了类似的看法,他认为法治是不完美世界(imperfect world)的法律理想,所以秩序良好的社群或完美的世界,不可能是法治的先决条件。参见 Grant Lamond, *The Rule of Law*, p. 502。

〔50〕 罗尔斯关于法治的讨论,就是这种类型的主张。参见 John Rawls, *A Theory of Justice*, pp. 235 – 243。

〔51〕 这种看法的支持者,参见陈景辉:《法律的内在价值与法治》,载《法制与社会发展》2012 年第 1 期。

四、法治的反面是什么

刚才的讨论所采取的是一种防守性的策略,即我不是直接证明形式法治观念的理论优势,而是通过回应敌对立场的批评,来迂回证明形式法治是正确的。显然,仅有防守性的策略是不够的,还需要一种有效的进攻方式,下文就用来完成这个任务。笔者将通过对法治对立面的讨论,彻底说明实质法治观念为什么必然错误。此外,细心的读者应当会发现,笔者在上文中只回应了实质法治观念的一个反对意见——法治被用以服务于错误的目标,对(因为无法限制政府的专断权力)法治被滥用的这个批评并没有回答;即使Postema的理论的确是从限制专断权力出发的,但由于笔者反驳了他主张,所以笔者还得重新寻找形式法治观念如何限制专断权力或者避免法治被滥用的方式和理由。在笔者看来,从法治的反面出发,也会同时完成这个任务。

如前所述,法治的讨论来自它作为一种理想的地位,这同时也意味着法治是好的;相应地,法治的反面或者法治的对立物就应当是坏的,否则就失去了追求法治的理由和根据。进一步来讲,如果某种法治观念与法治的反面实际上是契合的,那么这种观念就必然错误。笔者在下文中所遵循的就是这样一种论证策略:由于实质法治的基本主张其实是被法治的反面所蕴含的,所以实质法治当然就必须被抛弃。[52] 不过,在具体说明法治的反面之前,有一个常见的反对意见需要处理:由于法治具体地被区分为形式法治与实质法治这两种基本形态,因此并不存在关于"法治的反面"的统一图画,只是存在形式法治的反面与实质法治的反面,并且它们之间存在明显的不同。暂且先接受这样的说法,一会儿笔者会证明这样的说法是错误的。所以接下来,笔者将分别讨论实质法治与形式法治各自的反面,每个讨论都将划分为用以回答下列问题的两个部分:其一,形式法治或者实质法治的对立物是什么?其二,该对立物错在哪里?

首先,来考虑一下这个问题:实质法治观念的反面是什么?显然,由于实质法治通常要求政府必须按照一套不仅满足富勒式的形式条件,而且其内容被附加了某种实质限制的法律体系来统治,因此那些没有按照"满足如上要求的法律体系来进行统治"的统治方式,都应当被视为法治的反面。具体来说,实质法治的对立物有三种类型:其一,政府按照一套法体系来进行统治,但这套法体系只满足富勒式的形式条件的要求,而在法体系的内容上保持中立。很明显,这种情形明显就是形式法治的核心主张,因此在实质法治的支持者看来,形式法治根本就不是法治、而是法治的反面。其二,政府按照一套法律体系来统治,且这套法律体系既不满足富勒式的形式条件的要求,也不满足对法律的内容附加实质限制的要求。虽然这样的统治方式的确是依照法律作出的,但是却不能被视为是法治的表现形式之一。依照这个逻辑,政府即使制定了再完善的法律并严格依照该法律来实施统治,这种形态也不能被叫作法治。其三,政府根本不按照法律来进行统治或者不将法治视为主要的统治方式,而是依照法律以外的其他选择(例如,诉诸神明)来进行统治,这种根本与法律无关的统治方式,当然也就无法被叫作法治。

[52] 马默也曾经试图采取这样的论证策略。参见 Andrei Marmor, *The Rule of Law and its Limits*, pp. 4–6。

那么,这些(实质)法治的对立物为什么是坏的? 实质法治的支持者,并不需要考虑所有这三种法治反面的错误之处,他们只需要将火力集中于第一个对立物(形式法治观念)就行。这是因为,一方面,是出于论证策略经济性的考虑,由于形式法治的观念是其中立场最强的主张,只要驳倒了它,其他两种情形自然就是错误的;另一方面,是由于形式法治观念是其中危害最大也是最有迷惑性的主张,因为它窃取“法治”之名、而未有法治之实,因此可能导致在实践上最追求这种“虚假法治”的政府,能够借助法治的理想性地位,来证明自己的行动始终是正确的,并且借此逃脱“反法治”的批评。借助前面的论述,这种法治的对立物(形式法治)之所以是错误的,是因为它会产生出前面谈到的“法治被服务于错误目标”与“法治被滥用”这两个缺陷,所以实质法治就是法治唯一的恰当形态。

其次,再来考虑一下这个问题:形式法治观念的反面是什么? 很显然,由于形式法治要求政府按照一套法体系来进行统治,且这套法体系必须满足富勒式的形式条件的要求,而在法体系的内容上保持中立。因此,实质法治的后两个对立物,就被形式法治的支持者视为是法治的反面:[53]其一,政府按照一套法律体系来统治,但这套法律体系并不满足富勒式的形式条件的要求(当然也不满足对法律的内容附加实质限制的要求)。其二,政府根本不按照或者不主要按照法律来进行统治,而是采取一种与法律无关的统治方式。那么,为什么这两种统治方式是错误的? 形式法治的支持者通常也只关注它的第一个对立物,同理,这也是基于论证经济性与危害最大这两个考虑的结果,因为如果能够证明政府即使按照一套不满足形式要求的法体系来统治,这样的做法依然是错误的,那么根本不按照法律来统治的做法,当然就更是错上加错。这样一来,关键的问题变成了:为什么政府按照不满足形式要求的法体系来统治会是错误的?

显然,如果政府只能按照一套满足一般性、公开性、不得溯及既往、意义的明确性等形式条件的法律来统治,那么这样的统治方式将会形成稳定的预期。这种稳定的预期,是人民自由选择自己的未来生活并规划如何落实的基础条件。这不仅仅是人民为自己的生活负责的自我责任或个人责任(personal responsibility)的基本要求,[54]更重要的是,一方面,这避免了政府以法律的方式迫使人民必须依照政府的想法,而不是自己的选择来规划生活的可能;另一方面,也避免了政府随意以改变法律的方式影响人民生活计划的落实,从而使得对未来生活的自由选择在事实上被取消。[55] 无论从哪个角度讲,政府的专断权力都会被限制。[56] 虽然政府仍然可能以法律之外的方式,如倡导的方式,希望人民按照政府的想法、而不是自己认为最佳的方式来生活,并且政府的想法的确可能在客观上是最佳的,但是由于这种希望不能以法律的方式来实现,因此这种希望最多只能被表达为“人民应当如何去生活”这种较弱的规范形式,而不是“人民有义务如何生活”这种较强的规范

〔53〕 至于实质法治所提出的条件,就被形式法治的支持者认为是法治的“额外要求”,或者说是关于“好”法治的条件,而非法治的基本条件。

〔54〕 See Ronald Dworkin, *Justice for Hedgehogs*, Cambridge, Mass, Harvard University Press, 2011, pp. 246－247.

〔55〕 因此,如前所述,虽然法治表面上看是一种统治方式,但是由于它涉及了政府和人民的行动,所以“具备指导行动的能力”就成了法治的核心重点。

〔56〕 稳定预期与限制政府专断权力之间的关系,参见 Raz, *The Rule of Law and its Virtue*, pp. 219－220。

形式。[57] 当然,政府还有可能采取法律所容许的方式影响到人民个人计划的落实。例如,法律允许范围内税收政策的调整的确会影响到消费习惯,但一方面,这意味着政府所采取的改变举措必须是法律所允许的,而不是只依凭着自己的判断随意选取的;另一方面,这种一定程度上的未来不确定性,本来就是理性化的稳定预期所必然包含的内容。就像我想成为一名学者,但我必须得考虑到失败的可能性和相对较低的收入水平,以保持计划的弹性并预备合适的因应手段,这些部分并没有超出我合理预期的合理范围,它们反而一定是我的预期的必备成分,否则我就很难被视为一个理性的行动者。

形式法治所拥有的这种价值,显然就是拉兹所说的"消极价值"(negative value)。一方面,遵守法治并不一定带来好处(good);另一方面,它也只能避免因法律自身所引发的那种邪恶(evil)。[58] 尤其是后一个方面,将会有效地反击实质法治关于无法限制法治被滥用(限制政府专断权力)的批评,因为对预期的保护必定反向限制了政府恣意决定的范围。然而,法治重要性的批评也会因此出现:只拥有否定价值的法治,其重要性本身就值得怀疑。这是一种过分的担心,只要稍微反省一下法律的重要性,那么就会发现这种消极的价值实际上是非常重要的。显然,法律只是社会合作的形式之一,除此之外,还存在家庭、公司等诸多的合作形式。然而,法律的重要性在于:其一,法律广泛地针对其他所有的社会合作形式;其二,法律可以吸收其他的合作形式并赋予其法律上的效力;其三,法律不但主张自己拥有、也被视为拥有相对于其他合作形式的最高权威。[59] 因此,由于法律的最高性和事项上的广泛性,将会使得形式法治这种限制政府专断权力或者限制法治被滥用的消极价值,成为一种极端重要且具有普遍性的价值。

最后,需要考虑刚才暂时被搁置的问题:是否存在一个关于法治反面的整体图画?显然是存在的,因为实质法治与形式法治其实共享了一个主张:法治的一个共同的对立物是,政府根本不按照法律来进行统治,而是将法律以外的其他选择当作统治的首要方式。那么,什么是"法律以外的方式"?或者说,如果政府不按照法律来统治,那么又能依据什么来统治?面对这个问题,似乎存在一个通常的答案:此时政府就一定按照邪恶或者错误的手段来统治。这些邪恶或者错误的手段,可能包括纯粹的恐怖统治,或者通过随意无常的秩序来统治。[60] 不过,并没有理由将这个通常的答案视为唯一的结果,因为政府没有将法律视为主要的统治方式,并不必然只蕴含它所采取的统治方式是邪恶的或者错误的,因为政府以背离法律的方式单独受到某些实质价值或者善的引导,并致力于以各种法律以外的方式来落实这种善,这样的做法同样是法治的反面。简单地说,在背离法律的基础上,无论政府采取的是邪恶的方式还是良善的方式,其实都没有改变它们的行动是"与法治无关"的属性。

不过,这并不是法治统一对立物唯一的形态,因为在逻辑上还存在另外一种可能:即使政府将法律视为主要的统治方式,并且对法律的内容作了某些实质的限制,这样的统治

---

〔57〕 我应当减肥和我有义务减肥存在明显的区别:在前者,我还是能够选择做一个胖子;但在后者,我必须成为一个不那么胖的人。

〔58〕 See Raz, *The Rule of Law and its Virtue*, p. 224.

〔59〕 See John Finnis, *Natural Law and Natural Right*, Oxford, Clarendon Press, 1980, pp. 148 - 149.

〔60〕 See Andrei Marmor, *The Rule of Law and its Limits*, pp. 4 - 6.

方式仍然与法治的要求不符。这个结论可以从表1中获得证明：

表1　法律的形式条件与实质条件

	法律的形式条件	法律的实质条件
支持	形式法治	实质法治
反对	非法治	反法治

表1中的"反法治"(anti-the-rule-of-law)指的就是刚才所讨论的、不将法律视为主要的统治方式的做法，而"非法治"(non-the-rule-of-law)指的是运用不满足形式条件，但却满足实质条件的法律来进行统治。例如，一个法律的内容以承认并实现"人性尊严"为主要的价值追求，但是却不具备一般性、公开性、不得溯及既往等形式条件，就是这种"非法治"的可能形态之一。在逻辑上，"非法治"显然也是法治对立物之一，因为形式法治与实质法治都承认法律的形式条件是法治的概念要素，只是实质法治认为此外还需要实质条件的附加，才能构成一个完整且妥当的法治观念。所以，"非法治"的情形，是形式法治和实质法治共同所反对的，它必然是法治的反面。[61]

那么，为什么反法治和非法治是错误的？显然，即使反法治的确有可能蕴含政府采取一种良善的统治方式，但是这并没有蕴含"政府一定要采取好的统治方式"的结论，因此邪恶统治的可能性无法被根除。这一点，对所有社会成员而言，是一个显而易见的威胁，所以它必然是错误的。关键的问题是：无论是反法治的情形中政府基于某种原因的自我选择、还是非法治中被法律所固定下来的自我拘束，政府在事实上采取良善的方式来进行统治，那么这种情形还错误吗？当然！这种情形相当于说，政府在背离法律形式要求的情形下直接追求某种善，而一旦缺乏形式条件所必然蕴含的保护预期的效果，就相当于在破坏预期的基础上来追求善，这对任何种类的善来说都将是毁灭性的，因为稳定的预期是追求所有种类善的先决条件。一旦人们的行动无法获得指向未来的合理预期，那么任何善都是无法实现的，即使有可能短时间被实现，但也会因为预期可能被改变而无法获得长久稳定的实现。[62]例如，一个国家的刑法以通过打击犯罪来追求"保护人民生命、健康和财产"的实质目标，但如果它同时普遍性地允许溯及既往或者允许类推的适用，那么这样的做法同样是非常危险的，也是与法治的要求矛盾的。这种情况表明，背离法治的危险在于：政府不但有可能选择一种邪恶的统治方式，即使政府的确选取了某种实质良善的统治方式，但由于缺乏法治的形式条件的制约，这种"善政"也终会堕落为邪恶的统治，无论其所追求的价值有多么崇高。

正是因为摆脱法治形式条件拘束的"善政"同样是法治的反面，于是给实质法治致命一击的时机终于成熟了。表面上看起来，实质法治与反法治和非法治的情形中所蕴含的良善统治方式存在关键性的区别，这就是除了良善的统治之外，实质法治还要求满足形式

---

〔61〕只是为了区别于根本不运用法律来统治的"反法治"的情形，才将这种独特的法治对立物命名为"非法治"。

〔62〕拉兹通过一个别的例子来说明破坏稳定预期为何必将导致对人性尊严的严重侵害。参见Raz，*The Rule of Law and its Virtue*，pp. 221－222。

法治所提出的那些条件。然而,在极端的情形之下,实质法治与反法治和非法治所蕴含的良善统治方式其实是同样的,这种情形就是当法治的实质条件与形式条件发生冲突的时候。例如,当国家安全遭遇严重挑战时,政府采取非法律的秘密手段全面监听民众的通信或者秘密监禁危险分子。这种做法的确可以有效降低危险,但它至少违反了“公开性”这个法治的形式条件。一旦遭遇这种情形,实质法治的支持者,如果依然选择坚守法治的形式条件,那么这就与形式法治的主张没有什么区别;[63]如果他们认为此时应当遵循实质条件或者具体的善、而背离法治的形式条件,那么就意味着实质法治认同反法治和非法治所蕴含的那种危险的“良善”统治方式,从而走向了法治的反面。因此,在这种极端情形中,实质法治要么蜕化为形式法治、要么就堕落为法治的对立物,所以最终的结论只能是:实质法治观念必然错误。

五、结论

作为一种“政治—法律”理想,法治好像必须通过对特定价值的承诺,来保持自己的道德吸引力。由于对法律的内容保持道德中立的态度,形式法治因此带有一副冷峻的模样,看起来与作为理想的地位距离甚远,而承诺特定价值的实质法治似乎具备先天的优势。然而,只有满足一般性、公开性、不得溯及既往等形式条件的法律,才能够为所有的社会主体确立稳定的预期,才能够具备指引行动的能力,也才能够成为公共判断的标准。[64]这将是人们筹划自己未来生活的基础,它虽然对各种善保持冷静中立的态度,但这不仅是罗尔斯所主张的“自由的优先性”(the priority of liberty)[65]的体现,同时也是追求并落实这些善的先决条件,而这本身就是值得尊重的价值。正因如此,法治才是一种值得追求的理想:它为我们塑造我们自己、塑造我们所向往的共同生活,提供了最大的可能和基本的保障。

---

〔63〕 虽然实质法治的支持者可能认为,区别在于实质的要求此时仍然是重要的。但是,形式法治并不意味着不追求某种良善的实质要求,而只是说这些部分不是法治的概念条件。

〔64〕 陈景辉:《法律的内在价值与法治》,载《法制与社会发展》2012年第1期。

〔65〕 See John Rawls, *A Theory of Justice*, pp. 243 - 251.

法的道德正当性的逻辑模型

陈征楠*

【摘　要】 对于某种试图对人的行为提出要求的规范来讲,它的正当性是最为根本的问题,因此,法的正当性问题是法律思想史中经久不衰的经典问题,也是最备受争议的问题,而法与道德的关系问题实为其中枢神经。究其根本,在法正当性问题的道德面向中的种种争议可被归为两个问题:一是法在道德角度上的正当性从何而来? 二是人们如何把握和论证此种正当性的来源。这两个问题支撑着法正当性问题道德面向的逻辑模型。

【关键词】 正当性;道德;实践理性

导论

法哲学的思想史脉络里往往埋伏着某种实践哲学的潜台词,后者的相关原理表明,在实践理性的结构中,道德话语是最具说理性(cognitive)[1]内涵的一种话语形态,与此相对应,在人类社会多种实践规范之中,道德规范也是说理性特征最为鲜明的规范形态。[2]因此,在理论的语境中,人类社会其他类型的实践规范若要在实践主体的意识中树立起一面说理的旗帜,从而获得尊重和信服,并以此为基础建构自身的正当性(legitimacy),[3]

---

* 陈征楠,华南理工大学法学院副教授。本文系教育部2014年人文社科青年项目14YJC820006的阶段性成果。

[1] See J. Habermas, *The Inclusion of the Other: Studies in Political Theory*, tr. & ed. Ciaran Cronin & Pablo De Greiff, MIT Press, 1998, pp. 3–4. 该原词具有"有关认识能力"的含义,因此,亦有译者将其译作"认知性",参见[德]尤尔根·哈贝马斯:《包容他者》,曹卫东译,上海人民出版社2002年版,第5页。笔者个人以为,该词的汉译颇有微妙。曹卫东先生此处采"认知"的译法,便于突出,较之功利主义的实用考虑和生活方式的伦理考虑,通过基于公正的道德考虑所产生的规范资源更具普遍有效性,效力更易被具有道德判断能力的人所普遍承认和接纳。从"普遍有效性"这点来看,道德考虑所产生的规范资源之效力,确实较类似于通过认识某种实体性事物所产生的客观知识,但"认知"的提法出现在实践哲学的语境中,多少带来抵牾,或者也不利于充分彰显哈贝马斯实践哲学的深层特征。更妥当的译法是值得进一步深入探讨的问题。有关哈贝马斯对实践理性著名的三分法(道德、伦理和实用),参见J. Habermas, *Justification and Application: Remarks on Discourse Ethics*, tr. Ciaran Cronin, Polity Press, 1993, pp. 2–6。

[2] 有关道德话语在实践理性结构中独特的说理性优势,敬请参见陈征楠:《论哈贝马斯的程序主义法正当性学说》,载《厦门大学学报》(哲学社会科学版)2012年第3期。

[3] 在不同的学科或语境中,中文译法有不同,亦有译为"合法性"与"合法律性"(legality)相区别,对应于德文"Legitimität"。据笔者粗浅的观察和总结,似乎在社会学或政治学的语境中,"合法性"的译法较为常见,而"正当性"则大多出现在道德哲学、伦理学等实践哲学的语境中,在这两种与学科相关语境中,围绕"legitimacy"这一主题的探讨也存在较为显著的进路差异。也有学者将"rightness"译为"正当性",参见[英]戴维·罗斯:《正当与善》,林南译,上海译文出版社2008年版,第2页。笔者以为,正当性这一概念具有一层与"rightness"不同的含义,即实践主体对某种行为准则的认同,而"rightness"一般仅仅意指某种事物的正确性或妥当性,有鉴于此,或许并不宜将"rightness"与"legitimacy"二者混用。另外,有关法(Recht)与法律(Gesetz)在某些语境中众所周知的区别与所指,在本文针对实证法正当性进行探讨的语境中,容暂不涉及。

道德话语所能够提供的规范性资源就是这种实践规范无法回避的规范性资源。道德如何为实证法提供规范性资源,从而使法自实践理性道德角度的运用中获得正当性?这是正当性问题中的首要问题。这个问题的关键在于,要使得一种对法之正当性的道德主义解说或论证具有说服力。从广义上看,道德是一个系统性概念,它包含很多因素,如道德规则、道德原则、道德观念、道德判断和道德素质等。在这其中,道德最核心的含义在于道德规范,它是一种能够对人类行为发挥影响的指引准则。这种指引准则及与其相关的话语形态在人类的实践理性和语言活动中具有十分特殊的性质,这种性质决定了它具有无法被替代的功能和意义。最简单的事例莫过于,我们可以接受一项与现实制度有所冲突的道德规范,但却难以忍受与普遍道德观念存在抵牾的法律制度。法的正当性问题有着不可忽略乃至低估的道德面向。

笔者以为,法正当性道德面向中的问题可以变换为多种提法,也可以分支出很多子问题,如道德如何通过人类的实践理性与法的正当性产生关系?道德话语对法正当性的辅助作用需要借助于何种途径才能有效地发挥?道德原则和道德判断在人类实践理性中具有何种思想基础,以至于其能够对法的正当性问题发挥一种无可替代的辅助作用?类似的问题还有很多。综览这些问题,结合法哲学思想史可以发现,对于法的正当性之道德相关性何在这一问题来讲,我们可将其大致分为两个层面上的分问题。第一,法在道德上的正当性来源于何处?具体来说,这个问题表现为:在人类实践理性的结构中,具有普遍性主张的道德话语依赖于何种思想基础,方能够为现实社会制度注入充分的说理性内涵?第二,人们如何把握这种正当性的来源?该问题又主要表现为:人们需要借助于自身理性的何种功能,通过何种途径方可将这种来源切实地理解和展现,从而回答人类尤其是现代民主法治国之公民对于法正当性的道德追问?从理论上讲,这两个问题支撑着法正当性问题的逻辑模型。

一、法的道德正当性的价值来源

道德需要将自己置于何种基础之上,以便其充分地释放自身所蕴含的说理性内涵,从而对法的正当性进行辅助?面对这种疑问,道德话语不能仅仅独断地建构自身的正当基础,它必须找到一个意义来源来回答这种疑问,这种意义来源在实践理性中本身并不直接提供对人类行为具有指引作用的规范性资源,但它却较道德话语更牢固地植根在人类的思维惯性之中,它为道德话语提供了一个支点,使其以此向法的正当性释放自身的说理性内涵。这种意义来源是什么?这是一个实践哲学的重要问题,更是一个法哲学的重要问题。

(一)自然主义

本文认为,针对法在道德上之正当性的来源问题,在西方法哲学思想史中主要存在自然主义[4]和规范主义两种理论路径。在对该问题有着实质性研讨的学说之中,我们也大致可以发现与这两种路径相对应的两种立场,这两种立场之间具有相互排斥的关系,也就是说,不会出现一种理论形态,其对法正当性之道德来源的解说,既是自然主义的又是规范主义的。互相排斥的范畴形成的组合也往往具有周延性,这一逻辑学的规律在围绕该问题的思想成果中也得到了印证,就笔者有限的阅读来看,还未曾发现某种针对该问题的解答思路,既不是自然主义的也不是规范主义的。因此,在这一问题上,理论模型上的类型划分是能够与思想史中的路径分野对接的。笔者以为,对于理解该种自然主义进路,有以下几点认识需要把握:

首先,我们需要对"自然"这一概念的含义有所理解。一般认为,从哲学角度探讨的"自然"(nature)原本是一个西方的概念,在东方文化中,最早由日本学者将其译成了"自然",后来在现代性思潮的演进过程中,中国人逐渐接受了这一概念及其汉译方法。通说认为,"自然"这一概念源于古代希腊时期的另一个概念"physis"。"nature"源自拉丁文"natura",而后者就是对"physis"的拉丁文译法。[5] 在西方思想史中,"自然"这一概念的含义具有一个变化的过程。在古希腊思想家看来,"physis"代表着一种作为万物生成与发展之基源的事物,如亚里士多德曾指出:"一切自然之物都明显地在自身内有一个运动和静止的根源。"[6]到了近代,"自然"概念中与人文世界相对的那一层含义被凸显出来,"自然"首先意味着不受人为因素影响的某种事物,人虽然无法离开自然而存在,但大自然界的周而复始却不依赖于人的存在。[7] 在康德看来,"从质料的意义上看,自然是一切能够被经验之物的总和",[8]由此观之,"自然"就意味着符合经验性因果规律的、可被人们的经验能力所认识的事物。在斯宾诺莎(B. Spinoza)看来,"自然"意指一种实体,这种实体只需以其自身为基础即可存在。[9] 结合这些论述,笔者以为,在法之正当性的问题语境中,对"自然"概念的理解有以下三点最为值得我们注意:一是"自然"的概念具有"实然"性,它是一种对客观实在的描述性的概念,这种客观实在独立于人的认识和意志而自行产生和运作,依照并不以人之主观性为转移的自然规律,与其周围的事物发生各种各样的因果联系,人作为主体对于这种客观实在并不能加以干涉和操控,而只能依照自然规律对其进行认知、预测或利用。因此,"自然"的概念包含一层"必然性"的含义。二是"自然"这种描述性概念的对象可被分为两种大的类别,其一为在人之外的"自然",如山川河

---

[4] 此处值得强调的是,自然主义的解释路径和思想史中的自然法谱系并不能够互相覆盖,原因在于,正如下文将要谈到,虽然同属自然法学说的谱系,在正当性之来源的问题上,中世纪神学自然法学说却并非如启蒙时代的古典自然法学说一般,对该种来源作自然主义的解释,前者秉持一种规范主义的理论路径。而二者同为自然法学说的原因则在于,它们都将上述来源归结为人类实践理性之外的某种客观因素。详见下文论述。

[5] 参见张汝伦:《什么是"自然"》,载《哲学研究》2011 年第 4 期。

[6] [古希腊]亚里士多德:《物理学》,张竹明译,商务印书馆 1982 年版,第 43 页。

[7] 参见张汝伦:《什么是"自然"》,载《哲学研究》2011 年第 4 期。

[8] Kant, *Prolegomena to Any Future Metaphysics*, Second Edition, tr. James W. Ellington, Indianapolis, Hackett Publishing Company, 2001, p. 36.

[9] 参见唐君毅:《哲学概论》(下),台北,台湾学生书局 2005 年版,第 163 页。

流、草木鱼虫等;其二为在人之内的"自然",如人之本性、本能。[10] 二者皆为"自然"存在的共同特征在于,它们的产生及运行均依照客观存在的自然规律,并不受人之主观能动作用的干涉,有关它们的知识是经验意义上的自然科学知识。一言以蔽之,凡属"自然"之物,必为客观实在,而此客观实在却并不一定存在于主体之外,在主体之内也有这种"自然"存在。三是在法正当性问题上的自然主义理论路径看来,该种被认为具有客观实在性的"自然"之物并不一定表现为有形之物,也可能是一种无形之物。总之,"自然"是一描述性概念,"自然"之物包括内在与外在两方面的存在。

其次,在法的正当性问题上,自然主义的理论路径,对法之道德正当性的来源作一种自然主义的解释,将其归结为某种以"实然"形态存在的"自然"因素,这种"自然"因素既包括在人之外的"自然",也包括在人之内的"自然"。在持自然主义立场的学者看来,某种"自然"因素之所以能够被作为这种来源,原因在于,这种因素被认为具有超越时空的有效性,能够为具有普遍性规范主张的道德话语提供极为可靠的基础,使其据以向现实社会中的制度设计释放说理性内涵。因此,在自然主义学说中,我们会发觉一种充满自信的学术立场,在这种立场中,某种被作为正当性来源的"自然"因素被看作独立于人类认识与意志而存在的客观实有,它具有自然科学意义上的确定性,这种确定性是人类社会任何现实制度都无法逾越或漠视的。在这种观点看来,实证法是否正当,端赖其是否能够符合道德话语以此"自然"因素为基础所提出的规范性要求,这是实证法是否能够获得说理性内涵从而被公民尊重的关键,这种说理性内涵是孕育实证法正当性必不可少的土壤,离开了这种土壤,实证法的规范属性就成了无本之木、无源之水。借助于思想史上的实例,或许能够加深我们对自然主义路径特征的理解。一是自然主义首先表现为将正当性的来源归结为某种在人之外的"自然"因素。在西方法哲学思想史中,这方面最为著名的代表是斯多葛学派的法哲学。该学说将依照因果律运作的世界及宇宙之本质(the very nature of the world)作为世俗规范实质正当性和有效性的基础,[11] 恰似北宋大儒张载所谓:"故天地之气,吾其体;天地之道,吾其性。"[12] 在斯多葛学派看来,宇宙是一个依照自然律法运行的存在,以这个存在为标准,能够对现实制度在道德上是否正当作出公正无偏的判断,这种自然主义思想颇类似于中国古人"人道法天道"的修身和治国理想,也有点"天行健,君子以自强不息"的《易经》风格。[13] 二是自然主义也表现为将正当性的来源归结为某种在人之内的"自然"因素,如近代启蒙时期格劳秀斯的世俗自然法学说。是什么为法的正当性提供了道德支点?格劳秀斯将法哲学从神学与宗教中分离出来,用世俗人性来回答这个问题。[14] 这种世俗人性由全人类共有的天性和本能构成,它具有超越时空的普遍性,它的权威不以人类乃至上帝的意志为转移。人的自然权利就建立在这种普世人性的

---

〔10〕 有关"在人之内的自然",可参见李明辉:《儒家与康德》,台北,联经出版事业股份有限公司 1997 年版,第 169 页。

〔11〕 See Ewart Lewis, "Natural Law and Expediency in Medieval Political Theory", in: *Ethics*. Vol. 50, No. 2, 1940, p. 145.

〔12〕 蔡仁厚:《宋明理学(北宋篇)》,学生书局 1977 年版,第 86 页。

〔13〕 参见俞懿娴:《洛克与自然律》,载《哲学与文化》2006 年第 3 期。

〔14〕 参见[美]埃德加·博登海默:《法理学——法律哲学与法律方法》,邓正来译,中国政法大学出版社 1999 年版,第 42~43 页。

基础上,任何政治制度与法律设计都不能与这些自然权利的要求相抵触。格劳秀斯认为,如此意义上的自然权利有很多内容,如参与社会生活的权利、拥有私有财产的权利,等等。这些自然权利以世界公民之本性为基础,向各个民族国家的实证法提出共同的道德要求,不符合此种要求的实证法即是在道德上邪恶的法。[15] 在漫长的中世纪之后,格劳秀斯用不以神意为基础的世俗人性为法的正当性构建基础,他的学说具有里程碑的意义,被视为近代自然法学说的完整开端。通过这两个思想史实例我们可以发现,不论是被斯多葛学派当作正当性基础的"世界之自然本质",还是被格劳秀斯置于至高无上地位的普遍人性,它们都是一种自然的存在,具有一种"实然"的属性,也就是说,它们是一种"是什么"意义上的存在,这种存在的产生和运行依照某种人类无法左右的自然规律。笔者以为,在该种"自然"因素所具有的多种属性之中,这种"实然"属性体现了自然主义理论路径在法正当性问题上最关乎宏旨的特征,代表着它与规范主义路径最为显著的区别。

(二)规范主义

与自然主义不同,规范主义理论路径将法在道德上之正当性的来源,归结为某种规范性因素。笔者认为,对于理解该种理论路径来讲,以下两点认识是尤为重要的:

首先,从社会学上看,"规范"一词具有多种含义,如程序、规则、标准、准则、原则、准绳和尺度,从法哲学的角度来讲,此处所谓的规范性(normative)因素包含三层含义:一是规范性因素包括对人类行为提出具体要求的社会行动准则,如法律规范、道德规范和宗教规范。二是规范性因素包括对人类行为提出具体要求的行动指令,如命令、胁迫或祈求。三是规范性因素意指一种具有"应然"含义的抽象主张或价值判断,这是规范性因素更深的一层含义,这一层含义体现在人类社会各种具体的规范形态之中。从这一层含义上说,在"自然"这种实然性存在之外,规范或许可被看成一种应然性存在,它最终可被抽象成一种简单的表达——"应当"。具体来说,从前两层含义上看,规范性因素表现为一种"应然之则",不论它是在人类实践中自然形成的(如习惯法),[16] 还是产生于特定主体的刻意行为,其首要特征都在于它对人类的行为所提出的具体要求。当然,此处的行为并非仅

---

〔15〕 参见[美]列奥·施特劳斯、约瑟夫·克罗波西主编:《政治哲学史》(上),李天然等译,河北人民出版社1993年版,第443页。

〔16〕 "习惯法"这一概念有助于我们更好地理解何谓规范性因素。一般认为,与立法机构刻意制定的实证法不同,习惯法以法律共同体中长期形成的习惯为前提和来源。尽管如此,从本质上看,"习惯法"这一概念的重心仍然是"法",而不是"习惯"。原因在于,在现代法治国家中,某种习惯或惯例之所以被称为习惯法,是因为它被具有合法权力的审判机构在审判工作中所援引或参照,在这种援引或参照的过程中,习惯被赋予了法的效力,对案件裁判产生了实质性的影响,也成为对未来类似案件进行裁判的准则。因此,习惯法与法官法存在紧密联系,是法官的公权力行为使本不具有规范性的"实然"之习惯,变成了拥有"应然"主张和规范效力的法律规范。单纯违反某种习惯的行为并不会像违法行为那样招致批评和谴责,原因正在于习惯并不具有法所内含的规范性因素。为习惯法注入法律效力的规范性因素,是法官在特殊情况下才有权释放的立法意志,这种立法意志以更为基本的规范性因素为前提,如与法院职权相关的宪法、法院组织法、立法法等,如著名的《瑞士民法典》规定,在遇到民法未作规定的民事案件时,法官应依据惯例进行裁判。See *The Swiss Civil Code of December* 10,1907(Effective January 1,1912),trans. by Robert P. Shick, The Boston Book Company,1915,p. 1。不过,在不同的法律传统中,习惯法具体的产生方式及表现形式存在差别,参见[美]孟罗·斯密:《欧陆法律发达史》,姚梅镇译,商务印书馆2006年版,第77页。

指外在的行为,亦包括心理和思维层面的意向性行为在内,打个比方,某位母亲命令她的儿子不要胡思乱想,显然,这种规范性指令所针对的并不是孩子的某种可见举动。如此看来,作为"应然之则"的规范性因素的深层属性在于,它包含一种单方面主张效力的意志,此种意志通过这种规范性因素向其所欲影响的对象进行释放。这就将讨论引向了规范性因素的第三层含义。在这一层含义上,规范性因素表现为一种"应然内核",意味着一种意义主张和意志表示,这种意志表示使一个应然命题得以成立。在法哲学思想史中,凯尔森对"规范"含义的研究取得了引人瞩目的成果。他站在新康德主义"事实"与"价值"二分的角度指出,对于法学研究来讲,区别"是"与"应当"是极为重要的,这要求我们不能仅仅将规范理解成行为准则,也要把它看作一种独立的存在。[17] 若按照凯尔森这种富有启发性的思路走下去,我们可以认为,不同形态的规范具有不同的存在要件,亦即是说,不同的规范形态需要不同的规范性因素作为支撑其存在的"应然内核"。比如,对于实证法这种规范形态来说,从分析法学的角度来看,支撑它存在的规范性因素是特定的立法意志,这种立法意志必须在某种预先被认为有效的程序中产生和释放,没有这种表现为立法意志的"应然内核",实证法这种规范形态就无法存在。从这个角度来看,在规范性因素上述三层含义之中,如果我们将前两层含义分别理解为处在宏观及微观两个层面上的行为规范,那么,以意志表示为核心的第三层含义就构成了这两大类规范形态的基础,代表着规范性因素最深层的内涵。

其次,在法的正当性问题上,规范主义的理论路径,将法在道德上之正当性的来源归结为以"应然"形态存在的规范性因素,这既可能表现为一种神圣的规范性因素,也可能表现为一种世俗的规范性因素。在持规范主义立场的学者看来,这两种因素之所以能够承担为正当性奠定基础的重任,原因在于它们都来源于某个被认为具有恒久且普遍权威的意志本源,这种意志本源的特殊权威是人类社会任何其他规范性因素都无法取代或超越的。而且,以特定历史时期的文化氛围或宗教信仰为背景,这种权威被认为能够获得具有正常理性之普通人的自愿认可,将其作为对自身实践活动具有约束力的规范资源。如此一来,对于实证法通过实践理性道德运用而获得正当性来讲,这种规范性因素就成了既无法回避又极为宝贵的意义资源。其宝贵之处体现在它能为道德话语说理性内涵的生成和运作提供一个内在于人心的支点,而之所以它具有无法回避的特性,原因在于,与具有"实然"特征的自然性因素不同,某种规范性因素具有意志的特征,它的权威地位一旦形成,即铺就了一条相对独立的评价渠道,在实践理性中占据了结构性的位置,在这种情况下,试图绕开它去主张现实制度正当性的做法,往往难以取得令人满意的效果。不妨也借助于两个思想史实例来说明规范主义的特征,分别是中世纪的阿奎那法哲学和近代的康德实践哲学,二者分别代表规范主义路径神圣和世俗的两种子路径。在阿奎那的神学自然法学说中,以基督教信仰为前提条件,上帝的神圣意志被作为世俗规范正当性的基础,这种意志存在于"永恒法"之中,而"永恒法"则是造物主创造万物时的神圣计划,[18] 人类

〔17〕 See Hans Kelsen, *General Theory of Law and State*, trans. by Anders Wedberg, Cambridge, Mass, Harvard University Press, 1949, p. 30.

〔18〕 See Thomas Aquinas, *Political Writings*, ed. & trans. by R. W. Dyson, Cambridge, Cambridge University Press, 2004, p. 105.

以及世间万物都是这种永恒计划的产物,以"自然法"为媒介和桥梁,"人法"能够以"永恒法"为标准树立自身的正当性,不符合该种标准的"人法"在道德上就是邪恶的,甚至不具备法的效力,是对法的腐蚀和败坏(a corruption of law)。[19] 因此,阿奎那认为,从实质上看,通过"自然法"这种媒介,人们在有秩序的社会生活中所服从的并不是人为的意志,而是上帝的律令,"人法"应是上帝意志的表达。[20] 在康德的实践哲学中,人类理性自身设立的道德法则是世俗制度正当性的根基所在,而为该种道德法则提供规范基础的并不是上帝的意志,而是人类实践理性自身的"自由意志"。在康德看来,这种自由意志不仅使人类具有思考道德问题的能力从而与只服从本能之必然规律的动物区别开来,也使得道德话语的说理性内涵获得一个坚实可靠的基础,进而支撑世俗法律制度的正当性。阿奎那与康德将实证法道德正当性问题置于截然不同的意志基础之上,但二者在一个对于本文的讨论甚为关键的要点上是一致的,即他们对正当性来源的解说均呈现出一种规范主义的形态,并且对自然主义的理论路径持否定态度。不过,他们的否定态度并不出于相同的考虑。在阿奎那和奥古斯丁那里,从花鸟鱼虫到星空宇宙的"自然"万物,均与人类一样,是上帝的造物,它们在上帝面前的价值甚至低于人类,并不具有成为世俗制度正当性基础的能力;与此不同,促使康德反对将实践法则正当性的基础归结为某种自然因素的原因在于,在他看来,道德的核心在于自由意志,以种意志为基础,道德的说理性内涵才能生成,而自然因素依照必然性的因果规律运作,在自由与必然之间,存在不可逾越的沟壑。

二、把握法的道德正当性来源的途径

从逻辑规律上看,对于认识某一个问题来讲,在对它的渊源何在进行讨论以后,进一步需要做的就是要分析如何能够获得这种渊源。与此对应,在学术研究中,当"是什么"的问题被回答以后,下一步将要处理的问题就变成了如何把握这种"是什么"。法的正当性问题也不例外,在法哲学思想史中,对法以何为来源获得道德意义上的正当性这个问题有所论述的学者,也往往会对人类通过何种途径方可把握这种正当性来源给出自认为妥当的答案。这其中的道理并不复杂,某种被认为能够被当作法之道德正当性来源的因素,如果我们不能运用一种具有说服力的方式,将其展示在那些对规范正当性有所疑问的人面前,这种或许本能够成为正当性之来源与基础的因素,就只能以一种神秘主义的方式存在于思考者自己的世界里,无法据以在全社会范围内对实证法的正当性进行论证。因此,有关正当性来源的法哲学研究,并不能仅仅诉诸研究者与某种深层自然或规范性因素的神秘契合,它必须运用一种公共话语的途径对这种作为来源的因素加以论证。本文认为,在这种问题上主要存在经验认知、神意信仰和理性自律三种路径,这三种路径不仅对应着把握法之道德正当性来源的三种尝试,也代表着规范正当性论证的三种可能途径。以下试对其进行分述。

---

〔19〕 Ibid., p. 307.

〔20〕 Ibid., pp. 130, 143.

(一)经验认知主义

何谓“经验”？这或许是首先一个需要作些说明和限定的概念。一般来讲，“经验”这一概念具有以下几层含义：[21]第一，经验是一个生活意义上的概念，从这个意义上看，经验意指人所切身经历的一切过往之事；第二，经验具有一层心理学的含义，它指人对于周围发生之事的感觉历程；第三，经验又是一个知识论的概念，这种经验的核心含义在于人对周围切实存在之事物的观察和感觉，以这种感觉和观察为基础，人们能够掌握经验知识。这正如有论者认为，经验是由感官所提供并经由逻辑范畴加工所得的一切知识之总和。[22] 在经验主义者看来，经验是人类一切知识的起源，正所谓“人若无经验，则人不能有知识”，[23]有关经验是否真的在人类理性中处于如此重要的地位，思想史中存在的旷日持久的经验主义与理性主义之争。我们可以发现，不论就哪一层含义来理解经验的概念，这个概念都以某种具体事物为指向，这种具体事物具有可知可感的特征，并且它的存在不以人对其所拥有的感知为条件，一旦人对其有了所知所感，经验知识也就随即产生了。这种理解，或许可以为我们揭示经验这一概念最基本也最无争议的含义。

与经验概念的上述基本含义相照应，在如何把握法之道德正当性的来源问题上，坚持经验认知主义立场的学者认为，通过经验认识的方式，人类能够把握正当性的根源，在法的正当性问题上形成经验性的知识。值得注意的是，秉承经验认知主义路径的学者，往往在正当性来源的问题上坚持自然主义的立场，[24]也就是说，在他们的法哲学思想中，法获得道德正当性的根基在于某种“自然性”的因素。这方面最为典型的代表莫过于近代格劳秀斯和洛克的自然法学说，二者均将某种在人之内的自然性因素作为对实证法正当性进行道德评价的标准。这种思维特征，诚如考夫曼在评论近代法哲学风格时所言：“人们尝试找到‘正当的法律’，在此，人们探求人类经验的，非形而上的、道德的自然。”[25]与启蒙时代的思想氛围极为吻合的是，格劳秀斯认为世俗规范正当性的来源和基础在于世俗的人性，进而主张应通过对此种人性进行经验认知以把握法在道德上的正当性，但颇为有趣的是，与此同时他也认为在世俗上正当或不正当之人类规范或行为，同样会被上帝肯定、告诫或禁止。具体来说，在格劳秀斯的法哲学中，实证法的道德正当性来源于自然法所蕴含的普遍性道德主张，而后者规范性的来源被认为是世俗的人性，人们依靠经验认知的方式来把握此种来源，但这种世俗人性与经验认知却并没有阻止格劳秀斯认为自然法的内容具有神圣性。因此，有论者指出：“格劳秀斯的自然法理论不同于经院哲学的地方，并不在于内容，而在于方法。”[26]洛克在知识论上是一个著名的经验主义者，坚持主

---

〔21〕 参见唐君毅：《哲学概论》(上)，学生书局2005年版，第372页。

〔22〕 参见[德]H. M. 包姆嘉特纳：《康德〈纯粹理性批判〉导读》，李明辉译，联经出版事业股份有限公司2005年版，第163页。

〔23〕 参见唐君毅：《哲学概论》(上)，学生书局2005年版，第372页。

〔24〕 这映衬了康德将自然与经验之总和相联系的观点。

〔25〕 [德]阿图尔·考夫曼：《法律哲学》，刘幸义等译，法律出版社2004年版，第33页。

〔26〕 [意]A. P. 登特列夫：《自然法——法律哲学导论》，李日章等译，联经出版事业股份有限公司2007年版，第49页。

张,人之初生,心如白纸。[27] 在法哲学上,他继承了格劳秀斯将规范正当性的来源归结为世俗人性的观点,[28]但他的自然法学说的经验主义色彩远较格劳秀斯更浓。他认为人类能够通过感觉经验获得有关自然法的知识,从而对法在道德上的正当性进行说明。比如,他曾指出:“自然法是能够被‘自然之光’(light of nature)所认识的律令,而‘自然之光’即是始于感觉经验(sense-experience)的内在认识过程。”[29]不过,与格劳秀斯的自然法学说相似,在洛克的经验主义自然法学说中仍可见有神论的痕迹,他在解释何以现实人有遵守自然法之切实义务时,又将规范效力的权威根源归结为上帝的意志,[30]使其自然法学说体系的经验认知主义立场显得不甚彻底和自洽。[31] 总体来看,格劳秀斯与洛克的自然法学说体现了西方法哲学思想从中世纪向近现代演变的时代特征,虽将规范正当性的来源建立在世俗人性的自然主义基础之上,强调经验认知在正当化世俗规范之过程中的重要性,但又从规范应用的角度对作为约束力来源的神圣意志有着一种规范主义的依赖和信仰主义的诉求,这几种思维倾向往往在那个时代的某些重要法哲学作品中形成难以消弭的张力。正因此故,登特列夫一方面,强调启蒙时代自然法学说与神学的分离;另一方面,又指出贡献这些学说的思想家们并不拒绝向某一疏远的上帝聊表敬意。[32]

(二)神意信仰主义

在如何把握法律道德正当性的来源问题上,神意信仰主义的理论路径一般会与对正当性来源的规范主义设定相联系,但被设定为来源的规范不是世俗的规范,而是神意的规范。该种路径与对正当性道德来源的神意规范主义设定相同,都需要一个必不可少的前提条件,即在该时代背景中存在被普遍接纳的宗教信仰。借助于基督教信仰,中世纪的神学自然法学说是该种理论路径的著名代表。这种神学自然法学说,生发于西方中世纪哲学与神学错综复杂的博弈关系之中。一方面,信仰和神学掌握着特殊的权威;另一方面,这种权威又并非将独立思考的理性空间完全扼杀。因此,在中世纪的思想氛围中,哲学处于甚为微妙的地位。若从整个中古文化的高度来看,哲学的地位是从属于宗教信仰的,但稍作细究,即显露分殊。首先,有一种将哲学置于神学之附属地位的趋势,由此看来,哲学只被作为信仰的注脚;其次,在此趋势之外,另有一种强有力的趋势存在,其将哲学独立于神学之外,但哲学只能在与纯粹认识问题相关的理论范围内主张自身的话语权威,并不能对法律道德、人心善恶等实践问题发挥实质的影响,于此,哲学尤其是实践哲学,失去了它在希腊哲学中曾经拥有的主导作用。[33] 中世纪这种宏观的思想背景,决定了在法哲学对

---

〔27〕 参见唐君毅:《哲学概论》(上),学生书局2005年版,第373页。

〔28〕 参见俞懿娴:《洛克与自然律》,载《哲学与文化》2006年第3期。

〔29〕 John Locke, *Essays on the Law of Nature: The Latin Text with a Translation, Introduction and Notes, Together with Transcripts of Locke's Shorthand in his Journal for* 1676, ed. W. von Leyden, Oxford: Clarendon Press, 1954, p. 97.

〔30〕 Ibid., p. 97.

〔31〕 参见俞懿娴:《洛克与自然律》,载《哲学与文化》2006年第3期。

〔32〕 [意]A. P. 登特列夫:《自然法——法律哲学导论》,李日章等译,联经出版事业股份有限公司2007年版,第50页。

〔33〕 参见唐君毅:《哲学概论》(上),学生书局2005年版,第43页。

实践问题的研究领域内,信仰的地位是远远高于理性的。那个时代的法哲学家一般认为,是上帝的旨意使道德和实证法等世俗规范获得了指导人类行为的效力,这种观点导致他们将神圣的意志作为实证法汲取道德正当性的来源,而人类把握该种来源的途径,并不是经验主义的认知,而是对上帝神圣权威的信仰。

神学自然法学说的担纲人物阿奎那认为,法最主要有三类,分别是:永恒法、自然法和人法,[34]永恒法承载着上帝的神圣意志,它构成了自然法及人法正当与否的标准。在这其中,自然法是永恒法与人法之间的中介,是人"参与"永恒法的途径,如他曾指出:"这种理性造物对永恒法的参与,就是自然法。"[35]在后世学界,阿奎那的这种观点也往往被理解为:"自然法是永恒法中涉及人的那一部分。"[36]在规范正当性的问题上,阿奎那认为,世俗法的正当性源自它是对体现上帝意志的"永恒法"之"参与",在这种以自然法为渠道的"参与"之中,人的理性分享了上帝神圣而永恒的意志,这种世俗对神意的参与和分享,不仅构成了世俗法之道德正当性的生发途径,也体现着人类对实证法道德正当性之来源的把握路径。笔者以为,"参与"这一提法集中反映了在阿奎那看来,人类把握这种正当性来源的过程并不是一种认知或认识,而是一种对神圣意志的参悟。与洛克"自然之光"类似,在阿奎那的法哲学中也存在一个相近的概念:"神圣之光"(Divine light),他指出,自然法就是神圣之光在我们头脑中铭刻的印迹。[37] 在法的正当性问题上,透过"神圣之光"与"自然之光"这两个概念,我们得以管窥神意信仰主义与经验认知主义这两种路径的显著差异。而细细品来,又生疑窦,阿奎那何不径直说,自然法是人对永恒法的服从,而谓之"参与"?原因或许在于,在突出自然法学说具有一种神启意味的同时,阿奎那也试图揭示人类理性参照体悟及践行完善神圣意志的主观能动性。概而述之,在把握世俗规范正当性来源的问题上,阿奎那法哲学借助于"参与"这一概念,为我们铺设了一条神意信仰主义的论证路径,而此概念的微妙含义,也集中体现了西方中世纪法哲学与宗教信仰之间的博弈关系。

(三)理性自律主义

在把握法律道德正当性根源的途径问题上,理性自律主义路径一般与对这种来源的规范主义设定相联系,而且,这种被当作来源的规范性因素是人类自身的世俗意志。这种意志被认为存在于人类正常而健全的理性之中,就这一点来看,它恰似儒家学说中的道德

---

[34] 除此之外,阿奎那认为尚有一种补充性的法律:神法,这种法的特殊之处主要有这样两点。首先,与人法不同,神法直接来之于上帝的启示,不需通过自然法的媒介;其次,神法的调整对象并非人与人之间的世俗关系,而是调整人在追求永恒福祉这一神圣目的时的各种活动。也就是说,神法的调整对象已然超出了自然法和人法的能力范围。See Thomas Aquinas, *Political Writings*, ed. & trans. by R. W. Dyson, Cambridge, Cambridge University Press, 2004, pp. 89 – 90.

[35] See Thomas Aquinas, *Political Writings*, ed. & trans. by R. W. Dyson, Cambridge, Cambridge University Press, 2004, p. 86.

[36] 参见[英]韦恩·莫里森:《法理学》,李桂林等译,武汉大学出版社2003年版,第71页。

[37] See Thomas Aquinas, *Political Writings*, ed. & trans. by R. W. Dyson, Cambridge, Cambridge University Press, 2004, p. 86.

本心,“非独贤者有是心也,人皆有之,贤者能勿丧耳”。[38] 该种人皆有之的世俗意志并不以某种自然因素或神圣意志为依靠,它是实践理性的根基所在,同时也接受实践理性的调整和规制。它的存在,既体现了人类理性的意志功能,也被认为是道德话语的意义基础,以其为支撑,法的正当性被注入具有普遍性的说理性内涵。因此,在理性自律主义的思维框架内,把握规范正当性的途径既不是对某种自然性因素的经验认知,也不是对上帝神圣旨意的顶礼膜拜,而是全然在于人类自由意志在实践理性中的自律。众所周知,这种理性自律主义思想的经典代表是康德。笔者以为,就理解法正当性之道德面向中的理性自律主义路径来说,对于康德实践哲学的以下几点认识是尤为重要的:

首先,康德的理性自律主义学说与各种形态的自然法学说面对共同的理论问题,那就是为人类把握世俗行为规范的道德正当性寻找一个基点。由于所处年代的因素,在很大程度上,康德的法哲学就是在回答启蒙自然法学说所遗留的各种思想难题,在法的正当性问题上,康德与启蒙时代的自然法学者往往具有相似的出发点。正如我们在格劳秀斯、洛克等自然法思想家的著作中所看到的那般,康德也认为实证法需要一个超越实证意义上的基础,如他曾指出,人们可以设想一种实证法,但是这种实证法的效力以一个在它之外的律法为前提,这种律法为立法者的权威提供了基础。[39]

其次,康德秉持自由与自然、事实与规范的二元论。他认为,人类实践理性自身设立的法则是法在道德上正当与否的标准,这种法则自始以“应然”的规范形态存在,它的效力基础是人类自身的自由意志。正如他所指出,与自由意志的法则不同,规定人类外在行为的法则被称为实证法,但自由意志的法则却是该种实证法的标准,也就是说,自由意志的法则具有更高的效力,它是“法律的法则”(juridical laws)。[40] 在康德看来,这种自由意志既是实践理性的来源,也是实践理性的所指,从本质上看,人类的实践理性就表现为自律的自由意志。[41] 以这种自由意志为基础,人类实践理性道德角度的运用能够产生实证法所需要的说理性内涵。在这样的思想前提下,理性自律主义路径能够在法的正当性问题上带给我们一种启发:实证法的道德正当性既不依赖于各种按照因果律运作的自然性因素,也不以神圣的上帝意志为依托,它是人类实践理性在法哲学上设定的“范导性”

[38] (南宋)朱熹:《孟子集注》,载朱熹:《四书章句集注》,中华书局1983年版,第333页。值得特别强调的是,如此“本心”并不是西方启蒙思想家所谓的“人之本性”。后者是一种“实然”的自然性存在,而在儒家传统尤其是开创“本心”思想孟子学说中,“本心”的含义在于一种自主立法自我约束的道德主体,它是一种“应然”意义上的非自然性存在。而且,孟子曾在《告子章句上》中非常自觉地将这种自我立法的道德本心与人之自然本性区分对待,并认为前者是人之为人的根本,谓之“大体”,而作为人之自然生命的后者只是“小体”,依照自然规律运作,谓之“蔽于物”。参见本注前揭书第335页。对孟子学说中“大体”与“小体”之分判的细致分析,参见李明辉:《儒家与康德》,联经出版事业股份有限公司1997年版,第65~66页。戴东原曾指出:“人与物同有欲,欲也者,性之事也”,或可以为,若按儒学有关“心性”的分判来看,启蒙自然法学说中的人性终归难以成就道德自律的基础。参见(清)戴震:《孟子字义疏证》,中华书局1982年版,第181页。

[39] Kant, *The Metaphysics of Morals*, in *Practical Philosophy*, tr. & ed. Mary J. Gregor, New York, Cambridge University Press, 1996, p. 379.

[40] Ibid., p. 379.

[41] Vgl. Kant., *Grundlegung zur Metaphysik der Sitten*, Werkausgabe Band VII, Frankfurt am Main: Suhrkamp Verlag, 2000, S. 83.

(regulative)理念。[42] 因此,人类对法之道德正当性的把握,是一个实践理性自我立法、自我规制的过程,也是实证法对该理念无限趋近的过程,代表着一种既无法释怀又难以彻底实现的憧憬。

最后,理性自律主义理论路径体现出康德法哲学及实践哲学与自然法学说的复杂关系。西方思想史学界对于是否将康德实践哲学归入自然法的谱系存在争议,康德以某种超实证之律令为世俗法正当性标准的观点,也使某些学者认为他的法哲学与启蒙自然法学说类似,都以事物的客观秩序为前提,甚至有论者指出,康德的法哲学并不具有严格的主体性色彩。[43] 看似二者存在相当程度上的相似性,实则不然。笔者以为,虽则均突出某种超实证律法对于世俗制度正当性的重要意义,但在该种超实证律法根基何在的问题上,康德与自然法学者之间却存在根本差异,对于一种法哲学的理论属性来说,这种差异具有关乎宏旨的谱系性意义。康德实践哲学的核心特征在于人类自由意志在实践理性中的自律。在法的正当性问题上,这种自律的基本含义在于,仅以此种自由意志为规范正当性的根源,而不再将该种意志之外的某种因素作为规范正当性的基础。与此不同的是,正如上文所分析的那样,不论是古代自然法学说、中世纪神学自然法学说,抑或启蒙时代自然法学说,其根本思路都是在人类实践理性与自由意志之外,寻找某种规范性或自然性之因素,作为解释法之道德正当性的支点,虽然这些因素之间存在规范与自然、内在与外在、神圣与世俗的区别,但与康德的思路相比,它们都不免显示出道德他律的色彩。原因在于,从宇宙的自然规律到人类的本能本性,再到上帝的神圣意志,无一例外地超越了人类自由意志所能掌控的范围,前二者的产生和运作依照客观的必然规律,后者则源于人类自身无法企及的神圣位格。就康德的立场来讲,一种实践哲学上的他律,既有可能来自于某种形而下的因素,也有可能由某种形而上之因素造成,因此,在康德看来,无论是洛克所谓的"认知"还是阿奎那强调的"参与",[44]都难免具有他律的痕迹,无以将法之正当性的道德面向真正凸显出来。在康德的理性自律主义思想中,人类把握规范正当性之来源的能力,既不是"自然之光",也不是"神圣之光",而是"理性之光"。有鉴于此,笔者以为,虽然在主张实证法具有某种超实证之意义基础这一点上,康德与各种历史形态的自然法学说均存在相似性,但该种理论现象上的类似并不能抹杀它们之间在思想本质上所存在的关键差异,将康德实践哲学看作某种形态的自然法学说,并不具备深层的逻辑基础。

综合上述,康德处在西方近代的启蒙时期,他的实践哲学整体框架及路径风格集中体现了启蒙时期人之主体性高扬的时代氛围。当然,与启蒙自然法学说不同,在康德的思想中,主体性所获得的是另一种释放途径。在启蒙时代的政治哲学中,卢梭、孟德斯鸠等思想家系

---

〔42〕 诚如所谓"真",于自然科学中同为此种意义上的范导性理念,派生出"正三角形""直线"等下位理念。See A. Peczenik, Moral and Ontological Justification of Legal Reasoning, in: *Law and Philosophy*, Vol. 4, No. 2, Legal Reasoning & Legal Interpretation, 1985, p. 300. 有关作为科学之理想的"真",另参见郭继海:《真理符合论的困难及其解决》,中国社会科学出版社 2003 年版,第 236 ~ 237 页。

〔43〕 Vgl. Hans Welzel, *Naturrecht und materiale Gerechtigkeit*, 4. Aufl., Göttingen: Vandenhoeck und Ruprecht, 1962, S. 169.

〔44〕 自然法学说这种"参与"式的自我理解也体现在古代斯多葛学派的学说之中,在这个学派看来,自然法学说体现了人对世界理智的参与,鲜明地反映出以"宇宙之本性"为世俗规范正当性基础的古代自然法学说与理性自律主义路径的差异。参见[德]H. 科殷:《法哲学》,林荣远译,华夏出版社 2003 年版,第 13 页。

统地阐发了社会契约论的理论,以之作为解释民族国家之起源的规范性模型。康德的实践哲学强调自由意志通过实践理性自我立法、自我规制,法哲学以此为途径对法在道德上的正当性构建理论基础,与启蒙时代政治哲学中的社会契约论思想存在方法上的亲缘性,或可称其为“理性契约论”或“意志契约论”。有鉴于此,唐君毅先生将康德思想的核心特征概括为一种“大内在”精神,突出其人类理性自律自由、自作主导的文化特征。[45]

三、结论

本文认为,与道德话语的关系问题是法正当性这一法哲学思想史经典问题中最为关键的问题,从逻辑构成的角度来看,该问题可衍生出两个任何最根本的子问题,分别为:首先,法在道德上的正当性从何而来?其次,人们如何把握这种正当性来源。以这两个问题为基础,我们可以构建一个对逾千年的西方法律思想史进行梳理和归纳的模型。正如上文业已提及,任何试图对法正当性问题的道德面向进行研究,亦即从道德的角度解释法律正当性的学者,均必须对上述两个子问题进行解读,因此,运用该模型所提供的选项展开配对,基本能够实现对思想史中的相关学派和学者进行覆盖。例如,中世纪神学自然法学说在法的道德正当性问题上表现为以规范主义为基础的神意信仰主义进路,启蒙时代的古典自然法学派中的典型学说表现为以自然主义为基础的经验认知主义进路,而康德的法哲学则表现为以规范主义为基础的理性自律主义。在此,我们可以找到史料和逻辑的对接。[46] 毫不夸张地讲,法的正当性问题是法哲学思想史中最历久不衰而又充满争议的议题,无数学者卷入其中,建树与不足充斥着这块硝烟四起的阵地,当我们试图对其中的功过是非进行评述的时候,本文所提供的模型或许能够发挥一些正本清源的作用。

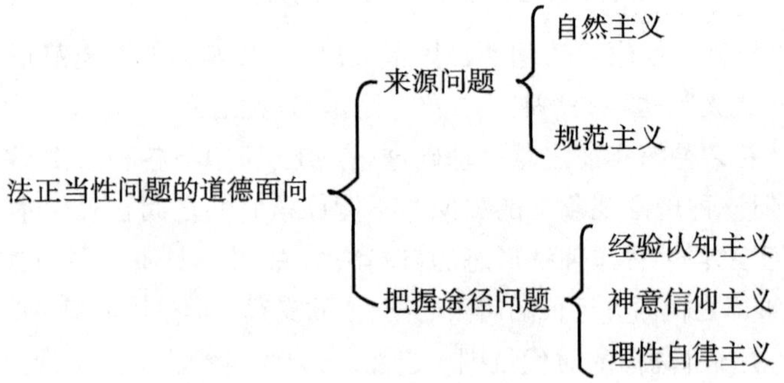

图1　法正当性问题的道德面向

---

〔45〕 参见唐君毅:《康德哲学精神》,载《鹅湖月刊(台北)》1985年第118期。

〔46〕 当然,此处只是强调道德面向在法正当性问题中的重要性,绝非排除由道德之外角度对正当性问题进行解读的可能性,更非对以合法律性来吸收正当性的研究进路视而不见。读者自然会联想到功利主义、历史法学甚至法律实证主义。前二者试图通过实践理性其他角度的运用途径(实用抑或伦理)来构建法的正当性,而后者在该问题上的暧昧立场则更是思想史上至今未了的公案。因此,笔者以为,如果我们将视角限制在正当性问题道德面向的范围内,本文的逻辑分类应该是周延的。有关法律实证主义在本文主题上的立场,参见陈景辉:《“Objekt”与法哲学中的分离命题——从康德实践哲学的中译谈起》,载葛洪义主编:《法律方法与法律思维》(第7辑),法律出版社2011年版。

论法律规则与法律原则的区分标准

宋旭光*

【摘　要】 若要主张法律规则与法律原则之间存在质的差异，传统的三种区分标准(规范内容；逻辑结构；适用方式)都面临着不同程度的挑战。从实践推理的角度来看，规则与原则之间的差异在于论证用法，即在法律推理这一语言游戏中所扮演的角色。当规则被适用时，它构成了一种决定性、排他性的二阶理由，但是否适用它的决定，却是基于其背后理由的衡量作出的。原则就处于后一层面，作为促成性、证成性的一阶理由通过衡量来发挥作用。

【关键词】 法律原则；法律规则；可废止性；规范结构；实践推理

法律原则理论是20世纪后半叶法学领域最为重要的理论议题之一，其成败的一个关键就在于法律原则与法律规则是否存在质的差异，如果存在的话，又该如何相互区分。[1] 既有的理论提出了一些可操作性很强的区分标准，如规范内容、逻辑结构、适用方式等，但若要捍卫原则与规则之间存在逻辑的或质的区别这一主张的话，这些标准是否能够完全胜任，却依然存有疑义。近年来有学者引入了“可废止性”(defeasibility)来作为二者的区分标准，这一进路的要点，首先在于它能否作为规则和原则的区分标准，如果答案是肯定的话，更重要的则在于，什么样的根据和理由能够用来证成它所提供的这一可能。本文将在对传统的区分标准进行批判性继承的基础上，从实践推理的视角，更准确地说，从规则与原则作为理由在法律推理的性质，试着为这一可能提供证成。

一、规则与原则既有之区分标准的检讨

法律原则与法律规则是否存在差异，进一步地，是否存在质的差异？对这两个问题，原则的捍卫者必然要坚持一种肯定的回答，[2] 因为如果这种差异是一种程度性的差异，就意味着原则是一种可有可无的规范类型。

---

* 宋旭光，深圳大学法学院助理教授。

[1] 有关法律原则的中文文献可谓汗牛充栋，但以规则与原则的区分为主题的论文却并不多。参见陈显武：《论法学上规则与原则之区分：由非单调逻辑之观点出发》，载《台大法学论丛》2005年第34卷；刘叶深：《法律规则与法律原则：质的差别？》，载《法学家》2009年第5期。

[2] See Ronald Dworkin, *Taking Rights Seriously*, Cambridge, Mass: Harvard University Press, 1978, p. 24.

(一)规范内容作为区分标准

虽然在德沃金和阿列克西那里并没有得到明确表述,[3]但模糊与明确、抽象与具体作为原则—规则的区分标准,无疑是为我国学者所广泛接受的。[4] 此外,通过规范的实质内容来区分规则和原则也可能为某些法学家所支持:原则表达的是一种目标或一般性的实质理由(诸如人的权利或法律保护的目的等),而规则表达的是一种行为的可为、勿为或应为。[5] 也正是因为这个原因,原则具有分量的维度,而规则并不具有。

首先,若以语言的模糊性和抽象性来区分原则的话,即使这种标准得以成立,也只能用来界定一种程度性区分,而非质的区分。[6] 如果将模糊与明确(抽象与具体)看作标尺的两端,大量的中度模糊(或抽象)的规范就可能处于两者中间的状态。

其次,若仅以实质内容为标准,似乎也难以证成一种质的区分。价值内容并非原则所独有,每一个规则背后都体现了一定的价值或其追求的目的;同样,原则的内容也包括对于实现目的的特定行为的要求。[7]

不过,也有人会主张,虽然都对目的和价值有所体现,都能够指引行为,但二者的方式是不同的:原则是通过描述一种(符合价值或目的的)理想事态,从而要求某种能够帮助实现这种理想事态的行为或手段;规则是通过直接描述某种行为,而达到其所要求的目的。[8] 也就是说,规则是以明确的构成要件和法律后果的结构来指引行为的,而原则是以目的—手段的方式指引行为,这实际涉及的是逻辑结构的问题。

(二)逻辑结构作为区分标准

在许多法学家看来,规则可以表述为"如果,那么"的假言条件句,即具有构成要件(作为逻辑前件)加法律后果(作为逻辑后承)的完整且具体的规范结构;原则是不确定的,欠缺必要的限制条件,它的精确性是裁判者在实践慎思(衡量)的过程决定的,在这之前,我们并不能知道当前的个案是否为原则所统辖,或原则是否真的为当前的情境赋予了有效的义务。[9] 换句话说,规则可以为行动提供确定的理由,而原则只能为行动指明方向。

---

[3] 德沃金甚至明确表示了拒绝。See Ronald Dworkin, *Taking Rights Seriously*, Cambridge, Mass: Harvard University Press, 1978, p. 78.

[4] 参见李可:《原则和规则的若干问题》,载《法学研究》2001年第5期;葛洪义:《法律原则在法律推理中的地位和作用——一个比较的研究》,载《法学研究》2002年第6期;舒国滢:《法律原则适用的困境:方法论视角的四个追问》,载《苏州大学学报》(哲学社会科学版)2005年第1期。对于这种说法的批判,参见刘叶深:《法律规则与法律原则:质的差别?》,载《法学家》2009年第5期。

[5] See Jaap Hage and Aleksander Peczenik, Law, Morals and Defeasibility, *Ratio Juris*, Vol. 13, No. 3, 2000, p. 308; Humberto Ávila, *Theory of Legal Principles*, Dordrecht: Springer, 2007, p. 9.

[6] See Joseph Raz, Legal Principles and the Limits of Law, *The Yale Law Journal*, Vol. 81, No. 5, 1972, p. 838.

[7] See Humberto Ávila, *Theory of Legal Principles*, Dordrecht: Springer, 2007, pp. 25 – 27.

[8] Inid., p. 36.

[9] See Ronald Dworkin, Taking Rights Seriously, Cambridge, Mass: Harvard University Press, 1978, pp. 24 – 27, 40;[德]罗伯特·阿列克西:《论宪法权利的构造》,载《法学家》2009年第5期。See Juan Manuel Pérez Bermejo, Principles, Conflicts, and Defeats: An Approach from a Coherentist, in Jordi Ferrer Beltrán and Giovanni Battista Ratti (ed.), *The Logic of Legal Requirements: Essays on Defeasibility*, Oxford, Oxford University Press, 2012, p. 297.

在我们看来,构成要件与法律后果的完整规范结构只是一个语言表述的问题,并不能作为规范类型的区别标准。原则虽然不具有明显的条件式结构,但将其表述为“如果,那么”的条件句也是可能的。例如,民主原则可以被表述为:“如果统治权要被施行,那么民主参与应当被保障。”〔10〕甚至可以说,任何法律规范都可以被表述成“条件;结论”的形式。例如,基本权利规范都可以表述为“如果×该当于基本权之构成要件,则×即受基本权之保障”的形式。〔11〕

不过,也有反对意见认为,这并不能否定规则和原则在逻辑结构上的差异,因为它们的条件句性质不同:规则的前件是封闭的,是一个遵守肯定前件法则与加强前件法则的严格条件句;原则的前件是开放的,是一个前件模糊且不确定的可废止条件句。〔12〕但这一论断也未必成立,并没有什么证据表明,规则的前件一定是封闭的、明确的,而原则的前件一定是开放的、模糊的。首先,所谓模糊与明确的区别仅仅是经验上的、程度上的差别。其次,所谓封闭与开放的特征也并不能为规则和原则刻画清晰的界限。如果规则的例外无法被提前穷尽的话,所谓规则前件的封闭性及它的严格条件句表述就无从谈起。退一步来讲,即使规则可以写成严格条件句的形式,但这并不一定意味着原则无法做到这一点。例如,人格尊严权原则就可以被表述为“在任何情况下,人格尊严都应当受到尊重”的严格条件句。〔13〕

(三)适用方式作为区分标准

德沃金认为,规则是以“全有全无”的方式适用的,原则则通过一种重要性程度的比较来予以适用;且基于这一特征,规则之间的冲突必然是导致其中一个规则的无效,而原则的冲突则无涉效力问题。阿列克西反对“全有全无”的界定,他将这种适用方式的区别,定位于“涵摄”与“衡量”的不同,而且在他看来,规则的冲突未必导致其中之一的无效,也可以通过“规则—例外”的方式解决。〔14〕

但是,适用方式作为区分标准可能也并非不可辩驳。

一方面,有些人认为,原则未必总是以衡量的方式来适用,它的适用也可能是“全有全无”的:要么被实现,要么不被实现。〔15〕例如,之于生命健康权、自由权等基本权利,我们从来都不会主张,它们是相对的、语境依赖的,也不会主张,它们只有在与其他价值的衡

〔10〕 See Humberto Ávila, *Theory of Legal Principles*, Dordrecht: Springer, 2007, p. 25.

〔11〕 参见王鹏翔:《论基本权的规范结构》,载《台大法学论丛》第34卷第2期。

〔12〕 See María Cristina Redondo, Legal Reasons: Between Universalism and Particularism, *Journal of Moral Philosophy*, Vol. 2, No. 1, 2005, p. 43; Manuel Atienza and Juan Ruiz Manero, *A Theory of Legal Sentences*, Dordrecht: Kluwer Academic Publishers, 1998, pp. 8－10.

〔13〕 See María Cristina Redondo, Legal Reasons: Between Universalism and Particularism, *Journal of Moral Philosophy*, Vol. 2, No. 1, 2005, p. 66

〔14〕 参见[德]罗伯特·阿列克西:《论法律原则的概念》,载阿列克西:《法理性商谈:法哲学研究》,朱光、雷磊译,中国法制出版社2011年版,第187～188页;[德]罗伯特·阿列克西:《法律原则的结构》,载雷磊编译:《法:作为理性的制度化》,中国法制出版社2012年版,第135～136页。

〔15〕 See Aulis Aarnio, Taking Rules Seriously, in Werner Maihofer, Gerhard Sprenger (ed.), *Law and the States in modern Times*, Stuttgar, Franz Steiner, 1990, p. 187; Manuel Atienza and Juan Ruiz Manero, *A Theory of Legal Sentences*, Dordrecht, Kluwer Academic Publishers, 1998, p. 11.

量中获胜之后才应获得最大程度的满足;更进一步来说,原则的适用依赖于对其含义或意义的解释,[16]这种解释或具体化之后的产物是一个确定性的、带有明确的行为模式的规则。例如,在里格斯诉帕尔默案(Riggs v. Palmer)中,“任何人都不应当从其自身的错误中获取利益”这一原则,就可以被具体化为“任何人都不应当因为其有损立遗嘱人生命健康的行动而获取继承遗产的利益”的规则。

但在我们看来,这种观点是值得商榷的。从孤立的单个法律原则来看,它无疑要被最大可能地遵从和适用,因为它表达的价值或者目标要求得到最佳化的实现,在这个意义上,要求最佳化的法律原则最终确实和规则一样:要么被实现,要么不被实现。但是,法律原则不能仅仅在其自身世界里得到实现,它更为重要的性质是在与其他原则或者规则的关系脉络中得以实现。最佳化命令之间的碰撞所要求的是一种衡量,而非简单的涵摄。在这一层面上,法律原则不再是实现或不实现的问题,而是哪一个原则更重要一点。只是在原则的衡量中,更重要的原则获得了溯及力,它被看作自始可以适用的。

另一方面,规则也并非都是以“全有全无”的方式适用的,这种方式只能用于那些非解释性概念或规则的适用,诸如足球游戏中有关手球、越位的规则。它们的适用是具有确定性的,无需我们抱有某种解释性态度。[17] 在这些游戏中,出现的争议往往是事实的问题:到底有没有手球、有没有越位,而非规则的问题。如果我们承认,法律规则是一个“解释性概念”的话,它的适用条件就并非“要么被满足,要么没有被满足”这样直接,而常常会伴有对规则的评价性解释。

更进一步来说,如果规范的分量是来自其所关涉的实质性理由的话,规则也会因为其背后的支持性理由而具有分量。因而,许多学者认为,规则有时也会以一种衡量重要性的方式来适用,而且被击败的规则并不必然无效。[18] 如果这样的话,规则和原则在适用方式上的差别就不再是逻辑上的差异了。

因此,虽然权衡是原则适用的特点,但我们并不能说,涵摄就是与原则无关的,在某种程度上,原则的适用也可以涵摄的方式展现;[19]同样地,规则虽然常常以“全有全无”的方式来适用,但其本身并不是没有分量的,在有些情况下,规则的适用也是以衡量的方式来进行的。更准确来说,当原则的适用以涵摄的方式来展现的时候,涵摄中的大前提实际上是一种规则,这种规则来自原则的衡量或具体化;当规则以衡量的方式适用的时候,要么这一所谓的“规则”是作为原则来适用的,要么衡量的对象并不是规则,而是规则背后

---

[16] See Juan Manuel Pérez Bermejo, Principles, Conflicts, and Defeats: An Approach from a Coherentist, in Jordi Ferrer Beltrán and Giovanni Battista Ratti (ed.), *The Logic of Legal Requirements: Essays on Defeasibility*, Oxford, Oxford University Press, 2012, pp. 298, 300, 303.

[17] See Fernando Atria, *On Law and Legal Reasoning*, Oxford and Portland, Orgegon: Hart Publishing, 2002, pp. 8-14.

[18] 参见[英]H. L. A 哈特:《法律的概念》(第2版),许家馨、李冠宜译,法律出版社2006年版,第242页;Joseph Raz, Legal Principles and the Limits of Law, *The Yale Law Journal*, Vol. 81, No. 5, 1972, p. 830.

[19] 即使原则论者也不会否认这一点。参见 Martin Borowski, The Structure of Formal Principles: Robert Alexy's 'Law of Combination', in Martin Borowski (ed.), *On the nature of legal principles*, ARSP-Beiheft, Nr. 119, Franz Steiner Verlag, Stuttgart; 2010, S. 21, fn. 8。

的原则。[20] 例如,在医学伦理中,"医生必须告诉患者所有的实情"与"医生必须尽可能医治患者"是两个基本的规则,但在医生告诉患者实情会加重患者的病情的情况下,表现上看需要对这两个规则进行衡量以确定优先性,但这里衡量的对象实际上是患者的"知情权"与"获得治疗权",即规则背后保障的权利。

二、可废止性:新的区分标准

与本文的讨论相关,可废止性主要是指在特定情境中,法律规范可能会有例外,即法律规范本来是可以被适用于当前案件的,但却基于其他的理由而没有被适用。[21] 将它作为区分规则和原则的标准,成为当代法学家的一个新选择。[22]

(一)既有观念之概览

可废止性是否可以作为区分规则与原则的标准,在理论上至少要有 4 种不同观点。

首先,有人主张,所有的法律规范都不具有可废止性,如果采纳这一观点,可废止性不仅是与规则、原则的区分是无关的,而且与法律规范也没有什么关系。其次,与此构成反对关系的观点是:可废止性是所有法律规范的本质属性,初看一下,这一观点的支持者似乎不太可能主张可废止性作为区分两种规范范畴的标准。[23] 但是,正如他们中的部分人所主张的那样,如果法律原则和法律规则的可废止性并不相同,那么不同的可废止性也可以称为界定二者的标准(主张一)。

第三种观点承认某些法律体系中某些规范是可废止的,因为不同的法律体系可能以不同的实践态度对待原则或规则。规则与原则可能因为这种实践态度而在可废止性上有所区别,但这种区别建立在描述性或规定性的因素之上,并非逻辑的、结构的区分。

最后一种观点以法律规则和法律原则具有逻辑性或者结构性的区别为基础,认为可废止性是区分不同规范标准的理论工具。从逻辑上来讲,这一观点又可以分为两种主张:

---

[20] 例如,德沃金反驳拉兹的时候就说:"当拉兹描述法律规则或道德规则的衡量的似乎,他实际上谈论的是规则所服务的原则和政策的衡量。" See Ronald Dworkin, *Taking Rights Seriously*, Cambridge, Mass: Harvard University Press, 1978, p. 78.

[21] 关于可废止性,可参见《专题:法律中的可废止性》,载舒国滢主编:《法学方法论论丛》(第 3 卷),中国法制出版社 2015 年版,第 7 ~ 73 页。

[22] See Carsten Bäcker, Rules, Principles, and Defeasibility, in Martin Borowskion (ed.), *The Nature Of Legal Principles*, ARSP Beiheft Nr. 119, Nomos, 2010, S. 79 - 91; Thomas Bustamante, Principios, reglas y derrotabilidad. El problema de las decisiones *contra legem* (Principles, Rules and Defeasibility: On the Problems of *Contra Legem* Decisions), April 20, 2010, available at SSRN: http://dx.doi.org/10.2139/ssrn.1593190; Manuel Atienza and Juan Ruiz Manero, Rules, Principles, and Defeasibility, in Jordi Ferrer Beltrán and Giovanni Battista Ratti (ed.), *The Logic of Legal Requirements: Essays on Defeasibility*, Oxford, Oxford University Press, 2012, pp. 238 - 253.

[23] 例如,萨尔托尔就认为,正是因为所有的法律规范都是可废止的,规则与原则的区分(至少是逻辑性区分)无法维系。Giovanni Sartor, A Formal Model of Legal Argumentation, *Ratio Juris*, Vol. 7, No. 2, 1994, p. 189; Giovanni Sartor, Defeasibility in Legal Reasoning, in Zenon Bańkowski, Ian White, and Ulrike Hahn (ed.), *Informatics and the Foundations of Legal Reasoning*, Dordrecht: Springer Science + Business Media B. V., 1995, p. 144.

原则是可废止的,规则不可废止(主张二);规则是可废止的,原则是不可废止的(主张三)。

下文将主要讨论与规则—原则区分相关的这三种主张。

(二)主张一:原则与规则,不同的可废止性

在阿列克西那里,规则并不一定是以全有全无的方式适用的,理由在于:如果原则的反例(例外)无法穷尽,而原则本身又可以为规则创设例外,那么规则的例外就因此也是无法穷尽的,全有全无就无法维护了。[24] 但是,规则与原则的初显性是不同的:规则的初显性是因为总是可能有新的例外被包纳进来,而原则的初显性则在于缺少决定其自身范围的渊源;另一方面,因为形式原则(即规则一旦形成之后就必须得到遵守;除非有更强的理由支持,否则不能偏离既有实践)的存在,规则具有更强的初显性。[25] 换句话说,规则包含对于案件判决的某种确信,这种确信只有在例外情境中才可能被推翻,而原则不具有这种确信,因此,没有理由相信哪一个原则最开始就是优先的。[26] 这是主张一的一个范例:可废止性是原则适用的常规特点,原则只能以衡量的方式适用;可废止性是规则在特殊情境中才具有的特点,在常规状态下,规则是确定的。

佩彻尼克(Aleksander Peczenik)则直接断言,前者是一种日常可废止性,后者是一种疑难案件可废止性,规则和原则的区别就在于此。[27] 具体来说,因为总是可能有多个原则与当前案件是相关的,某个原则要想得到适用,就必须与其他相关的原则进行衡量,衡量的必然性就意味着原则总是可能遭遇挫败,因此,原则总是被当作可废止的。但规则不同,规则的使用在常规案件和疑难案件中是不同的:在常规案件中,规则被认为是理所当然的裁判基础,裁判者只需要按部就班地依照法律规则和案件事实推导出结论就可以,虽然也会涉及价值判断,但对于这些价值问题并没有任何争议;在疑难案件中,规则同样只有在与其他理由进行衡量之后才能获得适用。也就是说,规则只有在疑难案件中才具有可废止性。

如何理解这种区分呢?在本文看来,如果衡量是原则的唯一适用方式,这反而是支持原则不具有可废止性的一个理由。因为这些相关原则之间并没有初显性的优先次序,只有在将特定情境下的所有因素通盘考量之后才能确定它们的优先性,因而在这一过程中并没有可废止性出现。当然,这种优先关系可能会在新的因素被纳入到考量之后被推翻,但这种推翻所击败的并不是在前一次衡量中获胜的原则,而是在它们被通盘考量之后所得到的那个规则。因此,具有可废止性的还是规则。

---

〔24〕 参见[德]罗伯特·阿列克西:《论法律原则的概念》,载阿列克西:《法理性商谈:法哲学研究》,朱光、雷磊译,中国法制出版社2011年版,第182~184页。

〔25〕 See Robert Alexy, *A Theroy of Constitutional Rights*, trans. by Julian Rivers, Oxford, Oxford University Press, 2002, p. 57.

〔26〕 参见[德]罗伯特·阿列克西:《论法律原则的概念》,载阿列克西:《法理性商谈:法哲学研究》,朱光、雷磊译,中国法制出版社2011年版,第195~196页。

〔27〕 See Aleksander Peczenik, Second Thoughts on Coherence and Juristic Knowledge, in Aulis Aarnio, et al., (ed.), *On Coherence Theory of Law*, Lund: Jurist förlaget, 1998, pp. 56–57; Aleksander Peczenik, A Theory of Legal Doctrine, *Ratio Juris*, Vol. 14, No. 1, 2001, pp. 87–88.

(三)主张二:可废止的原则,不可废止的规则

德沃金常常被认为是这一主张的代表人物,理由在于他的这一观点:规则的例外至少在理论上是可以穷尽的,因此,我们可以获得对于规则的完全描述;原则的例外是不可穷尽的,因此,原则总是可能因为新的例外的出现而被击败。如果可废止性是指规范的例外是不可能穷尽的话,那么,这一主张似乎可以归之于他。

但是,德沃金的这句话也不能被忽视:"我们不把反例当作是例外……因为我们不能希冀于仅仅通过对这一原则的更详尽的陈述而掌握这些反例。"[28] 这里,"规则的例外"与"原则的反例"是不能混同的:更多例外的列举可以使得规则更为精确化,当所有的例外都被纳入规则表述时,这个规则就是完全的;反例的列举却并不能使得原则更为精确化,而只能深化我们对于原则之分量的认识。[29]

这一主张背后隐含什么样的观念呢?首先,对规则的服从是"全有全无的":当某一规则 R 的前件被满足的时候,我们要么服从 R,要么不服从 R,不服从的行为一般被认为是违法的。但在例外情境中,不服从 R 的行动却是合法的。例如,假设某法律体系中包含规则 R_s:故意杀人者,应受惩罚,但出于正当防卫而故意杀人者,显然违反了 R_s,却是合法的(因此也不应受惩罚)。根据这一观念,之所以出现行为违反规则却合法的悖论,是因为我们之前对于相关规则的表述是不完全的,只要把正当防卫的例外纳入规则表述的时候,一切便恢复了全有全无的正常状态。这时候,R_s 就变成了"故意杀人者,应受惩罚,但正当防卫者除外"或"故意杀人且非正当防卫者,应受惩罚的"。而原则与此不同,"任何人不能从自己的过错中受益"这样的原则,并不像没有规则那样的"前件满足、结论推出"的推论力,甚至都没有包含这样的必要条件。它所表达的并不是"法律不允许任何人在任何时候从自己的过错中受益",而只是说法律尊重这样的一个价值,因此,并不意外的是,法律常常会允许人们从自己的错误行为中获取的利益。[30] 后者是这一原则的反例,而不是例外,原因不仅在于它们是常规发生的,而且在于原则本身就不具有包纳例外的结构:它只是指出一个方向,而不是一个确定性的命令。因此,如果可废止性指的是规范容纳例外的能力的话,这里的主张就不是原则是不可废止的(或可废止的),而是可废止性根本是不能用来指谓原则。

如果可废止性不仅包括规范在适用竞争中的胜负关系,而且包括规范在效力上被推翻、被废止的情况,那么,从后一视角来看,德沃金恰恰主张的是,原则是不可废止的,规则是可废止的。例如,在他看来,"事实上,说诸如此类的原则被'推翻'或'废除'是没有意义的。当它们式微的时候,它们是被削弱了,而不是被取缔了"。[31] 但是,这样的理解显然不是本文所界定的可废止性。

总之,这一主张只有在对"规则""原则"和"可废止性"都进行某种特定的界定时,才可以归之于德沃金。

---

〔28〕 Ronald Dworkin, *Taking Rights Seriously*, Cambridge, Mass, Harvard University Press, 1978, p. 25.

〔29〕 Ibid., pp. 25–26.

〔30〕 Ibid., pp. 25–26.

〔31〕 Ibid., p. 40.

(四)主张三:可废止的规则,不可废止的原则?

这一主张的典型是德国学者贝克尔(Carsten Bäcker)的理论。在他看来,可废止性之所以可以作为法律规则与法律原则的划分标准,关键理由就在于:原则是一种最佳化(optimization)命令,其所表述的价值和理念要求在相对于法律上与事实上可能的范围内,得到最大可能的实现,因为有事实上和法律上的可能之限制,原则被满足的程度是不同的;规则是一种确定性命令,它在事实上和法律上可能的空间内具有确定性,它要么被实现要么不被实现。[32]

作为确定性命令的法律规则之所以是可废止的,其中一个理由是出于人类理性的有限性:法律规则具有明确的条件句表述形式,它的适用必然符合肯定前件法则(前件满足结论推出),如果人类无法完全确定前件中的所有情况,就可能出现新的例外,使得前件满足时结论也无法(或不应当)推出;[33] 另一个理由则在于,原则可以为规则创设新的例外,从而导致规则的可废止性。

作为最佳化命令的法律原则之所以是不可废止的,是因为"最佳化"意味着所有相关情况都被纳入考量了,所有可能支持例外的理由都已经是最佳化程序的一部分了。但有人可能会说,对"所有相关情况"的通盘考虑在现实中是难以达至的,它只能被限定为已知的所有相关情况。在贝克尔看来,这依然不能否定原则的不可废止性,因为"不可能知道所有情况"这一事实也已经包含在最佳化的概念之中了,这是原则适用的结构性条件之一。[34]

这一论证的成败取决于最佳化命令的内涵。一个反对意见是,如果最佳化命令是将所有情况都被纳入考量,原则就变成了一个全有全无的规范:要么被最佳化,要么没有被最佳化,而不再具有程度化的特征。[35] 因此,在适用方式上,规则和原则之间就没有什么区别了。为了回应这种反对意见,阿列克西又区分了被最佳化的命令(commands to be optimized)和(要求进行)最佳化的命令(commands to optimize):前者是原则的客观方面,是最佳化的客体,后者位于主观层面,是要求最佳化这一客体的命令。这种(要求进行)最佳化的命令确实有着规则的结构,但被最佳化的命令才是原则本身,这是一种理念的"应当",因而不具有规则的结构。[36] 这也是贝克尔捍卫其主张的一种方式。

---

[32] 参见[德]罗伯特·阿列克西:《论法律原则的概念》,载阿列克西:《法理性商谈:法哲学研究》,朱光、雷磊译,中国法制出版社2011年版,第196~199、210~211页;[德]罗伯特·阿列克西:《法律原则的结构》,载雷磊编译:《法:作为理性的制度化》,中国法制出版社2012年版,第132~133页。

[33] 参见[德]卡斯滕·贝克尔:《规则、原则与可废止性》,宋旭光译,载舒国滢主编:《法学方法论论丛》(第3卷),中国法制出版社2015年版,第51页。

[34] 同上书,第53页。

[35] See Aulis Aarnio, Taking Rules Seriously, in Werner Maihofer, Gerhard Sprenger (ed.), *Law and the States in modern Times*, Stuttgar: Franz Steiner, 1990, p. 187; Aulis Aarnio, *Reason and Authority: A Treatise on the Dynamic Paradigm of Legal Dogmatics*, Aldershot: Ashgate/ Dartmouth, 1997, p. 181.

[36] 参见[德]罗伯特·阿列克西:《法律原则的结构》,载雷磊编译:《法:作为理性的制度化》,中国法制出版社2012年版,第141~142页;[德]罗伯特·阿列克西:《理想应然:为法律原则理论辩护》,载雷磊编译:《法:作为理性的制度化》,中国法制出版社2012年版,第179~180页。

但是,正如前述,用“可废止的”来指谓法律原则可能是不合适的:首先,原则不具有条件式结构,或者不具有明确前件的条件式结构,因此所谓前件满足、后件无法推出这种性质之于原则是没有意义的;其次,原则的效力范围是不确定的,无法俘获相关的事实要件,因此,原则不存在可适用而不被适用的问题。这是“不可废止的原则”的另一种含义。因此,这一主张的准确说法应该是:规则是可废止的,原则不能用可废止性来说明。

三、作为理由的法律原则与法律规则

(一)新的起点:实践推理的视角

从上文可以看出,规则和原则的区分,从根本上来讲并不是基于属性上或逻辑结构上的差异,而是以实践推理或法律推理的模式为标准对法律规范进行的分类。例如,规则和原则都可以通过条件句(或严格严格句)来表述,条件句只是表述规范的一种形式,而不是实质性区别,如何表述实际上来源于法律推理的需要。再如,只有当我们决定适用规则的时候,规则的适用才是全有全无的,换句话说,“全有全无”刻画的是规则适用的特征,而不是规则本身的特征。

这一点实际上也已经为许多法学家所接受。例如,西班牙法学家费尔南多·阿特里亚(Fernando Atria)直接指出,规则与原则的区分不是法律规范的分类,而是法律推理的类型。[37] 德国哲学家克劳斯·贡特尔(Klaus Günther)也坚持“不将规则与原则的区分与规范的结构相关联,而是将其与规范适用所依赖的那些行动之预设相关联”,[38]即它们的区别来自于“不同的使用方式”,即我们对待某一规范的方式:或者将其作为不考虑情境之变化的规则,或者将其当作通盘考量的原则来使用。[39] 巴西法学家温贝托·阿维拉(Humberto Ávila)同样认为,规范以什么方式来适用并不是由法律文本所决定的,而是来自于适用者对于论证话语及其建构的价值观点:某一条款被解释为原则或规则依赖于解释者所强调的价值及其认为应当达至的目的。[40]

另外,在这里探讨一下阿列克西的看法是有益的。他曾经承认贡特尔部分主张的正确性,即“在某些案件中,判断一条规范应被作为一项规则还是一个原则来对待并非易事。这是一个解释问题,并且正像解释经常遭遇的那样,并不存在一种标准,能为所有的案件都规定简单清晰的答案。”[41]而且,在他看来,并非所有被称为“原则”的规定都是原

[37] See Fernando Atria, *On Law and Legal Reasoning*, Oxford and Portland, Orgegon: Hart Publishing, 2002, p. 98.

[38] Klaus Günther, *The Sense of Appropriateness: Application Discourses in Morality and Law*, trans. by John Farrell, Albany: State University of New York Press, 1993, p. 269.

[39] Ibid., p. 214.

[40] See Humberto Ávila, *Theory of Legal Principles*, Dordrecht: Springer, 2007, pp. 13, 15, 33.

[41] [德]罗伯特·阿列克西:《法律原则的结构》,载雷磊编译:《法:作为理性的制度化》,中国法制出版社2012年版,第140页。

则,[42]它也可能作为规则来使用,反之亦如是。例如,德国基本法中"人之尊严不受侵犯"的规定,既可能被理解为法律原则,因而需要为其他原则进行竞争,也可以被理解成优先性已经得到确定因而具有绝对性的规则。[43] 因而,我们大抵可以认为,阿列克西至少并不反对以论证用法入手区分规则与原则。

下面,我们将从规则或原则在实践推理中的角色来对二者的区别进行分析。

(二)区别一:决定性理由与促成性理由

决定性理由是一种能够决定其结论的理由,即某一结论的决定性理由被证立了,这个结论就被证成了。因而,说决定性理由之间的相互衡量是没有意义的,因为它们之间的抵触会导致事实的不一致(悖论)。促成性(contributing)理由并不能直接决定自己的结论,但对结论的作出会有积极或消极的作用,只有通过对所有支持或反对某一个结论的促成性理由进行通盘考量,才能确定最终的结论。在决定性理由与促成性理由存在碰撞的时候,决定性理由因其定义就自然胜出,也无需衡量。[44]

在许多人看来,规则和原则的区分似乎正好对应着两种理由,[45]但这种说法无疑过于简单化了。在我们看来,如果法律规则的前件所界定的事态出现了,那么,这一事态与规则前件的符合只是构成了将法律规则适用于这一事态的促成性理由;只有在这个规则被适用于这一事态的时候,它才是规则之结论的决定性理由。例如,某一法体系中有规则 R_t:施行盗窃行为者,应受惩罚。假设张三偷取了他人的财物,这无疑是施行了一个盗窃行为,那么规则前件对于这一行为的涵摄就构成了适用 R_t 的一个促成性理由。但依然可能存在其他支持或反对将 R_t 适用于这一行为的理由。例如,这一规则之于张三行为的适用违反了规则背后的正当化理由或者立法目的等。只有在这一规则被适用于张三的这一行为时,它才是张三应受到惩罚的决定性理由。[46]

此观点正确与否,端赖于规则能不能构成这样一种决定性理由,即当它被适用于具体案件时,是不是可以确定该案件的结论(它的规范性效果)。其中关键又在于:例外,特别是在制定法中没有明确表述的隐含例外,是否会影响规则的这种决定性。

阿列克西认为,规则通常是确凿性(conclusive)理由,只有在特定情况下才因为例外地引入而变成一种初显性理由。[47] 但在本文看来,例外的存在并不影响规则构成决定性理由的能力,因为例外本身也是一种规则,因而也能构成一种决定性理由。正如两个规则

---

〔42〕 参见[德]罗伯特·阿列克西:《论法律原则的概念》,载阿列克西:《法理性商谈:法哲学研究》,朱光、雷磊译,中国法制出版社2011年版,第199页注96。

〔43〕 See Robert Alexy, *A Theroy of Constitutional Rights*, trans. by Julian Rivers, Oxford, Oxford University Press, 2002, pp. 63 – 64.

〔44〕 See Jaap Hage and Aleksander Peczenik, Law, Morals and Defeasibility, *Ratio Juris*, Vol. 13, No. 3, 2000, pp. 306 – 307.

〔45〕 参见雷磊:《法律规范的同位阶冲突即解决:以法律规则与法律原则的关系为出发点》,载《台大法学论丛》2009年第4期。

〔46〕 See Jaap Hage, Legal Logic, its existence, nature and use, in Arend Soeteman (ed.), *Pluralism and Law*, Dordrecht: Kluwer Academic Publishers, 2001, pp. 362 – 363.

〔47〕 See Robert Alexy, *A Theroy of Constitutional Rights*, trans. by Julian Rivers, Oxford, Oxford University Press, 2002, pp. 57 – 59.

的冲突可以通过“规则—例外”的形式予以解决，带有例外条款的规则也可以被还原为两个相冲突的规则。例如，“故意杀人者，应受惩罚，但正当防卫者除外”这一带有例外条款的规则 R_{sf}，可以还原为主体规则 R_s：“故意杀人者，应受惩罚”与例外规则 R_f：“正当防卫者，不应受惩罚”。从这个意义上来说，当某人是因正当防卫而杀人的时候，R_f优先于 R_s，构成决定性理由的是 R_f。由此看来，规则构成决定性理由是一回事情，这是指规则被适用之后所具有的实践推论力量，而规则是否有例外是发生在另外一个层面的事情，即规则是否应当被适用，或者说，主体规则或例外规则，谁应当优先被适用。

法律原则并不能直接适用于个案，它是一种促成性理由，需要与其他原则进行衡量，胜出的原则依然需要与相关条件结合，具体化为一个规则。〔48〕 在原则为规则创设例外的情况下，也是如此，这个例外本身是一个规则。例如，在里格斯案中，“任何人不能从自己的过错中受益”这一原则 P_g为遗嘱规则 R_y创设了一个例外，R_y背后所保护的价值是遗产继承的顺序和秩序（P_z），例外被创设的条件是：在继承人为了获得继承的遗产而故意杀害被继承人的情况下，P_g比 P_z更为重要。因此，我们形成了这样的一个规则 R_e：“在继承人为了获得继承的遗产而故意杀害被继承人的情况下，他不能按照遗嘱继承遗产。”R_e构成了 R_y的例外。

需要注意的是，在衡量中，规则的形成并不是胜出的原则一己之力所为的，其他原则作为促成性理由也参与到衡量之中。而且，衡量的结果并不是由这些原则本身的重要性决定的，而是由它们在这一情境中的重要性决定的，当情境发生改变时衡量的结果可能就会发生改变。因此，即使在某一原则胜出并将自己的规范性效果归属于当前案件之后，其他被击败的原则并没有消逝，而在潜在地发挥作用。因此，在实践推理中，原则的角色依然是参与性理由，构成决定性理由的是被适用的规则。

（三）区别二：二阶理由与一阶理由

按照拉兹（Joseph Raz）的理由论，一阶理由的性质在于，只有在通盘考量的基础上它们才能为人们的行动提供理由，因此需要与其他一阶理由在重要性上进行衡量；而二阶理由则是根据（或不根据）某些一阶理由来行动的理由，它的性质在于其相对于一阶理由的排他性，以及独立于其自身内容的形式权威性，也就是说，二阶理由阻断了人们基于一阶理由的慎思和考量，其自身就构成了一个完整的行动理由，它的出现将使得一阶理由的衡量没有必要。〔49〕 一般来说，原则所提供的理由常常被当作一种一阶理由，这是因为原则和一阶理由一样具有重要性或分量，且在相互抵触时需要通过衡量来解决。〔50〕 而规则常

〔48〕 有一种观点认为，原则在不存在冲突理由且自身是完全理由的时候能够以“全有全无”的方式适用，其他情况下以衡量的方式适用（参见范立波：《规则、原则与法律推理》，载《法制与社会发展》2008 年第 4 期）。但在我们看来，如果某一个规范是完全理由的时候，它更应该被当作规则，而非原则，或者更明确地说，这种规范是在以规则的形式在法律推理中指引行为的。类似的观点，参见 Robert Alexy, *A Theroy of Constitutional Rights*, trans. by Julian Rivers, Oxford, Oxford University Press, 2002, pp. 63 - 64。

〔49〕 参见［英］约瑟夫·拉兹：《实践理性与规范》，朱学平译，中国法制出版社 2011 年版，第 28 ~ 37 页。

〔50〕 参见王鹏翔：《规则是法律推理的排它性理由吗?》，载王鹏翔主编：《2008 法律思想与社会变迁》，台北，中央研究院法律学研究所筹备处 2008 年版，第 350 ~ 351 页。

常被当作一种二阶理由,可以排除原则的考量。[51]

在我们看来,每一个单独的法律原则都不是一个完整的行动理由,它对于人们的指引只有在其与其他规则或者原则的关系脉络中才能展现出来。阿列克西的碰撞法则正确地指出了原则的适用方式是衡量,衡量的过程实际上是不同的法律原则在既有的特定条件下的优先关系,这种衡量的结果是形成了一个以特定条件为前提,以通盘考量的结果为法律后果的规则。具体来说,原则间的关系可以通过优先性条件来表述,当某一条件下原则间的优先关系被确定之后,实际形成了一个以此条件为前提、以获胜原则所支持的结论为结论的规则。[52] 例如,在原则 P_1 和原则 P_2 的竞争中,P_1 支持的结论是 C_1,P_2 支持的结论是 C_2,假如在条件 p 中,原则 P_1 优先于原则 P_2,那么,在这一条件下,原则之间的衡量结果是一个规则 R:$p \rightarrow C_1$。例如,在被告可能因为审判的压力而引发中风或者心脏病等危险时,应否继续对其审判?这一案件实际上面临着两个原则的竞争:生命和身体健康权与法治国原则,关键在于确定二者在具体条件下的优先性关系。如果存在明显且具体的危险(进行审判被告人将失去生命或遭受严重的身体伤害),生命和身体健康权就优于法治国原则。[53] 最终形成的规则即是:如果进行审判被告人将失去生命或遭受严重的身体伤害,那么审判不应当继续。

作为二阶理由的规则,其排他性的正当化基础,主要在于它是一阶理由被通盘考量之后的正确结果之固化,它被固化之后就排除并替代了那些一阶理由。

这里的一个重要问题便在于前述衡量过程是否可能被重新开启?我国台湾地区学者王鹏翔给予了肯定的答复,[54] 即一个法律规则可以被看作不同的原则在通盘考量之下确定的,而且在特定条件下法律规则可能依然需要进一步的重新衡量。[55] 假设规则 R 的条件句表述为:$p \rightarrow C$,这一规则就可以"还原"为:"在案情 p 的条件下,支持 C 的原则 P_1、P_2、$P_3 \cdots P_n$ 优先于支持 $\neg$ C 的原则 P'_1、P'_2、$P'_3 \cdots P'_n$。"

例如,"禁止车辆进入公园"这一规则 R_1($p_1 \rightarrow C_1$),就可以被认为是对保护游人享受安宁权的原则(P_1)与保障自由行车权的原则(P'_1)进行权衡而得到的,即在试图进入公园之物是车辆时,安宁权优先于自由权。假设出现了这样的一个案件:一辆救护车要求穿

〔51〕 当然,我们在这里主张的是一种弱的排他性,即在通常情况下,规则排除了衡量的可能性,但在例外情境中,仍可能重启这种衡量;与之对应的是强的排他性,即规则始终可以排除衡量的可能性。一般认为,弱的排他性为阿列克西所主张,而强的排他性是拉兹的观点。参见王鹏翔:《规则、原则与法律说理》,载《月旦法学教室》2007 年第 53 期;王鹏翔:《规则是法律推理的排它性理由吗?》,载王鹏翔主编:《2008 法律思想与社会变迁》,台北,中央研究院法律学研究所筹备处 2008 年版,第 358 ~ 359 页。

〔52〕 参见[德]罗伯特·阿列克西:《论法律原则的概念》,载阿列克西:《法理性商谈:法哲学研究》,朱光、雷磊译,中国法制出版社 2011 年版,第 201 ~ 203 页。

〔53〕 参见[德]罗伯特·阿列克西:《法律原则的结构》,载雷磊编译:《法:作为理性的制度化》,中国法制出版社 2012 年版,第 134 ~ 135 页。

〔54〕 参见王鹏翔:《规则、原则与法律说理》,载《月旦法学教室》2007 年第 53 期;王鹏翔:《规则是法律推理的排它性理由吗?》,载王鹏翔主编:《2008 法律思想与社会变迁》,台北,中央研究院法律学研究所筹备处 2008 年版,第 366 页。

〔55〕 陈景辉提供了这种反事实重构的证成,他以拉兹有关权威的服务观念为基础,将通盘考量的重新开启界定为服务观念的两个缺陷:由服务观念向理由之断然性过渡的缺陷;服务观念内在的缺陷。而且,这两种情形必须都是可普遍化的。参见陈景辉:《规则、道德衡量与法律推理》,载《中国法学》2008 年第 5 期。

越公园,以便以最快的速度抢救急病患者。这一案情在语义上为 R_1 所覆盖,但倾向于实质主义的裁判者可能并不会选择适用 R_1。因为在这一案件中,相关的原则除了 P_1 和 P'_1 之外,还有另外一个原则 P'_2:生命健康权受保护。很显然,在 R_1 形成所依赖的衡量中,并没有将 P'_2 纳入考量。作为支持¬ C 的理由,P'_2 的纳入改变了原有衡量的结果,允许救护车进入公园的结果在这一案件中得到了更多的支持,因此这三个原则衡量的结果是这样一个规则:救护车(有利于保护生命健康权的车辆)允许进入公园。

理想情况的通盘考量要求将所有的一阶理由都纳入到考量之中,将当前情境的所有特征都纳入到考量之中,只有通过这样完全的衡量,最终形成的规则才是绝对正确的。但是,立法者的理性是有限的,这种情况的出现总是可能的:最初衡量时有些本应当纳入考量的原则没有被纳入考量;在最初考量时忽略了某些案情类型的特征。因此,当出现这种情况时,我们要想得到正确的结果,就需要重新进入衡量程序。这也是实践推理从二阶理由(规则)之涵摄退缩到一阶理由(原则)之衡量的两种情况。当然,并不是每次遇到上述两种情况,退缩的通道都会打开,这一通道是有门槛的,即形式原则 P_f,当我们试图打开这一通道,必须将这一形式原则纳入考量,作为支持适用原则的促成性理由。

总之,法律原则作为一阶理由,若想通过它指引行动,需要进行通盘考量,这种通盘考量就蕴含了原则不可能具有可废止性,因为通盘考量意味着在理想层面上所有情况都已经被纳入考量,因而不可能有例外。即使在现实层面上,这种通盘考量无法实现,但法律原则充当行动理由的角色,依然依赖于其衡量之后所形成的规则,如果有新的因素被考虑因此需要重新衡量的话,被废止的依然是这个规则,而不是相应的原则。法律规则之所以具有可废止性,就在于它是通过原则之间的衡量形成的,在实践推理中,这种衡量过程依然可以重构出来。如果新因素的引入导致了原有的衡量结构被打破,法律规则就可能因此被废止。

(四)区别三:行动理由与证成理由

德沃金也敏锐地注意到,法院可以引用原则来作为采纳和适用一个新规则的正当理由,或作为改变规则的必要性理由。[56]

可以看出,在法律推理中,作为直接行动理由的总是法律规则,而非原则;而原则常常以证成性理由出现,即作为某一规则背后的正当性理由,它本身并没有包含一个明确的命令。[57] 一方面,法律规则作为行动理由的确定性和直接性,体现在其行为模式和法律后果的逻辑关系上:只要前件(行为模式或者事实范型)满足,法律后果就可以推出。但在特殊的情况下,法律规则同样可能因为不能满足其背后的证成性理由或者直接违反了作为法律秩序深层结构的法律原则而被废止。这并不是说,规则就不再具有明确性的特征,而是说适用规则所导致的行为后果违反了法律原则所表达的目的或者价值,因而推翻了法律规则的可适用性。另一方面,虽然原则可以表述为一种严格条件句,但它的结论却并

〔56〕 See Ronald Dworkin, *Taking Rights Seriously*, Cambridge, Mass, Harvard University Press, 1978, pp. 28, 37.

〔57〕 See Stephen R Perry, Two Models of Legal Principles, *Iowa Law Review*, Vol. 82, 1997, pp. 788 - 789; Jan-R. Sieckmann, Principles as Normative Arguments, in Christian Dahlman, Werner Krawietz (ed.), *Values, Rights, and Duties in Legal and Philosophical Discourse*, Berlin, Duncker und Humblot, 2005, p. 198.

不是关于具体行动的当为,而是一种价值。因而,原则并不能直接引导行动,它为行动提供理由的方式是间接的。[58] 即"若无中介,不得在个案中直接适用法律原则。"[59] 在我们看来,作为整个法律秩序的深层结构,或者法律规则的背后理由,法律原则只有通过规则的形成才能指引行动,即经过衡量之后,形成一条有明确行为模式的规则。

四、总结

本文的核心议题是法律规则与法律原则的区分。通过对经典原则理论所提供的区分标准之批判,我们以理由论为基础,尝试以可废止性作为标准来区分原则和规则。从根本上来说,规则和原则的区分并不在于逻辑的结构(条件句表述方式),也不在于适用的方式(衡量抑或涵摄),而是在于它们的论证用法,即在实践推理(法律推理)中作为理由所扮演的角色。所谓逻辑结构或适用方式的不同,正是基于其论证用法的不同:规则以"条件;结论"的方式来表述是因为它是参与实践推理的决定性理由,由此也决定了它的适用方式必然是涵摄;而原则在实践推理中的角色是一阶理由,通过衡量为行动提供理由,而且它是通过衡量之后形成的规则作为中介提供理由的,因此它并不必然表述为条件句形式。

首先,需要明确的是,是否应当区分规则与原则,与原则和规则的区分是否是质的区分,是两个不同的问题。前一问题关涉的法律制度及其话语类型,即在法律实践中,是否存在两种不同的话语类型,在其中,规范的论证用法有着截然不同的区别,若不对它们进行区分,便无法真正地认识法律过程的性质。后一问题主要关注的是,如果我们要对这两种话语进行区分,那么,它们之间的区分是不是必然的,或者说,是否可能找到一种理论模型,通过它提供的标准,我们可以在逻辑上对两种规范进行清晰的界定和区分。通过这种区分,本文的讨论就并不必然要否认,某一法律体系中可能存在某些法律规范,它们在法律推理中既可以作为原则也可以作为规则发挥作用。因此,我们无法在一般性层面上对所有的法律规范进行分类。而且,从原则和规则在理论上具有质的差别,并不能推演出二者在现实中的截然区分。德沃金和阿列克西都承认,在司法实践中,对于某一特定的标准,我们可能无法辨别清楚这究竟是原则还是规则。[60]

其次,在实践推理中,对于规则而言,我们要区分两个不同的问题:其一是判断规则的可适用性,即规则的前件是否涵盖了当前的案件事实,这是一个涵摄问题;另一个问题则决定是否(应当)适用这一可适用的规则,在这一决定的作出中,规则的可适用性本身就是支持适用这一规则的一个促成性理由,它还需要与其他支持或者反对适用这一规则的

---

〔58〕 See María Cristina Redondo, Legal Reasons: Between Universalism and Particularism, *Journal of Moral Philosophy*, Vol. 2, No. 1, 2005, pp. 66 – 67.

〔59〕 舒国滢:《法律原则适用中的难题何在》,载《苏州大学学报》(哲学社会科学版)2004 年第 6 期。

〔60〕 参见 Ronald Dworkin, *Taking Rights Seriously*, Cambridge, Mass: Harvard University Press, 1978, p. 28;[德]罗伯特·阿列克西:《法律原则的结构》,载雷磊编译:《法:作为理性的制度化》,中国法制出版社 2012 年版,第 140 页。

理由一起被衡量。[61] 因此，规则作为一种决定性理由在实践推理中发挥作用，这是在我们已经决定适用规则这一前提上来说的，这是规则适用的内部层面，特征在于规则所具有的“前提确定，结果必然推出”的条件句结构。但在对是否应当适用这一规则的衡量中，规则的可适用性只是一个促成性理由，这是规则适用的外部层面，在这一层面，规则的模糊性、含混性及事实认定的可争议性等问题都是无关的。根据价值与原则深层一致性的观点，原则的碰撞都可以被阐释为价值的碰撞，反之亦然。[62] 这些被衡量的理由都可以被看作原则(或价值)提供的理由。在外部层面上，规则的可适用性作为一种促成性理由，是在与其他原则的关系脉络中起作用的，它本身是一个原则。这就是为什么规则也常常会被认为可以以衡量的方式适用的原因，衡量的对象实际上是原则。

由此，在规范适用中，规则和原则所处的不同层次在这里得到了一个最初步的说明。规则作为二阶理由的排他性，是在规则适用的内部层面上界定的：如果选择遵循规则，那么，规则便是排他性理由；[63] 法律原则就是一种一阶理由，虽然也可以为人们提供行为理由，但在有二阶理由存在的情况下，它通常并不会被考虑。

可废止性作为规则和原则之区分标准的可能，也由此得以实现。规则之所以是可废止的，就出现在外部的层面上，即一个规则的行为模式被满足了，但因为其他的理由的出现而没有被适用，这样的理由更多的可能是基于实证法原则的考虑，也有可能是非实证法的道德原则；而可废止性之所以不适合用来刻画原则适用的特征，是因为原则总是以一种促成性理由的身份出现，它无所谓前件满足、结论推出的问题，而必须在与其他原则的竞争中发挥作用。根据阿列克西的碰撞规则，如果原则想要以决定性理由的方式起作用，就必然需要通过衡量具体化为一条规则。因此，当衡量的结果改变时，实际上被废止的是这一规则，而非原则。

但是，如果规则的每一次适用都需要对其背后的理由作出衡量的话，那么，规则的出现就不会带来任何实践差异。因此，原则衡量之后形成的规则，必须在其形成之后具有阻断其他一阶理由的性质。形式原则 P_f(规则一旦形成之后就必须得到遵守；除非有更强的理由支持，否则不能偏离既有实践)在这里就发挥了重要的作用。规则的可适用性之所以是适用这一规则的促成性理由，就在于 P_f 的支持。正是这一原则在法治社会的必然存在，使得在大部分情形中，我们只需要考虑规则的可适用性，而无需对其背后的理由进行衡量。这也是一定程度上避免了对可废止性理念的一个批评，即规则的可废止性会导致规则的完全通透，并最终失去其实践力量。换句话说，法治赋予我们遵从法律的义务

[61] 参见[荷]亚普·哈赫：《法律逻辑研究》，谢耘译，中国政法大学出版社2015年版，第100~103页。

[62] 只不过，原则的碰撞得出的结论是一个义务：应当做什么；而价值的碰撞得出的是价值评价：什么更好。但这不过是同一种东西的不同表现形式而已。参见[德]罗伯特·阿列克西：《法律体系与实践理性》，载阿列克西：《法理性商谈：法哲学研究》，朱光、雷磊译，中国法制出版社2011年版，第212~213页。

[63] 正如王鹏翔在分析拉兹的理由论时正确指出的，当人们选择遵循规则时，规则便必然构成排他性理由，而不再考量其他理由，但他是否会选择接受或遵循规则，则是一个衡量的过程，规则本身并不能排除这种理由的衡量。参见王鹏翔：《规则是法律推理的排它性理由吗?》，载王鹏翔主编：《2008法律思想与社会变迁》，台北，中央研究院法律学研究所筹备处2008年版，第355页注释22a。

(形式原则),或实践理性承诺带来的规范要求,[64] 在我们作出行动的考量中占据着重要的位置,只有在不服从法律的独立理由强于前述义务的时候,规则才可能在个案中被排除,而这种不服从法律的独立理由来源于规则背后所隐藏的支持或反对其可适用性的众多理由之衡量。

[64] See Bruce Chapman, Rational Commitment and Legal Reason, *San Diego Law Review*, Vol. 42, 2005, pp. 266 - 267.

法律家长主义的两个谬误

张 帆

【摘 要】 在近些年的法理学讨论中,我国学者在力推"法律家长主义"这一理论主张,并希望将其运用于具体的法律实践当中。然而,由于忽视了立法的存在及其内在价值,"法律家长主义"实际上遵循了一种简单的单线式二元论证路径,并由此导致其在理论建构中的缺陷,以及在道德论证上的失误。

【关键词】 法律家长主义;国家规制;立法的内在价值;道德主体;自治

在近些年的法理学讨论中,我国学者在力推一个古老的理论——法律家长主义(legal paternalism),[1]并希望将之运用于具体的法律实践当中。[2]不过,对于这种未经充分反思/批判即被引入的理论,我们却少有那样乐观的态度。在本文看来,由于遵循了一种简单的单线式二元论证路径,法律家长主义不仅在理论建构中存在缺陷,而且在道德论证上也有明显的失误。为了证立这一判断,在下文的讨论中,我们将会首先梳理法律家长主义的三个基本纲领。其后,我们将会以"立法"来作为切入点展开批判。本文认为,对立法的漠视不仅促成了那种简化的论证路径,而且还最终导致了法律家长主义的两个谬误。由于我们的讨论不仅会立基于立法及其内在价值,同时也希望借立法的视角来重思或反思既有的理论学说,因此在这个意义上,本文也可以被视为一篇立法法理学的习作。

一、"法律家长主义"的基本纲领

法律家长主义的学说中包含了一些核心的和纲领性的命题。尽管并非每一位法律家长主义者都明确地描述过这些命题,但我们相信,这些命题构成了他们共同的基本立场。这些关键性的命题可以归纳如下:

1. 无论构成共同体的个人是否成熟与理性,如果国家作出某一判断,认为个人的自我行为或与他人的合作行为有可能会损害其个人利益(福利性利益、身体利益或生命利益),那么,国家就可以基于一种"家长"的身份,通过法律来干预、规制或惩罚这些自我选

---

〔1〕 在既有的讨论中,"法律家长主义"常常与"法律父爱主义"交替使用。本文也将延续这一用法,对两个概念不作实质性区分。

〔2〕 代表性的论文包括:孙笑侠、郭春镇:《美国的法律家长主义理论与实践》,载《法律科学》(西北政法学院学报)2005 年第 6 期;黄文艺:《作为一种法律干预模式的家长主义》,载《法学研究》2010 年第 5 期;孙笑侠、郭春镇:《法律父爱主义在中国的适用》,载《中国社会科学》2006 年第 1 期;郑玉双:《自我损害行为的惩罚——基于法律家长主义的辩护与实践》,载《法制与社会发展》2016 年第 3 期。

择行为,从而保护和促进行为人可能受损的个人利益。[3]

2. 较之于其他政治道德原则(尤其是中立的自由主义),法律家长主义之所以拥有更强的道德优势,主要是因为国家干预可以更优地提升自主选择或者自治的价值。[4] 特别是当行为人不理性,或者缺乏足够的信息时,由于国家始终拥有更优的资源和信息,国家便可以通过干预、规制或惩罚来避免错误行为,从而最大化地保护自治的价值或消除对社群之共同善的损害。[5]

3. 尽管国家干预拥有一种道德上的正当性,但国家在哪些事务上可以对个体的错误选择加以纠正,以及在何种限度下限制或惩罚是恰当的,必须受到法律教义学框架的限制。[6] 不过,对于法律家长主义者而言,这并不是一个复杂的问题。在他们看来,由于法律命题的真值并不由法律内部提供,而是取决于一个能够证成整体法律实践的价值之网,因此,借助于论辩梯度的逐步上升,法律家长主义就会因其道德优势而获得法官的青睐,并由此成为一项最优的法律命题的真值之源。

以上只是法律家长主义的基本纲要。不同的家长主义者通常会在一点上存在明显的差异,即国家的干预是否具有一种独立于自治内容的排他性。具体来说,软的家长主义者主张,当自主选择的内容有瑕疵(例如,在受胁迫、对信息存在误解而作出)的时候,个人的行为并非属于真正自治的范畴,国家便可以在此时进行干预和禁止。换言之,国家干预需要考虑自我选择的内容。不过,硬的家长主义并不考虑行为人是如何选择的。只要是为了保护行为人的利益免于损害,国家就应当对其行为加以干预。在这个意义上,国家干预则具有一种强的排他性,其发动与否只是源于国家的判断,与自我选择无关。[7] 尽管差异较为明显,但不同的家长主义者之所以被认为同属一个阵营,在我们看来,主要是源于他们大都坚持了同一种论证进路。具体来说,家长主义者都认为,国家作为一个(理智的、道德的或信息资源的)优势者,可以通过法律这种形式来表达一种"家长"之情,从而干预、规制或惩罚特定的行为选择。用更为简略的形式进行表达,我们可以称为"主权国家—意志表达"的论证模式。

不可否认,在很长一段时间内,法律都被看作一个主权国家的权威性意志表达。大概从霍布斯以来,人们就倾向于接受如下命题:"如果一部制定法 S 对某一群体 Y 具有权威

---

〔3〕 对于这一核心命题更为详细的讨论,请参见 Joel Kleinig, *Paternalism*, Rowman & Allanheld Publishers, 1984, pp. 3 - 17; Donald VanDeveer, *Paternalistic Intervention*, Princeton University Press, 1986, pp. 16 - 14。

〔4〕 相关的论文包括:John Christman, "Relational Autonomy and The Social Dynamics of Paternalism", *Ethical Theory and Moral Practice*, No, 3. (2014), pp. 369 - 382; Danny Scoccia, "Paternalism and Respect for Autonomy", *Ethics*, No. 2. (1990), p. 318;郭春镇:《论法律父爱主义的正当性》,载《浙江社会科学》2013 年第 6 期。

〔5〕 例如,在查尔斯·泰勒看来,从自我之中并不能建立起关于个人主权的绝对意义。自我是存在于道德空间之中,"不仅与他的道德和精神事务的立场有关,而且也与确定的社群有某种联系"。参见[加]查尔斯·泰勒:《自我的根源:现代认同的形成》,韩震等译,译林出版社 2001 年版,第 63 页。

〔6〕 需要指出的是,大部分法律家长主义并没有提出教义学安置的问题,仅有少部分学者提出了这一要求。参见郑玉双:《自我损害行为的惩罚——基于法律家长主义的辩护与实践》,载《法制与社会发展》2016 年第 3 期。

〔7〕 对于两种法律家长主义更为权威的分析,请参见[美]范伯格:《刑法的道德界限:对自己的损害》(第 3 卷),方泉译,商务印书馆 2015 年版,第 13 页。

性,这只是由于:较之于自己选择行为理由而言,如果 Y 遵循了 X 在其意志表达 S 中所确立的行为理由,那么,对于 Y 来说,结果可能会好得多。”对于这一命题,一些学者倾向于认为:此一命题若要成立,我们必须承认或假装承认 X 是一个人或者是一个单一的主体。然而,这又是为什么呢?在很大程度上,我们认为这种思维方式与意志的表达效果密切相关。例如,在霍布斯看来,“当一个人说‘得如何如何’或‘不得如何如何’时,如果除了说话者的意志外别无其他理由,这就是命令”。同样,拉兹(Joseph Raz)也明确指出:“一个指令如果仅仅是,或者至少展现为,某人对‘指令的对象应如何行动’的见解,那么它可能就具有权威的约束力。”马尔默(Andrei Marmor)对这句话的解释是:“只有能够与他人密切交流的主体才能够对他人具有权威。”根据这一标准,法律的制定者或者是一个作为主权者的个人,或者是一个拟制的“个人”——国家。在他们眼里,议会或大型的立法集合体则很难被赋予权威性,因为不同于某个自然人,他们无法成为一个能够“与他人密切交流的主体”。换言之,我们很难想象一群争论不休的立法者或者一个拥有上千人的立法机关能够“与他人密切的交流”。正是基于这一点,拉兹/马尔默坚持认为,制定法必须归之于某一个创作者。在他们眼里,拥有权威的应当是个人,而非某一组织。

正是基于这一思路,无论是法律家长主义还是法律实证主义,他们总是倾向于将立法者与主权国家合二为一,将法律视为单一主权者意志的直接表达。作为其结果,立法过程常常被漠视,或者被吸附于“主权者”或“国家”之中成为了一个可有可无的政治实践,或者与它们相混同而变成了某个单一主体的活动。正是在这个意义上,我们将这种论证模式称为一种单线的二元化论证路径,即一种从“国家”单线式的直接过渡到“法律”的论证路径。

然而,对于这种简化模式的辩护似乎很难被认为是成功的。如果我们将目光投向现代的政治生活,以下事实是无法忽略的:在几乎所有国家里,立法实践不仅实际存在,而且意义非凡。另外,立法过程并非是一个单独个体——主权国家的实践活动,而是一个由很多不同的独立主体——代表们组成的大型集合体——立法机构(议会)所为。虽然一些特殊的立法活动(如授权立法)往往仅由少数个人或一个小型机构来完成,但必须注意的是,它们的权威并不是由于其制定者的聪慧或理性,而是源于一个大型立法机关的授权。

即使如此,一些经验的政治学家还是提醒我们,议会立法往往是虚假的,或者说仅仅是形式上的。虽然我们似乎偏爱议会立法,但实际上真正的立法者却是政党首领和各种委员会。的确,我们无法否认政党与议会间的权力结构。但是,从规范的意义上看,作为法律的制定法,其权威的产生与由一定数量代表所构成的制度存在直接的关联。在宪法的框架下,对于法律的权威而言,立法代表间的平等讨论与投票表决是绝不可少的,这一点并不能被这些经验性的事实所削弱。换言之,在我们所接受的法律理论里,一种宪法的组织原则不应被忽视:如果有权者希望将自己所提出的一般性原则或者政策变为法律,那么它们必须经过由代表所组成的大型集合体的讨论和表决。在这个意义上,一个大型的立法机关及其实践——立法过程必须成为国家与法律之间无可避免的中间环节。如果我们希望建构一个成功的法律理论,我们就必须承认或者不能否认这一事实。

如果以上讨论可以被接受,那么,法律家长主义或者漠视了立法的存在,或者预设了立法乃是单一主体所为,因为只有如此,家长主义才可能坚持一种“主权国家—意志表达

(法律)”的单线式二元论证模式。由此,本文批判的切入点就此展现。在下面的讨论中,虽然主要的分析将会紧紧围绕立法展开,但我们并不会选择那种单一的立法者模式。我们一方面会重视立法机关的复杂结构,另一方面也会充分发掘这些制度性结构所依赖的道德观念。我们相信,只有在这样一个新的基础上去阐释法律家长主义,这一学说所内含的理论失误才可能得以清晰地展现。

二、国家—立法—司法

尽管对于立法问题,家长主义者采取了一种较为简单的处理方式。不过,或许在他们看来,忽视立法的存在,或者将立法视为一个单一主体的活动,实际上并不是什么严重的问题。其一,并不是每一个成功的法律理论(模型)都必须重视立法问题;其二,如果能够证明家长主义不仅在道德上是可欲的,而且也可以被成功地纳入法律教义学的框架之中,那么,法律家长主义当然就有资格成为一种值得青睐的法律学说。对于第一点回应,我们初步表示认同,因此本文并不会将他们对立法的忽视单独视为其理论的谬误之一。不过,第二点回应似乎难以令人信服,因此,我们将会以此为标靶展开攻击。下文的批判将首先针对他们在法律教义学上的自信展开,也就是法律家长主义所坚持的上述第三个纲要。[8]

(一)“符合”的意义

不同于道德推理,法律推理必须通过一种明确而清晰的法律命题方可得以展开。与此同时,鉴于法律命题的真值条件往往并非源于其本身,而是需要其他一些命题——法律根据来决定它是否真实、有道理或者拥有“法律上的”意义。因此,如何识别、选择与确立这些法律根据便成为法律教义学所必须解决的一个理论难题。对于这一问题,理论家之间的确存在分歧。例如,在法律实证主义者看来,法律命题的真值主要源于一些过去的历史事实(立法活动或司法裁判),而一些法律家长主义者则倾向于选择一种德沃金式的论证进路,将法律命题的真值系于一个复杂的“道德之网”。当法官们在这个复杂交织的价值网络中“巡礼”时,随着论辩梯度的不断上升,他们将会对法律家长主义的道德优势青眼有加,并由此将其视为法律命题的真值来源。

然而,事情真的如此简单吗?法律家长主义真的会如此容易地化身为“法律的根据”吗?在我们看来,答案当然是否定的,因为在几个重要之点上,法律家长主义者都犯了明显的错误。我们知道,在司法裁判中,道德判断或道德原则并不能轻易地成为裁判理由。换言之,道德论辩的梯度并不是随便就允许启动并逐步上升的。无论是哪一种学说,大家

---

[8] 笔者在上文中已经提到,大部分法律父爱主义者都没有提及法律教义学问题。但是,如果教义学安置得以成功,那么就可能使得父爱主义的“法律”基础变得更为稳固,同时也为其引入法律实践领域带来了极大的可能性,因此,为了本文的整体批判效果能够实现,对此问题的讨论与批评确属必要。在这一问题的讨论上,鉴于国内学者郑玉双博士的论文更具代表性,因此若无特别指出,本部分选择的批判标靶主要是他的文章——《自我损害行为的惩罚——基于法律家长主义的辩护与实践》,载《法制与社会发展》2016年第3期。

都倾向于认为,只要法律规则是清晰明了的,或者通过特定的方法可以使其清晰明了,法官就必须执行立法机关制定的规则。在这个意义上,法律家长主义并无任何可以涉足之处,因为既有的历史事实便足以确定法律命题的真值。不过,经常发生的情况是,法律规则并不能有效地将一些案件涵摄其中。于是,当"疑难案件"出现时,理论家们便会争论不休。一些人会选择一种"实践型的方法",而另一些人则会将法律推理视为一种"理论内置型"的论辩方式。前者关心的唯一问题在于如何才能使事情变得更好;而后者则"愿意通过一个巨大的、由诸多复杂原则所构成的、贯通全局的理论系统来进行思考"。如果我们以后一种方式来看待法律推理,那么,情况似乎在向着有利于法律家长主义的方向发展。

然而,这仅仅是"似乎",因为法律家长主义在其论证中忽视了一个十分重要的实践维度——"符合"(fit)。在上面的讨论中,我们已经提到,法官们有义务尊重既有的政治与法律决定。在这个意义上,过去的立法和司法实践构成了对法官裁判的某种限制。尽管"理论内置型"的论辩方式崇尚一种原则的裁判,但是,法官的选择标准并非仅仅是基于这些原则的道德优势,更为重要的一点是,它们必须能够首先"符合"既有的法律实践。否则,法官们就是不在"解释"而是在"发明"某个东西。正是在这个意义上,如果无法满足"符合"的门槛性条件,即使它看上去可能更具道德优势,法律家长主义依然不会轻易地被纳入法律教义学的框架之中,我们也就不能将其视为"法律的根据"。

另外,就算家长主义成功地迈过了这个初始门槛,但随着论辩梯度的不断升高(而我们并不知道何时会升高),"我们可能会发现,该原则与其他的一些原则无法协调,或者不能与之相配合,而后者则被视为为更广泛的法律部分作出了辩护"。换言之,由于论辩梯度的上升并非一个单线的过程,而是需要进行不断的"反思的平衡"——道德上的"最佳"与"符合"既有的法律实践之间的平衡。因此,如果法律家长主义无法在更大的范围上为整体法律实践背书,它仍会因"符合"问题而被抛弃。诚如德沃金所言,即使在疑难案件中,法官们并非简单地与零星分散的特殊教义相一致,而是尽可能地达成与整个法律结构的一致性。

对于上述责难,法律家长主义可能会作出如下辩护:既然要满足"符合"的条件,那么,为什么法律家长主义不会成为一个已经为立法所确认的原则呢?或许立法机关也会因其道德优势而将其作为一个立法原则?如果立法者接受了哲学家的论证,将家长主义作为一项立法原则并由此贯彻到制定法当中,法律家长主义不就符合了既有的法律实践吗?恭喜他们!家长主义者们终于想到了"立法"。不过,如果我们将目光投向一个真实的立法过程,他们的上述辩护可能就难以成功了。在下面的讨论中,我们将重点分析这个问题。

(二)家长主义与立法过程

或许自爱尔维修以来,哲学家们就有了一种"帝师"的情节。他们希望政治家或立法者们能够认真阅读他们的著作,成为他们的信徒,并最终将自己的哲学理论变为立法的现实。例如,爱尔维修就认为:"如果哲学家要有益于这个世界,他们应该从立法者一样的角度去观测对象。"[9] 在当代哲学,尤其是当代政治哲学中,这种传统延续了下来。以罗尔斯的作品为例。在提出了正义的两个原则之后,罗尔斯希望这些原则能够在具体的层面上获得落实。其中,最为重要的一个步骤便是所谓的立法阶段。在这个阶段,立法者被要求在两个正义原则(尤其是差异原则)的指引之下来做出更为具体的有关法律和政治的决定。同样,家长主义者也是这一传统的积极参与者。就像一位睿智的、心怀天下的哲学长者一样,家长主义者不厌其烦地,或者说坚持不懈地向立法者提出自己的哲学建议。在他看来,自己的哲学主张不仅拥有明显的道德优势,而且清晰、科学、充满着精致的论证。对于自己的理论,家长主义者拥有充分信心,因为他相信自己足以反驳相反的哲学理论,更无论那些更为粗浅的政治口号。

然而,立法者可能并不是一位哲学的爱好者。诚如上文所论,当代语境下的立法机关并不是某个个人,而是一个大型的、由众多立法代表组成的集合体。尤其在一个多元化的社会中,由于并非来自一个紧密且相互熟识的共同体,代表之间共有的东西就非常少,而且也不存在一个对共同问题的重叠共识。作为结果,他们之间的误解、冲突与争论的机会就可能被大大的提升。如果这就是立法的实际面貌,那么,诚如沃尔德伦(Jeremy Waldron)所言,哲学家们可能误解了立法机关的运作方式。"当我们开始立法活动之前,我们不是等着有关社会正义的分歧在立法机关之外先期获得解决。相反,我们的工作是内化那些分歧,把它们纳入我们议会的制度结构……现代立法机关不是一个找寻哲学建议的个人。现代立法机关是社会中各种重要的竞争观点之代言人的集合体。在他们的竞争和争议当中,立法机关引导其协商并作出决定。"

或许这种回应会激怒那些家长主义者,然而,这就是一个不得不承认的现实。现代立法过程并非是在进行一场哲学观点之间的理性论证,而是通过投票来决定那种立场能够获得更多代表的支持。在这些相互竞争的观点当中,家长主义也许是其中之一。不过,不像他们想象的那样简单。家长主义能否成为一个实际的立法原则,或许并不依靠其自身的道德优势与论辩力量。一种对立的、不那么严谨的哲学对手有可能被青睐有加,而原因则可能仅仅是由于多出了一票而已。

所以,或许在哲学家的眼里,立法者们只是一群"乌合之众"。他们没有足够的耐心去上哲学课,他们的任务只是在一个大型的会场上激烈地辩论,为自己那些可能并不那么哲学化的利益争论不休。然而,正是在这个世俗的过程中,立法机关最终将分歧融合为立法行动,并根据投票的结果来制定法律。尽管感觉上可能不是那么美好,但这就是立法的制度性或结构性的事实,而我们的哲学家们必须以此来作为其理论建构基础。正是在这个意义上,家长主义能否成为一项立法原则,并由此落实到具体的法律规范之中,或许并不如家长主义们想象的那么简单。在立法的辩论与投票过程中,如果家长主义以一票之差落选,那么它依然只是一项飘离于法律之外的政治道德原则;如果它有幸多得了一票,那么,它才有可能因此成为一项需要被"符合"的实践。然而,这仅仅是一种可能性,因为在一个多元化的社会中,分歧与争论的存在会不断削弱这种原本就不太稳固的可能性。

---

[9] 更为具体的讨论,请参见 Gerald Postema, *Bentham and the Common Law Tradition*, Oxford, Clarendon Press, 1986, p. 263。

(三)分歧与道德原则

在一个多元化的社会中,对于很多重大问题,特别是有关正义或者其他道德议题,分歧的存在是十分正常的。对于分歧产生的原因,罗尔斯曾经提出,主要是由于存在很多偶然的未知因素——罗尔斯称其为“判断的负担”(burdens of judgement)——“包含在我们政治生活的日常进程中”。于是,对于一些政治道德原则而言,人们往往会面对“解释”的难题,因为他们无法在“哪一种解释才是最佳的”这一问题上达成一致。以法律家长主义为例,其支持者似乎都同意,法律需要表达一种“家长之情”(或者说“父爱”)。然而,何谓“父爱”?“父爱”究竟要促进或提升哪种(些)更为根本的道德价值?对于这些核心问题,无论是哲学家、立法者还是普通人,他们之间似乎总是难有定论。例如,面对一位已经被宣告脑死亡,只能依赖呼吸机来维持“生命”的孩子,家长是要不顾一切地去维持这个孩子身体的物理机能,还是毅然决然地拔掉他的呼吸机?也许在很多人看来,后者可能过于残酷,但是在很大程度上,我们可能并不会在道德上谴责这样的做法,因为让孩子拥有一个有尊严的生命也是父爱的基本内涵之一,因为当孩子已经被宣告脑死亡之后,依然让他继续“痛苦的”“活着”才是真正的有违父爱。由此,在立法过程中,即使法律家长主义可以成为一个投票的候选项,但围绕其间的分歧与争论也可能会削弱其获得通过的可能性。当然,基于强力或其他一些特殊的政治原因,立法者们可能必须接受法律家长主义,但为了规避纷争,他们通常会选择一项特殊的技术——未完全理论化合意——来抽象地将这一道德原则直接写进法律文本当中。[10] 然而,这种方式可能会被指责为“耍滑头”,因为立法者并没有解决关键性的“解释性难题”,而是将分歧与争议留给了法官。

可能有人会就此置疑,如果我们无法消除分歧与争论,难道政治道德原则就与立法实践“无缘”?难道立法过程就不会涉及或承认任何政治道德原则吗?在我们看来,答案应该是否定的。我们的初步看法是:如果我们承认多元与分歧构成了一个“立法的环境”,那么,在最弱的意义上,立法者们也会承认一个政治道德原则——政治整体性(integrity)。[11] 在德沃金看来,有关政治原则的分歧构成了整体性的环境,从而使得整体性成为一个必要且重要的原则。不过,整体性并非一个完美的原则。依据整体性作出的决定,并不总是与正义诸原则一致,相反要求我们接受从完全公平正义的立场看,可能是不妥当的做法。但是,整体性之所以具有一种力量,是因为整体性代表了一种意愿,亦即在一个充满分歧的不完美世界中,我们要求被当成道德主体的国家或社群,对所有社群成员展现出融贯一致的态度,以一个声音说话,以一个原则性的和融贯的方式来行动。因此,对整体性的普遍承诺,表达了每个人对所有人的关怀,而根据我们在他处接受的社群义务标准,那样关怀是特别的、个人的、遍布的,以及平等主义的,而足以建立起社群义务。所以,在我们从正义诸原则的角度看不认同法律的决定时,整体性能够提供尊重这些决定

〔10〕 有关这一问题的更为具体的讨论,请参见张帆:《地方立法中的未完全理论化难题:成因、类型及其解决》,载《法制与社会发展》2016 年第 6 期。

〔11〕 需要说明的是,作为一项政治道德原则,整体性是一个异常复杂的概念,而且对于它的学术证明也非本文的任务。因此,为了本文的讨论更为集中,我们在这里仅仅引入德沃金的论述以作参考,更为详细的说明可能需要另行撰文完成。

的决定性理由。

总之,由于裁判的内在复杂性,以及存在于立法过程之中的诸多限制,法律家长主义可能并非如其支持者所认为的那样,能够轻而易举地成为一项立法原则,并由此被纳入法律教义学的框架当中。当然,这种讨论仅仅是一种较弱的批判,因为我们只是提出可能存在的困难,并没有完全否认法律家长主义进入教义学领域的可能性。由此,一些学者便可能抱持一种希望,即法律家长主义可能会因其道德优势而被纳入法律领域。然而,在下面的讨论中,读者可以发现,这一优势其实并不存在。

三、道德主体及其自治的价值

对于法律家长主义而言,如果他们希望自己的哲学能够被纳入法律的教义学框架,那么,立法就并非是一个可有可无的过程,而是一个必需的实践活动。在这个意义上,对立法的忽视自然就成为了一个重要缺陷。不过,指出这一点就足够了,我们并不会在此驻足太久,因为我们的兴趣主要在于探寻这种忽略背后的态度,以及由此所可能带来的理论难题。这一部分的批判焦点主要集中于其纲领的第二部分,也就是法律家长主义所宣称的道德优势上。

(一)信任问题

根据法律家长主义的第二个纲领,这种理论之所以拥有道德优势,主要是因为国家干预可以更优地提升自主选择或者自治的价值。特别是当行为人不理性时,国家便可凭借其更优的资源和信息来最大化地保护自治的价值。如果这一归纳不错,那么,法律家长主义实际上包含了两种复杂的甚至是对立的态度:信任与不信任的态度。在一些人眼中,"家长"当然是值得信任的,因为他不仅能够发现真正的问题或人们的福祉所在,而且还可以充分地、中立地、不偏不倚地提出解决之道或保护方案;而不信任则主要针对普通民众〔12〕及其代表所组成的世俗的立法机关。例如,在很多人眼中,立法实践并不值得尊重,主要因为其中充斥着党派之争,而大量的所谓"政治技巧"——相互捧场、派系迎合、政治分肥、讨价还价及阿罗循环,也严重削弱了我们对于制定法的任何崇敬之心。

然而,这两种态度似乎过于简单化了,以致难以充分证成家长主义所坚信的道德优势。让我们首先检讨一下那种信任的态度。的确,在一些学者那里,"信任问题"或者被明确地予以肯定,或者成为了一个默认的理论前提。例如,在最具代表性的"权威的服务观念"(service conception)中,如果"某个"权威已经综合考量了那些已经独立地应用于行为人的理由,以及与行为人之行动相关的理由,那么,当某人把权威性指令视为具有权威性约束力的规范接受下来并且试图去遵从它的规定时,相对于直接遵守适用于其自身的理由而言,被宣称的主体可以更好地遵守那些应用于自身的实质理由(而非遵守被宣称

〔12〕 在我国学者的讨论中,对普通民众所抱持的不信任似乎更为明显。例如,在论证法律家长主义的正当性时,学者们大体选择以下几点论证进路:普通民众的行为能力缺失、对基本权利的自我保护不足,以及无法规避风险等原因。更为具体的讨论请参见黄文艺:《作为一种法律干预模式的家长主义》,载《法学研究》2010年第5期。

的权威性指令本身)。换言之,服从者如果依据这个权威的指令行动,将会比依据对行为理由的自行判断之后所采取的相关行动,能够更好地符合那些实质理由的要求。

当然,如果我们所面对的是上帝或其他神祇所颁布的律令,那么,毫无疑问,我们似乎应当抱持信任甚至是敬畏之心,因为我们之所以尊重这些文本,主要是因为我们对其发布者充满信心。然而,对于不那么神圣的世俗文本(如法律文本)而言,要求我们给予充分的、完全的、不假反思的信任实在是强人所难。在一个法治社会中,法律人的理想之一,当然是制定法能够宣称成为一种"受保护的行为理由"。但是,这种权威性的主张或许并非来源于某位制定者的天赋异禀。尽管我们很多时候可以(或者说"不得不")信任权威主体的判断或选择,但是,在某些情况下,权威的正当性要求可能会遇到障碍,而权威者的意见就可能失去断然性而无法排除其他可能相反的理由。[13] 由此,行为人就必须将这个理由与其他理由一并进行通盘考量,以便作出最佳的行为判断。在这个意义上,我们对权威者的信任基础其实并不稳固。

实际上,对于可信任性(trustworthiness)的相关考量的忽视并非一些学者所独有;这是当代分析法理学的普遍特征。法理学家总是倾向于通过传统哲学问题的视角,如语言学意义、政治道德和概念分析等,来研究诸如法律解释或司法裁判问题。不过,如果我们忽视了信任问题的重要性,这不仅会令普通的法律人感到失望,而且也是极具讽刺性的,因为它同时也违背了大多数法哲学家所赞同的一个核心假定。正如夏皮罗(Scott Shapiro)所指出的那样,对法律性质的探究必须要把知情人的权衡判断视为说明的对象。换言之,法哲学家不能仅仅重视理论内部的融贯性,同时也需要去认真对待那些法律参与者的真正实践、他们所实际依赖的裁判标准,以及他们用来对自己行动进行辩护的那些主张。

除此以外,人们之所以会对"家长"充满信心,部分还因为这样一种预设,即他所面对或所欲解决的问题是一个不那么复杂的问题。在很多时候,如果我们发现了一个问题并提出了解决方案,而且又相信这是一个比较简单的工作,那么,当我们遇到相反的意见时,心里自然会恼怒不已。在我们眼中,这些"挑错的人"或者是愚笨至极,或者是心怀叵测。不过,如果我们抱持一种相反的态度,即法律所欲解决的问题其实并非易事,即便是心怀美好意愿之人也可能会对此争论不休,那么,我们就可能不再会拥有那种教条主义的自信,同时也不会对相反的意见嗤之以鼻。我们也许会接受这种可能性:在与他人的争论或交流中,我们或许可以发现更好的方案。

那么,法律所欲解决的问题究竟是一个简单的问题,还是一个异常复杂的问题呢?以法律家长主义者常举的自杀问题为例。[14] 有学者提出,"根据法律家长主义的基本立场,自杀之违法性的道德基础在于自杀行为破坏了生命这种基本善,个人无权对生命权进行

〔13〕 至少在两种情况下,规则的权威性可能陷入正当化的困境:其一,断然性过渡的缺陷;其二,服务观念的两个基本命题之间存在"裂隙"。相关讨论请参见 W. J. Waluchow, "Authority and the Practical Difference Thesis: A Defense of Inclusive Legal Positivism", *Legal Theory* 6, 2006, pp. 54 - 68;陈景辉:《规则、道德衡量与法律推理》,载《中国法学》2008 年第 5 期。

〔14〕 代表性的讨论参见王钢:《自杀的认定及其相关行为的刑法评价》,载《法学研究》2012 年第 4 期;钱叶六:《参与自杀的可罚性研究》,载《中国法学》2012 年第 4 期。

处分,那么国家应该对自杀行为进行干预。因此自杀具有违法性,教唆和协助自杀的行为是犯罪"。对于这种主张,即使抛开其中的一个模糊概念——基本善所可能引发的争议不论,也无需讨论"违法性"与"犯罪"之间的逻辑推论是否正确,仅就其论证的说服力而言,我们认为也是很难令人信服的。例如,在对自杀之违法性的辩护过程中,家长主义明确指出,当辩护梯度上升的时候,法律之所以应当优先保护生命这种基本善,主要是因为可以"确立生命之价值优先于个人选择的根基地位"。然而,情况依然不像他们想象的那样简单。首先,在"生命价值"与"个人选择"之间如何进行"正确的"排序,似乎总是争论不休。如果在价值问题上我们总是可以轻松地进行排序,那么包括自杀在内的很多问题就不会成为千百年来分歧不绝的问题了。另外,即使我们承认家长主义所宣称的价值排序,但诚如上文所指出的那样,如果论辩梯度不断上升,这种价值的位阶安排还必须在更大的范围内与其他原则相互契合,而后者则被看作为更广泛的法律部分作出了辩护。实际上,仅就我国的法律体系而言,我们可以找到大量相互对立的法律规范。例如,较之于美国的法律,[15]我国对于"堕胎"行为并没有给予较为严格的限制,而其中所预设的价值判断就很难被认为是将生命的价值置于个人选择之上,而是基于其他考量(如政策考量)作出了相反的规定,甚至在某种意义上将个人选择置于更加优先的地位。

限于篇幅,我们就不再举出更多的例子了。如果我们承认法律问题并非都是易如反掌,而是在很多时候充满着困惑、争论或不确定,那么,当面对这些问题的时候,我们究竟应当抱持何种态度呢?罗伯特·诺奇克(Robert Nozick)给出了一个很好的提示:"作者写起哲学著作来就好像他们坚信这些书是关于该主题的绝对定论一样。谢天谢地,幸亏不是每一位哲学家都认为他已经发现了最终真理,并围绕它构筑了坚不可摧的堡垒。我们大家实际上要比这谦虚得多。"换言之,在诺奇克看来,当一位理论家在作出哲学论证的时候,即使他会对自己的主张信心满满,他(当然也包括我们)也应当对其理论建构怀有一种"可错性"的警惕:他的理论主张有可能是错误的!同样,对于"家长"而言,除非他是全能的神祇,或者能够先知先觉,否则,对于诸如器官买卖、自杀或有偿代孕等许多有着深刻道德争议的法律问题,我们(其实也应当包括"他"自己)也必须对"他"的判断抱持一种怀疑的态度,因为对于这些如此复杂的问题,不仅理性的人们(理性的公民、理性的立法者和理性的法官)之间难以保持一致,[16]而且他们的个体或集体判断也可能出现错误。[17]

---

〔15〕 有关美国关于"堕胎"的法律规制,更为详细的讨论请参见[美]罗纳德·M.德沃金:《生命的自主权——堕胎、安乐死与个人自由的论辩》,郭贞伶、陈雅汝译,中国政法大学出版社2013年版。

〔16〕 例如,有学者就认为,强制骑摩托者戴头盔、汽车司机系安全带都属于法律家长主义的典型案例。但是,在另一篇文章中,该学者又指出,在安全带立法中,国家的强制不但没有像立法者期待的那样降低交通事故率,反而会导致驾驶者的冒险行驶,并导致事故发生率的上升。这种对立的讨论似乎恰恰说明了我们对"可信任性"问题的质疑。相关讨论请参见孙笑侠、郭春镇:《法律父爱主义在中国的适用》,载《中国社会科学》2006年第1期;郭春镇、郭瑰琦:《立法的被"俘获"与"逃逸"——从"安全带法"看社会知识对立法的影响》,载《法制与社会发展》2010年第3期。

〔17〕 在我国的法律实践当中,错误表达"父爱之情"的最为著名的例子就是发生在云南的"处检罚款"事件。在20世纪80年代,云南省强制在婚检中进行处女检查,并对检查中的非处女予以50元的罚款。虽然当地政府认为自己的出发点是良善的,但这一规定也引起了人们的反感和拒绝,即使我们注意到此事发生在民风依然较为保守的20世纪80年代。

（二）立法与自治的道德性

除了对“家长”的信任以外，法律家长主义还包括了另一种不信任的态度。在他们眼中，普通民众是不值得信任的，因为他们总是会产生各种形式的“混乱和无节制”。[18] 正是由于这种担忧，或许再加上儒家传统的仁政、德治等思想与家长主义的“亲和力”，[19] 于是，由民众代表所组成的立法机关自然也就成为了可以被忽视或悬置的对象。作为其结果，理论家就只能依赖一种“主权者/国家—普通民众”的二元模式，通过主权者/国家来直接面对/干预民众的自我选择。

然而，如果像其所宣称的那样，法律家长主义旨在保护普通民众的各项权利，那么他们所抱持的基本态度——对主权者/国家的过分信赖，以及对普通民众的不信任——则可能与自己的理论宣称并不融贯。具体来说，我们之所以“需要”一个权利的概念，主要是源于一种脆弱性的观念，即人们可能成为彼此的猎物。在古典自然法学家那里，这种消极的人类图像不仅成为“自然权利”得以提出的前提，同时也可以为法律家长主义的必要性背书。不过，受惠于思想史的丰富资源，除了这种消极的观念之外，我们还可以发现另一种更为积极的图像——人类的“自治能力”：权利之所以可以被“赋予”我们，主要源于这样一个基本假设，即我们是一群有着自知自觉的负责任的道德主体。从某种意义上说，将权利归之于个人就是相信他们可以进行道德思考，而且也有能力这样去做。由于我们能够进行道德思考，同时也可以自负其责，因此，我们不仅可以选择权利的行使方式，而且也能够承担得起权利选择及权利信托的各种结果。正是在这个意义上，如果我们对权利选择表示尊重，那么这同时也就预设了一种对“自治”的信任态度。诚如沃尔德伦所言：“我们之所以将人类个体视为一个权利的拥有者，恰恰是由于我们将他们看作是一个政治责任的承担者。正是因为我们把每一个人看作是一个拥有尊严且能够自治的潜在道德主体，所以我们才可能相信他们能够负担得起自治的重担。”

当然，以上论证并没有否定一种可能性：不当的选择可能会导致权利的滥用，甚至是权利的错误行使。在很大程度上，正是这种担忧导致了包括法律家长主义在内的一系列理论和实践的产生。[20] 但是，在一方面，这种不利的后果并不表明我们的前提假设出现了偏差。实际上，如果权利选择与权利行使总是意味着一种糟糕的结局、可怕的道德危机或者对他人的持续侵害，那么，权利的概念可能早就为人所抛弃，而不会始终成为一个所欲追求的政治或法律概念。另一方面，虽然我们强调对普通民众及其“自治能力”的信任，但这种信

---

〔18〕 例如，麦迪逊曾经提出，“在所有人数众多的议会里，不管是由什么人组成，感情必定会夺取理智的至高权威。如果每个雅典公民都是苏格拉底，每次雅典会议都是乌合之众”。参见 Madison ed, The Federalist Papers, Number LV, p. 336。

〔19〕 在一些学者看来，儒家思想中的仁政理论就是建立在一种家长主义的逻辑之上的。参见孙笑侠、郭春镇：《法律父爱主义在中国的适用》，载《中国社会科学》2006 年第 1 期。然而，这种思路的缺陷在于，一方面，仁政、德治并非是一种现实的政治技艺，而只是一种理论家们构想出来的最理想的治国模式；另一方面，这种论证实际上预设了一种专制主义的政治逻辑，即把民众仅仅视为被统治的对象，并进而赋予政府一种霍布斯意义上的强力/权力。如果我们承认现代的民主政治与有限政府等思想是有价值的、可欲的，那么，这种仁政与家长主义的结合性思维便值得我们警惕。

〔20〕 相关讨论请参见郭春镇：《论法律父爱主义的正当性》，载《浙江社会科学》2013 年第 6 期。

任并不意味着一种极端的、放任自流的自治理念,而是一种强调必须对"权利范围"给予适当限制的自治。对于这项"划界"的工作,我们或许可以依靠主权者/国家,不过前提是"他"不会犯错,而且这一工作本身又不是那么困难。除此以外,在现代社会中,我们一般是通过立法来实现的,而这一实践在很大程度上又是(即使是间接地)奠基于"人民主权"或"自治"的理念之上的。这也就解释了为什么立法机关不是一个小型的机构,而是由成百上千人所组成的原因。正是在这个意义上,如果我们承认立法并非是一个可有可无的政治实践,那么,以此为中介,至少在理论上,我们完全可以实现在权利保护与民众自治之间的勾连。

当然,如果加入对"立法"的考量,反对者就可能会在"多数人暴政"的问题上提出置疑。尤其在代议制民主的语境下,人们对立法的普遍担忧,主要是源于少数人的权利可能会受到来自多数的侵害(压迫)。不过,对于我们的讨论而言,这种质疑并未构成严重的挑战。首先,虽然"多数暴政"在实践中难以完全避免,但同样重要的是,当立法代表们在讨论立法问题时,他们有时或经常表达自己审慎而公正的意见。在很多情况下,这些意见并非总是其自身利益的反映,而是他们真诚面对所争议问题的真实主张。由此,即使立法机关最终没有遵照某人的"意见"行事,但对他的"利益"来说也可能并不构成所谓的暴政。[21] 换言之,如果代表们能够让每一种不同的观点都得到平等地表达与思考,那么,即使最终的决定并没有符合"我"的观点,但这并不必然意味着我的权利和自由受到了侵犯。其次,我们始终在强调一个理念,即那些被赋予权利的人同时也有能力实现对权利范围的适当限制。或者至少我们可以假定,这并不是不可能的,除非自我逐利、代表的无理性及多数暴政总是构成了立法的唯一形象。最后,对于"多数暴政"心怀忧虑的理论家们似乎犯了一个错误:当讨论权利保护的时候,他们一方面将某些人(如那些少数人)视为正直和负责的个体,另一方面把多数派成员看作霍布斯式的"掠食者"。从理论建构的内在融贯性上看,这种分裂完全不能成立。"权利理论家最终只能二选一。"

(三)分歧与立法的意义

在上面的讨论中,我们指出了许多法律问题所共有的一个基本特点,即它们都可能引发巨大的社会争议。之所以如此,除了其本身的疑难之外,主要是因为这些问题通常与普通民众的生活密切相关。否则,谁愿意去理睬它们呢?既然与普通民众有关,那么,一个基本的政治道德原则便是无法被忽视的:作为人类社会的一个重要面向,法律的意义只有通过解释它们之于其当事者的意义才可能得到理解。换言之,法律必须要向那些受其影响的普通民众证明其正当性。

如果这项原则是值得珍视的,那么,较之于法律父爱主义所预设的思维方式——一种传统的自上而下的思维,一种以承认多数决为核心的立法思维似乎更容易满足或促进这一原则。首先,较之于单一立法者,立法实践及其所蕴含的协商、投票和多数决程序会更

---

[21] 在这里,我们借用了沃尔德伦对于"意见"与"利益"的区分。不过,我们并不会将立法代表的"真诚性"视为一个必然的前提。更为具体的讨论请参见 Jeremy Waldron, *Law and Disagreement*, Oxford University Press, 1999, p. 13。

加尊重普通人关于正义和共同善之意见的差异。[22] 它并不会因想象的共识的重要性而刻意地去掩盖或否认对立的观点,或者武断地认为这些观点是无知的、存有偏见的或者是来自某种狭隘的道德观念。正是在这个意义上,立法程序及多数决原则不仅是一个立足于现实的制度选择,而且还实际承认并尊重了多元化观点及其拥有者的重要性:如果不是人数众多与观点多元,分歧的存在也就没有意义;如果不是因为对分歧的重视,人们也不会意识到一个基本事实的存在——我的思考不是对我们面前的问题的唯一思考,还存在大量独特的有智慧的人;想到有理性的人们会有不同意见,这不是不可预料的、不是不自然的、不是不理性的。

其次,通过特定而复杂的程序,投票与多数决原则还具体体现了对每一个个体的尊重。较之于立法程序与多数决,依赖一位超凡领袖的决断可能简单易行而且还很有效率,但是,这种霍布斯式的领袖并没有重视社会上其他独立主体的重要性。他只是给予某一个竞争性的观点以决定性的分量(它并不特别介意是哪一个,可能仅仅是他较为喜欢的那个),很少或者没有重视其他任何观点的意义。比较起来,多数决的方法承诺将每一个人的观点同等视之。即使当面对分歧时,这一程序也不会刻意去贬低或忽略某一个个体的重要性,每一个观点都有可能成为最终的集体观点。实际上,正是由于这一方案试图给予每一个主体的观点以最大可能的关注,它同时也在尽可能平等地关注其他每一个拥有这一观点的独立主体。“不仅仅每一个人的观点可能具有最小的决定力,而且该方法给每一个观点授予最大决定力,仅仅服从平等这种约束条件。在这个意义上,多数决定把它展示为一个公平的决定方法。”

当然,这绝不意味着对平等的尊重都要求投票和多数决。例如,在密尔(John Mill)眼中,平等并不意味着一个智者的观点和一个无知、盲目冲动者的观点具有相同的分量——具有同样的决定力潜能。相反“可能除了傻瓜以外,没有人会因为承认如下事实而感到屈辱,即一定存在这样一些人,他们的观点,甚至是希望都可能比自己强得多”。在这个意义上,一个平等尊重的观点——对被证明的或者承认的理性、才智和经验上差异的回应,可能恰恰证明了某类复合投票方案的正当性,而非一种可能包含平等关注的多数决方案的正当性。

不过,如果我们接受了密尔的平等观,我们就可能立刻面临一个现实的难题:我们如何去判断谁更聪明?换言之,在现实的政治环境当中,我们很难获得一个实质性的判断标准来决定谁更有智慧。一方面,诚如上文所论,历史上的那些“超凡领袖们”并非总是正确无比,在很多时候,他们的一些决定不仅毫无公正可言,甚至有些还可能邪恶异常;另一方面,如果某一事项可能涉及数百万人,那么,我们应该怎样在茫茫人海之中寻求那一位“超凡智者”?是通过占卜求助于神意,还是抓阄抽签来随意选择?由此,在现实的政治环境之中,正是由于我们可能对诸多事项都存在分歧,我们才必须有一个决定程序。在我们看来,较之于那些可能的替代方案而言,投票与多数决原则是唯一(尽管很难完全证

〔22〕 从我国的法律实践来看,由于忽视了对多元与差异的重视,法律家长主义的法律控制模式往往会缺乏相关的程序控制——例如,听证与协商程序,从而导致了很多决定都是由政府(即使是出于良善愿望)单方面作出的,以致于出现很大的随意性与变化无常。其中最典型的例子就是教育部《关于切实加强高校学生住宿管理的通知》(简称“禁租令”)在4年之中的多次变化,即由原则上不允许校外租房(2004年),到不再禁止校外租房(2005年),再到原则上不允许校外租房居住(2007年)。

明,但我们倾向于认为)能够与平等尊重相容的现实选择。如果我们可以回忆起上文对于“整体性”价值的讨论,那么,在一个充满分歧的语境下,立法、平等与整体性价值之间的联系及相互融贯便是不难理解的了。

总之,如果以上讨论可以被接受,那么,法律家长主义所宣称的道德优势其实并不明显。一方面,他们对主权者/国家的信任基础没有所期望的那样牢固;另一方面,他们还可能忽视甚至是削弱了自治之于权利保护的重要意义。如果我们对主权者/国家的以上判断无误,同时也可以信赖当代立法制度背后的道德预设,那么,当我们面对一种自上而下的命令式的立法思维时,我们的态度就应当更为谨慎一些。

四、结论

对于法律家长主义这一古老的理论学说,我们并无任何直觉上的反感。我们的讨论只想表明,当我们意图引介某一理论时,我们必须首先对其展开某种程度上的反思和批判。如果从一开始就忽视了理论学说所可能内含的缺陷或失误,那么任何简单化的理论“移植”就有可能造成实践中的具体难题与困惑。

从本文的讨论来看,作为一种为国家规制进行辩护的理论学说,法律家长主义自然有其自身的理论优势。不过,由于其忽视了立法的存在及其所预设的道德价值,法律家长主义或许并不能如其所宣称的那样去实现原初的理论目标。一方面,考虑到法律问题的复杂性,主权者/国家完全可能出现判断的失误,因此那种忽视普通民众之自治能力的理论框架便不足以实现权利保护的目的;另一方面,作为一种政治道德理论,法律家长主义也不会轻易地被纳入法律的教义学论证之中,除非它能够在更大的范围内拥有一种整体价值上的融贯性。

此处仍需说明三点:首先,本文写作的主要目的在“破”不在“立”,再加上囿于文章的篇幅,在对一些问题(例如,对于“多数暴政”的质疑)的讨论上,我们仅采取了一些较弱意义上的辩护策略。对于这些问题的回应我们将会另行撰文论之。在这个意义上,本文可以被视为一个更为宏大计划的起点。其次,鉴于我国学者较多地还是在引介和应用法律家长主义理论,因此,本文对这一学说的批判主要是从更为根本的一般理论层面进行,或者说是一种“一般法理学”意义上的批判。除非有学者提出了特别明显的理论贡献/缺陷,否则,为了照顾论证的流畅性,对于我国学者的理论批判,本文主要放在脚注中予以讨论。最后,也许有人会认为,我们的讨论太过于理想,太过于理论,或者太过于天真了,因为现实的立法实践看上去似乎并不是那么“美好”。的确,我们没有理由去忽视经验政治学家们的洞见。不过,如果我们希望拥有一个规范性的(而非经验性的)立法理论,那么,在一方面,我们也许需要抛弃一种“单面”的代表理论;[23] 另一方面,我们还需要赋予这

〔23〕 在《代表:回应与标示》一文中,菲利普·佩蒂特(Philip Pettit)提出了一种“双面”的代表理论,即回应型代表与标示型代表的两分法。在他看来,传统的代议制或立法理论只是强调了回应型代表的角色,但如果我们能够充分理解标示型代表的意义,当代的立法图景可能会有较为明显的改观。不过,限于篇幅,我们对这一问题只能另文讨论。相关讨论请参见 Philip Pettit, “Representation, Responsive and Indicative”, in *Constellations Volume* 17, No. 3, 2010, pp. 426 - 434。

一理论以一种可欲的目标。正是拥有了这一目标,当我们被现实无情地打击时,我们依然就有理由去质疑现实的立法实践:难道立法真的就是这个样子的吗?无论怎样立法都是如此吗?我们是不是因为缺乏某种理念而失去了值得珍视的东西?如果我们重拾这种理念,我们能否获得一个更为美丽的立法图景?

社会理论法学:定位、功能与前景

陆宇峰*

【摘　要】 中国的社会理论法学研究在21世纪正式展开。社会理论法学并非严格意义上的法学,而是科学系统对法律系统的外部观察,倡导建构和运用宏观社会理论,从社会整体视角讨论法律问题;与经验法社会学不同,社会理论法学关注实证法,重视经由法教义学的中介,影响法律系统的实际运作,致力于现代法律的全面理性化;在当代的法理学、宪法学、部门法学及新兴的互联网法学、全球法研究领域,社会理论法学都可能构成知识增长点。接续马克思以来的理论传统,推进社会理论法学研究,需要更多学者的共同努力。

【关键词】 社会理论法学;功能分化;法律系统;法律理性

一、引言

对于以马克思主义为指导的中国法学来说,运用社会理论分析法律现象,从来不是一项陌生的工作。法的阶级性、法与国家的关系、法的形成和演化,这些只可能从社会理论角度提出并回答的问题,早已进入大学甚至中学教科书;20世纪80年代,发掘包括但不限于马克思主义经典作品中的法律社会学资源,"从社会整体和发展过程的角度揭示法律的本质属性和基本规律",一度成为重要的研究计划;[1]20世纪90年代,随着市民社会理论的引入,现代法的经济基础、社会动力、文化条件等问题,也得到了比较充分的思考。[2] 尽管如此,由于两方面的原因,真正堪称"社会理论法学"的研究,直到21世纪才正式展开。[3]

---

* 陆宇峰,华东政法大学科学研究院副研究员。
本文系国家社会科学基金青年项目(15CFX022)的阶段性成果。

〔1〕 参见赵震江等:《论法律社会学的意义与研究框架》,载《社会学研究》1988年第3期。

〔2〕 代表性作品,参见马长山:《从市民社会理论出发对法本质的再认识》,载《法学研究》1995年第1期。

〔3〕 高鸿钧教授是国内社会理论法学研究的领军人物。2003年,高鸿钧教授发表论文《现代法治的困境及其出路》(《法学研究》2003年第2期),并出版专著《现代法治的出路》(清华大学出版社2003年版),首次系统运用马克思、梅因、韦伯、滕尼斯、塞尔兹尼克、昂格尔等社会理论法学家的学说阐释法治问题。2004年起,高鸿钧教授在清华大学法学院持续开设"社会理论之法"课程,讲授哈贝马斯、韦伯、卢曼、桑托斯的社会理论法学。2006年,高鸿钧教授与马剑银合编《社会理论之法:解读与评析》(清华大学出版社2006年版)。该书不仅收录了当时汉语学界关于马克思、涂尔干、韦伯、哈贝马斯的高水平研究成果23篇,而且以一篇热情洋溢的导言《法学研究的大视野——社会理论之法》宣告了中国社会理论法学研究的正式展开。此后,高鸿钧教授一直引领国内社会理论法学研究,主要成果可以总结为4个方面:一是商谈论法学研究,代表作包括《走向交往理性的政治哲学和法学理论——哈贝马斯的民主法治思想及其对中国的借鉴意义》(上、下)

一方面,只有在21世纪以后,才出现了对国内法学"囿于法律闺房""陷入形而上学""沉迷经验考察"三重困境的普遍不满,试图寻找适合解释中国日益复杂的社会和迅速变迁的法律的理论新资源,以"观察法律与社会的复杂关系,分析法律与社会的关联互动,追问法律的正当性基础,探求法律发展的未来趋势及其终极命运";[4]才有学者意识到,实证主义法学、自然法学、社会法学"轮流坐庄"的时代已经过去,全球法学正在进入百家争鸣的"无王期",社会理论法学可望发挥开辟新疆域、拓展新视野、指引新方向的巨大潜力。[5]

另一方面,也只有在21世纪以后,我国法学研究者才开始全面阅读孟德斯鸠、马克思、涂尔干、韦伯、艾利希、帕森斯、阿伦特、哈贝马斯、卢曼、福柯、布迪厄、吉登斯、贝克等作者的经典作品,建立现代社会理论的谱系概念和知识储备;才有意识地把孟德斯鸠、马克思、阿伦特、哈贝马斯、福柯等作者的社会理论从其哲学思想、政治学说中剥离出来,用于指导法学研究;才初步形成探索"社会中的法"的理论自觉和方法论自觉,在琢磨、学习和模仿昂格尔、塞尔兹尼克、托依布纳、肯尼迪、桑托斯、桑希尔等"社会理论法学家"研究进路的基础上,尝试运用各家各派的社会理论,从整体社会的视角讨论现代法律问题。

十多年来,在"社会理论之法"的方法论旗帜下,[6]一批中国研究者作出了富有特色的努力。他们不仅重点译介和深入讨论了众多社会理论法学作品,而且以社会理论作为论证资源,重新聚焦法律自治、法律演化、法的正当性、法的功能、司法的地位、程序的价值、法律多元、法律移植等经典命题,还运用社会理论原理,考察了风险社会的法、全球社会的法、网络社会的法等当代现象。[7]至少在这三个方面,社会理论法学分别带来了知识增量、推动了理论反思、建构了分析框架,也因此逐渐从一种"方法"成长为一门"学问"。

但令人遗憾的是,"社会理论法学"本身至今尚未得到深度审视。它原本不应游离于社会理论的视野之外。既然社会理论,特别是从涂尔干、帕森斯到卢曼的社会系统理论自

(高鸿钧著,《政法论坛》2008年第5、6期连载),《商谈法哲学与民主法治国——〈在事实与规范之间〉阅读》(高鸿钧等著,清华大学出版社2007年版),《哈贝马斯、现代性与法》([美]马修·德夫林编,高鸿钧译);二是系统论法学译介,代表作包括《魔阵·剥削·异化——托依布纳法律社会学文集》([德]贡塔·托依布纳著,高鸿钧、泮伟江等译,清华大学出版社2012年版),《"全球的布科维纳":世界社会的法律多元主义》([德]贡特尔·托依布纳著,高鸿钧译,《清华法治论衡》2007年第2辑);三是法社会学前沿理论译介,代表作包括《欧洲法律之路——欧洲法律社会学视角》(沃尔克玛·金斯纳等著,高鸿钧等译,清华大学出版社2010年版),《布莱克维尔法律与社会指南》(奥斯汀·萨拉特编,高鸿钧等译,北京大学出版社2011年版);四是法律全球化研究,代表作包括《法律移植:隐喻、范式与全球化时代的新趋向》(高鸿钧著,《中国社会科学》2007年第4期)、《美国法全球化:典型例证与法理分析》(高鸿钧著,《中国法学》2011年第1期)、《法律:规制与解放之间——读〈迈向新法律常识——法律、全球化和解放〉》(高鸿钧著,《政法论坛》2012年第4期)。此外,高鸿钧教授主编的辑刊《清华法治论衡》多年来发表了大量社会理论法学作品,这些作品主题广泛,涉及对梅因、韦伯、艾利希、帕森斯、阿伦特、哈贝马斯、卢曼、福柯、托依布纳、昂格尔、肯尼迪、科特雷尔、桑托斯等众多社会理论法学家的译介和研究。

[4] 参见高鸿钧:《法学研究的大视野——社会理论之法》,载高鸿钧、马剑银编:《社会理论之法:解读与评析》,清华大学出版社2006年版,第1~5页。

[5] 参见於兴中:《社会理论与法学研究》,载《清华法治论衡》2007年第2辑。

[6] 参见高鸿钧:《法学研究的大视野——社会理论之法》,载高鸿钧、马剑银编:《社会理论之法:解读与评析》,清华大学出版社2006年版,第1页。

[7] 相关成果在本文"四、"的注释中有所反映,此处不一一列举。

诩“整体社会的视角”,真诚地相信从自身原理出发,既可以充分揭示现代社会和现代法律的实际运作,也可以恰当理解一切关于现代社会和现代法律的学理描述,就没有理由出于谦逊的考虑,回避以下三个问题:社会理论法学与其他“外部视角”的法学研究有何不同?社会理论法学与“内部视角”的法学研究及法律的实际运作是何种关系?何为社会理论法学特有的洞见或者可能的学术贡献?这三个问题,分别涉及社会理论法学的定位、功能与前景。中国的社会理论法学“埋头拉车”已逾10年,是时候“抬头看路”,对此一一予以明确地回答了。

二、有关法律的科学性宏观理论

社会理论法学的定位,一言以蔽之,即“有关法律的科学性宏观理论”。这一稍嫌拗口的表述,可以从以下三个层面加以说明。

(一)社会理论法学并非严格意义上的法学

社会理论法学虽以法律为研究对象,且因循类似交叉研究的命名惯例冠以“法学”的称谓,但并非严格意义上的法学。这一判断,源于社会理论的基本原理。

从古典时代开始,社会理论即已普遍接受“社会分工”作为现代性的首要特质:涂尔干以社会分工为核心展开论述;马克思的阶级斗争学说,揭示了隐藏在社会分工背后的权力支配关系;韦伯所谓“诸神之争”,是社会分工的必然结果;帕森斯、哈贝马斯等以社会整合或社会团结为主要旨趣的理论家,则表达了对社会分工后果的深刻忧虑。卢曼用更抽象但更准确的术语阐述该原理,认为现代社会以“功能分化”为首要原则,在现代社会中,法律系统与政治系统、宗教系统、经济系统、科学系统、医疗系统、教育系统、大众媒体、道德伦理相互分离,依据不同的“符码”和“纲要”自我观察、自我描述、自我维持、自我调整、自我再生产;它们各自承担不同的全社会功能,彼此不可通约、不可替代。[8] 相应地,作为与功能分化社会关联的语意形式,现代知识也实现了学科分化,不同学科围绕不同社会系统的运作进行知识生产,反映、巩固、强化并受制于特定的系统理性。其结果是,一旦基于一种系统理性的学科知识,未经中介地作用于另一社会系统的结构塑造,就可能导致后者的运作失灵和功能紊乱,甚至破坏社会分工和功能分化原则本身。在这个问题上,现代法学史令人印象深刻:为了形成和维持法律系统固有的理性,现代法学先是依靠理性自然法,在其开端处挣脱神学的束缚;随后又借科学之力,[9]逐渐隔离伦理学的说教和政治学的指令;而自19世纪下半叶以来,法学的科学化暴露出新的问题,引致绵延至今的争议。

是故现代学科的界限,归根结底是社会系统的界限。那种回归整体性、阶序式古典知识的浪漫主义观点,没有意识到这一界限的划定乃是社会演化的重大成就,不宜轻言跨

〔8〕 See Niklas Luhmann, *The Differentiation of Society*, Columbia University Press, 1982, pp. 232 ~ 238.

〔9〕 参见李忠夏:《宪法教义学反思:一个社会系统理论的视角》,载《法学研究》2015年第6期。

越。即便是“襟三江而带五湖”的“交叉法学”,[10]至少在外部交叉这个层面,也不应以“知识融合”为目标。有鉴于此,最好根据是否基于法律理性、是否介入法律运作这一标准,将有关法律的研究分成两大类。一是法律系统的自我观察和自我描述,即严格意义上的法学,拉伦茨在德国语境下将之与“法教义学”径直画上等号。[11] 法教义学取向于职业化的法律实践,旨在为法律运作提供必不可少的概念、范畴、原则、体系、解释、论证,服务于从庞杂的制定法、先例或者契约规则中构造“裁判规则”,针对个案情境分派“合法/非法”价值的需要,本身构成法律系统的一个重要子系统。由于法教义学的存在,法律论证与宗教、道德、经济、政治论证发生了高度分化,使“疑难案件”的裁判也能固守其法律属性,现代法由此得以在全社会范围内执行“稳定规范性预期”的功能。[12] 二是法律系统的外部观察和外部描述。这类研究超然于法律逻辑之外,并非法律系统的组成部分,一般而言也不参与法律运作,执行法律功能。自然法学、历史法学、利益法学、社会法学、现实主义法学,以及当前流行的法经济学、社科法学、政治(宪)法学无不如此;社会理论法学同样如此,或者应当如此。倘若放任这些外部观察和外部描述左右法律的运行,道德、科学、经济、政治的系统逻辑就可能冲击法律逻辑,进而破坏现代法的自治属性,损害法治国家的基本原则。社会理论法学对功能分化的现代性有着深刻的洞察,更应自觉与严格意义上的法学相区分。

只有在特殊的历史时刻,法律的外部观察才不得不直接干预其内部运作。这样的历史时刻,要么是法律系统的自主性难以存续,要么是法律自治的负外部性增长带来了社会灾难,二者都是现代社会功能分化原则确立困难或者受到侵蚀的症状。启蒙时代,为了推动“社会弥散的法—部分自治的法—自创生法”的演化,[13]为了支撑起法律系统从全社会中的“分出”,思想家们曾经用理性主义自然法学为统一的法律体系奠定基础。但在这一前现代/现代的过渡时期之后,特别是在实证的法典问世之后,自然法学肩负的法律现代化使命就完成了。19 世纪后期,自主运转的法律系统日益脱离社会的需要,特别是放任了经济理性的无限膨胀,造成了严重的贫富分化和垄断问题,名目众多的法社会学作为欧陆概念法学和美国形式主义法学的反动浮出水面,为大规模的制定法干预提供理论支持和操作指导。[14] “魏玛”时期“政治法学”的兴起,固然在客观上表达了强烈的民族情绪,实质却是对“一战”后德国政治空间受到过度压抑的理论回应,矛头指向将“政治决断”彻底消解为法律实施、否定政治自主的“法治国”学说。[15] 1945 年,全世界共同见证

---

〔10〕 参见郑永流:《创新与法律的交叉研究》,载《交大法学》2013 年第 4 期。

〔11〕 [德]卡尔·拉伦茨:《法学方法论》,陈爱娥译,商务印书馆 2003 年版,第 72 页。法律推理是法教义学在英美语境下的功能等值物,参见纪海龙:《法教义学:力量与弱点》,载《交大法学》2015 年第 2 期。

〔12〕 法律论证与其他论证的分化,参见[德]Ralf Poscher:《裁判理论的普遍谬误:为法教义学辩护》,隋愿译,载《清华法学》2012 年第 4 期;现代法律的功能,参见陆宇峰:《“自创生”系统论法学:一种理解现代法律的新思路》,载《政法论坛》2014 年第 4 期。

〔13〕 参见[德]贡塔·托依布纳:《法律:一个自创生系统》,张骐译,北京大学出版社 2004 年版,第 48 ~ 52 页。

〔14〕 See James E. Herget and Stephen Wallace, The German Free Movement as the Source of American Legal Realism, *Virginia Law Review* 73, 1987, pp. 399 ~ 455.

〔15〕 参见[德]卡尔·施米特:《合法性与正当性》,李秋零译,载卡尔·施米特:《政治的概念》,刘宗坤等译,上海人民出版社 2004 年版,第 191 ~ 215 页。

了极权主义对法律自治的摧毁,以及由此产生的惨绝人寰的恶果,经过程序化、形式化改造的(新)自然法学又被重新召唤出来,用于确认政治行动的界限。但无论如何,在现代社会的常态期,包括社会理论法学在内,一切法律的外部观察都应当谨守自己的界限,明白自己并非适合参与法律系统日常运作的"法学";外部的洞见要进入法律系统,必须经历一个"教义学化"的过程,被承认为实证法的"客观价值"。[16] 反过来说,任何试图把法律现象还原为经济、政治、道德、意识、生理现象,把法律决定还原为利益算计、敌我决断、伦理考量、心理分析、科学检测的做法,都从根本上低估了现代社会和现代法律的复杂性,可能把法学研究和法律实践引向歧途。

(二)社会理论法学具有科学属性

社会理论法学立足科学的观察视角,是科学系统的组成部分,具有科学属性。在"世界除魅"的世俗化过程中,在对抗神学并大获全胜的现代化进程中,"科学"逐渐被等同于"正确"。那些无法"科学化"或者未能成功"科学化"的知识,则被打上"非科学"或者"伪科学"的烙印,视同于"谬误"。但这样的观念,根源于科学理性的过度膨胀和科学思维的严重泛化,已经使现代人付出了深陷"理性铁笼"的沉重代价。[17] 对于成熟的社会理论来说,科学不过是现代社会的一个功能子系统,不过是意识系统借以观察世界的一种特殊方式。诸多法律系统的外部观察,虽然并无现代科学的样式,但只要发展到足够复杂充分的程度,就也能够获得对实际法律过程的深刻理解。在这些学问之间,没有高下正误之分。

但它们确实存在立足点之别。法教义学立足法律系统自我观察,密切关注"合法/非法"问题,自不待言。所有外部视角的学问也都各有立足点:自然法学立足道德伦理观察法律,根本上是聚焦"善/恶"问题;法经济学立足经济系统观察法律,根本上是聚焦"成本/收益"问题;政治(宪)法学立足政治系统观察法律,根本上是聚焦"有权/无权"问题;历史法学、社会法学、社会理论法学则立足科学系统观察法律,根本上是聚焦"真理/非真理"问题。此处必须进一步澄清的是,现代社会为"真理"赋予了特殊的含义,即一套通过经验观察和理论解释建立起来、经受了实验或者方法论检验、可以在同等条件下重复使用的体系化知识。现代科学垄断了"真理"的生产,但这种"真理"不一定"合法",不一定"合算",不一定"虔诚",不一定符合政治支配的需要,也不一定"正当"。那种认为真理即善、即美、即虔诚、即正义,甚至认为掌握真理者应当成为"哲学王"的观点,属于柏拉图式的思维,实为功能分化尚未展开的前现代社会结构的意识投射。反过来说,正是因为不必服务于政治、法律、经济、宗教、道德的行为选择,现代科学才成为一个运作封闭的独立系统;它纯粹按照自身固有的标准生产"真理",以便向全社会呈现远较当下现实丰富的可能性。

作为一门科学,社会理论法学的优势仅仅在于,它一方面卸除了为做成法律决定提供论证的负担,另一方面摆脱了政治意志、宗教教义、经济需要、伦理观念、舆论诉求的束缚。

---

〔16〕 新自然法教义学化的德国例证,参见张翔:《宪法教义学初阶》,载《中外法学》2013年第5期。

〔17〕 参见马剑银:《现代法治、科层官僚制与"理性铁笼"》,载《清华法学》2008年第2期。

它只受到一种束缚,即科学系统对于真理性知识应当可观察、可检验、可一般化、可建构的要求。这使它既超越了法律内部视野狭窄的自我理解,又克制了法律外部一厢情愿的过高期望,能够从一个"价值中立"的立足点出发,观察现代法律的自我生产、自我描述和外部描述,观察现代法律与现代社会的共同演化。这也决定了,尽管社会理论法学流派众多、内部差异巨大,但作为科学,它们都反对一种不断从形式上改头换面,实则根深蒂固的启蒙理念:法律是一套特定的基本原则演绎式展开的产物。[18] 在社会理论法学看来,从霍布斯、洛克到卢梭、康德的启蒙思想,与其被当作形而上学的教条,不如被视为对现代性起源之时特有的社会问题的回答,即如何同时维护古代社会解体所释放的个人自由与共同生活的必要秩序;所有规范性的原则,无论源于政治意志、宗教启示,还是道德共识、经济考量,都不可能以其原教旨禁锢现代法律的发展,或者以逻辑方式左右现代法律在现代社会之中的变迁。

社会理论法学的科学属性,最典型的表现为研究客体的转移:从法律规范向法律运作转移、从法律价值向法律功能转移。这不是否定法律规范的重要性,而是强调从静态的规范结构出发,无法认识动态的法律过程,更无法理解法律的变迁及其社会根源。马克思对五种社会形态及其相应法律模式的梳理,韦伯对四种法律理想类型及近代法反形式倾向的论述,卢曼对古代法/前现代高等文明的法/现代实证法演化态势的分析,塞尔兹尼克对压制型法/自治型法/回应型法的区分,托依布纳对形式法/实质法/反思法的阐释,哈贝马斯对自由主义/福利国家/程序主义三种法范式的诊断,都关注由法律规范、法律行动、法律决定、法律组织、法律职业、法律学说共同构成的法律过程,都把法律视为一种随着社会环境的改变不断改变的现象。这也不是否定法律的价值维度,而是以"二阶观察"[19]的方式进一步揭示现代法律何以采纳了特定的价值:在孟德斯鸠《论法的精神中》,法的正当性已经"不再依赖形而上学的基础,而是转而求诸经验性的社会环境";[20]马克思对契约自由和私有产权神圣的讨论,说明资产阶级法律曾经一度适应了现代社会创造更多(经济)行动空间的需要,而当这套法律价值被认为加剧生产社会化与生产资料私有制之间的矛盾,引发了周期性的经济危机时,马克思展开了伟大的批判;卢曼则指出,现代宪法确立一系列基本原则,并不是遵循启蒙哲学规范性主张的结果,而是旨在满足诸社会系统抵御政治系统过度干预、维持自身独立运转,以及超越阶层之分、各自涵括全部人口的事实性需要。[21] 社会理论法学作为科学,遵奉一切社会现象只能从社会本身得到解释的信条,应然的法律价值也不例外。

(三)社会理论法学取向于宏观理论

社会理论法学取向于理论,具体说来是富于反思性的宏观理论。这一点,构成社会理

---

〔18〕 See Chis Thornhill, *A Sociology of Constitutions: Constitutions and State Legitimacy in Historical-Sociological Perspective*, Cambridge University Press, 2011, pp. 1 – 8.

〔19〕 参见[德]葛哈德·贝希曼、尼柯·史帖尔:《卢曼的遗产》,纪海龙译,载《北航法学》2015 年第 2 卷。

〔20〕 马剑银:《"孟德斯鸠语境中的'法'、及其'精神'"——重读〈论法的精神〉》,载《清华法学》2016 年第 6 期。

〔21〕 参见[德]Georg Kneer & Armin Nassehi:《卢曼社会系统理论导引》,鲁贵显译,台北,巨流图书公司 1998 年版,第 209 页。

论法学与其他法律的科学研究（无论是社会科学还是自然科学），特别是经验法社会学研究的重要区分。与经验法社会学相比，社会理论法学更加注重在理论框架下观察法律现象，认为由此获得的洞见比单纯依靠统计、田野调查、实验方法乃至当前流行的大数据方法得出的结论更有价值，更可能明晰法律发展的趋势。毕竟任何方法都有其预设前提和适用条件，任何原始数据都有待思维的进一步处理，而自觉运用理论，可以对此进行有意识的控制和检验。与经验法社会学相比，社会理论法学也更加重视理论内含的反思机制，既反对将黑格尔所谓"存在即合理"降格为"现实皆正确"的庸俗理解，又不满足于对复杂社会中早已丧失透明度的事实性因果关系的简化分析，而是试图发掘蕴藏在理论之中的重构潜力和批判能量。这些潜力和能量的释放，常常表现为新的话语的形成；这些新的话语一旦在社会中传播，就可能带来社会结构的变迁和相应的法律变革。马克思的解放理论、阿伦特的公共领域论、哈贝马斯的商谈论、塞尔兹尼克的回应法学说、卢曼的程序法治观，在此提供了大量例证。

与经验法社会学相比，社会理论法学还更加重视"宏观"理论的建构和运用，致力于通过历史社会学分析把握现代社会的整体特征，进而理解作为特殊"社会"现象的现代法律。这种宏观理论，应当既能够对现代社会作出"一般化"的描述，又能够在现代法律的脉络下提供"再具体化"的说明。换言之，它应当具有"辩证法"的品格，恰当说明现代法律何以既形成了自身的"特殊性"，又将现代社会的"普遍性"寓于其中。这不仅要求它坚决拒斥将法律现象化约为经济、政治、道德、科学、心理现象甚至神经元活动的各式还原论，而且要求它超越日益远离实证法、日益碎片化、日益"去理论化"的当代法社会学。的确，半个世纪以来，围绕法律职业、法律组织、立法博弈、多元纠纷解决、民间法、"行动中的法"、法官心理、法律意识展开的经验法社会学研究，已经越来越偏离法社会学的初衷了。[22] 它们既不研究实证法，也不产出宏观理论，却随着美国的崛起将影响扩展到全世界。

回头来看，法社会学在其诞生之时，显然以促成实证法的变革为目标，并且深具理论野心。19世纪晚期以降，源自欧陆的"自由法运动"产生了跨区域的影响，在美国也引发了混杂着实用主义哲学的各种法学思潮，二者都致力于为法律奠定新的社会理论基础（社会利益或社会福利），解决形式主义法思维主导下法律体系过度封闭的问题，以及这种法思维与社会达尔文主义、自由放任观念合流造成的社会经济问题。[23] 20世纪二三十年代，被我国"社科法学"追封为自身"起源"[24]的法律现实主义登上历史舞台，则是旨在解决美国特有的"普通法危机"问题，亦即19世纪中叶废除"令状"制度之后，美国复杂

〔22〕 有学者将这些成果归诸"新法律现实主义"名下，参见［美］斯图尔特·麦考利：《新老法律现实主义："今非昔比"》，范愉译，载《政法论坛》2006年第4期。一个汇总了上百篇相关成果的读本，参见 Stewart Macaulay, Lawrence M. Friedman, Elizabeth Mertz, *Law in Action: a Socio-Legal Reader*, Foundation Press, 2007。鉴于此读本浅显易懂、生动活泼，比进入社会理论法学作品的法学专业门槛和理论门槛都要低很多，笔者已将其用于为非法理学专业硕士研究生授"法社会学"课两个学期，但其问题确实不少。

〔23〕 See G. Edward White, From Sociological Jurisprudence to Realism: Jurisprudence and Social Change in Early Twentieth-Century America, *Virginia Law Review*, 58, 1972, pp. 1000 ~ 1012。此文有助于区分"一战"前以庞德为中心的美国社会法学与"一战"后以卢埃林为中心的美国法律现实主义。由于不清楚二者分别取向于不同的法律改革目标，不少学者仅仅看到二者共同的实证研究方法，就将其混为一谈。

〔24〕 陈柏峰：《社科法学及其功用》，载《法商研究》2014年第5期。

的司法体制迟迟未能解决的法律适用统一性问题。[25] 为了达成这一目标，现实主义法学家倡导回归“普通法传统”，发展更加注重情境和个案正义的司法模式，以及迥异于欧陆法典、规则细化的制定法模式。[26] 但是近几十年来，表面繁荣的法社会学已经不再关注现代社会最重要的法律现象——实证法了，甚至可以说，它已经主要不再研究“法律”了。[27] 更令人沮丧的是，法社会学的理论雄心也丧失殆尽。马克思的法社会学奠基于劳动理论，涂尔干的法社会学奠基于连带关系理论，韦伯的法社会学奠基于行动理论，卢曼的法社会学奠基于沟通理论，哈贝马斯的法社会学奠基于交往行为理论，福柯的法社会学奠基于规训理论……这些经典作者如今只能被称为社会理论法学家，因为在他们的作品与当代主流的法社会学之间，存在是否寻求统一理论基础的重大差异。后者最多可以被视为一种不充分的科学形态，其科学性体现为“对实在的拆解”，如把法律实在拆解为法律职业、法院组织、法律行动、法律意识，以供实证研究。但科学新知的获取，根本上有赖于“拆解能力与再组合能力”的同时提升，只有经验的分析没有理论的综合，无法释放拆解工作原本暗藏的巨大潜能。[28]

在经验法社会学仍然保有其主流地位的当下，后现代主义的“解构”思潮又不期而至，但社会理论法学不为所动，继续坚持其宏观理论取向。毕竟，越是面对复杂的社会，越是面向内部不断分化的法律，就越是需要一以贯之的宏观理论，越是应当“把微观层面的相互作用中存在的偶然性、文化蕴含及宏观层面的法与社会的相互进化也都纳入社会变革的视野之中，以便始终保持法与社会在结构上的可选择性和反思性”。[29] 那些“中层理论”固然可以说明特定的法律现象，但往往只是片面诉诸经济学、政治学、伦理学、自然科学原理和方法的产物，其解释力经不起全面地检验；[30] 那些对特定法律现象的实证分析，如果不能反思为基于宏观理论的必然结论，则更加令人生疑。它们无法说明，所观察到的现象是根植于现代法律发展的一般规律和基本趋势，抑或不过是回潮的逆流，或者昙花一现的乌托邦；也从未澄清，所谓中层理论和实证分析的背后，究竟埋伏着何种价值预设或者政治立场，其结论在何种情境下是合理的，在何种意义上是正确的。社会理论法学恰恰相反，它对所有法律现象的观察都可以回溯至一套宏观理论，由此直接或间接地把它对现代社会和现代法律的基本判断公之于众；与此同时，它又自省于它的一切描述都仅仅源于一个统一的观察起点，相应地也就必然存在着“盲点”，从而诚实地展现任何研究都不可避免的局限。

---

〔25〕 参见陆宇峰：《美国法律现实主义：内容、兴衰及其影响》，载《清华法学》2010 年第 6 期。

〔26〕 参见陆宇峰：《“规则怀疑论”究竟怀疑什么——法律神话揭秘者的秘密》，载《华东政法大学学报》2014 年第 6 期；陆宇峰：《“事实怀疑论”的浅薄与深刻——弗兰克法律现实主义再解读》，载《江汉论坛》2014 年第 10 期。

〔27〕 [德]尼克拉斯·卢曼：《法社会学》，宾凯、赵春燕译，上海人民出版社 2013 年版，第 39 ~ 44、182 页。

〔28〕 参见[德]尼克拉斯·鲁曼：《生态沟通——现代社会能应付生态危害吗?》，汤志杰、鲁贵显译，台北，桂冠图书股份有限公司 2001 年版，第 129 ~ 132 页。

〔29〕 季卫东：《社会变革与法的作用》，载《开放时代》2002 年第 1 期。

〔30〕 默顿的“中层理论”广受社会学界批评，以至于他在后期作品中作出了修正，认为社会学中层理论的建构无论如何都离不开社会学一般理论。参见吴肃然、陈欣琦：《中层理论：回顾与反思》，载《社会学评论》2015 年第 4 期。

三、现代法律全面理性化的动力

社会理论法学有何功能?在回答这个问题之前,有必要区分“效用”与“功能”。[31] 这是考虑到把效用等同于功能,已经造成了不少对于社会理论法学的误用和滥用,从阶级论到活法论、从商谈论到系统论,从来如此,于今尤甚。作为“有关法律的科学性宏观理论”,社会理论法学当然有其个人体验层面的效用,如满足法理学研究者越来越难以满足的思辨乐趣;有其纯粹科学层面的效用,如将纷繁复杂的法律现象纳入一个更加自洽的解释体系;有其政治论证层面的效用,如为特定政治制度贴上一个时髦的正当化标签;也有其职业功利层面的效用,如满足法学论文发表必不可少的“创新性”要求。然而,倘若社会理论法学确有社会理论意义上的功能,它就必须对于法律系统有所助益,进而对于全社会有所助益。事实上,社会理论法学确实可能经由法教义学的中介,影响法律系统的实际运作,促进法律系统在充分发掘与有效抑制功能分化正负外部性的双重目标之间保持动态平衡,从而为现代法律的全面理性化提供动力。这才是社会理论法学独特的功能所在。

(一)对法教义学的“激扰”

社会理论法学与法教义学虽然立足点不同,但均以实证法和法律系统为研究对象,这决定了二者之间存在“耦合”。此处选择“耦合”这一术语(而非“重合”),旨在重申外部视角的社会理论法学与内部视角的法教义学根本上属于不同的社会脉络,各自取向于科学和法律两种彼此分离的系统逻辑。因此,前者无法直接改变后者,只能对后者以“噪音”形式施加“激扰”。至于法教义学是否回应这种外部的“激扰”,则取决于法教义学内部是否存在感知“噪音”的固有结构,或者外部的“噪音”是否足够喧嚣,足以迫使法教义学发展新的内部结构。总而言之,取决于法教义学是否与社会理论法学形成“共振”。

一般说来,法教义学只能以其固有结构“理解”社会理论法学制造的“噪音”。比如,尽管哈贝马斯指出,在民主法治国条件下,包括司法决定在内的所有政治和法律决定,其正当性都取决于经由交换合理理由的理性商谈达成的共识。[32] 但既有的“程序中立”原则、“辩论”原则、“举证责任分配”规则、“证据证明力”原理及“既判力”学说都决定了诉讼法教义学既不可能接受司法过程的商谈模式,也不可能接受裁判结果可接受性的共识标准。然而,通过重新解释“诉讼诚信”原则的核心价值及其实质意涵,通过对当事人的陈述真实性和表达真诚性提出更高要求,诉讼法教义学却可能以自己的方式吸纳商谈论的洞见,亦即在不追求共识结果的同时引入共识达成的基本条件,构造适合司法场域的最低限度的“理想言谈情境”,从而强化司法裁判的正当性。法律论证理论也回溯自身作出回应,它不是主张法律论证向公众真实的道德商谈开放,而是更新了法律论辩的规则和形

---

[31] See Niklas Luhmann, *The Differentiation of Society*, Columbia University Press, 1982, p. 238.

[32] 参见[德]哈贝马斯:《在事实与规范之间:关于法律和民主法治国的商谈理论》,童世骏译,生活·读书·新知三联书店2011年版,第273~277页。

式,以保障法官对其法律判断的证成能够被理解为普遍实践论辩的一种特殊情形。[33] 从第三方的视角来看,这些从法教义学自身逻辑出发的"理解"往往只是"误解",却提升了法教义学的反思能力。

在特殊情况下,社会理论法学也可能制造出足够的"噪音","激扰"原本不具特定结构的法教义学自我反思,生成新的教义学结构。比如,托依布纳指出,在现代社会中,基本权利并不仅仅受到政治权力的纵向侵犯,而是也可能受到经济、科学、传媒、医疗、教育等"匿名魔阵"的横向侵犯,后者已经导致大量人口陷于事实上的边缘地位,引发了一浪高过一浪的社会运动。[34] 这就迫使宪法教义学修正基本权利的效力学说:固守基本权利纵向效力的美式宪法教义学需要直面横向效力问题,将基本权力横向效力局限于经济领域的德式宪法教义学需要进一步拓展。作为连锁反应,诉讼法教义学也不得不考虑相应的"可诉性"问题,以及侵犯基本权利的社会力量的归因问题,由此可能发展一套教义学上的识别原则,将原本属于抽象社会体制的法律责任归诸有能力实际担责的诉讼主体。其他部门法学,则可能各自展开"部门宪法学"研究,形成各自特有的基本权利理论。[35] 在这个过程中,法教义学同样提升了反思能力,变得敏感于社会理论法学所揭示的全新社会问题。

(二)法律运作的"自我调整"

社会理论法学"激扰"法教义学,使其得到结构上的自我更新,或者迫使其生成全新的结构。不论哪种结果,法教义学都完成了对社会理论法学洞见的"转译"。这就搭起了社会理论法学与法律运作之间互动的桥梁,可能间接促成现代法律的调整。

接着上文的例子往下看。哈贝马斯的商谈论经由法教义学的中介,可能落实为关于滥用诉权、恶意诉讼或虚假诉讼之后果的法律规定,以及关于法官裁判文书说理义务的职业伦理规范;在司法实践中,法官也可能依据诉讼诚信原则解释和补充具体的程序规则,或者援引诚信原则使当事人的背信诉讼行为归于无效。[36] 托依布纳的基本权利理论经由法教义学的中介,可能改变宪法法院的受案范围,扩展基本权利的宪法保护;也可能推动普通法院在司法裁判中强化对一般私法原则的解释和运用。所有这一切,都最终改变了既有的法律运作。具体到诉讼当事人的身上,就是改变了他们实实在在的权利义务关系。

但无论如何,社会理论法学只能促成法律运作的"自我调整"。一方面,法律系统仅仅由使用"合法/非法"符码并指涉"现行有效法"的"法律沟通"构成,包括法律观察和法律运作两种类型。现代法律的自治属性意味着,法律沟通只能衔接法律沟通,法律运作只能衔接法律观察或者法律运作。因此归根结底,不是社会理论法学这种"科学"观察,而

---

〔33〕 参见[德]罗伯特·阿列克西:《法律论证理论——作为法律证立理论的理性论辩理论》,舒国滢译,中国法制出版社 2002 年版,第 352~362 页。

〔34〕 参见[德]贡特尔·托依布纳:《匿名的魔阵:跨国活动中"私人"对人权的侵犯》,泮伟江译,载《清华法治论衡》2007 年第 2 辑。

〔35〕 部门宪法学研究的建议,参见周刚志:《部门宪法释义学刍议》,载《法学评论》2010 年第 3 期。

〔36〕 参见段厚省:《商谈视野下的民事诉讼诚信原则》,载《民事程序法研究》2014 年第 2 辑。

是法教义学这种“法律”观察有能力改变法律运作。这是一种内部调整,社会理论法学仅仅供给了外部的动力;社会理论法学的洞见,总是经由法教义学的“过滤”和体系重构,才影响法律的实际走向。另一方面,不论社会理论法学阐发了怎样高明的洞见,无论这样的洞见取得了多大范围的共识,法律运作的调整总是无法逾越自身结构的界限。正如哈贝马斯的商谈理论永远不可能用于改造现代司法的“对抗制”底色,使两造对抗的司法转型为一种“合作型”的纠纷解决模式。因为这种改造只可能意味着,现代司法被取消了通过截然二分“胜诉/败诉”稳定行为预期的功能,而这是从“教谕式调停”型的古代审判〔37〕出发概率极低的社会演化成就。卢曼的系统理论提供了另一个例证,即现代法律永远不可能彻底解决“风险社会”问题,因为它难以救济“可能”受到侵害的权利;正在迅速扩张的“危险责任”原则所保护者,也根本不是原初意义上的主观权利——“那种人们可以仰赖法院而免于恐惧的防御权”。〔38〕实际上,自马克思以降,社会理论法学即已非常清楚地认识到,除非通过暴力革命彻底摧毁法律系统,或者在生产力高度发展的基础上建立无国家无法律的共产主义社会,否则法律终将遭遇自我调整的临界点,此时没有任何一种外部力量可以真正迫使它作出调整。

(三)法律理性的四个维度

尽管如此,通过激扰法教义学和促成法律运作的自我调整,社会理论法学最终还是可能以一种间接的方式,推动现代法律的理性化。人文主义的古典哲学从主体角度界定理性,韦伯以来的社会理论则转而聚焦社会和法律的理性。纵览社会理论史,现代法律理性可以概括为“自治”“限制”“回应”“整合”四个维度,它要求法律系统既保持自己的自主性,又不侵犯其他功能系统的自主性,既不断满足其他社会系统的需要,又不断满足全社会整合的需要。法教义学研究,以及所有外部视角的法学研究,都可能有助于现代法律在某个或某些维度上的理性化,但只有社会理论法学致力于现代法律的“全面”理性化。

近年来,我国法学界掀起了一场名为“教义法学 VS 社科法学”的论战。社科法学一方率先发难,指责教义法学由于固守现行法规范和法秩序而缺乏批判意识,由于“从法条出发”而忽视司法裁判的社会经济后果,由于否定经验研究而难以感知法律实践中的现实问题特别是那些没有进入司法场域的问题,由于不注重因果关系分析而无法提出有效的问题解决方案。〔39〕教义法学一方则辩称,法教义学从未对实证法抱有愚忠的态度,而是解释其含义、填补其缺漏、排除其在个案适用上的矛盾;当代的法教义学也早已不是封闭的体系,它在坚持自身规范研究立场的同时,吸纳社科法学提供的经验知识和价值判断,在保障实证法体系自主运转的同时,使之与社会现实的需要相协调。〔40〕这场论战最

〔37〕参见[日]滋贺秀三:《清代诉讼制度之民事法源的概括性考察——情、理、法》,载王亚新、梁治平编译:《明清时期的民事审判与民间契约》,法律出版社1998年版,第19~53页。

〔38〕参见[德]尼可拉斯·鲁曼:《社会中的法》,国立编译馆主译、李君韬译,台北,五南图书出版股份有限公司2009年版,第526页。

〔39〕参见陈柏峰:《社科法学及其功用》,载《法商研究》2014年第5期;侯猛:《社科法学的传统与挑战》,载《法商研究》2014年第5期。

〔40〕参见雷磊:《法教义学的基本立场》,载《中外法学》2015年第1期。

近似乎以“和解”告终,至少社科法学这一方声称只是“一场误会”(侯猛语)。然而,社会理论法学的旁观者完全没有看到双方和解的基础——教义法学仍然反对后果主义的研究立场,拒绝将经验知识与价值判断直接转化为裁判理由;社科法学仍然不打算对实证法投入热情,或者将法教义学纳入研究视野之中。[41] 在这个问题上,已有学者正确地指出,“社科法学与法教义学的分歧具有某种程度上的不可调和性”。[42] 更重要的是,把双方的讨论加在一起,也仅仅涉及现代法律理性的两个维度,一个是法律自治维度,另一个是法律满足其他社会系统(经济、伦理、家庭、族群、阶层、职业)需要的回应维度;法律侵犯其他功能系统自主性的限制问题被遗忘了,法律满足全社会需要的整合问题,则最多是从极度模糊且不可预测的“社会效果”角度得到间接的涉及,或者从混乱多元且变动不居的“地方性正义观念”角度得到粗浅的把握。

与社科法学不同,相应于法律理性的四个维度,成熟的社会理论法学存在四项基本共识。一是坚决反对实然向应然、事实向规范的直接转化,承认自身的洞见只能经由教义法学的中介“激扰”法律系统。这是一种经过理论化的真正的“承认”,表现为将实证法和法教义学纳入自己的主题清单,正视它们对做成法律决定不可替代的作用,甚至相信“运作封闭”是现代法律功能发挥的必然要求。二是强调法律系统必须在运作封闭的基础上“认知开放”,亦即借助既有的结构观察和回应其他功能系统的需要,如通过立法、契约和法教义学选择性地转译经济、政治、道德、舆论诉求,又如将科学知识作为“事实”(而非“规范”)有条件地引入法律论证之中。三是警惕法律理性的过度膨胀,包括法律对经济生活的不当干预、对职业和社区自治的不当替代、对伦理争议的不当介入、对科学研究和艺术表达的不当限制等。这种被称为“过度法律化”的趋势,按照桑托斯的理解,预示着作为现代社会两大支柱的“解放”陷于“规制”。[43] 四是要求法律承担起具有全社会意义的“监护”职责,或是通过确立立法商谈的位阶原则,使法律创制的实用理由经受伦理——政治理由、道德理由的重重检验,以保障法律超越技术专家和群体意见的普遍有效性;[44] 或是通过对大型组织内部管理制度的监督、外部谈判机制的供给及终局性的纠纷解决,维持诸功能系统相互之间的动态平衡。这四项基本共识,决定了社会理论法学可能成为现代法律全面理性化的动力。

需要补充的是,传统上把社会理论法学分为两种理想类型:一类属于“描述型”,致力于打磨更具现象覆盖能力的理论工具,准确说明法律的结构、功能和过程,及其与社会的共生共变,代表人物包括韦伯、帕森斯、卢曼、托依布纳等;另一类属于“批判型”,致力于揭示现代法偏离其原初承诺的现状及其社会根源,探索重寻法治理想、重构法律体系的路径,代表人物包括马克思、哈贝马斯、昂格尔、桑托斯等。众所周知,二者之间存在长期的

---

[41] 当前国外的法社会学研究同样如此,参见[德]因格·舒尔茨·舍费尔:《作为法社会学研究客体的法教义学——“带有更多法学元素的”法社会学》,张福广译,载《北航法律评论》2015 年总第 6 辑。

[42] 谢海定:《法学研究进路的分化与合作——基于社科法学与法教义学的考察》,载《法商研究》2014 年第 5 期。

[43] 参见[英]博温托·迪·苏萨·桑托斯:《迈向法律新常识——法律、全球化和解放》(第 2 版),刘坤轮、叶传星译,中国人民大学出版社 2009 年版,第 12 页。

[44] 参见马剑银:《通过公共领域的立法民主》,载《清华法治论衡》2009 年第 1 辑。

内部争议。比如,在法律正当性的问题上,哈贝马斯就曾指责卢曼,认为描述型的社会系统理论不过是社会工程学,放任了自主运转的法律系统对生活世界的宰制,其错误的思想根源在于"对主体哲学遗产的接受";[45]卢曼也反唇相讥,认为批判型的商谈理论不过是依据自己臆造的乌托邦,攻击现代法律没有实现其理想图景而已,奉劝哈贝马斯回到"马克思的传统","按照社会的原貌和实际的运行研究社会,以发现可能的变数,这样或许可能形成较少痛苦的局面"。[46] 但批判的社会理论法学并非不具描述能力,不论是马克思、哈贝马斯还是昂格尔、桑托斯,都不仅充分考察了法律演化及其社会条件,而且阐述或预设了法律变革的内在制约性和社会制约性。描述的社会理论法学也并非不具批判潜质,卢曼在讨论现代法律自创生属性的同时,表达了对由此产生的"排除"效果和逆向演化可能性的深刻忧虑;[47]托依布纳更是从描述出发,走向了批判现代法律回应社会和环境需求的不足,以及全球法领域强势体制向弱势体制强加法律规则的霸权倾向。从这个意义上讲,描述/批判的二分法是引人误解的,更像是针对不同研究者的理论气质而非理论类型,他们有的"悲观冷峻",有的"勇猛精进"。归根结底,各家各派的社会理论法学都试图通过促成法律运作的自我调整,推动现代法律的全面理性化,使之同时兼顾释放功能分化潜力与遏制功能分化副作用的双重目标。

四、各领域法学研究的知识增长点

社会理论法学前景如何？这又是一个见仁见智的问题。一方面,"前景"一词过度含糊,似可包含经济、政治、职业、精神上的一切益处;另一方面,任何一位社会理论法学研究者都受制于自身的积累,很难对此作出全面的预判。退而求其次的选择,是以笔者相对熟悉的系统论法学为主要出发点,从可能的法学学术贡献角度,进行简单的列举式展望,以求教于方家、同仁。这样的展望将显示出,受现代科学固有的"好奇心"和纯粹的知识兴趣驱使,社会理论法学致力于呈现从理论到现实的丰富可能性,这使它能够以四种相互关联的方式成为各领域法学研究的知识增长点:一是推动全新法学概念的生产,或者传统法学概念的意义更新;二是揭示长期受到遮蔽的法学问题,或者重新解决长期陷于争论的法学问题;三是澄清和反思既有法教义学的理论基础,或者助益于重构法教义学的理论体系;四是更准确地描述和诊断法治现实,或者更合理地论证针对当下法治现实的改革方案。具体说来:

第一,对于当代的法理学研究来说,社会理论法学可以:(1)解构各种法学基本概念的形而上学基础。比如,将"效力"重新理解为法律系统内部循环封闭运作的衔接符号,为法理学研究对象从静态法律"体系"转向动态法律"系统"做必要的概念准备。没有这种概念准备,就连法律效力的最终来源,目前也只能像凯尔森那样归诸"基础规范",或者

---

[45]　参见[德]于尔根·哈贝马斯:《现代性的哲学话语》,曹卫东译,译林出版社2004年版,第401～430页。

[46]　参见[德]尼可拉斯·卢曼:《关乎众人之事:评哈贝马斯的法律理论》,陆宇峰译,载《清华法治论衡》2014年第14辑。

[47]　参见[德]格拉尔夫-皮特·卡里埃斯:《法的系统理论——卢曼与托依布纳》,李忠夏译,载《北航法学》2015年第2卷。

像哈特那样归诸社会事实,难以充分说明现代法的自治性和动态性。[48] 又如,将法的"实证性"重新理解为"可变性"或"偶在性",由此关联到一项尚未得到法理学处理的法律史结论,即前现代社会的法律是被"发现"的、不可人为改变的,现代法律却可以被"制定"并不断修改,这只能从现代法律适应社会结构复杂化的角度得到合理解释。[49] (2)引入更具法治现实描述能力的新概念。比如,"软法"概念,它描述的不是存续千百年却被现代"国家法"边缘化、实效和理性化程度均成问题的"民间法"或"习惯法",而是那些不依赖国家强制力就能够自我执行,甚至已经形成"次级规范"和纠纷解决机制的法律。不论是WTO法、ICANN的规则、跨国公司的内部章程,还是当前热议的"党内法规",[50] 都已成为各自领域比国家法更"硬"、更合理的法律。又如,"法律悖论"概念,它提示法理学研究者注意,法律演化不是基本原则的逻辑展开或具体化,而是不断遭遇规范冲突的过程;法律悖论从来不能被消除,只能通过法律程序或者新的法律规范加以转移;它也不是应当扫除的障碍,反而是法律发展不竭的动力之源。[51] (3)以新的方案解决传统的法理学难题,如介入实证主义法学与自然法学关于法律封闭性/开放性的百年争论,明确法律系统在运作层面封闭,在认知层面开放。[52] 这一方案强调"开放立足于封闭"的系统论原理,建立在"建构主义"的认识论转向基础上,并非庸俗的辩证法。[53] (4)为中国的法治化改革提供非意识形态的理论参考,如在全面考量国家性质、传统文化、本土国情、社会转型、新经济潮流、世界变革趋势、现行法律规范的基础上,分析法治建设的路径选择,以及新一轮司法改革的空间与限度;[54] 又如,阐释在"禁止拒绝审判"与实证法完备性永远不足的双重压力下,现代法律系统以法院为中心的历史必然性和功能必要性,这将进一步推动对立法、司法、契约三者关系的重新审视,[55] 并可能从理论上解决当前卷入争议漩涡的"指导性案例"的效力问题;[56] 最近一项系统论法学研究则建议,政党应当发挥潜在作用,使中国的法律改革不再取向于经济现代化的单一目标,而是同时兼顾多元的社会目标和中

---

〔48〕 参见[德]尼可拉斯·鲁曼:《社会中的法》,国立编译馆主译、李君韬译,台北,五南图书出版股份有限公司2009年版,第110~120页。

〔49〕 参见[德]尼克拉斯·卢曼:《法社会学》,宾凯、赵春燕译,上海人民出版社2013年版,第264页。

〔50〕 参见姜明安:《论中国共产党党内法规的性质与作用》,载《北京大学学报》(哲学社会科学版)2012年第3期。

〔51〕 参见宾凯:《法律悖论及其生产性——从社会系统论的二阶观察理论出发》,载《上海交通大学学报》(哲学社会科学版)2012年第1期;鲁楠、陆宇峰:《卢曼社会系统论视野中的法律自治》,载《清华法学》2008年第2期。

〔52〕 参见宾凯:《卢曼系统论法学:对"法律实证主义/自然法"二分的超越》,载《云南大学学报》(社会科学版)2010年第6期。

〔53〕 对"建构主义认识论"的详细说明,参见[德]尼克拉斯·鲁曼:《大众媒体的实在》,胡育祥、陈逸淳译,左岸文化2006年版,第177~188页。

〔54〕 参见马长山:《法治中国建设的"共建共享"路径与策略》,载《中国法学》2016年第6期;马长山:《新一轮司法改革的可能性与限度》,载《政法论坛》2015年第9期。

〔55〕 参见泮伟江:《作为法律系统核心的司法——卢曼的法律系统论及其启示》,载《清华法治论衡》2009年第2辑。

〔56〕 参见泮伟江:《论指导性案例的效力》,载《清华法学》2016年第1期。

国的文化、政治、历史情境。[57] (5)像本文尝试的那样,考察各家各派法理学说的定位、功能和前景,特别是洞察它们所倡导的法律价值旨在代言何种社会需求,回应法律运转过程中出现的何种真实问题。当然,在社会理论的烛照下,它们也可能被发现提出了伪命题,或者现代法律无法满足的过高要求。

第二,对于当代的宪法学研究来说,社会理论法学可以:(1)对古代宪法与现代宪法作出具有根本意义的区分——前者的效力来源于传统,后者的效力来源于自身。从这个新起点出发,可以重新发现现代宪法的特殊性质和特殊功能。(2)说明现代宪法并非仅仅限制了政治权力,而是帮助现代政治吸纳了原本弥散于全社会的权力,使之得以垄断权力的生产,并扩展到从未进入的领域;现代宪法也不仅仅是对社会共识和人民意志的记录,而是对社会差异的承认,对每个人作为不同个体的承认,最终是对现代社会功能分化原则的确认。由此超越自由主义宪法观与共和主义宪法观之争。(3)辨析处于两种脉络、意义迥异的"宪法",一种是存在于政治系统之中的"最高主权象征",另一种是存在于法律系统之中的"最高制定法";前者建构了现代政治的统一性,后者建构了现代法律的统一性。这样的辨析可能表明,当前陷于"政治宪法学/规范宪法学之争"的双方,实际上在讨论不同的客体。(4)揭示在宪法的联结作用下,政治系统与法律系统得以相互掩盖决断的恣意、转移各自的悖论,特别表现为政治决断从法律系统处获得合法性,法律决断从政治系统处获得强制力。[58] 这或许是现代宪法最深刻的奥秘。(5)解除宪法与政治的单一关联,展现多元社会宪法的存在,以及依靠宪法抗衡政治之外的体制性力量的同等重要性。这就既超越了国家中心主义的宪法观,又重新界定了"宪治"概念。进而可以识别出自由主义、极权主义、福利国家、经济中心主义、新法团主义等多种宪治模式,重写被意识形态严重遮蔽的现代宪治历史。[59] 与否定了多元法治模式的"从人治到法治"叙事类似,这种宪治历史长期呈现为一幅高度简化的"从专制到宪政"的图景。(6)发掘基本权利在不同社会脉络中和文化背景下的不同意义,[60]探索自然人之外的抽象个体、制度、文明、环境的基本权利,阐明保障日益被诸社会系统排斥者的"涵括权"的特殊重要性。这些研究的推进,可能有助于重构基本权利体系。

第三,对于当代的部门法学研究来说,社会理论法学可以:(1)提供一种对部门法原理的全新理解,即它们都是法律系统与特定社会系统的耦合结构。比如,"所有权"涉及法律系统与经济系统"拥有/不拥有"符码的结构耦合,契约涉及法律系统与经济系统"支付/不支付"符码的结构耦合。这种理解可能促进对部门法教义学理论基础的再思考,提升其开放度和反思性。(2)同时帮助研究者和决策者认识到,部门法无法根据所"调整"

---

〔57〕 参见[德]贡塔·托依布纳:《多元现代性:从系统理论角度解读中国私法面临的挑战》,祁春轶译,载《中外法学》2013年第2期。

〔58〕 关于政治"决断",参见赖骏楠:《卡尔·施米特:现代性与决断论——从海因里希·迈尔的两部作品开始》,载《清华法治论衡》2009年第2辑。决断这个概念可以扩展到政治之外的领域。

〔59〕 参见[德]贡塔·托依布纳:《民族国家的部门宪法》,陆宇峰译,载《清华法治论衡》2014年第2辑。

〔60〕 探索"宪法教义学的中国价值"的呼吁,参见李强:《中国法教义学的"价值自觉"》,载《中国社会科学报》2016年11月16日,第1089期。这一研究进路下已有的成果,可参见王旭:《劳动、政治承认与国家伦理——对我国〈宪法〉劳动权规范的一种阐释》,载《中国法学》2010年第3期;王旭:《宪法上的尊严理论及其体系化》,载《法学研究》2016年第1期。

社会领域的需要任意变动,二者各自构成独立的内部意义循环,能否协调一致取决于共振机制是否存在。比如,民法只能区分“合法/非法”的利益,不能区分“更大/更小”的利益,后者是经济行动的核心考量。韦伯早已看到,逾越这条基本界限,“除非完全放弃法律家内在固有的形式性格”。〔61〕(3)从不同社会系统的不同逻辑出发,阐释不同部门法的不同基本原则,从而明确跨部门规范移植的限度;从民族国家的法律制度与其经济环境结合形成的“生产体制”出发,预测源于一种生产体制的法律进入另一种生产体制可能呈现的迥异效果,从而明确跨国法律移植的限度。〔62〕(4)为脱胎于“计划经济”的中国经济法提供现代转型的理论支持,论证其调整对象并非国家行为和市场行为而是经济结构,其权利主体既不限于个人也不限于群体,而是可能扩展为“区域”“产业”“部门”。〔63〕(5)以新的思路剖析几十年来困扰学界的“私法公法化”问题,即关键不在于公/私法二元区分的保持或放弃,而在于立法正当性的获得,以及在不同社会领域之中具体展开细分公与私的工作。这并不必然意味着制度化的政治介入传统的私法领域,而是也可能意味着激活存在于经济等自治系统内部的反身过程,避免其陷入“自我摧毁的增长动力学”。〔64〕(6)澄清部门法前沿讨论的某些错误前提。比如,按照卢曼、吉登斯等学者的风险社会理论,从行动后果是否应当归诸于行动者本身的角度区分“风险/危险”。这可能有助于终结从与“安全”相对的意义上谈论“风险”造成的诸多认识混乱,找出食品安全法、医疗卫生法、互联网金融法、公共安全法等领域真正有关“风险法制”的问题,排除“毒奶粉”“医疗欺诈”“网络诈骗”“矿难”等第三人制造的传统危险问题,后者从来没有超出早已稳固建立的法制框架。〔65〕此外还须注意的是,以确定的法律控制不确定的风险,本身就面临“规制失败”和“抑制创新”的双重风险。

第四,对于新兴的互联网法学来说,社会理论法学可以:(1)从线上/线下空间分化的原理出发,论证传统法律与网络法的固有差异,为支持互联网的“公私合作”治理和反对不恰当的跨空间“法律移植”提供理由。当前尤为重要的是,从理论上区分以网络为媒介的传统犯罪、纯粹类型的网络犯罪,以及在线下构成犯罪但在线上并非犯罪的行为,进而划定以刑事手段介入网络治理的范围。〔66〕(2)推动研究重心从“国家法”转向由互联网巨头主导的“数字法”,尤其是关注数字法带来的特殊宪法问题。数字法的特点在于法律创制、法律适用、法律执行合一,这背离了国家法领域最为基本的权能分立原则;行为规制、预期建构、冲突解决合一,能够通过电子手段“完美实施”,这消弭了法律的“模糊地带”和法律实效不及之处的实际自由空间,这一自由空间原本蕴藏着法律改革的源动力;

---

〔61〕[德]马克斯·韦伯:《法律社会学》,康乐、简惠美译,广西师范大学出版社2005年版,第324页。

〔62〕参见[德]贡特尔·托依布纳:《法律刺激:英国法中的诚信条款或统一之法如何止于新的趋异》,马剑银译,《清华法治论衡》2007年第2辑。

〔63〕颇具启示但尚未充分理论化的努力,参见陈婉玲:《经济结构调整对传统行为控制理论的超越——以经济法调整理念变革为视角》,载《法学论坛》2014年第2期。

〔64〕参见[德]贡塔·托依布纳:《宪法时刻来临?——“触底反弹”的逻辑》,宾凯译,载《交大法学》2013年第1期。

〔65〕See Niklas Luhmann, *Risk: a Sociological Theory*, trans. by Rhodes Barrett, Transaction Publishers, 2005, pp. 22~23;[英]安东尼·吉登斯:《现代性的后果》,田和译,译林出版社2006年版,第27页。

〔66〕参见刘宪权:《网络犯罪的刑法应对新理念》,载《政治与法律》2016年第9期。

规则解释的余地不复存在,相应地,国家法那种依靠解释而非“废、改、立”实现规则微调,以适应于社会变迁的能力不复存在。必须重视这些特点引致的基本权利减损问题。[67]（3）在重新描述网络公共领域的基础上,重新确定网络法治的核心目标。关键是洞察到,现实中存在多个网络公共领域,它们构成互联网系统所复制的诸社会系统的“业余—自发边缘”,具有推动各自相应的“职业—组织中心”合理化的功能。网络法治应当致力于巩固这些“中心/边缘”分化,充分释放边缘的反思性,保护现代技术条件下具有“解放”潜力的新行动领域。[68]

第五,对于新兴的全球法研究来说,社会理论法学可以:（1）给予一种历史眼光,使之面向150年来全球法律思想从法律形式主义、社会法学到政策分析和公法新形式主义,全球法治模式从立法主导、行政主导到司法主导的宏观变革趋势,从理论上审视这些趋势背后的政治、经济、军事等社会原因。[69]（2）对康德“永久和平论”式的法律全球化设想提出质疑。法律全球化的动力并非来自民族国家或其联合体,恰恰是在脱离于国际政治和国际公法的条件下,涌现了跨国“商人法”“体育法”“数字法”“环境法”“劳动法”以及跨国公司内部体制等真正具有全球意义的多元法律秩序,这只能归因于跨越民族国家边界的功能分化态势。[70]（3）观察全球范围正在形成的多元宪法秩序。与民族国家内部的情况十分不同,它们主要是各种“社会宪法”,相应的全球“政治宪法”反而遥遥无期。[71]这是前所未有的全新现象,根源于所谓“跛脚的全球化”——政治的全球一体化进程,远较其他功能系统进展缓慢。亟待从理论上加以处理的现实问题在于,对于各种全球社会体制来说,宪法已经充分发挥了支撑其独立运行的构成功能,但尚未产生有效抑制其负扩张倾向的结构;加之领土国家法律边界的限制和统一的政治权力的缺位,全球社会层面侵犯基本权利的现象已经呈现为层出不穷的丑闻,不断引发“全球公愤”。[72]（4）探寻全球法律冲突和宪法冲突的化解之道。不论是多元的全球法律秩序还是多元的全球社会宪法,都固守着各自调整的全球体制的自主逻辑,以自身利益的最大化为天然目标,这就带来了本质上属于“体制冲突”的法律冲突。在“既无中心又无顶点”的全球社会,这些冲突不可能依靠一个中立的权威予以解决。出路可能在于,借鉴并改造同样用于处理“非等级式法律冲突”的传统国际私法,发展已在讨论但远不完善的“新冲突法”,这或许是当前全球法研究最值得推进的工作之一。[73]

---

〔67〕 参见[德]贡塔·托依布纳:《魔阵·剥削·异化——托依布纳法律社会学文集》,泮伟江、高鸿钧等译,清华大学出版社2012年版,第178~180页。

〔68〕 参见陆宇峰:《中国网络公共领域:功能、异化与规制》,载《现代法学》2014年第4期。

〔69〕 参见高鸿钧:《美国法全球化:典型例证与法理反思》,载《中国法学》2011年第1期。

〔70〕 参见[德]贡特尔·托依布纳:《“全球的布科维纳”:世界社会的法律多元主义》,高鸿钧译,载《清华法治论衡》2007年第2辑。

〔71〕 WTO作为“宪法构造物”,参见鲁楠、高鸿钧:《中国与WTO:全球化视野的回顾与展望》,载《清华大学学报》(哲学社会科学版)2012年第6期。

〔72〕 参见余盛峰:《宪法运动的三次全球化及其当代危机》,载《清华法学》2016年第5期。

〔73〕 参见[德]贡塔·托依布纳:《宪法的碎片:全球社会宪治》,陆宇峰译,中央编译出版社2016年版,第175~189页。

五、结语

中国的社会理论法学正在奋力前行。它秉持科学立场,取向宏观理论,以法律的全面理性化为己任,自信可以促进各领域法学研究的知识增长。为了推动学术的进步,这一次,它也有意识地"制造区分",以"吸引眼球"的批评方式与其他视角的法学研究进行比较,甚至不揣冒昧地自陈优势、毛遂自荐。但这并不意味着它一定能够在中国取得成功。既有社会理论文献的庞大数量和艰涩程度、现代社会尤其是中国社会的复杂性膨胀、当代法律和法教义学的加速再生产、经验法社会学碎片化成果的综合困难、传统法理学难以改变的路径依赖,都决定了社会理论法学绝非几个人、几十个人可以推进的事业。我们期待更多学者加入这项事业,接续马克思以来的理论传统,把对法教义的理解、法价值的思辨、法历史的考证、法现象的观察、法效果的评估纳入社会理论视野,共同开辟法学研究新局面。这应当是可以期待的,至少,敏锐的社科法学家已经展开反思,喊出"回到经典社会学理论中去"。[74]

---

〔74〕 参见刘忠达:《美国"法律与社会运动"的兴起与批判——兼议中国社科法学的未来走向》,载《交大法学》2016 年第 1 期。

公共法哲学与法哲学的“公共转向”*

孙国东**

【摘　要】 法哲学研究，包括四种互为支援、相互转化的知识形态：专业法哲学、政策法哲学、批判法哲学和公共法哲学。现代社会“后习俗道德意识结构”的确立、从“自然/天理到（理性）意志”政治合法化模式的古今之变及大众（文化）时代的到来，分别为公共参与和公共证成提供了基本的文化、政治和社会条件。以中国现代法律秩序的建构为根本理论关怀的“转型法哲学”，是与公共法哲学的思想立场相适应的法哲学理论模式。

【关键词】 公共法哲学；公共转向；公意政治；合法化；转型法哲学

在中国情境中，我们应采取何种法哲学的思想立场和理论模式？这一设问，其实预设了这样的观点：法哲学是有文化/情境依赖的；或者借用科勒（Josef Kohler）、庞德（Roscoe Pound）的说法，法哲学不过是对“特定时空之文明的法律先决条件”的阐释。毋庸讳言，这种情境化的法哲学立场，并未赢得百喙如一的认可——即使同样秉持此种立场，亦面临着一致而百虑的论说格局。但依笔者拙见，只要想增强法哲学论说之于中国情境的切己性、相关性和介入性，那么这种情境化的法哲学立场几乎是我们唯一的选择。正是基于这种考虑，笔者试图阐发一种新的法哲学理论模式，“作为转型法哲学的公共法哲学”，即以“转型法哲学”之理论模式承载“公共法哲学”之思想关怀的法哲学知识形态。在本文中，笔者拟在考辨法哲学的四种典型知识形态的基础上，结合现代法哲学、政治哲学和社会理论等理论知识，研述推进法哲学之“公共转向”的必要性和可能性，并初步阐示“作为转型法哲学的公共法哲学”的思想立场和研究论题，以就教于学界诸贤。

一、“公共哲学”与法哲学的四种知识形态

所谓“作为转型法哲学的公共法哲学”，其实质即以“公共哲学”（public philosophy）来定位中国现代转型情境中的法哲学。

在《公共哲学》（1956）一书中，美国学者李普曼（Walter Lippman）最早提出了“公共哲学”的概念。自那以后，这一概念便很快成为哲学界广为使用的概念。大体来说，论者多在两种不同意义上使用这一概念。狭义上，将其界定为“关于公共性的哲学”（the philosophy about publicity），即对“公共性”“公共生活”等给予哲学关怀的哲学取向。在《公共哲学：政治中的道德问题》《民主的不满：美国在寻求一种公共哲学》等论著中，桑德

* 本文系笔者即将出版的学术专著《公共法哲学：转型中国的法治与正义》“导论”部分的核心内容。

** 孙国东，法学博士，复旦大学社会科学高等研究院副教授。

尔(Michael Sandel)正是在此种意义上使用这一概念的。他把自由主义政治哲学视为"公共哲学"的对立面,认为其缺乏"公共性"或"公共生活"关怀。广义上,将其理解为"具有公共性的哲学"(the philosophy with publicity),即把对公共事务(特别是政治事务)进行哲学思考的哲学门类均视为"公共哲学",实践哲学尤其是政治哲学,是为典型。本文主要在后一种意义上使用。

自从"公共哲学"的概念出现以后,不仅在哲学界产生了较大影响,在社会科学领域亦激发了类似的主张。以社会学为例,《心灵的习性》(Habits of Heart)一书主要作者罗伯特·贝拉(Robert·N. Bellah),即明确提出了"作为公共哲学的社会科学"的命题。这一命题的提出,旨在突破社会科学与人文科学之间画地为牢的"铁幕","使社会的传统、理想和抱负与当前的现实协调起来";同时,确保社会科学研究的公共性,即认为社会科学"不只是说它的研究结果是对众人普遍适用的,或者说是对学者圈以外的团体、机构有用处的",它还"从一开始就把我们的研究设想成同公民朋友进行的有关共同利益问题的交谈、对话"。[1] 麦克·布洛维(Michael Burawoy),则系统阐发了"公共社会学"的研究范式、研究取向和研究论题。在此,笔者拟参照布洛维的分析框架,阐述"公共法哲学"相对于其他法哲学知识形态的特点和优势。

依笔者鄙见,布洛维关于社会学知识形态的"四分法"(专业社会学、政策社会学、批判社会学和公共社会学),同样适用于法哲学。换言之,我们可把"法哲学"区分为四种知识类型:专业法哲学、政策法哲学、批判法哲学和公共法哲学。[2]

"专业法哲学",主要表现为对法哲学思想或理论的学究化研究,包括对中外法哲学思想史或法哲学原理的研究。在时下的中国法学界,对西方法哲学或中国法律思想史的研究,特别是对法律(法学)方法论、法教义学等的研究,堪称专业法哲学的典型形态。由舒国滢领衔的中国政法大学法理学团队,围绕法律论证理论、法律实证主义、法教义学和法学方法论的研究,谢晖、葛洪义、陈金钊等所开启的法律方法研究,可谓专业法哲学的典型形态。

"政策法哲学",乃"为某个目标服务的"法哲学,"它的目标是由一个委托人(client)定义的。'其'存在理由是提供我们所面临的问题的解决方案,或者使我们已经达成的解决方案得以合法化"。在时下的中国法学界,为现存的政法体制或法律实践提供学理论证的法哲学研究,尤其是由各种知识规划项目资助的法哲学研究,堪称政策法哲学的典型。

所谓"批判法哲学",是对"专业法哲学"的研究基础或理论预设进行批判性检视的法哲学取向。其意在使"专业法哲学""认识到自身的偏见、(对某些现象的)沉默,从而在替代性的基础上建立新的研究纲领"。在当下的中国法学界,邓正来对"中国法律理想图

---

[1] 参见[美]罗伯特·N. 贝拉等:《心灵的习性:美国人生活中的个人主义和公共责任》,周穗明等译,中国社会科学出版社 2011 年版,第 400、403 页。

[2] 以下关于四种法哲学知识形态的阐述,借鉴了布洛维的相关表述和图表。参见[美]麦克·布洛维:《公共社会学》,沈原等译,社会科学文献出版社 2007 年版,第 15~19、30~31 页。此处的引证,根据英文原文对个别翻译进行了调整,参见 Michael Burawoy, For Public Sociology, *American Sociological Review*, 2005, Vol. 70 (February), pp. 4–28。

景"的追问,尤其是对四种法学理论模式(权利本位论、本土资源论、法律文化论和法条主义)的批判,堪为批判法哲学的典范。此处所谓的"批判法哲学",是就其知识形态来说的,不可与"二战"后在美国兴起的"批判法学"视同一律——后者虽然在知识形态上亦属"批判法哲学",但其通常包含着特定的理论旨向,如对法的现代性要素的反思和批判。

所谓"公共法哲学",则力图恢复法律作为公共治理秩序之本色,且将公共参与纳入法律秩序建构过程的法哲学形态。它试图在法哲学家"与公众之间建立起一种对话关系,其中双方的议程都被拿到桌面上来互相调适"。在时下的中国法学界,季卫东的"新程序主义论"、许章润的"汉语法学论"、魏敦友"新三统论法哲学"乃至高全喜的"政治宪法学"等相竞出现,蔚为大观,大致可视为广义上的公共法哲学开始登场的标志。

以上四种法哲学形态,并非互相排斥,而是互为支援、相互转化的。大体来说,政策法哲学、批判法哲学和公共法哲学,均以专业法哲学为基础:后者的理论知识、所定向的问题和概念框架诸方面,构成了前三者的知识前提。每一种法哲学,又都有发展为其他法哲学形态的可能性。譬如,当专业法哲学为更广阔的法律实践进行法哲学辩护时,如对司法改革的政策导向提供法哲学论证,它即具有政策性的维度;当其进行研究论题内部或研究论题之间的学术争鸣时,它即具有批判性的面目;当其将研究发现以一种可接近的方式,呈现于非法律职业的公众面前时,它则具有公共性的维度。专业法哲学和政策法哲学提供的是"工具性知识",它们或者直面法哲学的知识谜团(专业法哲学),或者解决法律实践问题(政策法哲学)。批判法哲学和公共法哲学提供的则是"反思性知识",其质疑法律实践或法律学术职业的价值前提,关注的是关于目标的对话。这种对话或者发生在学术共同体内部,就某项研究的基础或预设进行对话(批判法哲学);或者发现于学者与各种公众之间,就法律发展方向进行对话(公共法哲学)。因此,公共法哲学表征着政策法哲学的良知,正如批判法哲学代表着专业法哲学的良知。

我们可以用简明的表格(见表1),来标识四种法哲学知识形态的区别。

表1　四种法哲学知识形态的区别

	学究性的	**非学究性的**
工具性的	专业法哲学	政策法哲学
知识	理论性的	具体的
真理性	一致性	实用性
合法性	科学的规范	有效性
可说明性对象	同行	委托人
政治	专业性的自利	政策干预
病理学	自我指涉/封闭性	卮从性
反思性的	批判法哲学	公共法哲学
知识	基础性的	沟通性的
真理性	规范性的	共识

续表

	学究性的	非学究性的
合法性	道德视角	相关性
可说明性对象	批判性知识分子	特定的公众
政治	内部辩论	公共对话
病理学	独断论/宗派主义	附庸风尚

就知识基础来说，公共法哲学依赖的知识，是法哲学家与公众很大程度上共享的沟通性知识，这不同于专业法哲学依赖的法哲学理论性知识，政策法哲学应客户期待或要求的具体知识，批判法哲学所依赖的基础性知识。就真理性来说，公共法哲学的真理倚赖于法哲学家与公众之间的共识，这区别于专业法哲学要谋求相对于学术传统或法律实践的一致性，政策法哲学追求实用性，批判法哲学诉诸规范性基础。就合法性来说，公共法哲学基于其与公共议题的相关性使自身得以合法化，这迥异于专业法哲学、政策法哲学和批判法哲学的合法化基础，分别是科学规范、政策有效性和特定道德视角。就可说明性来说，公共法哲学对具有现代意识的特定公众是可说明的，这区分于专业法哲学、政策法哲学和批判法哲学的可说明对象分别是同行、委托人和超越学科边界的批判性知识分子共同体。每一种法哲学类型，都有自身的“政治”：公共法哲学将政治理解为民主的对话，专业法哲学试图维护学术的边界和条件，政策法哲学诉诸政策干预，批判法哲学则致力于法哲学学科内部的辩论。

当然，每一种法哲学都要承受各自特有的“病理学”：公共法哲学易滋生“附庸风尚”(faddishness)的倾向，即在追求理论普及的过程中，“易于迎合和取悦大众，从而牺牲专业性和批判性的承诺”；它还易于形成某种“智识上的先驱姿态”(intellectual vanguardism)，即以居高临下的口吻对公众言说。专业法哲学“在解决那些由我们的研究计划所界定的问题时，很易变得只对一些看似无甚紧要的问题感兴趣。当我们努力捍卫在科学世界中的一席之地时，往往倾向于垄断那些无法理解的知识，从而会导致晦涩的宏大理论或者狭隘的‘方法论主义’的产生”。政策法哲学具有扈从性(servility)倾向，即常常受制于委托人的要求和期待，从而丧失学术的自主性。批判法哲学则易产生独断论或宗派主义倾向，即沦为墨守教条的共同体，不再能为专业法哲学提供严肃的学术评鉴，或者不再能为公共法哲学注入任何价值观。

二、法哲学的“公共转向”

本文提倡一种“公共法哲学”，也就是说，它试图倡导法哲学的“公共转向”(public turn)。

一般来说，人文社会科学学术史或思想史上的学术“转向”多有两大特征：[3]

一是非革命性。不同于自然科学领域的“科学革命”，即“范式转移”，人文社会科学

〔3〕 参见章可：《论阿米蒂奇与思想史研究的“国际转向”》，载《史林》2015年第3期。

的理论推进或理论创新,多以认知模式的转向体现出来。这种认知模式的转向,一般不具有自然科学领域的革命性。譬如,爱因斯坦的"相对论"对牛顿经典力学的革命,是对整体认知框架或认知平台的全面革新。相形之下,人文社会科学的学术转向多是非革命性的,只提供另一种替代性的认知模式。因此,所谓法哲学的"公共转向",只是从"公共哲学"视角重新定位法哲学的一种法哲学模式,并不绝然否定其他法哲学认知模式的认知价值。

二是诸领域的聚合推进。人文社会科学领域的学术"转向",多为诸学科领域共同推进的结果。譬如,全球化话语兴起以后,经济学、社会学、法学、世界史诸领域的协力推进,遂使"全球转向"或"国际转向"开始兴起。此处谈及的"公共转向",目前已发生在哲学、社会学、政治学、经济学诸领域。前述公共哲学和政治哲学中的兴起,公共社会学在社会学中的发轫,都是这种"公共转向"的表征。政治学(尤其是民主理论)中的"审议转向"(deliberative turn)或"论证转向"(argumentative turn),[4] 在实质上亦是一种"公共转向":它们倡导相对于选举民主的"审议民主",即强调公共审议、公共证成在民主决策中的重要性。法国经济学家皮凯蒂(Thomas Piketty)的《21世纪资本论》,之所以在全球范围内轰动一时,亦在很大程度上体现了人们对经济学中"公共转向"的某种期待。有评论认为,皮凯蒂的努力意在"使经济学重返19世纪的'政治经济学'传统:一个关于权力、正义和财富(含于其中但并非居首位)的学科。政治经济学所关心的问题是政治性的:我们应如何自由组织我们相互依存的经济生活?"[5] 因此,皮凯蒂不过是想使经济学摆脱各种"专业经济学"乐此不疲的数理模型,从而恢复经济学服务于公共福祉和社会正义的公共关怀。[6] 明乎此,便知法哲学之"公共转向",并非笔者闭门造车的臆想,乃是顺应人文社会科学领域已然出现的"公共转向"之时趋的一种理论自觉。

我们至少可以把法哲学的"公共转向",放在如下与现代性有关的三个"结构化情境"中进行观照。

第一,现代社会"后习俗道德意识结构"的确立,既使社会规范的有效性和正当性开始建立在非强制性共识基础之上,亦为公共参与和公共证成提供了基本的文化条件。

所谓"意识结构",按照哈贝马斯的理解,它大致归属于帕森斯所谓的"文化"和"个性"领域,即某个社会中对其文化再生产和个体社会化具有基础性的直接影响的观念结构,由于社会的整合以文化再生产和个体社会化为中介,这种观念结构又对社会整合有着间接的影响。换言之,它对生活世界三个领域社会功能的实现(文化再生产、社会整合和个体社会化)均有显著的影响。就现代社会的意识结构来说,主体间以语言为媒介形成的互动是其主要的结构方式,而由于法律与道德是协调人际互动之可能冲突的主要手段,

---

[4] See Robert E. Goodin, *Innovating Democracy: Democratic Theory and Practice After the Deliberative Turn*, New York, Oxford University Press, 2008; Frank Fischer & Herbert Gottweis (eds), *The Argumentative Turn Revisited: Public Policy as Communicative Practice*, Durham, NC and London, Duke University Press, 2012.

[5] See Jedediah Purdy on Capital in the Twenty-First Century: To Have and Have Not, *Los Angeles Review of Books*, https://lareviewofbooks.org/review/to-have-and-have-not.

[6] 皮凯蒂本人对欧美(特别是美国)经济学研究的不满,正体现在"对数理模型的过度沉迷,以及由此引发的和现实世界的脱节"。参见[法]托马斯·皮凯蒂:《21世纪资本论》,巴曙松等译,中信出版社2014年版,第Ⅶ页(译者序)。

“法律和道德标志着互动的主要领域”。[7] 同时,由于现代法律的实证化,不但使理性自然法的诸(普遍主义)原则成为现代法律的一部分,抑且使现代法律所依凭的诸(普遍主义)原则本身亦开始具有反思性,而这意味着:现代法律不仅是可以人为改变的,其证成方式亦转向了以公共参与达成公共证成的模式:“那些被(法律规范)影响之人,以原则上自由且平等的契约当事人角色,达成某种非强制性一致。”[8] 换言之,它使现代法律与现代道德分享着同样的意识结构——这种意识结构,即哈贝马斯所指称的“后习俗的道德意识结构”,也即是基于原则的、普遍主义的道德意识结构。正如哈贝马斯所言,正因“后习俗道德意识结构”的确立,下列现象成为必要且可能:

“法律规范在原则上对批判开放且需要证成的观念;行动的规范与行动的原则之间的区别;依据原则创制规范的观念;基于具有规范性约束力的规则达成合理一致的观念(以及第一次使契约关系之产生具有可能性的契约观);对法律规范的普遍性与可证成性(justifiability)之间关系的洞察……”[9]

对现代社会来说,践行上述观念的方式,便是由公共参与达致的公共证成。

第二,从“自然/天理到(理性)意志”政治合法化模式的古今之变,为公共参与和公共证成提供了基本的政治条件。

与意识结构的现代转型相适应,政治秩序的合法化模式,亦经历了从古典时代的“自然/天理”到现代社会的“(理性)意志”的范式转型——其实质含义是:政治统治及其所依凭的社会规范(法律规范和道德规范),其合法性不再能溯源于“基于传统共识的有效性”,而只能乞援“基于合理共识的有效性”,即是非强制性共识的产物。[10] 从政治思想史上看,社会契约论所蕴含的“同意”模式的出现及其全球扩展,使政治的合法化不再能溯源于自然本体论中的“自然/天理”,而开始转移至个体的“(理性)意志”。[11]

从社会史的角度来看,对西方来说,合法化模式的古今之变,是伴随着“后神学时代”的来临而出现的,即是韦伯—哈贝马斯意义上由文化合理化到社会合理化进程的产物,实质上伴随着文艺复兴、宗教改革、启蒙运动(特别是卢梭、康德等理性自然法论者的历史性贡献)、资产阶级革命等一系列文化、社会和政治事件确立起来。对中国来说,合法化模式的历史转向,是伴随着清末民初“后经学时代”的来临而出现的,即是以“天理”为核心的世界观、以定于一尊的经学为基础的共享价值观开始崩塌的产物——它在实质上是西方合理化进程在中国的变异性表现。从晚清以来的历史趋向来看,尽管它曾经一度呈

---

[7] J. Habermas, *Communication and Social Evolution of Society*, trans. by Thomas McCarthy, Cambridge, Polity Press, 1991, p. 99.

[8] J. Habermas, *The Theory of Communicative Action*, *Vol.* 1: *Reason and the Rationalization of Society*, trans. by Thomas McCarthy, Boston, Beacon Press, 1984, p. 261.

[9] Ibid., pp. 260 – 261.

[10] 哈贝马斯指出:“法律的实证化、法条化和形式化意味着法律不再可以依靠道德传统的想当然的权威性,而是需要自主的基础”,这一自主的基础则要求“采用韦伯的术语——基于传统共识的有效性为基于合理共识的有效性所替代”。参见 J. Habermas, *The Theory of Communicative Action*, *Vol.* 1: *Reason and the Rationalization of Society*, trans. by Thomas McCarthy, Boston, Beacon Press, 1984, pp. 260 – 261。

[11] 正如哈贝马斯指出的,在现代社会,主要由于卢梭、康德等思想家的贡献,“理性的形式化原则在实践问题中取代了诸如自然或上帝这样的实质性原则”。See J. Habermas, *Communication and Social Evolution of Society*, trans. by Thomas McCarthy, Cambridge, Polity Press, 1991, pp. 183 – 184.

现为汪晖所谓的从“天理世界观”到“公理世界观”的文化转型,[12]但随着中国式“反思性现代化”道路(即可谓之“既非复古,亦非西化同时超越苏联模式”的自主现代化道路)的确立,它在实质上体现为笔者所谓的从“天理世界观”到“法理世界观”的文化转型。与“天理世界观”相比,“法理世界观”的要义至少在于如下两点:其一,实在法具有“不可随意支配性”的观念,也即是确认“规则之治”在现代中国的正当性;其二,逐渐形成某种“后习俗的道德意识”,也即是基于原则的、普遍主义的道德,并以最低限的公共参与、公共证成确保社会规范(法律规范和道德规范)的正当性与社会—政治秩序的合法性。[13]

无论是在西方还是中国,经由从“自然/天理到(理性)意志”的古今之变,个体意义上的人获得了空前的自主地位,其理性意志的聚合(即基于共识的公意)成为政治合法化的根本来源——换言之,形成了“公意政治”的合法化模式。正如福山所言,在现代社会,“国家的权威不是源自古老的传统或阴暗深沉的宗教信仰,而是公共辩论的结果,在这种公共辩论中,国家公民彼此同意在某些明确的条款下共同生活。因此,这种国家权威代表着理性的自我意识,因为人类作为一个社会第一次意识到他们自己的真正本性,并且能够型塑一个符合这些本性的政治共同体”。[14]

最能体现这种政治合法化模式的,便是发源于卢梭社会契约论的“公意政治”模式。尽管卢梭本人的公意思想(特别是以公意为据强迫个人自由的思想)聚讼纷坛,但公意政治作为现代民主政治的基本范型,却构成了现代国家的政治合法化基础。如果我们把形成公意视为民主政治可无限接近的政治理想,而不是视为对现实的民主政治实践的描绘,那么现代国家的政治合法化所依赖的正是“公意政治”。

第三,大众(文化)时代的到来,为公共参与和公共证成提供了基本的社会条件。

现代社会在20世纪最大的演化趋向之一,是“大众社会”(mass society)的历史性出现。自德国社会学家曼海姆(Karl Mannheim)于1935年率先提出“大众社会”的概念以来,论者常常赋予它负面的含义,即社会成员拥有闲暇,但彼此隔绝、对政治冷漠的社会——法国社会心理学家勒庞(Gustave Le Bon)所谓的“乌合之众”,便是对现代大众社会群体状况的描绘。然而,现代法律秩序及赖此为基的社会政治秩序之运行(特别是其合法化),却内在地要求大众作为公众或公民的公共参与——借用哈贝马斯的说法,大众不能仅仅是“文化消费的公众”,还应成为“文化批判的公众”。

上文关于意识结构和合法化模式历史转型的论述,已从纵向的历史视角表明了公共参与和公共证成的必要性。在此,笔者拟再从横向的政治视角,即从现代复杂社会法律秩序(政治秩序)的合法化机理入手,稍作申论。正如哈贝马斯指出的,现代法律要求法律的普遍性和真理性,即正当性(*richtigkeit*);但在现代法律秩序的运行中,两者(特别是后者)的获致端赖于公众的公共参与。

“一方面,从严格意义上说,唯有当社会作为私人领域完好无损的自主,有可能将特殊的利益从立法质料(the legislative material)中排除出去,并将规范性规章限制在利益妥

[12] 参见汪晖:《现代中国思想的兴起 上卷 第一部 理与物》,生活·读书·新知三联书店2008年版,第47页。

[13] 参见孙国东:《“转型法哲学”出场的一些前提性认识:我对“邓正来问题”的阐发理路》,载《中国社会科学论丛》2011年夏季卷总第35期。

[14] [美]福山:《历史的终结与最后的人》,陈高华译,广西师范大学出版社2014年版,第216页。

协的一般性条件时,法律的普遍性始能获得保障。另一方面,唯有当(在议会中被提升为国家机关的)公共领域,有可能通过公共讨论从一般利益中发现何者在实践中必要时,法律的'真理性'始能获得保障。"[15]

从政治哲学和法哲学上来看,如果说社会成员作为公民的"同意"所达致的"人民出场",是现代法律秩序和政治秩序合法性的基础,那么由选举民主形成的人民的"周期性出场",并不能充分确保这种合法性:它不能解决阿伦特所说的"持续同意"(ever-renewed consent)问题,即在两次选举周期之间国家权力常规运行时的合法化问题,特别是不能解决哈贝马斯所说的"合法化延搁"(deferment of legitimation)问题,即由现代行政系统及时、自主、高效运行所导致的"合法化赤字"。唯有人民的"常态性出场",即阿伦特—哈贝马斯意义上由公共领域的公共讨论或公共商谈所形成的"沟通权力"(communicative power),始能积极且有效地回应"持续同意"问题,特别是"合法化延搁"问题,从而使现代法律秩序和政治秩序具备深厚的合法性基础。

与"大众社会"相伴而生的,是大众(文化)时代的到来。20世纪以来,特别是"二战"以后,至少有如下三个社会条件的结构性变化,推动着我们迈入大众(文化)时代。其一,教育特别是高等教育的普及,使携带文化资本的劳动者逐渐成为社会成员的主体;其二,发生在西方"六十年代革命"及同期的中国"文化大革命",尽管基于两种不同的世界体系和意识形态基础,但其共同具有的反古典(反传统)、反权威等特质,极大地促进了中西方社会结构的扁平化;[16]其三,信息时代(特别是互联网时代)的到来,既极大地促进了信息/知识的个体化、分散化,又使个体化、分散化的信息/知识具有了协作、共享的必要性和可能性。这种社会条件的结构性变化,从根本上消解了知识阶层对知识的垄断。如果说,哈耶克所说的"分立的个人知识"主要具有规范性的意义,那么随着大众(文化)时代特别是互联网时代的到来,它已成为活生生的现实。从利奥塔对"元话语"解体的阐释及"知识分子已死"命题,到鲍曼对知识分子角色转变(从"立法者"到"阐释者")的把握,再到贝克对(相对于"科学理性"的)"社会理性"的凸显,诸如此类的社会理论洞见均指涉了大众(文化)时代知识的个体化、分散化趋向,及知识阶层作为知识权威的式微甚或解体。相应地,这种社会条件的结构性变化,亦为公共参与和公共证成的现实进行,提供了基本的社会条件:知识水平的提高、社会结构的扁平化(知识阶层权威地位的消解)和社会协作的现实需要,分别为社会成员作为公民的公共参与和公共证成,提供了能力前提、社会结构条件和动机基础。

如果说意识结构和合法化模式的历史转型,为公共参与和公共证成提供了必要性,那么大众(文化)时代的到来,则为其提供了可能性。三者一道,使公共参与和公共证成,对于现代社会规范性共识的获致来说,不但具有了不可或缺的紧迫性,抑且具备了施之可行

---

〔15〕 J. Habermas, *The Structural Transformation of the Public Sphere*, trans. by T. Burger & F. Lawrence, Cambridge, MA: MIT Press, 1989, p. 178. 此处"(在议会中被提升为国家机关的)公共领域",系对原文的直译。从哈贝马斯思想成熟时期关于"围攻论"商谈民主理论的论述来看,此处表述有不确之嫌。更准确的说法,应该是"(在议会中影响政治审议的)公共领域"。

〔16〕 参见刘小枫:《西方现代性中的"文化革命"》,载刘小枫:《拣尽寒枝》,华夏出版社2007年版,第37~52页。

的现实条件。毋庸讳言,以上三个历史转型和社会演化趋势,均体现了现代化的普适性逻辑,是任何全面推进现代化建设的社会都会形成且固化的结构化情境。

对转型中国来说,我们还面临着独特的情境。这尤其体现在,现代法律秩序的确立在中国现代转型中居于核心地位,而它尤其需要公共参与和公共证成始能确保其合法性。

现代社会的治理有一个基本的特征:现代社会形成了一个德沃金意义上的“法律的帝国”,社会—政治秩序是以法律秩序为基础而形成的。在现代社会,不仅政治秩序建立在法律秩序中最具政治性的宪政秩序基础之上,包括社会组织秩序(社会交往秩序)、企业组织秩序(经济交往秩序)乃至家庭秩序等在内的广义社会秩序,亦主要受到了民法、刑法、经济法、婚姻家庭法等部门法的调整和规范,以相应的法律秩序为基础而建立起来。从另一方面来看,国家能力的建设、民主政治的发展和社会正义的推进等中国现代国家建设的根本议程,均应建立在法治基础上。法治是国家能力建设、民主政治建设和推进社会正义的托底性的制度安排。在这个意义上,以法治为基础,推进国家能力建设、民主政治发展和社会正义,是中国现代国家建设的主要课题;换言之,实现法治、进行国家能力建设、促进民主政治、推进社会正义,堪称中国现代国家建设的四大根本议程。

从法律秩序良好运行的视角来看,中国现代法律秩序的建构,包含着两大共时性的历史课题:确保法律秩序的合法性和法律运行的自主性。然而,由于法律秩序合法性的取得,关涉法律秩序从无到有的确立和自下而上的认同(自上而下的实施效果),它在时序和功能上均具有优先性。进而言之,综合哈贝马斯等的相关论说,法律秩序的合法性,既包括法律的“语义合法性”(semantic legitimacy),即法律规范之内容的合法性,也即是要确保法律内容的合道德性与合伦理性;亦包括其“语用合法性”(pragmatic legitimacy),即立法的程序普遍性,也即是要确保法律“承受者”(addressee)与法律“创制者”(author)的同一性——它指向了程序性的合道德性(程序性的道德普遍主义)。其中,前者涉及“立教”问题,即建构何种文化认同及相应的核心价值体系的问题;后者关涉“立宪”问题,即以何种宪政架构凝聚社会共识(包括道德共识和伦理共识)的问题。由于现代意识结构下法律规范之语义合法性(合道德性和合伦理性)是主体间非强制性共识的产物,立法的程序普遍性具有更为基础的地位。在现代社会,立法的程序普遍性主要是通过社会成员作为公民的公共参与和公共证成获得的。是故,公共参与和公共证成对于确保中国现代法律秩序的合法性,至关紧要、不可或缺。[17]

三、“作为转型法哲学的公共法哲学”:思想立场与研究论题

“公共法哲学”秉持怎样的思想立场?对此,我们可以通过“公共法哲学”对“公共”

---

〔17〕 如果考虑到中国有“私”的传统,那么公共参与和公共证成对于确保中国现代法律秩序的合法性来说,更显迫切。正如许纪霖指出的,“在中国的法律与政治领域,没有纯粹的公共关系,一切都被私人化与相对化,君与臣之间、官与民之间、民与民之间,皆是相对的、情景化的私人伦理关系,而缺乏刚性的政治契约规范。于是,各种宗法家族的人情原则深刻地镶嵌到国家的法律政治领域,以礼入法,以礼规范法,政治亦高度伦理化、私人化,形成中国特色的礼法一体和私性政治传统,弥漫至今,经久不衰”。参见许纪霖:《家国天下:现代中国的个人、国家与世界认同》,上海人民出版社2017年版,第3页。

的理解，来展现其思想立场。“公共法哲学”之为“公共”，主要体现在如下两个方面：

其一，它把法律秩序理解为特定时空的公共治理秩序。就法律来说，其公共性不但是相对整个世界而言的，而且是相对特定时空的法律共同体来说的。它是普遍主义与情境主义的结合，既在一定程度上体现了法律秩序的世界“公理”，亦体现了承载着特定时空之文化认同的“法理”话语。换言之，其“公共性”既指涉超越政治共同体的“（道德）公共性”，亦指向政治共同体内部的“（文化）共同性”。正是这种“（道德）公共性”和“（文化）共同性”的合二为一，使法律秩序具有了深厚的政治哲学基础：它既具有道德担当，体现了对政治共同体乃至人类共同体正义事业（社会正义乃至全球正义）的承诺；亦具有伦理担当，体现了对政治共同体共同善（文化认同）的追求。

其二，更为重要的是，它主张法律秩序的建构（立法过程）应为公共参与和公共证成保留充分的程序化空间——换言之，它主张以政治共同体内部的公共参与和公共证成，实现法律秩序的道德担当（合道德性）和伦理担当（合伦理性）。把公共参与和公共证成纳入法哲学的研究视野，是公共法哲学区别于各种专业法哲学和政策法哲学的主要标志。一般来说，专业法哲学多以法律的自主性为基本预设，认为“法律职业共同体”自主的法律理性是法律秩序建构的（排他性）依托。相反，政策法哲学则多超越了基于法律职业化的法律自主性逻辑，但（至少在客观上）将法律视为政治统治的工具。公共法哲学反对法律秩序的建构过程为“法律人共同体”所垄断，而主张这一建构过程要向公民的公共参与和公共证成开放；它同时主张法律秩序的运行应遵循法律自主性的逻辑，尊重法律职业化运行的规范。换言之，它认可卢曼式法律系统理论和托依布纳式法律自创生理论的一个著名命题：法律是“运行闭合但认知开放的”系统，但明确主张将法律的“认知开放”适用于立法过程，同时将其“运行闭合”运用于司法过程。

然而，如果没有与之相适应的介入性学理分析和实体性理论建构，一种思想立场只能是一种有立场、无学理的意见表达甚或意识形态。为避免这一点，我们必须为公共法哲学找到可承载其思想立场的学理基础——笔者为此找到的学理基础是“作为转型法哲学的公共法哲学”的理论模式。

之所以主张以“转型法哲学”的理论模式，承载公共法哲学的思想立场，有一个根本的出发点：法律秩序的现代转型（现代法律秩序的建构）是中国现代转型的核心——法律秩序既是中国现代社会政治秩序的基础，亦是中国社会政治秩序之现代转型的根本保障。如果对此有深刻的体认，我们便不难得出这样的结论：唯有把法哲学的建构纳入中国现代转型的历史视野中予以观照，我们始能在中国情境中切实推进公共法哲学的介入性学理分析和实体性理论建构。如果说，法哲学不过是对科勒—庞德意义上“特定时空之文明的法律先决条件”的阐释，那么“现代转型”便限定了中国法哲学所依托的根本时空条件。因此，对现代转型的问题意识，既是中国法哲学研究之情境自觉的基本要求，亦是增强法哲学研究之介入性的内在要求。一旦对“现代转型”具有充分的问题意识，我们便可以深入把握中国现代法律秩序之建构所赖以为基的各种要素，特别是（法律）现代性的普适性要求与“中国性”的特殊范导空间，从而推进转型法哲学的实体性理论建构。

择其大端，“作为转型法哲学的公共法哲学”，至少包括如下研究论题：

第一，对中国现代转型的历史逻辑进行实践哲学（法哲学）阐释。一个颇具挑战性的思考方向,是综合运用现代法哲学、政治哲学、社会理论等理论知识及中国(法律)思想史、中国社会史、中国法制史等认识成果,对中国晚清现代转型的历史逻辑,进行实践哲学(法哲学)阐释。无论是魏敦友提出的"从天理世界观到法学世界观",还是笔者提出的"从天理世界观到法理世界观",都试图为此提供一个宏观的分析框架,但如何结合中国自晚清现代转型的(法律)思想史、社会史和法制史等历史逻辑进行深入的学理阐释,仍是有待突破的研究课题。

第二,基于对法治中国之政治理想与实践约束条件的把握,对中国情境中法治理论模式的介入性学理分析和实体性理论建构。在现代法律秩序仍待建构的转型中国,"法治"始终是中国法律的"元问题"。我们应当如何从学理上把握法治中国的政治理想和实践约束条件(结构化情境)?如何建构与之相适应的法治理论模式?有无可能在西方主流的法治理论模式之外、在中国法治实践困境之上,探求"中国式法治"的想象和探索空间?如何破解"法治的中国结"?特别是,如何历史性地超越文化—社会层面的"差序格局",从而形成规则意识畅行的法治社会?如何制度化地确保党治国家中的"三统一"(党的领导、人民当家作主和依法治国的统一),进而建构法律具有"不可随意支配性"的法治国家……诸如此类的问题,不但是真正制约法治中国的实践难题,而且是亟待中国法哲学研究者予以回应的重大理论课题。

第三,对邓正来意义上"中国法律理想图景"的介入性学理分析和实体性理论建构。如果确如邓正来主张的,法哲学研究者应当探究"中国法律理想图景",那么这种探究不应止于对"中国法律理想图景"的一般性倡导,而更应以介入性的学理分析和实体性的理论建构呈现出来。要切实推进这样的研究,至少涉及以下三个方面的课题:一是如何结合转型中国的社会—历史情境,呈现"中国法律理想图景"出场的必要性?二是如何从法哲学和政治哲学角度把握"中国法律理想图景"的学理内涵?特别是,如何从学理上厘清"中国法律理想图景"的现代性(普遍主义)要素与中国性(特殊主义/情境主义)诉求?三是如果确如邓正来所言,"中国法律理想图景"是"中国论者根据其对中国现实情势所做的'问题化'理论处理而建构起来的一种特定时空的有关中国法制/法治发展的'中国自然法'","是对人之基本价值的普世性所做的一种'弱势'的承认",[18]那么如何对这种"中国自然法"之价值结构和价值要求进行学理上的"格义"?特别是,如何结合转型中国的政治与社会—历史情境,对自由、平等、民主、正义等现代性价值在中国情境的独特规范性要求及相应的制度与实践模式,进行介入性的学理分析和实体性的理论建构……唯有切实推进上述论题的深入探究,我们始能基于公共法哲学立场和视野对"中国法律理想图景"进行介入性的学理分析和实体性的理论建构。

有必要指出的是,"作为转型法哲学的公共法哲学"之主张切实推进以上论题的研究,并不是要僭越公共参与和公共证成。毋宁说,它是希望通过具有中国情境自觉性的学理研究,为社会成员最终经由公共参与和公共证成形成关于中国现代法律秩序建构(特别是"中国法律理想图景")的规范性共识,提供认知前提和学理基础——这体现了"转型

〔18〕 参见邓正来:《中国法学向何处去:建构"中国法律理想图景"时代的论纲》(第2版),商务印书馆2011年版,第16页注②。

法哲学”对于“公共法哲学”之思想立场的自觉坚守。正如哈贝马斯指出的,“哲学能对当代社会的具有时代特征的自我理解作出特殊贡献”。[19] 尽管现代社会的哲学学者不能代替公共参与和公共证成,但哲学仍具有“多语性”(polyvocal)特征,仍保持着同科学、道德和艺术诸领域的联系,并可以从这些领域本身的视角去研究规范性问题和评价性问题,从而为社会成员的自我理解和实践的完善作出自己独特的贡献:“哲学家作为参与现代社会自我理解的公共过程的知识分子角色,要比作为专家和传授意义者的角色,具有更加广泛的、精确规定的、并在历史上得到更好证明的产生影响的可能性。”[20]

[19] [德]哈贝马斯:《再论理论与实践的关系》,李理译,载中国社会科学院哲学研究所编:《哈贝马斯在华讲演集》,人民出版社2002年版,第150页。
[20] 同上书,第149页。

法治中国

“法治中国”命题的理论逻辑及其展开

王　旭*

【摘　要】“法治中国”命题是对新中国法治实践集大成的概括。它的理论逻辑以中国法治的实践(问题)为前提和中心,首先,是一种历史与实践统一的逻辑,隐藏着“实现主权结构与治权结构双重法治化”的线索;其次,是一种道义与实践统一的逻辑,“法治中国”要实现的治理格局必然具有明确的价值目标,包含着特定的价值意象,是一种经过法律治理而呈现的现代“价值中国”,寄托着国人对正派国家与良序社会的道义期望。同时,法治中国命题在理论上也面临局限与挑战:包括双重代表制下的半契约主权结构内部如何有效实现问责、如何避免例外政治;多元价值带来的法治实用主义诱惑;实践的多元引发法治整合能力的下降。建立一个以宪法解释为核心的合宪性控制机制是妥善应对挑战的重要思路。

【关键词】　法治;主权;治权;代表制;合宪性

引子:法治的实践与理论

中共十八届三中全会正式提出“推进法治中国建设”的重大实践命题,并将这个命题通过中共十八届四中全会的政治决断具体化为190项法治建设措施。中共十八届五中全会在公报中进一步提出“运用法治思维和法治方式推动发展”。[1] 近两年来,法学界对于“法治中国”命题的理论化作了诸多理性、富有成效的探索,[2]成为当代中国法学史上一次难得的法治理论语境化、中国化与具体化的集体努力,丰富、发展了中国法治实践命题的理论根基。

总结前人的工作,“法治中国”的理论化主要集中在如下方面:(1)法治中国的本体论。在此问题上,学者们普遍认可,法治中国的内涵是对法治国家、法治社会等概念的逻

---

* 王旭,中国人民大学法学院教授。本文得到笔者主持的2015年北京市社会科学基金青年项目“宪法解释程序机制完善研究”(批准号15FXC039)支持。

〔1〕 参见《中共中央关于全面深化改革若干重大问题的决定》第九部分即以“推进法治中国建设”为标题。作为姊妹篇,《中共中央关于全面推进依法治国若干重大问题的决定》具体提出了改革、建设措施。

〔2〕 例如,《法制与社会发展》2013年第5期率先开辟专题组稿20篇予以全面、深入研讨。之后学术界也屡有严肃、深入地探讨“法治中国”内涵、体系与实现路径的作品问世。参见张文显:《法治中国建设的前沿问题》,载《中共中央党校学报》2014年第5期;张文显:《建设中国特色社会主义法治体系》,载《法学研究》2014年第6期;汪习根:《论法治中国的科学含义》,载《中国法学》2014年第2期;马长山:《法治中国的建设与出路》,载《法制与社会发展》2014年第3期。

辑发展,也是对依法治国理论的发展。[3] (2)法治中国的历史(演化)论。着眼于探讨其历史脉络与现实语境。很多学者也同意,法治中国有一个中国法治轨道演进的历史脉络,绝非横空出世,同时在今天提出也有特殊的语境,对中国全面深化改革具有特殊的战略意义。[4] (3)法治中国的体系论。学者们提出,法治中国并非一个孤立的概念,而是意味着一种复合的法治发展体系,是从社会主义法律体系向社会主义法治体系的一种制度演化与价值升华,包括统领概念、理论纲要、思想体系和总目标形成的完整理论整体。[5] (4)法治中国的实践论。此种进路集中关注法治中国的具体实现路径。很多学者的问题意识也投向了法治中国的具体制度变迁和落实的问题,提出了法治中国的动力机制、如何进行实践操作,如何避免陷入实施中的价值淆乱等问题。[6]

本文认为,上述种种前人的学术努力,最大的贡献就在于为我们清晰地勾勒出思考"法治中国"理论逻辑的三个结构性概念:历史、价值与实践。我们可以看到,既有的理论思考都没有逃脱出这样三个维度,是在这三个维度上的具体展开与深化。那么,本文在此基础上,不着眼于对什么是"法治中国"给出词典式的定义,而是做一种知识论上的二阶观察。既然"法治中国"是一种体系化的历史话语、价值话语和实践话语,那么它在提出及发展过程中,"历史"、"价值"和"实践"如何保持一个逻辑的结构,成为互相支持、互相证明的整体?靠什么样的核心问题将这三个概念和思考层次连接为一个严密的逻辑整体?

通过这种思考,本文进而希望提炼出一种内涵历史、价值与实践的中国"抽象法治观":本文认为,"法治中国"命题是对新中国法治实践集大成的概括,包含着中国法治实践一以贯之的问题思考,它必须以理论的逻辑来予以清晰呈现,这是学者的根本使命。本文主张,这种理论化以中国法治的实践(问题)为前提和中心,首先,应该是一种历史与实践统一的逻辑:"法治中国"命题一定是对实践中的问题予以提炼和回应,但找到这个问题又不能"抽刀断水",中国六十余年的法治实践具有连续性,只有深入历史的脉络才能清晰呈现问题本身。我们或可以总结这个历史就是一条"实现主权结构与治权结构双重法治化"的实践线索,"法治中国"在当前历史阶段的核心任务就是实现治权结构的法治化,也即对中国混合民主宪制内部如何有效治理的回答。其次,应该是一种价值与实践统

[3] 参见葛洪义:《法治中国的逻辑理路》,载《法制与社会发展》2013 年第 5 期;韩大元:《简论法治中国与法治国家的关系》,载《法制与社会发展》2013 年第 5 期;付子堂:《法治中国的一个中心、两个基本点》,载《法制与社会发展》2013 年第 5 期;周叶中:《关于"法治中国"内涵的思考》,载《法制与社会发展》2013 年第 5 期;汪习根:《论法治中国的科学含义》,载《中国法学》2014 年第 2 期。

[4] 参见郑成良:《法治中国的时空维度》,载《法制与社会发展》2013 年第 5 期;夏锦文:《"法治中国"概念的时代价值》,载《法制与社会发展》2013 年第 5 期;杨清望:《"法治中国"提出的现实意义与理论意义》,载《法制与社会发展》2013 年第 5 期。

[5] 参见张文显:《法治中国的前沿问题》,载《中共中央党校学报》2014 年第 5 期;姜明安:《以"五位一体"的总体布局推进法治中国建设》,载《法制与社会发展》2013 年第 5 期;葛洪义:《法治中国的逻辑理路》,载《法制与社会发展》2013 年第 5 期;马长山:《法治中国的建设与出路》,载《法制与社会发展》2014 年第 3 期;杨春福:《法治中国建设的路径探寻》,载《法制与社会发展》2013 年第 5 期。

[6] 参见黄文艺:《对"法治中国"概念的操作性解释》,载《法制与社会发展》2013 年第 5 期;陈云良:《加快法治中国建设可走的四条捷径》,载《法制与社会发展》2013 年第 5 期;孙笑侠:《法治中国的三个问题》,载《法制与社会发展》2013 年第 5 期。

一的逻辑,"法治中国"要实现的治理格局必然具有明确的价值目标,特定的价值推动着"法治"的具体实践,"中国"在这里也不仅仅意味着地理空间和政治主权的叙事,而包含着一种特定的价值意象,是一种经过法律治理而呈现的现代"价值中国",寄托着国人对正派国家与良序社会的道义期望。因此,"法治中国"的理论逻辑根本上由实践(问题)、历史(问题提出及具体表现的时空约束条件)和价值(问题及回答的评价标准)三重维度构成,理解它们的相互关系也就成为我们理解"法治中国"命题的关键。

一、"法治中国":历史与实践的逻辑统一

"法治中国"命题并非横空出世,而是有着自己的历史方位,有一以贯之的问题意识,又在不同的历史阶段有重点的考虑。从这个意义上说,我们可以把新中国成立以来到"法治中国"命题的提出,将法治根本目标划分为主权结构法治化和治权结构法治化。

(一)"法治中国"的历史成就:实现主权结构的法治化

"法治中国"的历史动力首先来自实现主权结构的法治化,也就是作为主权者的人民,与其代表者之间通过法律而拟制为意志统一体,[7]它体现为法律对民主的一种担保和承诺功能。这是新中国成立以来相当长历史时间里中国法治的核心问题意识,也就是要在新的历史条件下回答执政和建设国家的正当性,而非具体治理的有效性。

由于对中华封建专制传统和新中国成立后政治生活灾难的深重反思,重视法律首先是从"承认法律对于民主具有保证作用"开始的,防止人民民主主权的结构或者蜕变为某种个人或集团一言九鼎的寡头政治、僭主体制,或者滑向某种失控的民粹主义和大众政治狂欢。

众所周知,废除了国民政府"六法全书"的新中国并没有立刻建立起自己的宪法法律体系。这其中一个原因是中华帝国传统依靠意识形态进行秩序正当性建构,以及社会对政治精英集团及领袖个体依赖的惯性,[8]显然使开国者们不在意通过成文宪法建构国家并通过专业的法治体系来形成秩序。

中共八大出现了强化法律制度功能的新气象。这次全会提出国家主要任务"从大规模的群众运动走向稳定正规的法制建设",在决议中提出"我们目前在国家生活中的迫切任务之一,是着手系统地制定比较完备的法律,健全我们国家的法制"。

这种"从群众运动走向法制建设"背后的真实逻辑在于,党在执政后必须解决如何确保一种中国式的混合民主宪制结构能够稳定地存在。

---

〔7〕 无论是卢梭以公意为核心的直接民主下全体主权者与政府的关系,还是以潘恩、密尔等理论家为实现大规模民主而提出的代议制理论,其核心关怀也都是如何解决主权人民—治权政府或主权人民—主权代表者之间的稳定关系,实现正当、高质量的民主体制。参见[法]卢梭:《社会契约论》,何兆武译,商务印书馆2009年版,第112~119页;C. Hobson, Revolution, Representation and the Foundation of Modern Democracy, *European Journal of Political Theory* 7, 2008. 但相似的问题意识不意味着相同的问题,中国的民主结构有更为特殊的地方,后文详叙。

〔8〕 See K. Lieberthal, *Governing china: From Revolution through Reform*, Norton & Co. Inc. 1995, p. 1.

在新中国成立之前，党作为无产阶级的先锋队和“人民的参谋部”（彭真语）以政治精英的引领和代表功能取得了革命的胜利，但如何确保新中国成立后人民当家作主的地位与全心全意为人民服务的宗旨？这是要解决的第一重主权结构问题，也就是在人民和党之间要寻找一个均衡结构，在回答“黄炎培之问”中，毛泽东主席已经找到了“民主监督”的道路，[9]但中国的特殊就在于，新中国以人民代表大会为核心的国家机构的建立，使人民和国家（机构）之间也产生了代表关系，中国的民主宪制构成了一种党与国家功能上互相融合，但形式上又有一定差异的混合体制，它们共同代表、统一于人民的意志。于是党—人民—国家这样一种复合主权结构如何实现均衡，实现三者意志的统一，[10]就成为中国民主体制必须解决的关键问题，这是呼唤法律的关键，正如彭真深刻论述到的：“虽然党是代表人民，全心全意为人民的，但党员在十几亿人民中只占少数，我们不仅有党，还有国家。党和国家要做的事，讲内容，当然是一个东西，讲形式，那就不仅有党，还有国家。党的政策要经过国家的形式成为国家的政策，并且要把在实践中证明是正确的政策用法律的形式固定下来……一经制定，就要依法办事。凡是关系国家和人民的大事，光是党内作出决定也不行，还要同人民商量，要通过国家的形式。”[11]

也就是说，主权结构的均衡在本质上就是意志的同一性，在中国的体制里，法律正扮演了一个沟通党、人民与国家三者意志、最终取得共识的形式理性：人民的意志通过民主集中制成为党的政策，党的政策又通过执行成为国家政策，国家政策复次通过立法程序最终成为三者共同遵守的规则与形式，从而实现了三者意志的统一，解决主权结构均衡的问题。

然而，20世纪60年代到70年代中期，这个三元的主权结构事实上成为党的领袖或高层集团的一元领导体制，导致了党和国家民主政治生活的极大不正常，法律无法成为这个均衡结构里的基准性、共识性力量，所以以邓小平同志为核心的党中央领导集体开始重新建立这个以法制为基准的三元主权结构。

随着改革带来的世俗化利益追求、权利意识勃兴及公权力在改革过程中日益扩张，对于党和国家以集体的名义作出的行为是否要受到法的约束，法究竟是一套传统中国法家所言之“治民之术”还是具有更高的正当性基础，开始新一轮的论辩，[12]十六大报告中正式明确了“党的领导、人民当家作主和依法治国有机统一”的论断。也就是说，在集体的法律人格上，党—人民—国家之间意志的最终统一都必须拟制在法律权威之下，都必须承诺接受统一的、普遍的法律规则的约束。

---

[9] 参见黄炎培：《八十年来》，文史资料出版社1982年版。

[10] 从学理上说，代表制的关键在于“民主的同一性原理”，也就是被代表的人与代表在意志上不发生任何背离，无论是卢梭对于立法者寻找公意的强调还是哈贝马斯“守法者也是立法者”之命题，都是要解决这个意志同一性的关键问题。See H. Lindahl, *Constituent Power and Reflexive Identity: Towards an Ontology of Collective Selfhood*, in: The Paradox of Constitutionalism-Constituent Power and Constitutional Form, Edited by M. Loughlin, N. Walker, Oxford University Press, 2007.

[11] 彭真：《不仅要靠党的政策，而且要依法办事》，载《彭真文选：一九四一——一九九零》，人民出版社1991年版，第493页。

[12] 在法学界就体现为20世纪90年代“法治与人治”“以法治国”与“依法治国”“法制与法治”“权利本位还是义务本位”的诸多基础范畴之间的辩论。

历史地来看,十六大形成的“坚持党的领导,依法治国与人民当家作主的有机统一”重要论断,最终在一种中国式的混合民主宪制里成功建构起法治对民主的承诺和担保功能,构成了今天中国的第一政法原理和基础规范。[13] 目前阶段,“法治中国”命题正在此基础上继续前进。

(二)法治中国的当前要义:实现治权结构的法治化

“党的领导、人民当家作主和依法治国三者的有机统一”,也可概括为“党领导人民依法治国”命题,可以说是一个“政道”的问题,描述的是一个混合的民主宪制,其根本正当性究竟何在。

然而,“党如何领导人民依法治国”,如何将法治从一种侧重强调对民主的承诺和担保功能转化为对一个民主结构内部有效治理的保障,这样一个“治道”的问题,[14] 却在当前历史阶段更为紧要。

所谓治权结构也就是党、人民和国家如何通过具体的法律治理实现并始终保持意志的统一,从而不断增进共同福祉。具体而言,“法治中国”的核心要义在于:使人民复杂、真实的利益偏好能够通过正当程序成为党的意志和政策,这种政策又能准确地通过立法程序转化为国家法律,而这种真正体现公意的良法又能被高效实施、严密监督,最终使一个超大型民主国家在不断提升公共福祉的过程中实现善治。

那么,为什么会发生这种任务的转变,它又包含什么要素?这是本部分要探讨的两个问题。

1. 为何转向治权结构的法治化

转向治权结构的法治化具有历史的必然性,是实践的推动,具体而言有三个原因:

第一,“党领导人民依法治国”是一种本质揭示的本体论思考方式。本体论的思考是一种拟制的思维,从西方绝对王权时期将君权假定为“神授”,到启蒙哲学将人权推定为“天赋”,再到19世纪议会民主理论将立法者拟制为“全能的上帝”,归根结底都是卡尔·施密特所言“是一种世俗化了的神学概念”。[15] 这种思维方式是对现象的高度理论抽象,并且具有不言自明的推定有效性和讨论问题的起点。经过30多年法治建设,依法治国也成为当今中国这种不言自明的共识,法治对民主的担保功能已经实现,接下来就是这种法治能否成为更为具体的治理国家方案,不断提高民主政治生活的质量。

第二,“党领导人民依法治国”也是一种宏观描述的整体论思考方式。整体论的思维方式假设了一个没有利益分歧、内部秩序高度一致的“整体的人民”和“整体的国家”,这正是自卢梭、西耶斯以降“人民主权说”的影响,[16] 但实际上30多年的改革开放已经让今

---

〔13〕 凯尔森认为法秩序的有效取决于一种思维的拟制,也就是基础规范(“要遵守宪法”)这种架构的存在,那么中国政法结构的基础规范就可表述为“要坚持党领导人民依法治国”。See Kelsen, *The Pure Theory of Law*, University of California Press, 1967, p. 7.

〔14〕 语出牟宗三哲学。政道对应着政权,处理的是主权统治的正当性问题,治道对应的是治权,处理的是主权具体行使的问题。参见牟宗三:《政道与治道》,广西师范大学出版社2004年版,第1页。

〔15〕 [德]卡尔·施密特:《政治的神学》,刘宗坤等译,世纪出版集团2014年版,第49页。

〔16〕 卢梭强调全体人民共同行使主权,立法者只能帮助判断公意、建议立法的逻辑提出了这种整体人民观。

天中国的国家、社会、个体都呈现出价值偏好、利益诉求高度多元的形态:“整体的人民”内部已经形成了明显不同的利益阶层,[17]城市/农村,东部/西部等种种二元代码区隔出不同的人群,依照美国历史学家泰勒的标准,中国已经成为一个社会功能分化、职业人格多样、社会整合机制多元的“复杂体系”;[18]在国家机构内部,中央与地方之间,立法机关与行政、司法机关之间,都有着明显不同的理性考虑以及部门、地方利益。[19]因此在这个历史时期,如何保证局部的法律、政策、措施等法治方案始终维系“党—人民—国家三者意志的根本统一”,防止公意被地方化、部门化、权贵化从而最终空心化就成为不容回避的问题。

第三,“党领导人民依法治国”还是一种表达政治伦理的价值论思考方式。它更多提出了一种现代中国的理想生活和规范秩序,但现实情况却是我们通过法律的治理体系还处在一种粗放型、经验化,尚未成熟和定型的状态,[20]我们立法、执法、司法的治理能力,也即对制度的执行能力,与确保三元主体的意志统一,还有相当的距离。将复杂、多元的人民意志通过以商谈、合议为中心的程序设计转化为政策,再将这种政策落实为法律并有效执行,既化解风险社会对于民主机制的挑战,[21]又妥善处理复杂社会各种利益的有效平衡,还要能够应对多元治理规则所带来的社会离心力挑战,尤其是通过法律遏制公权力不受控制所引发的上层分利同盟和腐败更是还需进一步努力。对此《中共中央关于全面深化改革若干重大问题的决定》(以下简称《决定》)有清醒认识。[22]

2.“治权结构法治化”的具体要素

那么,中国治权结构的法治化包含什么要素,我们可以从《决定》中的一段关键性文字来提炼:“全面推进依法治国,总目标是建设中国特色社会主义法治体系,建设社会主义法治国家。这就是,在中国共产党领导下,坚持中国特色社会主义制度,贯彻中国特色社会主义法治理论,形成完备的法律规范体系、高效的法治实施体系、严密的法治监督体系、有力的法治保障体系,形成完善的党内法规体系,坚持依法治国、依法执政、依法行政共同推进,坚持法治国家、法治政府、法治社会一体建设,实现科学立法、严格执法、公正司法、全民守法,促进国家治理体系和治理能力现代化。”

从这段纲领性的文字里,我们可以提炼出“法治中国”所包含的治权结构由法治道路、法治体系和法治目标三个部分组成。

第一,法治道路的民族底色。“中国特色社会主义法治道路”是自晚清变法170多年

[17] 例如,季卫东注意到从1998年政府工作报告开始,“弱势/强势群体”概念就已经在社会主义中国成为正式的用语,表明人民内部利益的巨大分化。参见季卫东:《法治中国的条件》,法律出版社2014年版。

[18] See J. Tainter, *The Collapse of Complex Societies*, Cambridge University Press. 1990, p. 189.

[19] 例如,郑永年很早就会用“行为联邦制”来描述中央与地方之间选择性分权而造成的地方竞争与差异化发展。参见郑永年:《行为联邦制》,中信出版社2013年版。

[20] 参见习近平:《〈中共中央关于全面深化改革若干重大问题的决定〉的说明》。

[21] 风险社会对民主的基本挑战表现为民主决策如何运用科技对风险的判断,以及民主参与如何尊重科学判断等问题。See J. Kasperson, R. Kasperson, *The Social contours of Risk*(1): *Publics*, *Risk Communication and the Social Amplification of Risk*, Oxford Press, 2005.

[22] 参见《中共中央关于全面深化改革若干重大问题的决定》第一部分第五自然段对法治实施现实水平的评价。

以来,中国大规模的法治建设第一次明确法治文明必须坚持自主性和主体性,法治事业从整体上纳入到了"中华民族伟大复兴"的中国梦之中。法治变革实际上是中国由帝国进入现代世界文明的动力,也是以儒家为代表的传统治理方式在制度上解体的标志,〔23〕"法治中国"强调的民族主义底色恰与170多年前的变革开端形成了鲜明对比,当时对于法治建设在政治精英的一种普遍共识是:"大抵今日环球各国大势,孤则亡,同则存。故欲救中国残局,唯有变西法一策……必改用西法,中国吏治、财政积弊乃能扫除,学校乃有人才……孔孟之道乃能久存。"〔24〕

对于"法治中国"来说,传统"孔孟之道"不仅不会因为不移植西法而无法久存,相反强调对于传统治理进行"制度性复活",将其镶嵌到法治体系之中,因此"依法治国与以德治国相结合"就成为法治中国必须坚持的原则,这正是坚持传统文化与社会主义中国新政法传统相统一的表现。

第二,法治体系的均衡战略。"全面推进依法治国"是对十五大以来"依法治国方略"的新发展。"全面"意味着作为一种治权结构,它必须强调治理体系内部不同主体和不同环节的协同性、互相作用和均衡发展。

从法治的对象来看,十五大确立"依法治国基本方略"之后,由于中国政府的规模、权力和与公民生活的密切影响,我们的突破口主要是打造"法治政府",将"法治政府"列为"法治国家"的关键。〔25〕然而现实情况告诉我们光有依法行政是远远不够的:在中国的治理格局中,执政党依法决策,立法机关产生良法,司法机关公正司法同样重要。〔26〕因此,"共同推进、一体建设"正是强调"法治的同心圆效应":以法律为圆心,执政党、政府、其他国家机关和公民都必须环绕法律治理展开行为,接受法律的调整,这是对传统法治单边突进思维的重大突破。

从法治的环节来看,过去的"有法可依"强调的是法律体系的重要性,这正是一种将万能的上帝拟制为"万能的立法者"之政治神学思考方式,但"法治中国"更强调立法、法的实施、法的监督与保障、守法及党内法规完善全环节的联动效应,从而将"法治中国"从外观上展现为一个完整的中国社会主义法治体系。

第三,法治目标的双重表达。从中共十一届三中全会确立法制建设的十六字方针开始,中国对于法治的目标更多是设定为一种"法的内在价值"。〔27〕"科学立法、严格执法、

〔23〕 参见干春松:《制度化儒家及其解体》,中国人民大学出版社2013年版。

〔24〕 (清)张之洞:《张文襄公全集》(第171卷),中国书店1990年版,第23页。

〔25〕 十五大之后,行政是最先形成最高层纲领文件的部门,国务院于1999年即发布《关于全面推进依法行政的决定》,2004年国务院又发布《全面推进依法行政实施纲要》,明确提出了依法行政的建设目标与六项基本原则。其内容的权威性、体系性、实操性及目标明确性都超越了司法的阶段性改革纲要和立法部门。

〔26〕 例如,过去10年愈演愈烈的"信访不信法"正是司法能力与公信力羸弱而对法治的破坏。参见周强:《全面深化涉诉信访改革,努力提高诉讼服务水平》,载《人民法院报》2014年12月13日。

〔27〕 所谓法的内在价值,也就是法本身具有的一些要素构成了法的理想性,而法的外在价值更多是一种工具性价值,法成为实现它之外其他价值的一个条件或环节。现代西方法治理论相当多的学者也都强调的是法的内在价值,例如,F. Fuller提出的法的8项内在道德,J. Raz对于法的权威价值之说明,Dworkin基于人的内在尊严而发展出的"平等的法"理念。See Fuller, *The Morality of law*, Yale University Press, 1969; J Raz. *The Authority of Law*, Oxford University Press, 2009; Dworkin, *Justice for Hedgehogs*, Harvard University, 2011.

公正司法、全民守法”是内在价值观的体现,然而,“法治中国”更进一步的发展就是明确提出了“治理体系和治理能力现代化”这样一个“法的外在价值观”,而治理体系与治理能力也就是国家内部各项存量、增量的机制体制总和及其执行能力,〔28〕也就是说“法治中国”并非就法治本身设计实施路径,而是在一种全局观的支配下,从最大程度实现国家制度的绩效和功能这个角度来理解法治的价值。

二、法治中国:价值与实践的逻辑统一

法治中国的内在理论脉络遵循着历史与实践的逻辑统一:它是对不同历史阶段新中国主权结构和治权结构法治化的集大成者。那么我们接下来就要进一步思考,“法治中国”要实现民主国家的有效治理,那就必然有特定的价值目标。也就是说,“法治中国”的“法”并非仅仅秉持一种形式主义的法治观而纯粹转向一种法律实证主义,还必须看到“法治中国”所追求的“生机勃勃与秩序井然的现代中国”需要靠实质的道义力量来推动,各种具体的法治实践更需要接受根本的价值法则评判,这正是《决定》第一次明确提出“良法是善治之前提”的理论深意。“法治中国”要通过一种价值的力量及其实现呈现一个以宪法为统帅的“良法之治的中国”。因此,“法治中国”还在实践中蕴含着道义逻辑,它是价值与实践的逻辑统一。

(一)《宪法》中作为“价值”的中国

《宪法》究竟预设了怎样的“法治中国”价值图谱,需要我们从文本出发,看看“法治中国”究竟在宪法上如何理解,《宪法》对“中国”在价值上是如何期待的。

《宪法》序言第七自然段有一条表达国家目的的“方针条款”:“把我国建设成为富强、民主、文明的社会主义国家”,很显然,这里蕴含着宪法上述三个关键价值的明确宣示以及对国家形象的直接表达。“富强”是一种绩效主义的表达,在当前阶段直接表现为对全面建成小康社会的追求;“民主”则是人民当家作主的根本要求,在当代中国它是“选贤与能”和“商谈慎议”的结合,是一种现代政治生活理性化的价值追求;文明则在本质上是序言首段“中国各族人民共同创造了光辉灿烂的文化”这样一种“文化中国”的价值凝聚,本质上推演为一种当代国人心灵道德秩序和伦理组织生活之重构。〔29〕

《宪法》第 6 条“社会主义公有制消灭人剥削人的制度,实行各尽所能、按劳分配的原则”体现着以平等的社会主义根本价值追求;第 33 条“国家尊重和保障人权”则可以解读出以自由为重要追求的主张。而第 51 条“中华人民共和国公民在行使自由和权利的时候,不得损害国家的、社会的、集体的利益和其他公民的合法的自由和权利”则又体现出对和谐(秩序)价值的重要追求。

从宪法文本构建的“价值中国”来看,一个具有理想生活形态的中国至少包括“秩序

〔28〕 参见施芝鸿:《准确把握全面深化改革的总目标》,载《中共中央关于全面深化改革若干重大问题的决定辅导读本》,人民出版社 2013 年版,第 30~31 页。

〔29〕 “以道德自律取代宗教以涵养理性”和以礼制为核心将人纳入人伦关系之中正是中国传统文化的两个要义,参见梁漱溟:《中国文化的命运》,中信出版社 2013 年版,第 54、146 页。

井然的中国”(和谐)、“公平正义的中国”(平等)、“生机勃勃的中国”(自由)、“小康独立的中国”(富强)、“选贤慎议的中国”(民主)、“礼兴乐盛的中国”(文明)这六重意象。可以说“法治中国”对治理体系与治理能力现代化的追求从根本上就是要建构这样一个多重叠合的“价值中国”。[30]

(二)价值与实践统一逻辑的展开

1.“秩序井然的中国”:和谐及其整体主义

从西方学理上来看,很多思想家也将“秩序”视为国家的理由。例如,现代国家主权理论的奠基人博丹在《主权论》中基于民族国家建构与有效整合政治权威的需要就明确提出“国家的目标从来不是自由,而是秩序”,并以此论证一种“绝对而永恒的主权”。[31]马基雅维里、霍布斯同样从一种自然欲望的力学出发,放逐了古典实践哲学所强调的“城邦美德”与奥古斯都以来将共同体正当性奠定于神性的传统,去论证一种基于强力所带来的“人的自我保存”与“共同繁荣”秩序之必须。[32] 即便作为现代自然权利理论代表人物的洛克,也在《政府论》中基于“上帝要求人们生存下去”的神学预设,将“维护社会”作为第一个自然法则,向自然状态下的人提出“免予侵犯其他人的权利和互相伤害”的戒律。[33]

秩序的价值在“法治中国”语境下有特殊的意义。一方面,这是基于中华帝国礼制传统对“正名”与“定分”维护的文化惯性;另一方面,也与近代中国在天下体系崩溃后“人民陷于一盘散沙”,国家主权备受倾轧的历史记忆有关,所以通过法律实现国家有效的制度供给能力,以创造一种可以持续的绩效就对于中国来说显得尤为重要,秩序供给成为制度供给的基础和关键,[34]这样一种思路其实与弗朗西斯·福山近来将“国家能力”作为现代国家有效建构的环节有暗合之处。

联系中共十八届三中全会“全面深化改革”的主题,在一个转型与改革的时期,法律对秩序的保障就显得更为紧要。中国改革带来“生机勃勃”,但也带来个体、集体、阶层在财富、地位、话语等各种社会资源的巨大差异,政府部门也极容易以经济发展为名从一种“生产型政府”而蜕变为“掠夺型政府”,[35]所以通过法律框架,尤其是设计财产权体系以明确产权,确保有序流转;设计财税体系遏制政府开支滥用与保证充足公共服务;设计社会保障体系落实底线安全,防止秩序失控——实现这三大治理体系的法治化,才能实现对利益的有效平衡、协调,对各种冲突进行理性的管理和调控,确保改革

[30] 以宪法文本为基础,分析“国家”“中国”的含义,学术界主要是从政治意义上理解,如作为政治共同体(主权)的国家,相对于社会的国家,相对于地方的国家等。似乎也可以通过宪法解释按照“对现代中国理想生活的期望”这样一个维度去勾勒作为价值共同体的国家。参见韩大元:《简论法治中国与法治国家的关系》,载《法制与社会发展》2013年第5期。

[31] See Bodin, *On Sovereignty*,中国政法大学出版社(影印本),2003,p. 1.

[32] See H. Schweber, *The Language of Liberal Constitutionalism*, Cambridge Press, 2007, pp. 17 – 19.

[33] See J Locke, *The Second Treatise of Government*, New York, 1956, pp. 357 – 358.

[34] 参见林尚立:《建构民主——中国的理论、战略与议程》,复旦大学出版社2012年版,第150页。

[35] 参见[美]詹姆斯·加尔布雷斯:《掠夺型政府》,苏琦译,中信出版社2003年版。

顺利进行。[36]

2.“公平正义的中国”:平等及其社会主义

从柏拉图考虑城邦德性、防止成员堕落而提出资源的平等享有,亚里士多德提出的“分配与矫正的正义”,到中世纪阿奎那主张“只有基于匮乏才能产生私有”,[37]再到各种社会契约论版本无不将自然状态下的人拟制为“自由而平等”的人,[38]直到当代左翼自由主义者罗尔斯、德沃金对资源、机会等平等的强调,可以说平等的理念在西方也是源远流长。

然而,中国宪法所理解的平等首先是一种基于生产资料公有(国有)的社会主义分配正义,而非原子式的自由人平等享有私有财产的理念,也不同于欧洲宪法学上基于社会自治、国家辅助而产生的“社会国”原则。[39] 因此“法治中国”所要追求的治理格局首先要建立国家按照一定的平等原则,通过立法对资源、权利进行公正分配,并在此基础上确保个体权利的自由行使。改革开放的红利没有完全为全体国人所共享,部门利益、地方利益空心化公共利益造成资源和财富的畸形集中,并隐约在经济和政治上开始形成上层分利同盟,这已经为《决定》所洞悉。所以我们才能理解,一方面,《决定》强调“要形成以人大为主导的立法格局”,防止部门利益的侵夺;另一方面,“加强重点领域立法”,提出“加快完善体现权利公平、机会公平、规则公平的法律制度”。

3.“生机勃勃的中国”:自由及其权利主义

延续中华帝国的传统,新中国成立后相当长一段时间仍然将国家治理的合法性建立在意识形态和个人权威之上,这种模式往往依靠动员、运动、发动群众等方式编织一个庞大的党政军制度架构,并通过政策和指令治理社会。改革开放在本质上也就是要将国家治理的合法性由一种教义的意识形态转化为更为务实的世俗主义绩效,包括承认个人的自由,充分的权利,以及整个社会对义利观的重新调整,它不但催生了法治的社会土壤,也使个体开始学会为权利而斗争,权利本位开始在中国成为一种查尔斯·泰勒所言之“社会想象”。政府的职能全面收缩而更加强调将分散的权利诉求和差异化的利益冲突通过法律程序予以尊重、调和。“法治中国”在这样一个逻辑上进一步扩展治理的秩序,这表现为《决定》全面呼应了三中全会确立的“充分发挥市场在资源配置中的决定作用”,以经济自由和产权保障。

4.“小康独立的中国”:富强及其绩效主义

从学理和历史来看,英国古典经济学鼻祖斯密基于18世纪君主专制国家战争纷扰的现实就深刻揭示出“君主的使命在于富国裕民”,洛克等人基于劳动分工理论提出保持社会的持续繁荣也正是建立政治社会的关键。

追求富强也一直是近代中国的主题,以李鸿章、张之洞、严复等人为代表,开始修正传

---

[36] 参见林尚立:《建构民主——中国的理论、战略与议程》,复旦大学出版社2012年版,第151页。

[37] See S. Fleischacker, *A Short History of Distributive Justice*, Harvard University Press, 2004; P. Garnsey, *Thinking About Property: From Antiquity to the Age of Revolution*, Cambridge University Press, 2007.

[38] See E. Baker, *Social Contract: Essays by Locke, Hume, and Rousseau*, *Oxford* University, 1962, p. 10.

[39] 社会国原则在“二战”后德国以个人自治和人的尊严为道德基础的理论及模式转变。See M. Stolleis, *History of Social law in Germany*, Springer, 2014, p. 157ff.

统儒家国家"不越其本位,干涉经济"的教义,严复在了解英国通过重商主义走上富强的道路经验之后,评价董仲舒的义利观时明确提出:"此其用意之美,然而于化于道皆浅,几率天下祸仁义矣。"[40]

除了对于国家和个体追求财富的道德基础加以正当化,近代中国追求富强还有一个现实原因就是基于战争形势带来的军费开支庞大现实刺激,严复谈到:"国既日富,则其为守愈严,而武备之修,遂亦远迈古者。国之强弱,必以富庶为量。"[41]

那么,今天"法治中国"背景下提出的协调推进"全面建成小康社,全面推进依法治国",[42]自然有了更深的含义,那就是要实现法治对国家富强、小康目标的基础性保障作用,并最终让每一个国人受惠,让富强与人尊严的生活相结合。

5."礼兴乐胜的中国":文明及其伦理主义

财富和权利往往也可能是社会道德的堕落与倒退,[43]在学理上这尤其体现为对市民社会与资产主义文明的反思。例如,康德的法权哲学里之所以强调法律与国家的重要,就在于他认为人不可能完全按照内心的道德律令进入一种自由的理性状态,黑格尔反思"市民社会蕴含的败德风险",[44]韦伯也针对冒险和投机的"贱民资本主义"有过批评,[45]舍勒则提出无产阶级必须超越资产阶级"内部狭隘的市民精神",展现出更优越的文明因素和精神气质。[46]

强调一种心灵秩序和道德人格对于治理的基础作用更是中国以儒家为代表的礼制传统。孔子提出"以德、礼养民为重,政刑为助",而方法就在于将调整人际关系的礼具体为"以身作则,以道诲人"。他说"上好礼则民莫敢不敬,上好义则民莫敢不服,上好信则民莫敢不用情"。[47] 可见教化、纯化人心比重刑规范行为更为重要。即便与法家有相当亲缘关系的荀子,也以礼制作为规范行为的关键。他指出"先王恶其乱也,故制礼义以分之,以养人之欲,给人之求"。[48] 这种"礼"的核心在于一种道德人格通过一种"有别"的分等异级制度发挥限制人欲的作用,而与法家将规范仅仅建立在械数、威慑之上大异其趣,[49]故荀子斥责法家思想为"寡廉鲜耻,伤仁害义"。作为最高等级的君主则必须有最高的道德人格。[50]

那么,法治中国将"依法治国与以德治国"镶嵌为一个制度整体的做法则可以看作是一种"法令"与"王制"的合体,通过这种综合治理实现一种普遍的人文精神和理想人格。

[40] 严复:《原富》,载严复:《严复文集》(第4册),线装书局2007年版,第858页。

[41] 同上书,第899页。

[42] 《习近平总书记首谈四个协调意味着什么》,载新华网;最后访问日期:2014年12月16日。

[43] 参见[法]卢梭:《论人与人之间不平等的起因和基础》,李平沤译,商务印书馆2007年版。

[44] 参见[德]黑格尔:《法哲学原理》,范扬等译,商务印书馆2010年版,第37页。

[45] 参见[德]马克斯·韦伯:《新教伦理与资本主义精神》,于晓等译,生活·读书·新知三联书店1987年版,第190页。

[46] 参见[德]马克思·舍勒:《资本主义的未来》,曹卫东等译,北京师范大学出版社2014年版,第90页及以下。

[47] 《论语颜渊第十二》。

[48] 《荀子礼论》。

[49] 深入分析参见萧公权:《中国政治思想史》,新星出版社2010年版,第78页。

[50] 《荀子正论》。

6."选贤慎议的中国":民主及其共和主义

新中国法治的演进一直强调对民主的担保功能,这体现了中国的国家治理走向一种理性主义,告别纯粹的威权。只是,"法治中国"所理解的民主并非仅仅是一种选举民主,而是要将一种"天下意识"和"为公"思想发展为协商民主,《决定》为此提出"加强社会主义协商民主制度建设,推进协商民主广泛多层制度化发展,构建程序合理、环节完整的协商民主体系",这种思想既与西方自20世纪70年代以来的慎议民主[51]和更久远的公民共和主义传统[52]有暗合之处,更有中国自己的思想资源,如黄宗羲指出"缘夫天下之大,非一人之所能治,而分治之以为工。故我之出而仕也,为天下,非为君也;为万民,非为一姓也",[53]他进而说道:"天子之所是未必是,天子之所非未必非,天子亦遂不敢自以为是,而公其非是于学校。是故,养士为学校之一事,而学校不仅为养士而设也……三代以下,天下之是非一出于朝廷。"[54]

协商民主不仅仅强调通过共同意志形成的"公意",更强调达成"公意"过程实质理由和偏好的沟通、论证,在这个过程中修正不具有共同善的偏好,实现对良好公共生活的最佳保障。因此,法律必须通过培育资政能力和公民精神,建构有效政治协商的制度平台和具体程序,与选举民主相配合,实现国家治理的理性化。

三、"法治中国":挑战及其应对

前文通过历史与实践、价值与实践双重逻辑线索从"法治中国"的历史任务、基本要素与价值体系三个方面构建了"法治中国"的理论逻辑,法治中国的建设就是按照一定的价值图谱,实现"党领导人民依法治国",保证党、人民、国家三者意志的始终统一。但是,任何理论都是有其限度的,会面临其他理论和具体实践上的挑战,那么,法治中国理论面临的挑战是什么,又如何从其自身理论逻辑出发予以有效应对,从而保障"法治中国"建设的顺利进行,这是本文最后要尝试回答的问题。

(一)三个基本挑战

1.主权结构内部的张力

"党如何领导人民依法治国"的关键就在于必须在具体实践中始终保持党、人民和国家机构三者意志的根本统一,我们首先需要认识一下这种三元混合民主体制的主权结构有什么特征,然后再看看其内部存在怎样的张力。

(1)双重代表与半契约结构。

在这双重代表制中处在根本地位的是党与人民的关系,这种代表制迥异于西方,它有

---

〔51〕 概览性的作品如 Christopher Zurn, *Deliberative Democracy and the Institutions of Judicial Review*, Cambridge Press, 2007。

〔52〕 强调公民美德作为政治参与的共和主义传统,参见 I. Honnhan, *Civic Republicanism*, Routledge, 2002, p. 15, 77。

〔53〕 (清)黄宗羲:《原臣》,载《黄宗羲全集》(第1册),浙江古籍出版社1995年版,第4~5页。

〔54〕 (清)黄宗羲:《学校》,载《黄宗羲全集》(第1册),浙江古籍出版社1995年版,第10页。

三个特征:

第一,这种代表制的历史动力来自于文明竞争。《宪法》宣称的“国家一切权力属于人民”标示着“全体人民”是真正的主权者,而人民之所以选择中国共产党作为主权代表者,与契约理论不同,并非是一种“自由而平等”的文明类型内部个体出于保持自然权利的自然欲望而走出自然状态,[55]而是一种文明(中华文明)被另一种文明(资本主义文明)所压迫的结果,正是在文明的竞争中落败并有被征服的危险,所以在人民内部成长起来的先进力量(工人阶级),它代表着一种确保文明持续进步繁荣的方向、规律和力量,理所当然引领整体文明建构新的共同体。

第二,这种代表制的正当性建立在道义感召的“认同”基础上。与契约论将主权者建立在平等个体“同意”——纯粹是一种出于自然欲望的自然力学[56]的基础上不同,中国共产党对于人民主权的代表来自一种对历史使命主动承担、进而以“牺牲”和“服务”为道义感召,而取得了一种实质正当性。为了承担历史使命,中国共产党延续了儒家学说中修身正已、克已奉公的王道:通过“改造”提高“修养”,成为楷模,继而秉持“服务”乃至“牺牲”作为最高的政治道德。这种“舍生取义”“正人先正已”的政治道德在立宪之后就进一步转化为中国共产党自身的宪法义务,根本上解决了党与宪法的关系,从而取得了制宪者——人民的道义认同:“中国共产党是我们国家的领导核心。党的这种地位,绝不应当使党员在国家生活中享有任何特殊的权利,只是使他们必须担负更大的责任。中国共产党的党员必须在遵守宪法和一切其他法律中起模范作用。一切共产党员都要密切联系群众,同各民主党派、同党外的广大群众团结在一起,为宪法的实施而积极努力。”[57]

第三,这种代表制在立宪后形成一元统治原则和二元统治形式的特征,构成一种典型的混合体制。按照民主理论家潘恩的说法,统治原则关系到统治权的来源,统治形式关系到统治权的分享,[58]那么在中国宪法颁布之后,则一元的人民主权被党和国家权力机关分别代表,形成一种混合宪制。混合宪制有其优良的性质。它在西方古典时期就已经引起关注。亚里士多德就认为纯粹的君主制、贵族制或民主制都容易走向堕落,相反汲取了它们各自相应元素形成的一种混合权力结构才最能维护城邦的共同善。[59]

中国体制的特点在于:党与人民之间是一种非契约产生的代表关系,因为这种代表基于道义而产生,先于宪法,因而是一种政治代表;人民与国家权力机关(人民代表大会)之间却是一种契约产生的代表关系,基于宪法规定而授权,而宪法是人民的同意,因而是一种法律代表,而党基于人民的先锋队地位,属于主权者的一部分,自然又对人民代表大会具有领导地位。从而整个中国的民主体制可以说是一种“双重代表制下的半契约结构”。[60]

---

[55] 例如,霍布斯对自然欲望的理解是对“和平”的渴望;卢梭对自然欲望的理解则是对“自由”的渴望。

[56] 自然欲望本身建立在一种唯意志论的基础上,背离了古典时代以美德建立主权者正当性的传统,其道德基础值得检讨,参见 N. Southwood, *Contractualism and the Foundations of Morality*, Oxford University, 2010.

[57] 参见王旭:《“五四宪法”的中国道路及其历史影响》,载《浙江学刊》2014 年第 6 期。

[58] 参见[美]托马斯·潘恩:《人的权利》,田飞龙译,中国法制出版社 2011 年版,第 129 页。

[59] See Aristotle, *Politicals* 3.7-8(1279a22-80a6).

[60] 陈端洪很早就提出了这种党与人大的双重代表制说法,参见陈端洪:《宪治与主权》,法律出版社 2007 年版,但他以代表的目的为区分标准,而笔者则以代表产生的时点为标准。

(2)双重代表制的内在张力。

这种内在张力体现为三个方面：

第一，如何避免例外政治。“例外政治”的本质是“必要性可以取消法律”。[61] 对“例外状态”的判断和宣告在一些理论家看来是主权者的根本象征。[62] 然而，法治秩序作为一种规范体系的集合，在概念和正当性上都必须对例外状态保持警惕，必须要取消例外，确保稳定的预期。在中国语境里，这尤其体现在如果我们要建立起法治本身的权威，就必须要有效约束包括主权的政治代表者在内的所有政治力量，尤其是在承认政治代表领导法律代表的情况下，如何避免政治代表频频打破法律规范的稳定秩序，这是一个值得重视的问题。在“法治中国”的具体语境里就是《决定》所讨论的“改革与立法的关系”，在“立法要主动适应改革”与“改革要于法有据之间”，究竟如何拿捏分寸，二者之中谁又需要优先考虑，这些问题构成了对法治有效性的重大挑战。

第二，如何建立有效的问责制。政治代表基于道义而取得正当性，那么，对它如何实现法律监督？法律代表是否还要受到法律的监督？问责制本质上表现为一种“公共理由的公共阐明”，它意味着接受委托行使公权力的人，必须对于其所作的行为在一个公共的领域通过实质理由陈述向委托人进行合理的说明，否则就要承担相应的政治和法律责任。[63] 但是，超越于法律与契约逻辑的主体如何接受问责，具体程序如何设计，这同样是法治中国的具体实践操作需要回答的问题。

第三，党与人大的意志如何始终统一于人民的意志？混合体制在理论上一个难题正在于如何在职能交叉的情况下尊重不同主体的运行逻辑？[64] 正是这样一个问题的关键，所以《决定》深刻讨论了党与人大的关系，文章最后还有讨论。

2. 实用主义诱惑

“法治中国”面对的第二个挑战就是如何调和多元价值体系。文章前面提出了六重价值，但它们之间并非完全和谐无碍，而是有可能在具体的法律实践中发生激烈的冲突，引发施密特所谓之“价值的内战”。可以说改革开放30多年也是这些价值不断冲突，又不断试图调适的历史。例如，权利主义的勃兴和富强价值的强调必然会冲击到平等的理念，1988年宪法修改“坚持城市土地所有权国有但允许土地使用权的流转”正是这种价值冲突的表现；又如，我们鼓励“生机勃勃的自由”，但如何在这个过程中协调不同的自由，确保自由不会冲撞秩序，确保“井然有序的中国”，这正是中共十八届三中全会和四中全会两个决定成为“姊妹篇”的原因，这个原因背后是一种深层次的历史焦虑。

在这种情况下，如果不能拿出一套客观、可操作的价值协调方案，那么“法治中国”就有可能滑向实用主义，演变为“头痛医头、脚痛医脚”的策略行动，法律对待价值冲突采取

[61] 参见[意]阿冈本：《例外状态》，薛熙平译，台北，麦田出版公司2011年版，第131页。

[62] 参见[德]卡尔·施密特：《政治的概念》，刘宗坤等译，上海人民出版社2004年版，第21页。

[63] See M. Bovens, “Analyzing and Assessing Accountability: A Conceptual Framework”, *European Law Journal*, Vol. 13, No. 4, July 2007.

[64] 美国正是议会民主制与现代贵族制(司法审查)的结合，因此司法是否要尊重立法的民主逻辑，违宪审查反多数的正当性何在？正是一个学术上广泛讨论的问题。参见 M. Hansen, “The mixed constitution versus the Separation of Powers”, *History of Political Thought*, 2010, 31(3).

一种“应急式反映”,对最激烈的社会问题予以优先解决,而将隐患暂且按下不表,最终也就会演变为一种完全凭借现实的实力、利益和情势而采取的实用主义,法治的道义原则无法真正实现。

3. 多元主义挑战

“法治中国”面对的第三个挑战来自多元主义。“国家治理体系”概念的提出意味着多元主体和手段参与国家生活的开始。[65] 这必然给法律治理带来更多的活力,但也带来多元主义消解必要权威,法律整合政治共同体能力下降的风险。不同的主体参与到治理之中,往往有不同的治理规则,既有国家的法律,也有法规、规章和大量的行政命令等规范性文件,还有党内法规体系;既有国家的硬法,还有社会组织、行业群体等形成的乡规民约、章程、手册等软法,如何将这些不同的治理规则予以统一、协调,保证法律秩序的统一,保证人民意志的统一,这些都是对法治中国的挑战。同时,不同治理主体,国家与社会之间,中央与地方之间,执政党、立法、司法与行政之间,彼此都有不同的治理逻辑和治理程序,如何保证按照统一的法律规则来评价、协调和引导它们的治理行为,这也是法治中国亟须解决的问题。

(二)一个基本的应对思路:基于合宪性控制的治理有效性

“基于合宪性控制的治理有效性”是化解上述三个问题的基本思路。也就是说,无论是化解主权结构的内部紧张,还是协调不融贯的价值秩序,抑或给多元主义体系建立底线共识与规则,最终都必须回溯到中国的《宪法》依据及其具体实施上来。

“法治中国”的建设显然已经通过《决定》明确了这样一个思路,中央第一次以全会的名义明确“坚持依法治国首先在于坚持依宪治国,坚持依法执政首先在于坚持依宪执政”。这个正确论断的提出背后有深刻的理论逻辑加以支撑。

1.《宪法》是双重代表制的共同规范平台

《宪法》序言明确“本宪法……具有最高的法律效力。全国各族人民、一切国家机关和武装力量、各政党和各社会团体、各企业事业组织,都必须以宪法为根本的活动准则,并且负有维护宪法尊严、保证宪法实施的职责。”因此,《宪法》既消除了例外政治的土壤,也确立了党和人大活动的依据与范围,更明确了党应该按照宪法的规定尊重人大的职权,善于依据宪法通过人大的法定程序使党的意志成为国家意志,进而善于通过人大实施党对国家和社会的领导;而人大也要遵守《宪法》序言所明确的党的领导地位,对重大政治决断的法律化应该得到党的认可。党与人大也要在《宪法》的平台下有必要的政治区隔,尊重各自的运行逻辑,并在此基础上实现制度模拟和互相完善:《宪法》序言既规定了坚持中国共产党的领导,《宪法》第57条也规定了全国人大是最高国家权力机关,因此,《宪法》首先实现了党与人大制度的相互承认;同时《宪法》对于人大制度地位、职能、工作程序的具体规定,也意味着执政党的政治行为和政治逻辑与人大制度的运行必须保持必要区隔,需要彼此尊重各自的运行方式和逻辑,在这个基础上实现

[65] 参见施芝鸿:《准确把握全面深化改革的总目标》,载《中共中央关于全面深化改革若干重大问题的决定辅导读本》,人民出版社2013年版,第31页。

二者的互相学习和制度模拟,[66]最终共同服务于"国家一切权力属于人民"的宪法目标。

2. 宪法解释是平息"价值内战"的关键

从学理上看,任何一个国家的宪法价值都不是完全融贯的,但我们可否解决价值的客观比较问题,这有不同的主张。一种主张是价值相对主义的,如凯尔森就否认有客观的价值秩序,从而他认为法律不可能解决价值冲突的问题,[67]而德沃金则提出"价值的互相构成和一体性原理":"因为价值是结成整体的价值而非分离的价值,这个方案必须在一个更大、相互支撑的信念网络中发现每一个价值的位置,这个信念网络实现了价值间的支持性联系,并将这些联系置于一个更大的关系中。"因此,编织一张没有实质冲突的"价值无缝之网"是有可能的。[68] 他提出,价值的冲突其实源于我们在概念上将价值作了截然分立的理解,如认为自由必然排斥平等,平等肯定牺牲自由,而没有看到其实在具体的道德实践和法律实践中,价值之间还有彼此支持、彼此构成的另一方面。例如,"有平等的自由"是否会比"无平等的自由"更优越,"自由"离开平等是否也失去了自由的本质?因此关键要通过运用一种"教义性法概念",通过各种法律解释与推理的实践理性,在具体情境中实现价值的深度融合与彼此构成。[69]

如果以这样一种实践哲学的立场来看,具体法律实践中重大的价值冲突往往可以通过回溯到《宪法》文本的规范体系中,通过解释方法的运用,调整承载特定价值的规范之文义、范围、目的等,使之与冲突的价值相互协调、相互包容,并明确某种价值在个案中优于另一种价值的具体条件。因为价值难以比较往往是因为其过于抽象,所以只有尊重宪法文本,通过宪法解释的途径和机制,才可以将并不自明、高度抽象的宪法条款及其价值在具体实践情境中予以明确。《决定》所提"完善宪法解释机制程序"正是这样一种关键思路形成的制度性契机。

3. 宪法实施的监督机制是化解多元主义挑战的基础

治理主体、治理依据和治理方式的多元只要在宪法的框架秩序之下都可以进行合宪性控制与审查。《决定》提出"一切违反宪法的行为都必须以追究和纠正"和"完善全国人大及其常委会宪法监督制度"的判断,进而具体明确了"加强备案审查制度和能力建设"的安排,正是这样一种思路的反映。多元的治理行为和治理依据如果都可以纳入宪法的监督范围,就可以通过宪法的一元性和最高性对之进行有效控制。不同治理主体固然分享不同的治理逻辑和程序,但也都必须在宪法规定的地位和范围内行为,宪法监督机制的有效激活必然是对多元主义的有效克服。

强化全国人大及其常委会实施宪法的职能,[70]在修宪历史和理论上曾有过三种方案:一是设立一个全国人大的宪法监督专门委员会,其宪法地位与其他专门委员会相同;

---

[66] 例如,中共十八大首次提出"党代会代表提案制"就可以理解为是党内民主对以人大为典型的代议民主制的一种模拟。而人大制度在决策后的执行、监督机制等方面也应该向党内民主的有益经验学习。

[67] See Kelsen, *General Theory of Norm*, Clarendon Press, 1991, pp. 6 – 13.

[68] See Dworkin, *Justice in Robes*, Harvard University Press, 2006, p. 167.

[69] Ibid., p. 169.

[70] 关于具体三种设计方案的修宪史回忆,参见王汉斌:《新中国法制建设访谈录》,中国民主法制出版社2012年版。

二是设立一个全国人大常委会内部的宪法监督委员会,类似于法制工作委员会的性质;三是设立一个与全国人大并行的宪法监督委员会。本文以为,从不修改现行宪法并考虑现实性与可操作性,第一种方案和第二种方案较为可行。其中第二种方案的优点在于可以对现有的法规备案室进行改造,但缺点在于其宪法地位比较低。第一种方案则能将宪法监督置于一个更加权威、有力的地位,且有专门委员会的制度成例可资利用。因此,从监督的权威性、专业性考虑,第一种方案更加可取。但它面临的一个技术弊端则是全国人大自己享有立法权,由其自身来审查自我的立法,是否符合公正法理?为此,可以考虑设计非人大代表组成的宪法监督委员会,这样既在体制上仍然保持于全国人大之内,避免过大政治动荡,且遵守《宪法》的基本规定,也可以防止出现"自我审查"的弊端,且可以在人员遴选的开放性、多元性,程序设计的科学性等方面有更多的想象空间。[71]

四、结语

"法治中国"命题是中国现代治理最为伟大的共识,来之不易。本文对它的理论逻辑按照历史、实践和道义的维度进行了体系化思考,并在此基础上对于它可能存在的挑战和应对做了初步研究。学术研究仅是书生管见,但任何伟大的实践者都应该珍惜这来之不易的共识,在具体的实践中不断推动目标的点滴实现。

〔71〕 一个较新、全面的研究成果,参见王旭:《论我国宪法解释程序机制:规范、实践与完善》,载《中国高校社会科学》2015年第4期。

国家法治建设的县域试验

周祖成　池　通

【摘　要】　县域在国家法治建设中处于极为重要的地位，可以成为法治相关制度改革和民众参与的重要试验场，成为法治社会效果的检验场，能够达成对改革风险的有效控制。作为法治建设的试验场，县域法治建设应该遵循观念—制度—行为—效果的路径，通过强化民主政治的基层实践，塑造和强化领导干部、执法人员和民众的法治观念；以决策机制、执法权、司法权运行法治化为制度导向，建构符合法治原则与精神的决策制度、领导干部选拔任用制度、执法制度、司法制度和民众参与制度、权利保障与救济制度等，筑牢县域法治的制度基础；同时，也要对县域法治试验的效果进行评估，通过评估量化法治实践并引导县域法治的科学构建，应当注重评估指标和方法的合理性、过程的公开性、评估结果的反馈性，注重制度变革与协调、实现双轮驱动和激发社会活力。

【关键词】　法治建设；地方法治；县域试验；法治评估

在我国，县级政权是国家政权系统的基础，有着完整的地方政权建构体系，在国家治理中处于极为特殊的地位。一方面，县级政权是贯彻国家方针政策的重要环节，其行政治理能力直接关系国家方针政策的落实与社会实效；另一方面，县级政权的管理与治理直接面对社会和民众，在贯彻国家方针政策的同时要有效解决民众生活中的现实问题，守护一方安宁并促进其发展，确保民众利益和社会有序。"就整个县域社会而言，它融合了现代与传统、城市与农村、工业与农业，纠集了各种诉求和各种矛盾，现代化变迁在这里表现出相当程度的复杂性。"[1]"郡县治，天下安"，县域社会治理关系到国家的长治久安，县域治理有效，就为国家奠定了良好的基础，并成为国家与民众重要的衔接与协调机制，提升民众对国家政权的认同度，增强其对社会责任感，保持国家社会的融洽平和并协调发展。县域治理无效，就会败坏政府公信力，恶化民众的生存环境，引发官民冲突，造成区域性政治与社会危机，严重影响社会稳定。

依法治国不仅是宏观的制度规划和顶层设计，中共十八届四中全会为中国的法治道路作了顶层设计，而如何贯彻中央的顶层设计则要落实为具体的地方改革和机制创新，微观和实践层面的具体法治是全面推进依法治国的基本内容。县域是政权的基础也是法治的基础，法治建设的重心在县域，不但因为县域所占国土面积大人口多，更重要的是因为县级政权的行为对社会和民众产生直接影响，是国家形象的重要载体，是国家法治的重要窗口。县域法治试验能为国家法治建设奠定良好基础，促成国家法治

〔1〕　冯波：《县域社会治理更需要法治保障——以西吉县社会治理为例》，载《检察风云》2016年第6期。

的根深叶茂。在当前全面深化改革和建构社会主义法治国家的背景之下,对县域法治试验的内容、价值、路径及评估的探讨,是将依法治国的研究进路从宏大叙事导向微观求证的有益学术尝试。

一、应当重视县域法治试验并依法推进

(一)县域法治试验在地方法治的框架内进行

"超越国家整体主义法治观的分析模式,按照法治发展的阶段性和渐进性,可以把法治类型化为国家法治和地方法治","地方法治,是指国家主权范围内的各个地方,包括以行政区划为特征的地方省市、区县,也包括跨越行政区域的地方联合,在法治中国的推进过程中践行法治精神,落实法治理念,以实现国家法治为目标,基于法治型社会治理的需求,逐渐形成并日益勃兴的一种法治发展现象,是建设社会主义法治国家在地方的具体实践。"[2]地方法治的具体实践和法治现象,呈现出构建中国特色社会主义法治国家进程中的阶段性和渐进性特征,县域法治试验作为地方法治体系中的重要一环,其必然带有地方法治建设的基本属性,必然要依循地方法治的框架和逻辑。在地方法治的框架内展开县域法治试验,其目的共融于地方法治建设的价值诉求之中,即实现地方的法治图景,最终达到宏观层面的法治国家。"县域法治"也是在依法治国的背景下提出的,并在全面贯彻落实宪法和法律的实践中走向深化。法治建设的难点和着力点都在基层。作为承上启下的一级行政区域,县域推行法治,即"县域法治",具有重要的理论意义和实践意义。[3]

全面推进依法治国,不仅需要在国家层面加强科学立法,继续完善中国特色社会主义法律体系,自上而下地推动宪法和法律的实施,而且,各省、市、县作为地方也应积极投身于依法治国的伟大实践。县域的政治与行政地位及其与民众的直接关联性,使其在国家法治建设中处于极为重要的地位。县域法治是微观化和具体化的法治,通过对具体案件和法治事件的参与和观察,生活于县域中的人们能够深刻地体会什么是公正,什么是法治,以及当下社会离法治还有多远。[4] 只有作为最基层的民众参与到法治实践中,推动县域法治试验的成功,才能从最根本上实现我国国家治理体系和治理能力的现代化。当下,不同层次的地方立法都应该关注县域的法治试验,县域法治试验可以成为法治相关制度改革和民众参与的重要试验场,也可以为地方立法提供素材,同时也是法治社会效果的检验场,能够达成对改革风险的有效控制。县域法治试验要求发挥地方的主动性,对县域法治建设的理念层面、制度层面和操作层面进行探索实践,为国家法治建设提供县级层面的经验和积累,在国家层面,也必须根据地方法治的规律和逻辑出台相应的政策和法律进行激励和规范。

---

〔2〕 付子堂、张善根:《地方法治建设及其评估机制探析》,载《中国社会科学》2014年第12期。

〔3〕 参见李树忠:《依法治国语境下的县域法治》,载《中国政法大学学报》2013年第6期。

〔4〕 参见徐祖澜:《依法治国的微观求证与实践探索——县域法治在地方法治体系中的价值》,载《兰州学刊》2015年第10期。

(二)县域治理的非法治化状况

长期以来,我国的社会治理存在地域和层级的不平衡状况,虽然县域治理在国家治理体系中具有承上启下的作用,但县域治理的基层性和复杂性使得在整个治理体系中,县域治理最为滞后,存在诸多问题。其中,县域治理的非法治化是最为突出和关键的问题。在全面深化改革的关键时期,随着我国当前经济增长动力转换、社会发展理念革新等经济社会发展进入新常态,县域权力运行和经济社会发展过程中的问题更加凸显。在县域民主治理实践中,民主决策、民主管理、民主监督形式主义严重,具体程序不完善,责任追究和救济机制缺失,县域民主政治难以真正实现。在地方立法方面,由于部门利益和地方利益作祟,或者受地方立法能力和水平限制,下位法与上位法相冲突现象仍然存在,有些法律法规或部分具体条款已经不再适应县域经济社会发展和基层治理的现实需要,亟待修正。在行政执法方面,由于行政管理体制改革不到位,基层政府职能转变不到位,基层法制机构不健全,执法人员素质相对较低,执法力量相对薄弱,执法经费不能得到有效保障,加上受传统管制思维和行政方式的影响,基层政府依法行政能力不强,违法行政随意执法等问题突出。[5] 县域司法方面,基层司法改革面对国家层面推行的司法改革部署,其在内部机构改革、员额制、办案责任制、经费保障等方面还有很多问题没有理顺,同时,县域司法权的行政化倾向严重,更易受制于地方行政权力的干扰,从而无法实现全面深入司法改革的目标设定。

要想实现国家治理体系和治理能力的现代化,必然要用法治思维和法治方式深化改革、推动发展、化解矛盾。进行县域法治试验,通过对县域的政治权力运行、执法司法等基本环节进行法治层面的规范化处理,才能逐步消除县域治理非法治化的乱象,才能最终实现法治国家的建构,这也是强调推进县域法治试验的重要原因。

(三)县域法治试验的基本逻辑

县域法治建设应该遵循观念—制度—行为的逻辑路径,观念是前提,制度是基础,行为是关键。国家对县域法治建设的支持重点是给予相应的制度激励和法律规范。国家要通过制度引导县级政权以现实问题为导向,关注民生,尊重人权,不能片面执行国家政策和法律,因为政策和法律是为解决现实问题服务的,本身并非目的,如果把政策法律视为目的,必然会以损害民众利益的方式来满足政策法律的要求,其结果就是让社会以法律为基础,而不是让法律以社会为基础。在法治建设中,确实存在政策法律目的主义导向,实际上仍然是权力本位思想的体现,以法律的名义实施了违背法治的行为。县级政权必须对社会和民众负责,切实解决现实问题,调动民众积极性促进地方经济与社会发展,不能简单地唯上是从,唯政策是从,要用政策法律来为地方经济社会发展服务,这是首先必须有的理念。

全国各地情况不同,国家不可能对县域法治建设进行具体行为规制,但可以为县

[5] 参见李占宾:《基层治理的现实困境及法治化路径》,载《河南师范大学学报》(哲学社会科学版)2016 年第 1 期。

域法治建设提供良好的制度与法律指引,以法律规定县域法治建设的价值追求和行为导向,保障实施县域法治所应有的权力和责任,激发民众参与积极性,保障民众参与渠道与效果。在改革都要于法有据的法治要求下,对县域法治建设提供基本法律保障很有必要,建议国家制定"县域法治建设促进法",在对县域法治建设提出明确要求的同时,对如何建设进行符合宪法与法治要求的价值指引,确保县域法治建设以民众利益和社会问题为导向良性展开,防止法治建设形式化、政治化和大跃进式的泡沫化。法治不能以行政的方式来推动,只有依法,才能确保有序并与民众利益一致,不至于沦为因人而异的政绩工程。要通过法律使法治成为政治与社会行为的内在逻辑与基本方式。

建议由省市两级牵头成立县域法治建设领导小组协同县委县政府推行县域法治建设。在国家出台法律之前,各省可以出台地方性法规对县域法治建设进行规范和指引。由于对县域法治建设的重要性和特殊性认识不足,各地法治建设规划都没有把重点放在县域法治建设上,基本上没有提出县域法治的概念,更没有确定县级区域作为法治建设试点的方案,这在实质上是没有把握地方法治建设的系统性,更多从法治涉及的点考虑问题,如立法、执法、司法、队伍等方面,这固然有必要,但法治各方面在社会运行中的协调性、民众的参与和认同度、社会条件的规制等,也不容忽视。县域是进行法治建设试点的最佳单位,可以在一个自洽的区域进行各方面制度的运行性试验并纠错,分析问题与效果,在试验中不断改进,为进一步推广提供合理依据。改革可以由点到面,法治建设同样可以如此,立足于县域逐步进行横向和纵向扩展是国家法治建设一种比较可取的方式。特别是,立足于县域,有利于探索民众参与法治建设的途径和方式,有利于调查民众对试点的态度和评价,确保法治建设与民众利益的协调一致,不至于成为政府的单方行为和对民众的强制性要求。有学者提出了法治建设的双轮驱动模式,在一定程度上是对民众作用重要性的认可,也是矫正法治建设中出现权力本位和行政色彩太浓等问题的重要途径。

二、县域法治试验的基本环节和重要内容

"法治中国作为法治在当下中国的政治表达,正在从一个命题具体化为全面改革的行为逻辑。"[6]其实,从更为广泛的层面言说,法治中国不仅仅是全面改革的行为逻辑,更是整个国家和社会不断文明推进的行为逻辑。法治中国的实践内容是什么?这在学界多有争议,[7]但从法治建设的逻辑起点(权利保障)、权利的实现机制、法治建构的着力点(权力控制)、法治建设的逻辑取向(国家法治和社会法治的协同推进)等几个方面进

〔6〕 汪习根:《论法治中国的科学含义》,载《中国法学》2014年第2期。

〔7〕 对法治中国的逻辑构成,当前学界至少有三种不同看法:一是认为法治中国包括国家法治、地方法治和行业法治,或者法治政党、法治政府和法治社会三个部分;二是认为法治中国由法治国家、法治政党、法治政府、法治社会四者构成;三是认为法治中国包括法治经济、法治政治、法治文化、法治社会和法治生态文明。具体参见黄文艺:《对法治中国概念的操作性解释》,载《法制与社会发展》2013年第5期。

行分析,[8] 法治国家的逻辑构成可以概括为权利保障、权力控制及多元主体的协同参与。由此,结合对法治实践的一般性逻辑描述,可以将县域法治实践的内容具体化为:决策法治化(民主政治实践)、行政权运行法治化、司法权运行法治化、公众参与法治构建(从法治意识培育到参与机制法治化)等几个基本环节。

(一)民主政治的基层实践:决策法治化

依法决策是依法治国理政的逻辑起点,构建法治国家首要环节是规范决策主体的决策行为,保障决策的法律化和规范化。县域法治的首要问题是党委政府决策权依法运行的问题,也就是民主政治的基层实践县域法治试验的根本和核心的问题是权力在县域的依法运行问题。依法决策是依法治县的前提,县级党委政府的决策能力直接关系到地方发展和群众利益,所以县域法治建设必须坚持以规范权力为重点,让权力在制度轨道上运行。基于民主政治实践的决策民主化和法治化,"一方面,有利于吸纳来自于民间的智慧和思想;另一方面,又提供了一种通过和平、理性的方式修正决策失误的纠错机制,使决策体制具有了自我调整、自我更新的能力"。[9] 这也是防止权力滥用和控制权力腐败的有效方法。在决策机制中,党委是关键的政治动力源。具体来讲,既坚持党的领导,又理顺党和行政、党和司法的关系。党委要善于通过国家政权机关实施党对国家和社会的领导,支持国家权力机关、行政机关、审判机关、检察机关依照宪法和法律独立负责、协调一致地开展工作。在坚持党委领导的权力架构下,县域决策体系中的主体是党委和政府,而法治建设关键在"少数",党政主要负责人要有法治担当精神。[10] 作为法治建设的重要组织者、推动者、实践者,领导干部的法治素养对法治建设极为重要。要通过制度建设保证领导班子具有法治思维并运用法治方式处理问题,并不断提高法治素养。

首先,领导班子中应当有具有法学教育背景的成员。要实现县域治理的法治化,决策主体应当率先具有法治观念和法治思维。对县级、各局、乡镇主要领导及执法司法人员进行法治培训是县域法治建设必须开展的基础性工作。培训原则上在县城进行,基本上可以分为三类:一是针对党委领导干部的法治培训;二是针对执法司法的法治培训;三是针对其他职能部门的法治培训。培训内容应根据培训对象进行差别化设置,除法治基础理

---

[8] 本文参照了葛洪义教授的分析进路。葛洪义教授从我国法治建设实际情况出发,分析了法治政党、法治政府、法治社会等概念之间的逻辑关联,提出了法治中国的逻辑理路,其主要内容包括法治建设的逻辑起点(权利保障)、权利的实现机制、法治建设的逻辑取向(不依赖公权力的社会法治路径)、法治中国的着力点(权力控制)。其中在法治建设的逻辑取向问题上,葛洪义教授提出法治建设应该从社会而不是国家开始,重点要解决好如何通过法治的方式让社会自身充满活力的问题,也就是如何能够使社会自下而上地解决自身存在的问题,而不是依赖政府与公权力。关于这一点,我们认为,在我国的政治架构之下,法治建设的逻辑取向应该以国家为主导,实现国家和社会法治的协同推进。具体参见葛洪义:《"法治中国"的逻辑理路》,载《法制与社会发展》2013 年第 5 期。

[9] 周光辉:《当代中国决策体制的形成与变革》,载《中国社会科学》2011 年第 3 期。

[10] 习近平同志在会见全国优秀县委书记时说,在我们党的组织结构和国家政权结构中,县一级的领导干部处在承上启下的关键环节,是发展经济、保障民生、维护稳定的重要基础,也是干部干事创业、锻炼成长的基本功训练基地。县委是我们党执政兴国的"一线指挥部",县委书记就是"一线总指挥",是我们党在县域治国理政的重要骨干力量。参见《习近平会见全国优秀县委书记时提出要求:县委书记应是这样的一线总指挥》,载《人民日报》(海外版)2015 年 7 月 1 日,第 1 版。

论外,其他内容都应该结合相关工作实际设置课程,力求培训生动并产生实效。另外,对培训效果要进行动态考核。凡接受培训的人员,都要对其工作进行为期3年的法治考核,可以制定法治考核指标体系进行定量、定性和社会实效、社会评价等进行多维考核。要把培训效果的动态考核纳入整体的法治评估考核体系中。

其次,是重大决策必须进行合法性论证;各级领导干部应转变观念,主动适应我国法治建设的新常态,提升法治思维水平和依法处事能力,摒弃传统的决策思维习惯,构建与依法治国方略相适应、与法治中国新常态相匹配的决策思维新模式,在我国法治建设中发挥模范带头作用。中共十八届四中全会把公众参与、专家论证、风险评估、合法性审查、集体讨论决定确定为重大行政决策的法定程序,这是县级党政机关推进科学决策的法律遵循。在新的历史条件下,县级党政责任人尤其应注重立项、论证等各个环节的法定程序,坚持以法治要求推进科学决策,以科学决策体现法治精神。[11] 必要时,要聘请专门的法律顾问或者设立专门的法律顾问制度协助领导班子决策。

最后,要把法治建设成效作为衡量领导班子和领导干部工作实绩的重要内容,纳入政绩考核指标体系。完善领导干部绩效考核和评价机制,激发县域法治实践的创造性。重视提拔法治意识强、善于用法治方式解决问题、推动发展的优秀干部,引导领导干部自觉运用法治思维、法治方式去思考和解决问题。考核体系设计要具有针对性、可测性、实效性,坚持定性与定量相结合、属地考核与上级考核相结合、部门负责与公众参与相结合、主管部门评价与行业评价相结合。考核不合格的人员,要自己提出整改方案并接受再培训,连续两次考核不合格的工作人员,由相关部门提出警告,经警告后仍然考核不合格,领导干部就地免职,工作人员降级并调换到非执法部门工作。对于违反重要指标,实行一票否决制,如滥用职权、徇私舞弊、腐败、发生重大群体性或者其他与管理有关的恶性事件等。同时,要把民众的评价作为领导干部法治考核的重要指标,凡民众评价不合格的领导,必须先调离该领导岗位。为确保考核的公正性,考核由外地独立第三方机构依法进行。

(二)行政权运行法治化

依法行政是依法治国的关键,也是现代政治文明的重要标志。执法是法治的核心环节,其制度建设是县域法治建设的重要内容,要通过制度建设把权力关进笼子,确保其公正廉洁,尊重和保障合法权益。长期以来,县域治理迫于维稳和相关业绩考核的压力,在某些方面采取偏离法治轨道的运动型治理策略,通过政治权威在短时间内集中体制内资源解决某项重要而又难以解决的问题,如"土地财政"主导下的强拆。运动型治理破坏法治有序性和规范性,运动型治理是权力治理而非法治治理。法治是现代国家治国理政的基本原则和策略。法治要求执法主体、范围、方式、程序、责任的明确性、特定性,不能跨越界限,越权擅权。"而运动型治理以及带有运动型治理色彩的治理方式打破了行政主体、方式、程序、责任的界限,淡化日常治理的严谨与坚持,违背法治的精神,是权力高于法律、法律无法约束权力的体现。"[12] 在县域治理的试验场,行政权涉及的事项和群众的利益息

[11] 参见张汉平:《抓好县域法治建设中的"关键少数"》,载《学习时报》2015年6月1日,第6版。

[12] 欧阳曙:《安县:法治的异化——县域法治的个案研究》,载《社会科学论坛》2016年第1期。

息相关,所牵涉的利益格局较为微观,需要处理的行政事务比较繁杂,很容易出现以权代法、背离法治轨道的行政执法行为。行政权力运行法治化是县域法治试验的关键,必须依法规束行政权,杜绝行政权运行的恣意化。

要完善严格执法的实施体系,强化法定程序,规范行政裁量,从程序和实体上确保执法行为严格规范、公正文明。推行责任清单和权力清单制度,严格责任追究,为"法定职责必须为、法无授权不可为"定清单、划边界。为保障执法制度符合法治要求,要聘请第三方独立机构对现行执法制度和规定进行全面清理,从法治的角度论证其合理性及其存在的问题,提出建议;要对各部门近两年的执法成效与社会评价进行评估,分析存在的问题,提出改进对策;要对执法中的权利救济情况进行调查分析;要进一步完善执法公开制度,确保执法公平公正;要建立执法监督核查制度,完善监督体系,加强行政权力运行的制约监督;强化政务公开,推进阳光政务,确保执法行为始终在法治的轨道上运行。了解执法对象对执法行为的满意度,对有证据证明的违法执法行为和简单粗暴的执法行为进行通报处理,并依法追究相关法律责任。行政主体要把保障和改善民生作为县域法治建设的出发点和落脚点,切实运用法律手段解决好教育、就业、住房、社会保障、征地拆迁等热点民生问题。要规范信访行为,依法治理信访秩序,实行诉讼与信访分离,引导群众依法理性表达诉求。〔13〕 在县域治理法治化的话语背景下,实现基层安全稳定和谐发展。

(三)司法权运行法治化

司法是社会的权利救济机制,既是法治的重要显性指标,也是法治的重要保障。"我国3000多个县级法院是人民司法的基础,在县域、乡村治理中发挥着重要作用。将法治思维、法治方式与县域、乡村治理相融合,不断完善我国的审判体系,提高审判能力,为实现国家治理现代化打下坚实基础。"〔14〕县域司法权运行的法治化是县域法治试验的核心内容之一,县域法治试验中的司法权运行问题可以分解成司法机关内部机制和外部机制两个面向的问题,首先是司法权运行的内部问题,主要涉及当下全面深入推进的司法办案责任制、法官检察官员额制、司法机关人员分类管理等司法改革问题。县域司法既包含城市所在地的现代化司法场所,又包含农村所在地的非固定、非正式的司法场地,所以"县域司法承载着创冲任务,既要'落实规则',又要'恢复秩序',既要追求司法的规范化又要实现司法的有效性。司法作为一种实践性的治理事业,回应和关注既是司法适应社会发展的需要又是司法满足人需求的必要"。〔15〕 县域司法试验,要认真落实中央深化司法体制机制改革的各项部署,积极稳妥地推进司法体制和工作机制改革,优化司法职权配置,完善司法保障制度,加强司法队伍建设,提高司法队伍素质,大力推进司法规范化建设,全面规范自由裁量权。同时也要通过做好日常审判和执行,建设诉讼服务中心、人民法庭,开展巡回审判,有效打通服务群众的最后一公里。

司法权运行的外部问题是处理司法和行政的关系、司法权的法律监督等问题。行政

〔13〕 参见张本强:《新常态下如何推进县域法治建设》,载《当代贵州》2015年第10期。

〔14〕 周强:《在县域治理中发挥好司法作用》,载《人民日报》2014年7月21日,第5版。

〔15〕 潘怀平:《城市化与乡土化:基层司法权力运行机制实证研究》,载《法学》2013年第9期。

力量天然具有扩张性,如果不予遏制,它将日益侵蚀司法的领地,压缩司法活动的空间,损害司法的权威并抑制司法的功能。[16] 法治建设的重要目标是行政权力的规范运行和公民权利的有效救济,这两方面都离不开司法的作用,没有权威、公正的司法,权力规制和权利救济都不可能切实有效,法治也就不可能名副其实。其一,必须合理界定司法与行政的关系,司法不是行政的附庸,与行政机关不存在隶属关系,要改变把司法机关视为政府工作部门的观点和做法。其二,要用明确规定必须引入司法审查的行政行为,通过司法审查确保行政权力规范运行。一方面,要对社会纠纷引入全面司法审查机制,通过司法审查和司法调解及时化解社会纠纷,对限制人身自由的行政处罚必须引入司法审查;另一方面,是要积极推进司法改革,树立司法权威,以权威的司法达成对行政行为的司法审查,通过司法审查促成规制行政权力的功效。其三,要明确规定司法不能提前介入的行政行为,不能让司法为特定的行政行为保驾护航,这有违司法性质和功能。其四,取消或者提升司法机关的行政级别,如果不能比所在地的行政机关行政级别更高,至少应当平行。对县域而言,司法机关的行政级别应该与县政府平行,即为正处级或者副厅级,不受县政府直接管理,实现司法设置相对独立。这与当下司法机关人财物统一管理的改革思路基本一致。[17] 司法机关没有权威和地位,不可能有公正高效的司法功效。其五,改变行政领导到司法机关任职的制度通道,对司法部门领导实行独立的专业化遴选制度,确保高水平法律人才担任司法机关负责人。

(四)公众参与法治构建

县域法治实践直面群众,公众参与缺位,公权容易异化,县域法治需要公众参与,搭建公众参与法治实践的平台,激发公众的法治热情,形成全社会法治建设聚焦效应。公民是法治秩序中的行为主体。公民参与法律是法治秩序运行的重要促动力量。公民参与法律的广泛性与真实性是衡量一个社会法治进程的重要标尺。法治秩序的运行与发展是以公民参与法律为支撑的,公民参与法律对我国法治运行的各个环节,尤其是立法、执法和司法环节产生巨大的推动力量,成为支撑法治运行的主体性力量。[18]

公众参与法治构建,首要的任务是搭建制度通道,确保民众对法治建设的参与和监督。法治只有契合民众的要求才能产生制约权力和保障权利的功效,没有民众的参与,法治可能成为一次权力扩张和再分配的过程。法治即使为民,民众也不能只是法治的接受者,不只是提建议,必须要成为法治建设的主体,包括参与法治建设的相关决策与制度实

〔16〕 参见龙宗智、袁坚:《深化改革背景下对司法行政化的遏制》,载《法学研究》2014年第1期。

〔17〕 龙宗智教授认为,这是司法改革向体制动刀的标志,也是学界普遍支持和长期呼吁的举措。不过具体施行中要注意两个问题:其一,应当注意各种制约因素的影响。司法机关在许多方面还需要依靠地方,如干部提拔交流、协助裁判执行、协调涉众案件的纠纷解决以及人民法院、人民检察院的建设等。因此,就人财物统一管理和司法的实施,先局部、后整体;最好能先易后难,逐步推进。其二,人财物统一管理可能导致上级人民法院对下级人民法院的行政性约束力明显增强,上下级人民法院关系行政化的问题不仅不能解决,反而可能有所强化。对新的体制条件下上下级人民法院之间的关系,应当研究应对措施,并由最高人民法院出台规范,在人财物的统一管理与审判权的独立运行之间建立"隔离带"。参见龙宗智、袁坚:《深化改革背景下对司法行政化的遏制》,载《法学研究》2014年第1期。

〔18〕 参见李泽:《公民参与法律构成法治运行的主体性支撑》,载《求索》2008年第1期。

施。这种自下而上的群众参与法治建设的机制在试图探索适应中国社会发展更加有效和更具回应能力的法治模式。政府与人民群众对社会公共生活的共同治理,蕴含平等、灵活、对话、开放与包容的立法理念。[19] 作为一个县域来讲,县域的经济条件、文化基础、民族结构、风俗习惯等都是法治条件。

法治的立足点是民众的权利和利益,民众基于自己的利益提出法治诉求,要求国家进行制度回应,这是法治的内涵和实质,并非单纯表现为国家权力运行方式的改变。为此,必须首先了解民众对国家权力的诉求及国家权力在回应民众诉求方面存在的问题。应当对近3年典型社会冲突、民事行政纠纷进行分析,这是把脉社会问题的重要方式;应当对县域范围不同民众对政府的诉求进行多维调研;要通过改革提升国家机构服务民众利益和促进社会发展的能力;要进一步解放思想,让民众充分表达对相关管理机构的意见和看法,不能因言获罪;要破除官本位和御民思想,让民众成为真正的权力主体,只有贯彻宪法关于"一切权力属于人民"的思想,让人民真正行使权利(权力),权力运行中可能产生的恶劣状态才可以得到有效改变。民众能够对官员和执法起到制度性制衡作用,是确保治理为民、执法为民的重要制度机制。没有民众有效参与的法治,不可能切实回应民众的利益诉求,不可能切实制约国家权力。县域试验可以此为突破口,从制度上理顺民众与国家管理治理的关系,从制度运行中不断矫正运行中的偏差,达成社会与国家权力的有机对接和融洽协调,在各自的轨道协同推进县域法治实践。

三、县域法治试验的评估及其路径

(一)法治评估:县域法治试验的量化评判

要理解地方法治评估的兴起,必须厘清地方法治建设与相关评估机制的逻辑关系。"地方法治在建构过程中应当与法治评估同步,要求做好顶层设计,进行地方立法评估,健全地方法治工作绩效考核机制,运用法治指数从整体上评估地方法治化水平,在坚持国家法治统一性的前提下加强地方法治建设,优化地方法治评估机制,是全面推进依法治国的具体行动,也是从整体上实现法治中国最终目标的必然要求。"[20] 法治评估作为法治实践的量化方式,"具有协调平衡利益冲突,提供修复受损秩序载体,优化法治资源配置,搭建创新制度安排平台以及实现公平正义等功能"。[21] 在推进县域法治试验过程中,构建一套涵盖县级法治政府评估的全面法治评估体系尤为重要,县域法治试验的评估体系应该在"试错"中逐步实现规范化、体系化和制度化,并作为地方法治建设的新增长点推动县域法治及经济社会建设整体目标的实现。

对法治如何评估是当下热门的理论与实践问题。在国际层面,通过指标设置进行的法治状况评估,已经成为分析该国投资环境、水平及制度实施状况的重要依据,代表性的

---

〔19〕 参见胡铭、张健:《法治中国建设中的公众参与:从"自上而下"到"双向互动"》,载《观察与思考》2014年第4期。

〔20〕 付子堂、张善根:《地方法治建设及其评估机制探析》,载《中国社会科学》2014年第12期。

〔21〕 徐汉明等:《论法治建设指标体系和考核标准的科学构建》,载《法制与社会发展》2014年第1期。

有1996年世界银行推出的全球治理指数中的法治评估指数,2006年美国律师协会等律师组织发起的“世界正义工程”的法治指数等;受全球法治发展指标化和指数化的影响,国内出现了以香港、浙江余杭为代表推行法治指数,以深圳市为代表推进法治政府评估等地方法治评估的实践热潮。[22]“整体而言,对量化方法认识不足所造成的运用混乱,使得国内法治评估陷入了一种尴尬境地:各地的指标体系与评测方法看似能够自成一派,但其解释力与认可度却极端有限,甚至于在不同的评估体系之间都难以获得互相认可,也难怪有学者担忧法治评估最终会演变为一场自说自话的景观式建筑。”[23]

对县域法治评估的推进应当秉持审慎理性的态度。现有评估侧重法治建设效果评估,没有从改革与制度调整的角度进行评估,这可能不能从根本上改变制度格局和促进法治发展,甚至还可能偏离法治的方向。在大规模援引统计学知识、政府绩效评估实践、国际评估方法的同时,法学界并未就“法治”需要何种量化方法进行深入的思考,对县域法治评估应当遵循渐进的过程,偏重制度与问题评估,应当注重民众权利保障和救济状态评估,应当实行定量和定性的多维评估,应当对政府制度和行为进行全面评估,应当强化公开和反馈,使评估过程科学并对评估对象产生实效。

(二)县域法治试验评估的基本路径

1. 评估应遵循的原则

设计县域法治试验的评估指标体系,至少应当符合法治框架、科学有效的原则。具体来讲,其一,首要原则就是评估的“嵌入性”和语境化,要嵌入基本的政治和法治语境中,不能背离国家法治的框架。“中国的法治评估从属于依法治国方略,从属于法治现代化这一框架,属于中国经济体制和政治体制改革的重要环节,具有转型期的时代特点。”[24]其二,要依循客观中立的评估原则。逐渐由地方政府主导之下的法治评估向第三方和社会多元主体参与的中立性法治评估机制,以保证地方法治建设评估的客观性和科学性。其三,要实现法治评估对法治实践的贯穿性,对县域法治实践进行全过程、全方位、多维度的评价。其四,要体现评估的地方性特征,县域法治试验的评估要和县域政治经济社会实践紧密结合在一起。县级党政司法机关应根据国家法治建设的整体要求,结合本地实际将国家的法治建设整体战略在本地得到全面的贯彻和执行。其五,是定性评估与定量评估相结合,在获取定量数据的基础上,借助价值判断体系审视和评判量化

---

[22] 从省级层面到市、县(区)层面,我国多地开展了法治政府建设指标评估体系、法治指标评估体系的实践探索。省级层面的包括北京市、湖北省、广东省、江苏省、四川省、广西壮族自治区、江西省、河北省等;市级层面的有深圳市、青岛市、苏州市、惠州市、温州市、德阳市、三亚市等;区县级层面的有杭州余杭区、青岛市南区、苏州吴中区、深圳宝安区、河北永年县、贵州普安县等。具体参见钱弘道、王朝霞:《论中国法治评估的转型》,载《中国社会科学》2015年第5期。

[23] 参见周祖成、杨慧琪:《法治如何定量:当前我国法治评估量化方法评析》,载《法学研究》2016年第3期。关于学界对中国当下法治评估理论及其实践的梳理、评述和反思,还可参见付子堂、张善根:《地方法治建设及其评估机制探析》,载《中国社会科学》2014年第12期;周尚君、王裕根:《法治指数评估的理论反思与前瞻》,载《广州大学学报》(社会科学版)2015年第3期;朱景文:《论法治评估的类型化》,载《中国社会科学》2015年第7期;孟涛:《论法治评估的三种类型——法治评估的一个比较视角》,载《法学》2015年第3期。

[24] 钱弘道等:《法治评估及其中国应用》,载《中国社会科学》2012年第4期。

指标并得出结论。

2. 评估主体的确定

在政府推进型法治发展模式下，尤其是地方性特征明显的县域法治评估，很容易出现功利性倾向和公权力的自我利益中心化立场。钱弘道等人认为，将公共政策评估中的“利益相关者”理论引入法治评估是一种有效的方法，该方法将普通民众作为法治评估主体，在评估中植入了更多民意因素。[25] 我们认为，县域法治评估要逐渐剥离地方政府的权力主导和意志干扰，把地方法治建设绩效考核与法治评估予以分离，在具体评估程序的设计和运行上，可委托有专业法治评估能力和经验的社会机构、科研院所来进行。“从长远看，建议由国家层面的相关部门进行评估，或由国家相关部门委托科研院所进行。在条件成熟的情况下，也可委托相关社会组织运作。”[26] 同时，作为评估主体，既要对职能部门或相关机构提供的客观数据作出复核和验证，也要负责组织公众参与监督法治评估过程。

3. 评估内容和指标体系的设置

对当前法治评估的具体方式作类型化处理，可以得出价值性进路和制度性进路两种法治评估路径。“价值性进路是从‘理论’到‘现实’的过程，是以法治价值要素为标准对法治现实进行的评估，强调评估地区法治价值实现的程度及与法治理想的差距。而法治评估的制度性进路，则是从‘现实’到‘现实’的过程，更强调通过对现行法律制度及其实施状况的分析和研究对法治建设情况进行评估。”[27] 作为县域法治评估的先行者，浙江余杭法治指数根据制度性进路，以余杭区法治建设的 9 个目标（党委依法执政、政府依法行政、司法公平正义、权利依法保障、市场规范有序、监督体系健全、民主政治完善、全民素质提升、社会平安和谐）为指向确定评估内容和指标体系。[28] 县域法治评估，要以制度层面的评估为切入点和基础评估，用量化指标和具象化的评估事项检测法治实践的问题和不足。同时，还要吸纳价值性评估的伦理性、灵活性和主动性，“例如，在人权问题上，可以从人权保护的角度评估相关法治价值的实现状况，也可以将评估得出的结论与国际上的人权责任指标等相关内容进行比对，提炼出中国在人权法治保护上的真正需求”。[29]

县域法治评估并不仅仅是评断县域法治试验在宏观制度架构和制度环境中是否达至法治实践的价值预期，而应根据县域法治建设的实际状况，提出完善区域法治建设和评估的具体对策，以推动县域法治目标的落实，最终实现法治评估对地方法治建设的激励和导向作用。所以县域法治评估在强调指标体系的普遍性价值诉求外，还要体现差异性。“我国地方法治量化评估，与地方法治试验紧密相关，尚处于试错阶段，过于强调法治指数评估体系的普遍性，虽然一时满足了可比性要求，却可能使评估体系难以反映地区法治发展中的特殊性而不能起到有效助推地方法治建设的作用，最终将影响整个国家法治建

[25] 参见钱弘道等：《法治评估及其中国应用》，载《中国社会科学》2012 年第 4 期。

[26] 付子堂、张善根：《地方法治建设及其评估机制探析》，载《中国社会科学》2014 年第 12 期。

[27] 全球法治评估主要体现出价值性进路的特征，以中国为代表的地方法治评估更多体现出一种制度性特征，如香港的法治评估以及以浙江余杭为代表的中国大陆地区的法治评估。具体参见张德淼、李朝：《中国法治评估进路之选择》，载《法商研究》2014 年第 4 期。

[28] 针对法治实践的量化评估，虽然制度性进路范围较窄，但易于指数的确定。具体阐述参见钱弘道等：《法治评估及其中国应用》，载《中国社会科学》2012 年第 4 期。

[29] 张德淼、李朝：《中国法治评估进路之选择》，载《法商研究》2014 年第 4 期。

设进程。”[30]具体来讲,评估体系中一级指标的内容设置,要更多地吸纳价值性进路的理念和内容。二级指标及更次级指标的设计则要体现科学性、可操作性,要展现不同县级区域法治实践的地方性,要注重吸纳地方的经济发展模式、风俗习惯、人口构成、资源和地理环境等作为指标设置考量因素。在对指标权重设置、指标内涵阐释等方面,评估主体要善于利用网络、信息技术和数据处理技术,对县域法治试验的指标信息进行客观、精确化处理,使评估结果经得起实践和公众检验。

4. 评估结果的应用

“评估工作本身尚无法直接助推地方立法质量的提升,只有在地方立法评估活动的基础上形成地方立法评估成果,并且将该成果切实应用到地方法治建设的实践中,地方立法评估作为地方立法科学性、民主性、妥适性之促进与增强的目的才可能得到实现。”[31]同样,对县域法治试验的评估,只有将其成果应用到具体法治实践中,法治建设目标才可能达成。针对县域法治试验的评估状况,首先要建立评估责任追究机制,针对评估客体违反法律法规,背离法治精神的行为要及时追究责任;要及时通过各种传媒通道包括网络渠道将县域法治试验的评估结果进行公示,使县域法治建设的责任主体直面生动而具象的法治实践,通过舆论压力促成党政机关、司法部门及时知悉情况并整改。另外,要建立县域法治评估的激励机制,充分发挥法治评估结果的激励功能,依据评估结果实施奖惩,将评估结果与重要人事任免挂钩,结合法治理念教育,使县域法治建设主体在双重动力机制下积极参与和推进法治建构。

---

[30] 周尚君、彭浩:《可量化的正义:地方法治指数评估体系研究报告》,载《法学评论》2014年第2期。

[31] 陈伟斌:《地方立法评估成果应用法治化问题与对策》,载《政治与法律》2016年第3期。

习惯法的当代传承与弘扬

——来自广西金秀的田野考察报告

高其才

【摘　要】　内容全面、效力明显的广西金秀瑶族石牌习惯法的许多规范传承、保留到了当代社会。本文通过参与式观察等田野调查方法，以个案活动为主要研究对象，全面探讨1949年以来特别是1978年改革开放以来30多年的习惯法状况。在当今的金秀地区，物权习惯法、借贷习惯法、交换习惯法、婚姻习惯法、分家析产习惯法、互助习惯法、公共事务习惯法、丧葬习惯法、纠纷解决习惯法等得到全面传承。民众广泛通过村规民约弘扬习惯法，发扬村老制度、"众节"习惯法、"做社"习惯法的积极功能，并将金秀瑶族石牌制作为非物质文化遗产进行保护。金秀地方国家权力机关、司法机关、行政机关等国家机构依法通过各种方式对固有习惯法进行肯定、认可和运用，表现出对习惯法的重视和尊重。我们应当尊重习惯法的客观存在，恰当处理现代法治建设中的习惯法，承继习惯法的理性规范，吸纳习惯法的良善内容，扬弃习惯法的恶法因素，使当代中国的法治建设具有坚实的本土基础。

【关键词】　习惯法；传承；弘扬；吸纳；广西金秀

引言

对习惯法可从国家法与非国家法两个角度进行认识。秉持法的多元主义观点，我从非国家法意义上探讨习惯法。我认为，习惯法是独立于国家制定法之外，依据某种社会权威和社会组织，具有一定的强制性的行为规范的总和。[1] 习惯法不仅是一个历史现象，也是一种现实社会规范。笔者以广西壮族自治区金秀瑶族自治县为对象，通过参与式观察等田野调查方法，以个案活动为研究对象，全面探讨习惯法的现实表现和当代传承，分析习惯法在当代中国社会的积极功能，思考法治建设中习惯法的现代发展之路。

成立于1952年5月28日的金秀瑶族自治县地处广西中部偏东的大瑶山区，为全国最早成立的瑶族自治县。全县总面积2518平方公里，耕地面积21.57万亩，辖3镇7乡77个村民委，4个社区，总人口15.46万人，少数民族人口占全县总人口的78.5%，其中瑶族占34.4%。瑶族中有盘瑶、茶山瑶、花蓝瑶、山子瑶、坳瑶5个支系，是世界瑶族支系最多的县份和瑶族主要聚居县之一。全县山区面积2080平方公里，占总面积的80%。森林

〔1〕　参见高其才：《中国习惯法论》（修订版），中国法制出版社2008年版，第3页。

覆盖率87.34%,是广西保护的最好、面积最大的水源林区,是国家级珠江流域防护林源头示范县、国家级自然保护区、国家级森林公园、中国八角之乡。同时,金秀也是国家级贫困县。金秀瑶族历史较为悠久,明初瑶族即来居住。历史上的金秀瑶族习惯法早自1935年起由费孝通、王同惠等进行了调查,之后调查者一直不断,研究资料比较丰富。作为实证研究样本,金秀瑶族石牌习惯法较具特色,保留较为完整,具有研究对象的典型性,也有一定的代表性。

从2004年4月开始,除2005年以外笔者每年都到金秀瑶族地区进行习惯法调查,已经连续进行了10多年;每年进行少则1次、多则7次的调查;每次调查时间少则3天、多则15天。笔者亲身参加具体的习惯法活动,观察个案活动的整个过程,访问个案事件的当事人和旁观者,通过具体个案思考习惯法的当代意义。本文探讨的是现今的习惯法,特别以1978年改革开放以来30多年的习惯法状况为重点,立足于客观描述当今金秀地区习惯法的全貌,探讨固有习惯法的现代传承,讨论传统习惯法的当代弘扬,分析习惯法的当代吸纳,试图完整再现习惯法规范发挥效力的社会场景,以进一步引起学界对现代法治建设中习惯法价值的重视和探讨。

一、习惯法的当代传承

在长期的社会发展过程中,广西金秀瑶族形成了内容全面、效力明显的石牌习惯法,内容包括社会组织与头领习惯法、所有权习惯法、债权习惯法、婚姻习惯法、家庭及继承习惯法、丧葬宗教信仰及社会交往习惯法、生产及分配习惯法、刑事习惯法、纠纷解决习惯法等。这些习惯法的许多规范传承、保留到了当代社会。[2] 当今金秀地区的民事关系、社会交往、纠纷解决仍然基本遵照固有的习惯法,物权习惯法、借贷习惯法、交换习惯法、婚姻习惯法、分家析产习惯法、丧葬习惯法、互助习惯法、公共事务习惯法、纠纷解决习惯法等在现代得到传承。

在金秀六巷地区,历史上就存在"打茅标"的物权习惯法,并且一直延续到当代社会,在当今的民事生活中发挥积极作用。六巷"打茅标"习惯法广泛存在于各类物权中,如不动产占有权、动产所有权、取水权、狩猎权等,主要表现在所有权方面,在取水权等准物权方面也有体现。例如,在动产占有、所有权方面,金秀六巷"打茅标"习惯法的主要内容为:(1)先占。打上茅标,说明先来者已经发现、占有了地龙蜂等无主物,后来者应当予以尊重并不得侵犯先来者权利。(2)有主。打上茅标,表明地龙蜂等无主物已经有了主人,物权归属已经明确,财产所有关系由此确定,他人不得表示异议。[3] 六巷的"打茅标"这

---

〔2〕 关于广西金秀瑶族固有的石牌习惯法,可以参阅高其才的《瑶族习惯法》(清华大学出版社2008年版)有关部分。

〔3〕 例如,六巷屯的蓝开现在2008年就在发现了两窝地龙蜂后按照习惯法打茅标而取得了所有权:"去年(2008年)8月得了两窝(地龙蜂),用猪肉去淘它,跟踪去,有二三个人跟着去,淘的时候是农历七月。地龙蜂一窝在架齐冲(地名,音),自己的八角地里发现的;另外一窝也是七月份发现的,在上面村背的山上,表示不是老山,是众人的地。发现了就马上打茅标。(离)地龙蜂有四五米远的地方打个茅标。老历九月去烧的,七月份还很小,在泥里很小,还不能烧,九月份去烧的。上面一窝,村背有9斤这样,架齐冲的那一窝有5斤。没有拿去卖,都是自己吃的。打了茅标以后就一直没人动过。"蓝开现访谈录,2009年1月11日。

一物权习惯法的效力包括宣告效力、警告效力、排他效力、追及效力等方面，具体的物权类型其效力有所不同。六巷村民普遍认同和遵守“打茅标”习惯法，“打茅标”习惯法的效力明显。[4] 通过历史积淀、内心认同、利益共保、责任设立、国家支持，金秀六巷的“打茅标”习惯法发挥了积极的社会功能。2006 年 12 月 14 日，六巷派出所的李某表向我们介绍了一起发生在六巷门头屯的地龙蜂权属纠纷：

门头村门头屯的胡某节、胡某楷发现地龙蜂后打上了茅标。2006 年 10 月 5 日，金秀镇金田村金村屯的金某思、金某慰等到门头屯玩，上山玩时看见了这窝地龙蜂，也看到了打着的茅标，但是仍然将这窝地龙蜂烧了占为已有。这窝地龙蜂正常情况下等一段时间待其成熟后再烧取会有七八斤，市场价值二三百元。金某思、金某慰等拿着这窝地龙蜂回到门头屯后不久，胡某节、胡某楷等知道了此事，晚上便找到金某思、金某慰等理论，强调自己对这窝地龙蜂的权属。金某思、金某慰等不承认瑶族的这种“打茅标”的物权习惯法，不承认胡某节、胡某楷等对地龙蜂的先占，也不归还这窝地龙蜂。胡某节、胡某楷等不服，便与金某思、金某慰等发生争吵；继而胡某节、胡某楷等用拳头、木椅子等殴打金某思和金某慰。但是，没有造成很大伤害。2006 年 10 月 7 日，金某思打电话到六巷派出所报案，称其在 10 月 5 日晚被人殴打。六巷派出所根据《治安管理处罚法》第 9 条的规定，对双方进行了调解处理：地龙蜂归胡某节、胡某楷；胡某节、胡某楷赔偿金某思、金某慰的 200 多元医药费。[5]

由于历史传统、经济发展水平、国家金融服务状况等因素的影响，金秀门头村民现仍然因为结婚、盖房、生病等情况而发生借用钱物的行为。在借贷过程中，他们主要遵循延续至今的固有借贷习惯法，按照传统习惯法规范进行借贷行为。门头村民遵守借贷习惯法的一般原则为自愿、公平、等量、诚信原则。门头借贷习惯法的具体规范涉及借贷对象、借贷客体、借贷手续、借贷效力等方面，较为清楚地规定了借贷双方的权利义务。借贷行为绝大部分都发生在本村村民之间；借贷的客体包括猪、金钱、谷子、胙（腌肉）、中烧（肉）、酒（自酿米酒）等，以借物为多，主要满足生活急需；习惯法不支持支付利息；一般为口头形式；数额大的需要写书面的借条或者有一记载作为凭证。如下例：

借　条

今借到大桥屯赵某丰猪壳一头壹佰肆拾斤整，上下水壹拾壹斤捌两整。

经称人：黄某由

六巷门头借者：胡某成

代笔人：黄某阔

借猪家主：赵某丰

农历一九九一年十一月十九日[6]

---

[4] 帮家屯的赵某荣还提到了触犯了“打茅标”习惯法甚至涉及“咒天咒地”的神判、神罚方式：“凡是看见打过茅标的，就知道是人家的了，你如果动了就触犯了茅标规。如果是我发现是你动我的，我按照村规罚款，动了茅标就按照村规民约罚款。如果发现了，就可以向村老汇报，可以要求帮我出面一下，或者认可自己出面，让对方道歉，退我的东西。这次是没有办法，查得出一般是这样的。茅标是代表那个人家在那，茅标代表我主人。我自己的东西打个茅标表明是我的。你动了胆大包天，主人就可以咒天咒地，可以请村老、村主来了解、处理，调查以后按照村规民约处理。”赵小荣访谈录，2009 年 2 月 24 日。

[5] 李源表访谈录，2006 年 12 月 14 日。

[6] 胡融成处搜集，2006 年 12 月 18 日。

传承固有规范,金秀地区的交换习惯法规范了交换的原则、主体、对象、程序和效力。按照交换习惯法,交换遵循的原则为自愿、等价、同步原则。习惯法规定交换的主体为个人、家庭。蔬菜、水果等物品的交换主体多为个人,森林、土地、房屋等不动产的交换一般以家庭为主体。普通交换通常是在邻居、亲友之间进行,而土地、房屋等不动产的交换,则根据习惯法大多在本族内进行。按照习惯法,交换的程序大致为一方提出、双方协商并得出一致、订立协议、交付交换物等。其中较为重要的是双方决定交换对象的属性以及该属性的值,也即等价性地考虑和达成共识。山林、土地、房屋等较为贵重物品的交换,一般需要中证人,以确保交换行为的成立。在现在的金秀瑶区,土地、房屋等不动产的交换,基本根据习惯法订立书面的协议,避免空口无凭,以防止变卦和遗忘。下面即为一件房屋交换协议书:

房屋兑换协议书〔7〕

兑换当事人:龚某章　莫某材

经房屋兑换当事人双方协商后,莫某材将原来居住在老屋的房屋换给龚某章定居,原来的老屋对面的小屋兑换给莫某材,并由莫某材拆下来于2008年年底重新建成后,由于莫某材的外面小屋建成后,没有猪栏的地方,经龚某章本人同意把老屋门口吊楼处下面原有猪栏的位置划分给莫某材,往后作建猪栏使用,该处原有的猪栏使用面积权属为永久性,属于莫某材所有(无偿赠给)。已(以)免往后空口无凭,特立此协议书一式叁份,当事人双方各持一份,六拉村民委持一份。

兑换房屋当事人:龚某章　莫某材

证明人:

2009年8月31日

传统习惯法中关于通婚范围、婚制、婚姻程序等方面的规范在当今金秀瑶区仍具有效力。金秀瑶族有盘瑶、茶山瑶、花蓝瑶、山子瑶和坳瑶5个支系,各支系的婚姻习惯法有着一定的差异。坳瑶婚姻形式主要分娶妻和招婿两类。盘瑶的招赘婚有的须按照习惯法立婚书,如下面这份婚书:

合

立写婚书成姻是金秀县金秀镇共和村公所强仰屯赵某邦同妻房氏所养弟(第)一女,年当十八在家取(娶)夫,问到田坪屯庞某明同妻赵氏所养弟(第)二男当十八出门就妻,经过双方两边父母同意开庚配合良缘百世其昌。

一男到女家吊工一年满断工两年女方生产

二以后留男女双方自愿两边父母不能说(涉)

三男方入女方门后不论生男育女弟(第)一枝先承顶房姓香烟弟(第)二枝承顶赵姓香烟,壹子平分二子均分,江水平流

四两边双方父母不得丢贱养老归拿

五以上言伦(论)不得谁人生端反悔,若有生端反悔将书理论空口无平(凭)

〔7〕“兑换”应为“对换”。莫某材处搜集,2010年1月9日。

合同

亲房 赵某厚(签字)正心为号

苏房 赵某民(签字)真正为号

介绍 赵某元(签字)工(公)心为号

代笔 庞某宽(签字)平心为号

公元一九九九年己卯岁正月初九日 立 婚书大吉[8]

在结婚规范方面,2007年11月29日金秀县六巷乡六巷村上古陈屯覃某官与盘某珍的结婚,基本上按照瑶族固有的习惯法进行,主要包括接亲、拜公、请酒、送礼等程序。瑶族总体上仍然重视以婚宴为核心的结婚仪式,虽然也按照国家《婚姻法》的要求进行婚姻登记。由于社会的变迁,瑶族传统的婚姻习惯法在现时代也发生了一定的变化。由于经济因素的考虑,结婚仪式进行了一定的简化,这样就减少了经济支出,降低了花费。从社会宣告、社会联谊、社会互助的角度出发,婚姻习惯法以仪式为核心,确认了婚姻的效力,保障了婚姻家庭秩序,具有积极的社会意义,并将继续发挥作用。

当今金秀瑶族在财产的代际流转方面基本传承了传统的习惯法,分家原则、分家程序、分家内容、分家效力等方面多为历史上规范的现代体现。男女平等为金秀瑶族分家析产的突出原则。在金秀瑶族,分家时财产平均,每位子女得到同样的份额。2008年长垌乡桂田村高兰屯村民组长冯某立的一份证明中就明确表达了这一原则。

证 明

现有我高兰屯黄某海与西北屯黄某书一九八二年结婚,婚后在面北屯住三年,后调工四年(指两边做工),来回七年,2007年西北屯冯某周老人的儿子盘位山卖面北屯大能的一片松树林叁万贰仟元(32 000元)。没有分钱给盘芬书大女儿和二女儿冯乐雪,按照瑶族的民俗每个儿女都应该平均分给。

特此证明。

高兰屯组长:冯某立

2008年11月10日

按照习惯法,分家的时间包括子女中有人成家就分家、所有子女成家才分家等类。分家程序较为简单,通常家庭成员内部进行分家,协商处理。分家基本不写书面协议,一般是口头说好、立即执行。当然,也有个别的立有分家协议。按照习惯法,分家时对家庭共有的动产和不动产都要进行分配和处置,涉及田、地、八角、杉树、房子、生产工具、生活用

[8] 金秀镇共和村田坪屯盘某清处收集,庞某明为盘某清的岳父,2010年1月5日。用红纸书写。庞某明同妻赵氏所养第二男为赵某清。吊工一年,为一年内两边走,即在这家一星期在那家一星期。满断工二年,二年后就不两边走了,由年轻夫妻自己选择定居在哪一家。"合同"两字比较大,一份一字,此份为"合"。亲房赵某厚为赵某邦的弟弟;苏房赵某民为赵某邦的亲戚,是赵某邦妻妹的丈夫即连襟。关于婚书的收藏,69岁的金秀镇共和村田坪屯盘某华告诉我:"只能是亲戚收有一份,不是亲戚不能收。自己不收的,自己收呢,万一怕他反悔。两边都是给亲戚收。"盘信华访谈录,2010年1月5日。金秀镇共和村田坪屯庞某坤也强调:"我自己的结婚的婚书不是我收的,我的婚书是我阿爸的老弟收的,不是我们自己。我老婆那边也是她阿爸的老弟收的。以后两个生男女下来,哪一边办酒的,第一个孩子就跟那一边的。"庞某坤访谈录,2010年1月5日。

品等,一般没有分现金的。分家时,一般根据方便原则对田、地进行平均分配。对生产工具、生活用品等,则根据各方需要进行处理。分家效力涉及协议执行、父母亲养老等方面。在养老方面,现在的金秀地区也按照习惯法处理,或者是父母选择跟一个子女即共养,或者父母一人跟一个子女生活即分养。

金秀瑶族固有的丧葬习惯法实行厚葬,这一原则一直传承至今。当今瑶族的葬制规范仍然遵循传统的规范,丧葬以土葬为主,有部分地区和支系实行火葬、崖葬、挂葬。葬仪规范一般包括告知、停灵、打斋、安葬等方面。传承至今的丧葬习惯法基本保留了固有的规范,包括处置尸体与安顿灵魂的初丧规范、生者对死者哀悼的治丧规范、送亡灵"上路"的出丧规范、尸体掩埋的墓葬规范、葬后的祭祀规范等,仅在某些程序规范方面有一定的简化和改变。慎终追远、事死如生、崇尚厚葬、以礼教孝的精神却一脉相承。

基于历史传统、固有规范、自然环境、经济发展水平、社会保障、娱乐与交流等因素,金秀的互助传统和互助习惯法在当今仍然存在。沿袭传统,金秀地区互助习惯法的基本原则包括平等原则、自愿原则、无偿原则、互惠原则等。根据瑶族互助习惯法,互助一般以家庭为单位,通常情况下个人非为互助的主体。互助习惯法调整的互助客体主要包括建房、结婚、丧葬、插秧、收割等较为重大的生产、生活事项,互助内容比较广泛。接受帮助方的义务包括告知义务、提供饭菜义务等。提供帮助方有享用招待权、期待帮助权等。对于违反互助习惯法的后果,一般为不与往来,即在某些社会事务方面进行排斥。在一位60多岁的瑶族村民赵某开看来:

> 对不来帮的,主家也不讲,没有处罚措施,一般来说是共一个村,大多数是来的,来帮工的,都不来,你自己也不能搞起来呀,你以后有事也麻烦了,个个都帮的,我们这个民族的民族习惯,没有不帮的。[9]

金秀地区民风淳厚,村民乐于参与修桥补路等公益事务,形成了规范明确的公共事务习惯法。传承固有规范,现今公共事务习惯法的基本原则仍为自愿、义务、尽力等。公共事务习惯法的主要规范包括组织者、参加者、事项、费用等方面内容。公共事务习惯法主要调整村屯修路、建校、接待、搞卫生、修水利等公共事项。按照习惯法,根据不同公共事务事项,或由村中有威望的老年人发起,或由村民小组组织在参加者方面,一般要求全村各家参加,每家至少出一个人,通常由男性参加。费用方面,按照习惯法为全村公共分担,除了投入劳动力之外还需要金钱投入时,除募捐和争取政府支持所得外,习惯法要求其余部分由全体村民平均负担,一般按照人口收取。

在现今的金秀地区,纠纷通过自忍、调解等方式解决,固有的纠纷解决习惯法仍然极有效力。纠纷解决习惯法规范纠纷解决方式、纠纷解决者、纠纷解决程序、纠纷解决效力等。同时,在当今的瑶族地区,村民有着比较浓厚的挂红习惯法意识,在发生涉及男女关系、诬告他人等行为时,村民往往提出挂红费要求,按照传统的挂红习惯法进行处罚、解决纠纷。1998年8月,金秀镇共和村百林屯在处理一起与男女关系有关的纠纷时,按照传统的挂红习惯法进行处罚,具体的调解协议如下:

---

[9] 赵家开访谈录,2006年12月20日。

关于共和村庞某龙与赵某花造成的两方生纠纷经田坪组长、党员配合村干其双方协调特作如下：

调　解

经双方反映情况，属实有两姓（性）之间的事实存在，但未达到两姓（性）操作，双方以事实对正（证），经双方的配合调处方案如下。

一、按党内人事，即属党内人事作内部处理，按民族风属（俗），挂红金360元正（整）〔叁佰陆拾元正（整）〕。

二、因该事造成误工八天，每天工25元〔贰拾伍元正（整）〕，八天共计200元〔贰佰元正（整）〕。

三、以上所处罚金共计560元〔伍佰陆拾元正（整）〕，此款付给当事人的庞某周。

四、以上调处经双方同意方作上术（述），从调解之日起，不得重事自造事端，更不能哪方产生其他暴力和报复行违（为）。如有哪方触犯后立条例，如查明真相，即按见1（一）罚十加重处罚。

五、此调解书自签字日起，双方负有法律效力，如有何方反违（违反），即按上术（述）条例处理。

六、此调解书一式四份，希双方共同遵守。

受理人　庞某龙（签名）　　　在场人　庞某长（签名）

当事人　赵某花（签名，手印）庞常权（签名）　　庞文定（签名）村村民委员会（章）

一九九八年八月二十五日

特此调解

固有习惯法在当代的全面传承，表现出习惯法源于生活满足民众需要的特质，反映出习惯法的内生性、韧性和生命力，体现了社会的连续性和文化的一致性。

二、习惯法的当代弘扬

在当今的金秀地区，民众广泛通过村规民约弘扬、发展习惯法，发扬村老制度、“众节”习惯法、“做社”习惯法的积极功能，并将金秀瑶族石牌制作为非物质文化遗产进行保护，调整群体成员关系、维护公共生活秩序，促进社会和谐发展。

村规民约是村民根据法律规定并结合本村实际讨论制定的自我管理、自我教育的行为规范。按照《村民委员会组织法》的规定，村民会议可以制定和修改村民自治章程、村规民约，并报乡、民族乡、镇的人民政府备案。在金秀地区，村规民约的制定与瑶族习惯法有着内在的联系。1990年6月30日，长垌乡六架屯正式召开村民大会选举石牌头人，通过新石牌的条规“金秀瑶族自治县长垌乡六架村石牌”，1990年7月10日专门举行了隆重的树立、宣誓仪式。六架屯是改革开放后金秀瑶族自治县最早制定新石牌的村屯之一，通常认为金秀第一块新石牌就出现在这里。中午全村各户的代表与石牌头人一起按照传统方式共饮同心酒，表示共同遵守新石牌。新石牌议订后，由于没有找到足够大的石块，村民们就用砖头在山脚的晒谷场边上砌了一堵墙，用红油漆把新石牌条款写上去。现在这块石牌还立在六架屯山脚晒谷场的旁边。从金秀瑶族自治县政府角度考虑，主要是想通过议订新石牌积极实施《村民委员会组织法(试行)》,推进村民自治工作;同时,弘扬金秀瑶族固有石牌制度,继承瑶族优秀文化传统。在调查中,对瑶族固有的石牌习惯法较有了解的六巷乡门头村胡固章老人就强调村规民约与瑶族习惯法的关系:

村规民约基本上是按照过去石牌的精神,按照那个规定,但是我们规定呢比石牌的多写一点。过去石牌概括性比较强,没写那么多。我们现在规定多。石牌呢,过去规定就是讲一个问题,规定一个重点,不规定具体的。我们现在呢就有什么写什么,今天(多)一些。按照群众要求,说出来,定下来。按照村规民约就罚。(村民)没有不同意制定村规民约的,经过大家讨论。[10]

瑶族固有习惯法是村规民约制定的基础。固有瑶族习惯法对村规民约制定的目的、具体程序、修订完善等具有直接的影响。[11] 村规民约的内容包括保护财产、禁止偷盗;保护森林、禁止乱砍;保护妇女、禁止奸辱;保护生产,爱护牲畜;保护公共财产;维护社会秩序;调整公共事务等,基本承继了固有习惯法的内容。村规民约的处罚方式也大多借鉴自固有习惯法。例如,六巷乡《下古陈村村规民约》(1982年10月31日)第3条规定:

3.山上野蜜蜂、地龙蜂、干柴、号地等,谁先插有草标,归谁所有,他人要,以盗窃和强抢论处。

又如,六巷乡《六巷村石牌公约》(1991年2月1日)第13条、第16条、第17条规定:

13.凡是搞嫖、赌、打人、无理取闹的,每次罚米45斤,酒45斤,肉45斤。

……

16.凡是偷别人的东西,每次罚米40斤,酒40斤,肉40斤。

17.偷他人的木耳、香菇、铁夹、老鼠等,除退回原物外,罚米20斤,酒20斤,肉20斤。

这些规定直接将“打茅标”“罚教育餐”等固有习惯法规范在村规民约中予以规定。同时,由于村民具有比较浓厚的习惯法观念和遵守村规民约意识,村规民约的实施主要依靠各村各屯瑶人的自觉遵守,实施效果较好,固有习惯法通过村规民约形式在当代金秀地区发挥了积极的作用。例如,长垌乡六架屯新石牌议订后严格实施,发挥了积极的作用,对六架屯内外的村民的行为有着直接的影响,六架屯的社会治安也有了明显好转。如下例就取得了较好的效果:

2007年10月,冯某坚与黄某通发生地界纠纷,一方不怎么去山上的,开八角地的草,除草除过界了。双方都同意来找石牌主。去现场之前,石牌主要做些思想工作,把双方的冤气慢慢消下来,先平静谈。到现场后,石牌组织成员根据多方面因素来决定。有一户人家种了木薯的,开有沟;没有种的比较平,很容易分辨得出来。之前他们双方都承诺过:如果是我输理了,就给一点误工费。黄某通这边他输理,他多砍人家的八角。当场他就拿钱来。石牌组织成员都说算了,大家都是乡里乡亲的。60多岁的黄某通坚决要给,说石牌订出来我们就要坚持执行,要按石牌律来做。参与调解的一个人50块误工费,去了大概

〔10〕 胡固章访谈录,2006年12月18日。

〔11〕 1991年正月初一金秀镇六段屯举行了立新石牌“六段村石碑条约”仪式,先开会由苏某妙宣布了新石牌的内容,鸣放鞭炮后就标志着石碑条规生效。各家代表吃一餐石牌酒,表示村众要一体遵守新石牌,喝了这餐酒谁犯就绝不容忍。当天还有喝鸡血酒仪式,苏某妙等石牌委员会成员按照历史传统喝鸡血酒,以示完成这个监督新石牌的任务。苏信宁访谈录,2006年12月21日。

有8个人,5个石牌组织的人,还有3个是他家族,当场兑现的。[12]

同时,金秀历史上还有“众节”习惯法、“做社”习惯法等调整公共生活、群体关系的习惯法,也在今天得到了弘扬。由于地理环境、历史条件、民族文化等因素,六巷帮家屯的“众节”由来已久,有着悠久的历史,并形成了相应的习惯法规范。“众节”为历史上形成、持续弘扬的一种村民自我管理的原始民主形式。“众节”习惯法规范包括组织规范、程序规范、责任规范等。帮家的“众节”习惯法具有秩序维持、娱乐联谊、文化传承等功能,以满足帮家村众的需要。

与原始宗教观念相关,六巷帮家屯历史上实行村老制。村老、村主成为帮家地区的主要管治方式和管治力量,村老制在六巷帮家地区发挥了积极作用,村老、村主与村民小组长、共产党员共同进行村内事务治理。1949年之后,帮家屯的村老制基本没有中断,一直保留并持续发展下来。习惯法规定了村老村主产生、村老村主职责、村老村主权利义务等。习惯法要求的村老条件主要有两方面:(1)人品。担任村老者须为人正派、办事公道。(2)能力。在处理违反习惯法的行为时,村老须有较强的判断、分析能力。当然,对民族文化比较了解、有公益心也是村众所关注的。村主的条件与村老基本相仿,村老一般要求德高望重,而村主则更强调年富力强。村老、村主由簸箕筛选产生。在57岁的村民李某星看来,村老与以前的石牌头“大体上差不多”:

石牌有石牌条例,石牌是写在纸张上,现在我们做这个众呢,空口无凭,但说过大家都遵守纪律,所以村老与这个石牌头差不多,差是差不多,有一点相似的,但是石牌的权限比较大一点,那个时候国家、政府的法律、政策还没传达到我们这里,我们不接受。石牌可以是半刑事的,杀人盗窃都可以处理下来,放火烧山这些比较大的都可以处理。现在是政府处理,那个时候是石牌头处理。[13]

当今帮家村老制下的村老、村主仍为义务职,严格而言没有什么权利,也没有什么报酬。在村众心目中,村老更多地具有荣誉性,是享有极高社会地位的人,受到村众普遍的尊敬。具体而言,在习惯法上村老享有的权利为:在每次“众节”后,送一碗猪肉给村老;在村中婚丧喜事等场合,村老坐首席,村老未到不能开席。在义务方面,村老对于村中发生的偷盗等行为,村老须按照习惯法进行处理,维护正常的生产、生活秩序。同时,村老在举行“众节”时需要讲话,重申习惯法的基本内容,要求村众遵守习惯法。关于解决纠纷、处理偷盗行为方面,前任村主李某县就介绍了2000年时村老、村主履行义务的具体过程:

2000年下半年,有一位30来岁的村民盘某良偷木耳,本村偷本村的,就罚他10斤肉、10斤酒、10斤米,总共30斤。当时他承认偷了五六斤,木耳是在山里种的。人家看见他在偷木耳,就到村主那里说,村老、村主就开群众会。大家通过,照村规民约制裁他。他拿出来了,第七天他就拿出来了,农历12月28日拿给村里吃的,到村主家去煮,按照一家一个来喝。群众一边喝酒一边说他:不要这样做,难为情的,教育他今后不要这样做了。他表态:自己错了,今后不能(这样)做了。[14]

[12] 赵信根访谈录,2010年1月2日。纠纷发生的具体时间,陈明认为是在2008年。

[13] 李荣星访谈录,2009年2月25日。

[14] 李发县访谈录,2009年1月9日。

瑶族崇拜社王,“做社”(金秀郎庞瑶族祭祀社王的称呼,亦称“祭社”“吃社”)本身为民间宗教信仰仪式和习惯法活动,同时又为宣讲习惯法的专门方式之一。[15] 约在1988年、1989年前后三江乡郎庞又恢复“做社”活动,重新弘扬“做社”习惯法。郎庞瑶族习惯法规定,社老由最早迁来这里的户主担任,社老为义务职。根据习惯法,郎庞每年定期“做社”(祭社)的时间是三月初三、六月初六、九月初九(一说八月初二)。在祭社仪式上,除了祭祀活动外,每次都还有社老的“料话”(讲话),其内容为:注意防火,禁止嫖赌,不许乱拿别人的东西,防止偷盗等。“做社”的整个过程大致包括准备祭品、祭祀念经、娱乐、聚餐、报告账目和“料话”(宣讲习惯法)等。当代中国的现代化建设使瑶族地区的生产方式、生活方式和思维方式发生了明显的变化,从而直接影响了“做社”,使瑶族习惯法在新的社会条件下发生了变化。

习惯法的当代弘扬体现了石牌制度和固有习惯法新的活力,表明习惯法有其内在的积极价值,显示出习惯法的合理性,充分表明习惯法具有适应现代社会需要的特质,能够随着时代的发展而发展。

三、习惯法的当代吸纳

金秀瑶族自治县成立以后,地方国家权力机关、司法机关、行政机关等国家机构依法通过各种方式对固有习惯法进行肯定、认可和运用,表现出对习惯法的重视和尊重,发挥了习惯法在社会治理中的积极作用。

1951年,广西金秀大瑶山各族代表大会即沿用传统石牌习惯法的形式,订立了《大瑶山团结公约》,增进了民族团结,促进了生产的发展和社会的稳定。从性质上看,《大瑶山团结公约》是中华人民共和国成立初期金秀瑶族自治地方各族人民共同制定和实施的得到中央、自治区认可的新石牌,具有民族自治地方单行条例的性质,是金秀瑶族自治县民族立法的起点和成功典范。瑶族固有习惯法的基本精神、议订程序、许多规范在《大瑶山团结公约》订立中得到了全面的体现。瑶族固有习惯法形成了自治、原始民主、内部平等、社会安定的基本精神,《大瑶山团结公约》的议订充分尊重和考虑了这些法观念和法意识,基本采纳、吸收了瑶族固有习惯法的法精神、法价值。金秀瑶族固有习惯法的议订程序包括内部自生、充分协商、全体一致、竖立石牌、饮酒宣誓等具体环节、要求,《大瑶山团结公约》的议订程序完全仿照金秀瑶族固有习惯法的传统,采纳了瑶族固有习惯法传统做法。《大瑶山团结公约》是尊重瑶族固有习惯法、充分吸纳瑶族固有习惯法的积极探索,为民族自治地方自治条例和单行条例的制定提供了有益的经验。

金秀瑶族自治县的自治条例内容全面,单行条例的内容涉及森林资源管理、旅游管

〔15〕 金秀大瑶山瑶族史编纂委员会:《金秀大瑶山瑶族史》,广西民族出版社2002年版,第99~101页。根据胡起望、范宏贵的调查,解放后,广西金秀郎庞屯已不再祭祀社王。至1982年,郎庞及其周围数十里的盘瑶,已没有了“做社”“祭社”的活动。参见胡起望、范宏贵:《盘村瑶族》,民族出版社1983年版,第225、242页。现在,广西金秀郎庞屯又恢复了“做社”(祭社)活动。

理、野生植物保护等。[16] 金秀瑶族自治县在进行自治立法过程中,实事求是,从实际出发,根据自治县的具体情况进行自治条例和单行条例的制定和修改工作,充分尊重瑶族习惯法,重视良善瑶族习惯法的吸纳。《金秀瑶族自治县自治条例》第 49 条第 1 款规定:"自治县自治机关保障各民族都有使用和发展自己语言文字的自由,有保持和改革自己风俗习惯的自由。"这就明确规定了金秀的瑶族、壮族等民族都有保持和改革自己风俗习惯的自由,从而为尊重瑶族习惯法、弘扬瑶族习惯法提供了基本的法律根据。《金秀瑶族自治县自治条例》第 48 条进一步规定:"自治县各民族在法律面前一律平等,各民族公民都享有宪法和法律规定的权利,同时履行宪法和法律规定的义务。禁止对任何民族的歧视和压迫,禁止破坏民族团结、制造民族分裂、侮辱少数民族的行为。"《金秀瑶族自治县自治条例》第 42 条也提出"弘扬民族文化"。瑶族固有习惯法十分重视保护环境,爱护森林、水资源,《金秀瑶族自治县自治条例》《金秀瑶族自治县野生植物保护条例》对之进行了全面吸纳。《金秀瑶族自治县自治条例》对传统瑶医瑶药在就医、出诊、用药等方面的习惯法规范、对公共事务习惯法和互助习惯法给予充分的尊重。[17]

作为在瑶族地区的国家审判机关,金秀瑶族自治县人民法院在代表国家进行审判活动、解决纠纷时,法官认真了解习惯法规范,注重运用习惯法处理案件,积极邀请瑶老调处纠纷,[18] 在调解中,坚持"情、理、法"相结合,既注意释明法律,又尊重农村、山区的风俗习惯,用"农民听得懂的语言"做思想工作,努力做到以情感人、以理服人、以法释人,在瑶族地区探索打造了一条联同瑶老(族群中德高望重之人)运用"石牌律法"调处瑶族群众纠纷的新路子,近几年民商事案件调撤率均达 80% 以上。[19] 同时,金秀瑶族自治县人民法院充分发挥少数民族法官善与少数民族群众打交道,善解纠纷的人力优势,开展少数民族法官与少数民族诉讼主体一对一的对接调解活动,大力培养懂少数民族语言、民风民俗民情的四语(普通话、桂柳话、瑶语和壮语)少数民族法官,逐步建立起适合少数民族地区

---

〔16〕 金秀瑶族自治县重视自治立法工作,制定了《金秀瑶族自治县自治条例》(1989 年 4 月 14 日,金秀瑶族自治县第九届人民代表大会第三次会议通过,1989 年 7 月 26 日,广西壮族自治区第七届人民代表大会常务委员会第十一次会议批准;1997 年 3 月 31 日,金秀瑶族自治县第十一届人民代表大会第五次会议通过修正案,1997 年 9 月 24 日,广西壮族自治区第八届人民代表大会常务委员会第三十次会议批准修正案)、《金秀瑶族自治县森林资源管理条例》(1998 年 3 月 7 日,金秀瑶族自治县第十一届人民代表大会第七次会议通过,2000 年 3 月 31 日,广西壮族自治区第九届人民代表大会常务委员会第十六次会议批准)、《金秀瑶族自治县旅游管理条例》(2002 年 3 月 17 日,金秀瑶族自治县第十二届人民代表大会第四次会议通过,2002 年 7 月 27 日,广西壮族自治区第九届人民代表大会常务委员会第三十一次会议批准)、《金秀瑶族自治县野生植物保护条例》(2002 年 12 月 10 日,金秀瑶族自治县第十三届人民代表大会第一次会议通过,2003 年 8 月 1 日,广西壮族自治区第十届人民代表大会常务委员会第三次会议批准),是广西壮族自治区制定单行条例最多的一个民族自治县。

〔17〕 瑶族固有习惯法中的有关砍伐习惯规范、捕猎习惯规范、采集习惯规范等内容,金秀瑶族自治县的自治立法对之有所限制甚至禁止和否定。

〔18〕 在审判、执行实践中,金秀瑶族自治县人民法院广泛利用社会力量,邀请瑶老、村老等作为人民陪审员、特邀调解员调处纠纷,解决冲突。例如,2013 年金秀瑶族自治县人民法院民事审判庭请来族老参审"西瓜案",成功调结矛盾对立激化的人身权赔偿案,有效地避免严重后果的发生。参见陈玉华、刘晓霞:《族老参审巧解一个西瓜引起的伤害案》,载金秀县法院网:http://lbjxfy.chinacourt.org/public/detail.php?id=512,最后访问日期:2014 年 12 月 10 日。

〔19〕 参见莫庆师、方良帅:《金秀专项"宣传月"法官以案说法"石碑律法"调纠纷》,载广西新闻网:http://www.gxnews.com.cn/staticpages/20140521/newgx537c76f5-10363173.shtml,最后访问日期:2014 年 12 月 10 日。

特点的少数民族调解工作机制,维护了民族团结和谐。

金秀瑶族自治县人民法院在实体规范方面认可、运用习惯法。例如,在2002年1月的一起返还罚款纠纷案的判决书中,金秀瑶族自治县人民法院认可了渊源自石牌制度的村规民约的效力:

本院认为,民事活动应当尊重社会公德,不得损害社会公共利益,扰乱社会经济秩序。原告为贪图私利,乘天黑之机,盗窃他人八角,破坏了社会公德和扰乱了农业生产秩序。也直接损害了他人的合法财产权利。原告盗窃他人的八角,构成了财产损害的行为,应依法承担损害赔偿的民事责任。原告盗窃的是第三人的八角,损害了第三人的合法财产权,因此,原告应向第三人赔偿损失,被告的合法财产权没有遭受到原告的损害。因此,不应接受原告的赔偿。原告盗窃的时间、被盗现场遗留被盗八角果树的数量及藏匿八角的地点等间接证据,相互印证了藏匿于乱草丛中的两袋共80斤的八角为原告所盗。因此,原告否认藏匿于乱草丛中的80斤八角不是自己所盗的理由不充分,本院不予支持。原告事前在村规民约上签了字,约定每盗一斤八角,按5倍处罚的协议,实质上是惩罚性、是自我约束、自愿赔偿的协议,无违反法律规定。原告已经自愿在村规民约上签名认可,就应依约对自己盗窃他人八角,给他人造成损失,作出赔偿。因此,对原告每窃一斤八角,按30元作出赔偿,是适当的,且原告自己也表示同意。第三人的八角遭受原告的盗窃损害,依法应得到原告的赔偿,但第三人自愿同意将得到的赔偿,交由被告自行处理,这是第三人自行处分自己的权利的行为,本院依法予以认可。[20]

在程序规范方面,金秀瑶族自治县人民法院也参照、运用习惯法,如喝团结酒、吃和解饭规范。[21]

2013年3月26日一大早,金秀瑶族自治县人民法院的黄某德法官就和庭里的同事来到农贸市场采购食材。随后,他们将采购的新鲜果蔬鱼肉放上车,第三次前往长垌乡镇冲村大进屯调解一起邻里间的生命权、健康权、身体权纠纷案。由于原被告双方均为瑶族,黄庭长在调解过程中积极发挥了身为瑶族法官,亲近瑶族群众、善解纠纷的优势,与双方当事人同话"同胞情谊",使用瑶家俗语进行调解,并坚持情法并重、融情于理;还特邀的该村屯族老冯配保,以自己在村中的威信,用淳朴的邻里和睦为一家的观念对双方当事人进行规劝、教育,最终使得双方当事人各自让步,促成了案件的当庭调解。案子圆满了结后,黄庭长对着屋里旁听案件庭审的乡里百姓说道:"今儿咱们把案件结了,大伙也高兴,我们法院请在场的群众一起吃个百家饭!"早市里的果蔬鱼肉烹制成了农家味十足的小菜。席间,双方当事人举起酒杯向黄庭长等法官表示感谢,他们说:"法官三次登门风雨调解,为我们解决了一桩心头事,我们这回得以放下疙瘩,还是以前的好邻舍。"这"吃百

---

[20] 广西金秀瑶族自治县人民法院民事裁定书(2000)金民初字第×××号。关于这一案件的判决,审判长文某子法官认为:"主要是说,从民事案件从有利于生产、保护经济发展,有利于社会稳定(考虑),主要是办案的社会效果这个出发考虑的。主要是考虑办案的社会效果。因为呢,在金秀有这种习惯,村规民约的渊源是石牌制度,有这个习惯,有这个传统。另外,他订这个赔偿金额不是特别严重的违法行为,可以考虑支持他的。当时八角值钱一些,偷(的人)多群众都上山去守那八角,去守那经济作物,不让人家偷。所以就保护经济、稳定社会这个角度出发(判决的)。"文冰子访谈录,2010年1月6日。

[21] 参见刘晓霞:《法官三进大瑶乡 风雨调解显真情》,载金秀县法院网:http://lbjxfy.chinacourt.org/public/detail.php?id=485,最后访问日期:2014年12月10日。

家饭”即是运用了瑶族传统习惯法的纠纷解决后喝团结酒、吃和解饭习惯法规范。

在执行工作中，金秀瑶族自治县人民法院贯彻“以和为贵”思想，依托少数民族地区民风淳朴、诚实守信的优势，以“入乡随俗”、以“民风民俗促执行”的方式开展执行工作。金秀瑶族自治县人民法院还创新执行措施，构建圆桌执行模式。圆桌执行模式是结合当地民族风俗习惯，在长期摸索中逐渐形成的一种执行方式，即在执行法官主持下，由瑶老或寨老、申请执行人、被执行人及双方亲属、朋友共同组成圆桌成员，共同商讨处理案件纠纷，促成案件有效和解。依照圆桌执行模式，金秀瑶族自治县人民法院召集双方不同支系的瑶老、寨老、亲属、朋友以及双方当事人共同组成圆桌成员，从道德层面、瑶族习惯、法律法规、亲情礼义等进行面对面的交谈，以此方式促成了申请人胡某和被执行人赵某抚养费纠纷案、徐某和盘某人身损害纠纷案、覃某和黎某交通事故纠纷案等一系列案件执行和解结案。[22] 这充分体现了国家审判机关对瑶族习惯法的尊重、运用，取得了较好的法律效果和社会效果。

金秀瑶族自治县各乡镇政府、各乡镇村人民调解委员会在人民调解过程中，总结瑶族固有习惯法的现代价值，借鉴瑶族的纠纷处理习惯法，圆满地解决村民之间的冲突，取得了较好的社会效果。例如，2008 年 4 月 11 日，金秀镇司法所、人民调解委员会在调解一起相邻排水纠纷时就是本着这样的认识进行的。调解时，调解人王某迈提出了一个方案，即根据瑶族处理纠纷的传统习惯法，处理一起纠纷时，双方当事人须拿银两或实物进行抵押，输的一方的抵押物用于请村里所有的村民喝一餐。调解人问双方能不能按传统来处理？双方都说可以，并分别拿出 1000 元作为押金。[23] 经过勘查、调解，4 月 15 日双方当事人签订了协议书，这起邻里排水纠纷由此调解息争。人民调解委员会和调解人融合了“情、理、法”的综合考虑，将国家法律与民族习惯法结合起来，更容易被当事人所接受，最终起到定分止争作用。[24] 在人民调解过程中，适当运用固有习惯法解决争端具有一定的

---

[22] 参见陶玉瑜、潘发源：《最炫“民族风”促执行和解 谱写司法和谐新篇章——金秀法院探索民族地区执行和解机制纪实》，载金秀县法院网：http://lbjxfy. chinacourt. org/public/detail. php? id = 342，最后访问日期：2014 年 12 月 10 日。

[23] 对此，金秀镇人民调解委员会的调解人王某迈这样告诉我们：“按照瑶族以前的‘石牌制度’，过去石牌头人断案，双方用米、猪肉押在石牌头人那里，胜诉一方拿回，输的一方就请全村人吃一餐。他(们)当时没有一方提出，我自己提出来的：勘验水沟可以按照你们老的石牌法，(钱)压在这里。双方都同意的。在没有解放之前，瑶山就有调解纠纷的这种方法。我们小时就与茶山瑶混在一起长大，对瑶族的风俗习惯、风土人情都是很清楚。我 1979 年参加工作时在县政府当通讯员，1983 年到图书馆工作。我工作以后，我原来在博物馆工作，1996 到 1999 年在博物馆，对石牌制度有了解。我们管理文物，有很多石牌规定。1999 年 10 月到司法所，所以对石牌制度比较了解。所以这次我提出交押金过来，他们都同意。”参见王如迈访谈录，2009 年 1 月 13 日。参加调解的金秀镇六拉村党支部书记苏某光也肯定了押钱判案解决纠纷的习惯法：“我听说过去有这样的习惯。以前老规矩也这么做，我认为不从这里经过，你认为从这里经过，这样双方就各出钱，随后由输的一方出人工钱。解放前也有的哦。叫双方先拿钱来，这个是照老规矩来的，老规矩是一代一代传下来的。这样规矩比较切合实际，村里面老一辈都知道的。我听说过去也有这样的规矩，你双方争牛、争山林、地什么的，双方就各拿一部分钱出来，最后由输的一方承担费用，钱拿不回来。”参见苏重光访谈录，2009 年 12 月 31 日。

[24] 不过，在调解人王某迈看来，需要注意的是，在人民调解中运用瑶族习惯法是有选择的，不是任何习惯法在人民调解中都可以考虑，有些解决纠纷的习惯法如烧香就不能运用：“瑶族还有烧香来解决纠纷的，这个过于迷信了、过于刻薄，我们就不采用。烧香要发毒誓，现在还有，我们不主张这个，我们发现也要制止他们。(怀疑)你偷了东西，就要烧香、发誓，什么什么的死人。这个不行的，我们不主张。”参见王如迈访谈录，2009 年 1 月 13 日。

社会基础和心理基础;调解员顺应民众的习惯法观念进行说服、劝解,能够达到较好的社会效果。

地方国家权力机关、司法机关、行政机关等对习惯法的肯定、认可、运用符合民众期待,适合地方社会特点,在社会治理中具有积极作用。不过,这种吸纳还存在个别性、差异性、被动性等问题,因人而异现象比较明显,需要进一步提高地方国家机关工作人员对习惯法现代价值的认识,认真总结经验,全面完善制度,加强落实力度。

四、结语

以客观现象和具体活动为基点,我描述了当今金秀地区民事活动中的具体习惯法规范,展现了村民日常行为、相互往来中的习惯法,探讨了公共生活和社区管理中的习惯法,分析了村规民约中的固有习惯法因素,讨论了纠纷解决中习惯法的运用,探究了国家机构对习惯法的态度和应对。我希望提供一些质朴的、粗犷的、鲜活的、矿石般的习惯法原料,客观展示当代习惯法的现实状态,全面表现习惯法的当代运行轨迹。

习惯法的当代传承与弘扬是一项十分复杂的工作,我从金秀瑶族自治县的田野调查中发现,这需要依靠地方政府的高度重视、积极引导,也有赖于民间力量、社会力量的广泛参与,离不开乡土法杰的全力推动,[25]更需要长期的教化培育。金秀瑶族自治县县、乡两级政府及其工作部门,通过引导制定村规民约、在行政调解和人民调解中参照传统习惯法、通过建立瑶都民族廉洁文化基地、在思想道德法制宣传教育中讲解习惯法等方式,弘扬固有习惯法;并通过非物质文化遗产保护传承和举办大型节、会间接进行瑶族习惯法的弘扬,发挥习惯法在当今社会的积极作用。在金秀瑶族自治县,村民委员会、村民小组、村人民调解委员会、瑶老、村老、社老、族老、道公、师公、庙委会等民间力量和地方人士在习惯法的当代传承、弘扬中扮演着重要的角色、起着十分重要的作用。同时,金秀瑶族自治县通过家庭教育、社会教育、学校教育进行固有习惯法知识的普及,使民众了解和知悉习惯法的内容、感受习惯法的意义和作用,广泛传播习惯法,发挥习惯法的积极功能,维持村屯秩序,传承民族文化,促进社会和谐发展。

当然,我们也要看到由于市场经济的发展、国家法治建设的推进、民众观念的变化,习惯法的当代传承与弘扬面临着许多挑战,固有习惯法自身的某些局限与不足也限制了习惯法的一定发展,当今的习惯法与国家法律也可能存在一定的矛盾和冲突。这些都需要认真地调查和思考。

不过,广西金秀的实践表明,习惯法是中国文化之重要的一部分,是无数代的中国人

---

〔25〕 本文所指的"乡土法杰"是指民间的杰出人士,他们在基层社会有着不可轻视的秩序维持作用和规范传承价值。他们非常熟悉乡土规范,广泛参与民间活动,热心调解社会纠纷。他们是乡村社会规范的创制者、总结者、传承者,是草根立法者、民众法学家。参见高其才:《"乡土法杰"缘起》,载高其才:《桂瑶头人盘振武》,中国政法大学出版社2013年版,序第3页。例如,广西壮族自治区金秀瑶族自治县六巷乡六巷村下古陈屯人盘振武浓烈的瑶族习惯法情感、丰富的瑶族习惯法知识、广泛的瑶族习惯法行为,对习惯法的当代传承是起了积极作用的。详可参阅高其才的《桂瑶头人盘振武》(中国政法大学出版社2013年)有关部分。

以其生活实践、生命心血所形成,其精神生命是活的,其表现形式是活的,其现实效力是活的。习惯法是中国社会活的规范,实际影响着当今中国人的具体行为、调整着现实的社会关系。我们必须正视这一事实、尊重习惯法的客观存在,恰当处理现代法治建设中的习惯法,承继习惯法的理性规范,吸纳习惯法的良善内容,扬弃习惯法的恶法因素,使当代中国的法治建设具有坚实的本土基础。

从立法技术到治理理念：中国语境下法律激励理论的转向

丰　霏*

【摘　要】　随着当代中国法治实践的深入，法律的激励功能日益为学界所关注。但是对于法律激励的内涵理解和研究方向却不尽相同。其实，法律激励源于改革需求，理应将奖惩规范共同纳入进法律激励的命题研究之中，只因受制于既有观点和方法的依赖，使得现有的法律激励研究过多地局限于技术层面，而忽视了作为治理理念的法律激励理论。将法律激励作为认识法治的理念，即意味着要变惩治法治观为励治法治观。这种理念上的转变作为法治理论的创新方向，在法治中国的建设实践中正在发生。

【关键词】　法律激励；改革；立法技术；治理理念；惩治法治观；励治法治观

随着法律被视为“治国之重器”，法治被作为“治国理政的基本方式”，法律制度在社会治理过程中的重要作用也逐渐被人们所认同，并成为了当下法治中国建设实践和法治理论创新的热议主题。这一过程中，与那种仅仅将法律理解为阶级斗争工具和行为惩罚手段的旧式思维相比，一种相对新鲜的、重视法律所发挥的激励功能的观点和理念得以申发，并逐渐嵌入进主流的法律宣传和法学研究话语之中。[1] 然而，与法律制度在我国市场经济建设和社会治理实践中的激励实效相比，我们对法律激励的理论研究却远远滞后，不仅如有学者所言，“关于法律激励的研究成果并不多见”，[2] 甚至，在这些为数不多的研究成果中，我们关于法律激励的内涵理解也仍然有所分歧：有的研究学者主张，法律激励的内涵既包括奖励性的正向激励，也包括惩罚性的反向激励，而有的学者则认为法律激励仅仅指涉奖励性的法律措施。[3] 不仅如此，在这些有限的研究成果中，对于法律激励问题的分析范式与研究进路也迥然有别，有的研究成果采用经济分析的方法探寻法律经济学的研究思路，有的研究成果则综合社会学、心理学和行为科学方法延续法律社会学的研究思路。对此，不同的研究者有着不同的研究风格和观点，但是既有研究的一个共同点是侧重于立法技术方面即仅局限于法律文本本身进行探讨，而忽略了法律激励可能具有的理念意义。笔者认为，我们对法律激励的研究不能仅局限于立法技术层面，当下中国社

* 南京师范大学法学院副教授，中国法治现代化研究院研究员，国家“2011 计划”司法文明协同创新中心研究人员。

〔1〕 这一点不仅可以在“建立健全守法激励机制”的官方提法中得以寻迹，也可以在诸如“人民网”，《光明日报》等媒体宣传中加以测验，还可以在国家社会科学基金 2014 年度课题指南的“法律激励的理论与机制研究”列题中得到体现。

〔2〕 胡元聪：《我国法律激励的类型化分析》，载《法商研究》2013 年第 4 期。

〔3〕 相关观点的梳理可以参见丰霏、王天玉：《法律制度激励功能的理论解说》，载《法制与社会发展》2010 年第 1 期。

会治理和改革深化的实践为法律激励研究的理念化转向提供了新的中国现实语境。正是在这一意义上,本文拟对中国语境下法律激励理论的新转向进行研究,以期揭示出法律激励的深刻内涵,并为深化法律激励的研究提供些许助益。

一、法律激励的理念化转向源于改革

法律激励命题的现实意义规定了法律激励研究的方向。通常,当我们去强调法律激励功能的重要程度时,我们总是热衷于通过实证手段来塑造某种具有戏剧性的反转情境,比如,我们常常会为了突出强调法律激励在当下法治建设中的重要性,而营造某种古今中外的场域,在中外法律激励思想的对比中:或将法律激励视为现代西方法律理论中的某种未被国人发现的实践经验,在经济分析的实证视界中倡导"法律的首要目的是通过提供一种激励机制,诱导当事人事前采取从社会角度看最优的行动";〔4〕或将法律激励当作"中国法律文化传统中一个重要而又长期未受到应有关注的特点",〔5〕是古代西方各国法律中鲜有的制度实践,近代欧美国家依靠法律激励来推动科学技术发展的实践虽然卓越,但其中思想却远不及中国的深刻久远;〔6〕或将法律激励看成是一场"从无到有、从少到多"的法律实践发展演进趋势,在法律文本的词句梳理中揭示法律激励的兴盛之势。〔7〕然而,我们却不能因此简单地以现代西方法律理论知识的洞见来放弃对当代中国法治理论的创造力;也不能简单地以古代中国法律文化传统源远深邃为由而漠视现代法律发展的整体趋势;更不能仅仅停留在法律激励规范条目的计数运算之中,只见其然,而不求知其所以然,法律文本固然是法学研究的重要对象,但是并不是唯一的对象,尤其对于法律激励这样的具有实效指涉的命题而言,对法律文本的解读总是要以社会实践为背景的。

进而言之,国内现有的关于法律激励的研究成果虽然揭示了法律制度具有激励功能,但是在论及法律缘何具有并发挥激励功能之时,却往往总是以社会经济发展之需为据一笔带过。究其原因,乃是因为诸类研究总是以具体的制度规范中的激励元素为起点,向下探索激励的模式与细节的"下游"问题,因此也就难以再高跃至"上游"意义层面宏观地加以把握。如果在法律激励规范的基础上继续"向上游研究",那么,我们将发现"法律激励"的制度需求来源于"改革"、"改革"是法律激励实践的源动力,并能够厘清现有的诸多关于法律激励问题的冲突观点,辨识法律激励理论的研究方向。

(一)改革是法律激励实践的推动力

有学者对我国法律激励文本做了类型化考察,其中以"奖励""鼓励""促进""激励"等激励性词语为检索词,指出了法律激励文本的发展趋势,发现"随着社会的发展,激励性法律文本逐渐增多,从1979~2012年的34年间,几乎每年都有激励性法律文本通过",认为"从宏观方面看,法律激励文本经历了从无到有,从仅有个别法条到专门章节以及专

〔4〕 张维迎:《信息、信任与法律》,生活·读书·新知三联书店2003年版,第66页。

〔5〕 参见倪正茂:《重视法律激励 回应社会治理要求》,载《检察日报》2014年4月29日,第3版。

〔6〕 参见倪正茂:《激励法学探析》,上海社会科学院出版社2012年版,第3~16页。

〔7〕 参见胡元聪:《我国法律激励的类型化分析》,载《法商研究》2013年第4期。

门法律规范的演变”,并在实证中对我国各部门法中法律激励模式的分布做了考察,提出“经济法涉及的激励模式较多”“行政法、民法和刑法等涉及的激励模式相对较少”的结论。[8] 其实,深推一步,将当代中国的法制建设和改革开放的现实需求相联系,我们便可以从中获得更为清晰的观点,即激励性法律文本的逐渐增多并非简单地源于社会的发展,而是源于改革的需要,改革是法律激励制度实践的推动力,法律激励在实践过程中助力社会整体发展。

对此,我们同样可以在该学者的实证数据和观点结论中得到正反两方面论证。其一,以1979~2012年立法数据作为样本而为的例证并不能足以支撑“激励性法律文本增多”是“随着社会发展”的结论,因为1979年以前的社会实践也在发展,只是1979年以来当代中国进入了经济体制改革与社会转型的新时期,经济发展的增长速度意味着经济改革的热烈程度,所以其文章中所指的来源于社会发展的动力也就可以被更为准确地化约为来源于改革的动力。并且,就“经济法所涉激励元素较多,而行政法、民法和刑法所涉较少”的分析结论而言,也恰恰说明那些能够强力推进计划经济向市场经济改革转轨的法律制度更富于激励性。类似地,我国在处理第三次和第四次工业革命中科技与生态发展问题时,在科技立法和环境立法中集中产生了众多的激励性法律文本,也正是说明法律激励文本的范围变化程度与改革内容及其活跃程度之间具有正向关系。其二,如果简单地将法律激励文本的增加归因于社会的发展,那么我们将不能合理而准确地解释为什么在法律激励文本增加的同时,会有一部分法律激励文本被修改或废除。比如,我们就不能解释为什么“名称中含有‘鼓励’的规范性法律文件中地方政府规章现行只有90部,而失效或被修订的有115部之多”,[9]也就不能简单地将现行有效与失效或修订之法律文本进行相加来说明法律激励文本随社会发展而增多。事实上,只要我们基本明了“改革要于法有据”的道理,[10]我们便知道法律的“立改废释”是法律适应改革的重要表现,所以法律激励文本的失效与修订正体现了改革的需要。就这一点而言,法律激励文本的数量变化程度也与改革幅度之间具有正向关系。对此,我们当然也可以在法律激励的中国古代实践和西方法制与社会发展的历史脉络中加以验证,[11]或者对于那些原先赞成“社会发展是法律激励动力源”观点的人们来说,更新接受“改革作为法律激励的原动力”这一观点其实并不困难。

(二)改革是激励性规范予以法律化的过程

当然,就当代中国的社会治理和改革实践而言,对法律激励的分析除了以规范性法律

[8] 参见胡元聪:《我国法律激励的类型化分析》,载《法商研究》2013年第4期。

[9] 此中数据来源于胡元聪教授的《我国法律激励的类型化分析》一文。参见胡元聪:《我国法律激励的类型化分析》,载《法商研究》2013年第4期。

[10] 参见张文显:《全面推进法制改革,加快法治中国建设——十八届三中全会精神的法学解读》,载《法制与社会发展》2014年第1期。

[11] 有学者对中国古代的法律激励实践作了梳理,可以作为论证素材加以验证,具体可以参见倪正茂:《激励法学探析》,上海社会科学院出版社2012年版,第4~6页。此外,虽然没有相关研究成果对西方法律激励实践进行梳理,但是在西方法律与经济发展的互动研究中,我们可以清晰地看到改革对于法律激励规范的需求关系,可以参见[美]詹姆斯·威拉德·赫斯特:《美国史上的市场与法律:各利益间的不同交易方式》,郑达轩等译,法律出版社2006年版,第2~15页。

文本为考察对象之外,我们还需注意的是,“在多元化的国家律法体系之外,还有更为广阔的多样化规则体系,包括党规党纪、宗教戒律、公共道德、伦理准则、民间习惯、社会风俗等”,[12]这些多元规范体系本身也是法制改革的参与要素,构成了国家正式法律文本运行的空间和结构,自然对于法律激励的实践有着重要的影响。所以,改革作为法律激励实践的推动力,不仅在于推动法律内部激励性规范的创新,更加在于促使法律制度与其他社会规范体系的互动交流,而法律激励规范的更新正是这种互动交流的结果。

通常情况下,我们接触和感受法律的时候总是伴随着对法律责任的想象和预置,这一点无论是在西方现实主义法学“对法官判决的预测”的论辩中还是在中国社会普通百姓“为求做主讨说法”的话语中,都可以被加以体悟。人们对法律的理解及法律在社会治理实践中的重要作用总是无法脱离于惩罚的逻辑。正是凭借着国家法律对那些违背社会基本道德需求的行为的惩罚,国家法律才获得了社会的普遍认可和接受,以此为基础,国家法律才可以夹带统治阶级的意志来推进自身的利益主张。[13] 所以,人们对法律制度的认知总是以法律惩罚和法律约束为起点的,惩罚和约束的对象最初也就是那些破坏社会基本秩序和道德底线的行为。而那些涉及鼓励与奖赏的社会规范大多数也往往在国家正式法律制度之外,被其他多元规则体系所涵括。所以,整体上,法律制度的规范文本看上去只关乎惩治,与励治无涉。而随着生产力的发展变化,社会利益的蛋糕也有所变化,当统治阶级希望通过改革重新分割利益蛋糕的时候,一方面,为了获得一部分社会支持力,认可利益分割的制度安排,法律之中出现了一些以确认权利范围为主的激励规范;另一方面,为了获得一部分社会动员力,以求继续做大利益蛋糕,法律上也出现了一些以褒奖鼓励为主的激励规范。商鞅变法“南门立木、赏赐十金”的先秦事例便是一个典型的注释。所以,就那些与惩罚和约束规范相对的法律褒奖鼓励规范而言,显然是应于改革的需求而创生的。

换个角度来看,那些新创生的激励规范原先并不存在于国家正式法律之中,但这并不表示其本身不存在于其他社会规范体系之中,否则,便不会有社会利益蛋糕的增长。很多法律激励规范原先往往都存在于其他社会规范体系之中,只是在法制改革和发展的过程中,逐渐被法律所吸收采纳。例如,盗贼滋生不利于社会安定与经济发展,见义勇为、伸张正义、打击盗贼本是道德领域的行动主张,但自唐朝出现了对见义勇为进行金钱奖励的正式法令后,中国古代各朝各代立法便都对见义勇为有所褒奖。[14] 可以说,每一场法律改革之中总是伴随着其他社会规范体系与法律体系之间的规范交流,而那些原本游离在惩罚性的法律制度之外的激励性规范也就有机会在法律改革的过程中借机转化为法律激励规范。同时,由于违背基本道德和社会基本秩序的行为本身往往就较为有限,增生的惩治规范也往往是为激励规范设定行为边界,所以,法律发展过程中其他规范体系激励规范的加入,使得法律中的惩罚性要素比例相对降低,从而使得法律激励展现出兴盛的态势。因此,就社会发展和法制改革的宏观视角来看,改革的过程也是其他社会规范体系中激励性规范逐渐法律化的过程。

---

[12] 强世功:《“法治中国”的道路选择——从法律帝国到多元主义法治共和国》,载《文化纵横》2014 年第 4 期。

[13] 参见强世功:《惩罚与法治——当代法治的兴起》(1976 - 1981),法律出版社 2009 年版,第 16 ~ 19 页。

[14] 参见丰霏、王霞:《论见义勇为的奖金激励条款》,载《当代法学》2010 年第 3 期。

由此可见,无论是对当下法律文本的实证分析,还是从对法制发展的宏观考察,我们都可以得出一个比"社会发展论"更为精确的"社会改革论"来支撑法律激励的意义、目标与前景。可以说,改革构成了法律激励理论研究的潜在背景和现实舞台,这不仅仅意味着改革的需求、内容和方向为法律激励规范的发展提供了指南,更加意味着法律激励的内理中饱含改革基因,这使法律激励绝不是简单的技术操作命题,而更加是一种法律治理理念的变革和更新。

二、改革语境下法律激励的复合内涵

诚然,对法律激励的文本分析及其与改革间关系的宏观估量分析只是刚刚开启了我们重新认识法律激励命题的一个小小的缺口,要对法律激励命题进行更为深入的探讨,则必须深入到法律激励规范的实践中去,解读法律激励规范的实际效果及其所蕴含的法律激励的复合内涵。

(一)法律激励的保健化趋向

既然我们说,法律激励源于改革,并且声称法律激励文本与改革之间存在正向关系,那么,一般而言,也就意味着改革的活跃期也是法律激励规范的爆发期。但是,事实上往往并非如此,法律激励规范的变化往往和改革的发展并不同步。其中缘由,有的可以被解释成是因为法律相对于改革需求具有一定的滞后性,但是当我们尝试忽略法律制度建设的时间成本,或者在坚守"改革要于法有据"的次序关系时,我们仍然无法依靠辩证关系来解释在改革过程中为什么原有的一些法律激励规范隐而不见,而有些法律约束和惩罚规范反而有增无减,以至于我们非但不能说改革的深化与法制的发展是一场法律激励的兴旺进程,还要反过来认可惩罚永远是法律的中心要义。所以,对于这一问题我们无法回避,而对于这一问题的回答也不能不结合法律激励的实效特点加以展开。

延续前文中的分析,我们通常情况下对法律激励的直觉定位总是将其与法律惩罚相对应,认为法律激励即是褒奖性的正向激励。那么,基于这样的定位,延此思路,我们来考察法律激励的实效运作就会发现一种奖励性规范所特有的蜕变现象。对这种激励规范的蜕变现象解释启于心理学上的阿伦森效应理论,其往往通过一则小故事加以传播,[15]故事中所反映出的"随着奖励增加而导致个体态度逐渐积极,随着奖励减少而导致个体态

[15] 一位老人,退休后为图清静安宁,在湖边买了一所房子,居住养老,十分惬意。但没过多久,附近居住的几个年轻人开始在老人的住处周围嬉戏打闹,噪声不断。为了使这些年轻人远离自己的住所,老人想出了一套特殊的方法。老人起先赞扬年轻人的活泼与热闹,同时邀请他们每天都来附近玩耍,并给予他们每人一元钱作为奖励。年轻人获得奖励,自然高兴,并更显活泼。一段时间后,老人以养老金不足为由开始逐渐减少奖励的额度,仅仅给每人五角钱。此时的年轻人虽有不悦,但仍然接受奖励,每天继续前来嬉闹。再随后,老人再次编出新的理由,将奖励额度减少成一角钱。此刻的年轻人面色难堪,表示不会因为区区一角钱浪费时间,再也不来附近嬉闹了。从此,老人又过上了安静悠然的日子。这是用来描述"阿伦森效应"的经典故事。参见王霞:《权利的心理基础——一般原理与本土分析》,吉林大学法学院2014年博士学位论文,第58~59页。

度逐渐消极的心理现象”即是阿伦森效应的含义。[16] 其中含义也与我们通常所说的“由俭入奢易,由奢入简难”极为近似。如果我们将法律激励看成是阿伦森所说的奖励的话,那么当法律激励规范满足了激励对象的“优势需要”时,就不再具有激励上的积极的决定作用或组织作用了。[17] 但是,如果要削弱这一法律激励规范,就会使激励对象产生与激励目标相反的心理效果,所以为了避免发生这样的阿伦森效应,这一法律激励规范的内容必然要得到保留。但是,被保留下来的法律激励规范却不再具备此前的激励能效,渐进地演变成为法律激励上的“保健因子”。[18] 在这一过程中,一些原本以授权和褒奖为主的激励规范经过权利义务关系的转化逐渐被转译成以设定对向义务和惩罚为主的约束规范。所以,我们会看到在社会改革的过程中,法律激励规范会因为社会实践需求而勃兴,也会在一段实践之后而消退,再会因为改革实践的需要而继起,从而呈现出波浪式的发展曲线。正像生物生长过程中的生长素和干细胞一样,适时适量地推进社会改革和法律发展。

法律制度内部这种激励规范向约束规范的蜕变现象也解释了在多元规范体系的环境中,为什么有些制度在其他领域中以褒奖鼓励的形式出现,但是当转化进法律领域之中时,却被转译成惩罚约束的规范形式。其中缘由即在于,对于有些事项而言,法律所提供的激励元素并没有其他规范体系所提供的更多且更有优势,而只能采用保健策略下的约束规范。所以,由此来论,法律约束规范可以被解释成法律或非法律激励规范的保健化产物。

(二)法律激励的奖惩一体性

尽管法律激励规范具有转化成法律约束规范的取向,但是这种取向并不意味着法律激励功能向约束功能发展的趋势。恰恰相反的是,尽管法律激励规范有时被约束规范所消化,但是其激励功能却没有被消散,而是被该约束机制所继承,只是从主导激励效果转变成辅助保健效果。也正是因此,关于法律激励模式的相关研究成果才往往将权利模式与义务模式,[19] 赋予权利型、减免义务型、减免责任型[20] 等双面形态都归为法律激励的模式类型。

由此而论,当我们看到起初的法律激励规范逐渐变成了约束规范时,或许可以换个角度将这种约束规范看作激励规范的蜕变进化,而非退化。从而,当重新回首审视此前对法

〔16〕 参见王霞:《权利的心理基础——一般原理与本土分析》,吉林大学法学院2014 年博士学位论文,第59 页。

〔17〕 这是马斯洛“需要层次动力学”理论的重要观点,详细参见[美]亚伯拉罕·马斯洛:《动机与人格》(第3版),许金声等译,中国人民大学出版社 2007 年版,第 21、34~41 页。

〔18〕 美国心理学家弗雷德里克·赫茨伯格(Frederick Herzberg)提出了保健因子,即保持人的积极性、维持行动现状的因素,从而开创了激励因子—保健因子理论,简称“双因素理论”。其中“激励因子”具备直接激励个体行为的作用,“激励因子”会让个体“满意”,而缺乏“激励因子”并不会让个体“不满意”;而“保健因子”没有激励人行为的作用,但是具有保持人的积极性、维持行为现状的作用,具备“保健因子”时能够让个体脱离“不满意”但却不能促使个体“满意”。相反,当缺乏“保健因子”时,个体会产生“不满意”。相关论述可以参见丰霏:《法律制度的激励功能研究》,法律出版社 2015 年版,第 46 页。

〔19〕 参见丰霏:《法律治理中的激励模式》,载《法制与社会发展》2012 年第 2 期。

〔20〕 参见胡元聪:《我国法律激励的类型化分析》,载《法商研究》2013 年第 4 期。

律惩罚性的定位以及对激励(奖励)规范与约束(惩罚)规范二元划分时,我们也就可以将奖励与惩罚视为一体,视奖励与惩罚为“激励”的两个方面,进而以“激励”[21]定义法律的属性和本真。以往的绝大多数研究者之所以将法律激励作为一门技术加以对待,将对法律激励的研究仅仅局限在探寻激励模式和具体机制设计之下,常常为无法获知法律激励(奖励)机理的更多细节而创意枯竭、心生困惑,其原因就在于缺少一个更为宽域的研究视界,没有将法律激励上升为法律之治的基本理念层面。将“激励”作为法律治理的理念也就是要承认法律激励的奖惩一体性,把“激励”作为法律的真谛和法治的模式不仅有助于开放法律激励命题的研究空间,也将增进我们对于法律和法治的理解,从而更好地发挥法律激励对“改革”需求的服务功能。

将“奖惩一体”的“法律激励”的命题放置于当下法治中国建设中“国家治理体系和治理能力现代化”这一全面深化改革总目标之下进行理解,我们那么便可以清晰地认识到:法治体系是治理体系和治理能力现代化的表征;法治体系不再是一套惩治体系,而是一套励治体系。

三、法律激励理念化转向的制约因素

从法律激励与改革之间的关系上看,我们可以将“激励”看作为法律和法治的核心属性。但是,在研究实践中,国内学者即使能够认可这一观点,却往往难以坚守此念,在具体的研究中总是不自觉地将法律激励命题作为某种立法技术加以对待,从而也就往往与法律激励命题之于社会改革和法治理论创新的时代意义失之交臂。是什么原因使我们总是将法律激励的研究局限在立法技术层面。对此,我们则不得不究其缘由,而对这些缘由的追查也就暗示出在确立“法律激励”的理念地位过程中,我们所要破除哪些旧有的理论观点和研究方法。

在本文看来,使得法律激励命题被局限在技术层面的主要原因在于两方面因素。其一,是来自当下中国法学理论自身的内在局限:当代中国既有的法律思想资源、法律知识体系和法学方法论为法律激励的研究设置了某种潜在的框架,在理论发展的结构上约束了法律激励的“理念化”趋势,使得相关研究停留在“技术流”的窠臼之中。其二,是来自法学理论创新的外部局限:法律激励的“理念化”趋势受到了来自其他一些法律思想、知识借鉴体系和制度建设现实目标的压制,将法律激励的研究工作堵在了技术层面,而无法进行“理念化”自新。

(一)理念化转向的内部局限

其中,就内部局限的具体因素来说,大体包括三个方面:一是我国法学理论体系中的一些保守思想和定势思维方式;二是我国现有的支撑部门法学发展的法理学知识体系和分析框架;三是法学理论研究中所通常使用的实证主义的研究方法。

第一,提及法学理论中的保守思想对法律激励命题研究的影响,大体上可以分成两个

---

[21] 此处及以下加双引号的“激励”包括了奖励与惩罚两个方面。

方面：一方面来自古代中国传统法律思想，另一方面来自传统的社会主义法制思想。就前者而言，我们在研判礼法之治的文化传统时，无论是将古代法律体系看成是以惩罚为主的刑法体系还是将其视为以管控为主的行政法体系，总是不自觉地或刻意地将法律与暴力手段、惩罚模式联系起来，而把那种温和教化、鼓励模式的要素都归于道德。人们也习惯性地常常认为中国古代社会治理中，道德发挥教化功能，法律负担惩罚功能，道德“禁于将然之前”，而法律则是“禁于已然之后”。可是，细推之下我们却显然可以发现，“已然”与“将然”之分未必适用于法律与道德的功能区辨，所谓“禁于已然之后”的法律必然也发挥“禁于将然之前”的作用。由此来看，法律与道德的功能也就不能够借助教化与惩罚的区辨加以界分。人们之所以常持此念，实乃因为在法律与道德的对比下潜藏着一种将法律与道德相对立的观点。这种对立意识在清末法制改革、中国法制走向现代的过程中最为突出，我们可以将这种观念现象解释成社会治理模式之间的竞争使然。但是这种竞争关系并非是排他性的殊死搏斗，即便是在古代也还认为“隆礼至法，则国有常”，〔22〕“赏誉同轨，非诛俱行”，〔23〕“礼乐者治平之膏粱，刑政者救弊之药石”，〔24〕所以，在现代社会治理中，我们也就不因继续强调用惩罚和激励来区分法律与道德或其他社会规范。进言之，正如前文所说的，在社会改革之中，法制发展本身其实也是其他社会规范要素向法律系统流动的过程，如果说道德等其他治理规范具有激励性，那么这些激励性也在法制改革的过程中自然浸入法律系统之中。法律制度中的约束规范不过是其他社会治理系统中激励性规范元素的代码转译，发挥着行为激励上的保健效果。

就后者而言，我们常常受到传统马克思主义法律本质论观点的影响而裹足不前，阶级斗争的革命式思维模式一时还难以完全摆脱，当原本用作批判资产阶级法制虚伪性的“统治阶级意志论”的革命式理论被简单地改造成了某种法制建设理论时，惩罚性的法治观一时也难以反转，法律激励自然也就只能被作为法治建设中的某种技术补充看待。对于现有法学理论发展中的一些思想蔽障，我们不得不需要坦诚面对。比如，我们说“苏联社会主义法学理论作为中国法学的渊源之一，苏联社会主义法学理论在法的本体论上极为强调阶级斗争与法律之间的关系，突出了法律是统治阶级的意志和由国家强制力保证其实施的方面，强调了法的工具性的功能，却忽视了社会经济条件对法的制约性，对法与社会物质生活条件的关系没有更为深入的认识”。〔25〕这种阶级斗争思维及其下法律工具主义的观点，使得我们尽管已然认同了法律在阶级性与社会性方面的二元属性，但是仍然无法突破法的概念范畴去周全地确立起“激励”作为法的核心理念。然而，我们也要看到，在马克思主义法学在法的概念论和本质论之外仍然为法律激励命题的“理念化”提供了支持。比如，恩格斯在《评托马斯·卡莱尔的“过去和现在”》一文中，就提出了人的自由对社会法律制度建构的指导意义，提出要根据人的“自己的本质去估价这些关系，真正

〔22〕《荀子·君道》。

〔23〕《韩非子·八经》。

〔24〕《明太祖实录》卷162，《洪武十七年五月戊戌朔》。

〔25〕参见王奇才、高戚昕峤：《中国法学的苏联渊源——以中国法学的学科性质和知识来源为主要考察对象》，载《法制与社会发展》2012年第5期。

依照人的方式,根据自己本性的需要,来安排世界”,〔26〕也就是从人的自由出发进行立法,而不是从国家对人的控制来进行法律制度的安排。这也意味着那种管控式的惩罚法治观需要向自由式的激励法治观转变。

第二,国内现有的法理学知识体系中并没有为法律激励的“理念化”留下过多的申发空间。我们看到,在我国的法理学教材中,一直没有单独阐述法律激励的内容。当论及法律的激励性时,或者在法律与社会的关系论述中,将这种激励性解释成法律惩治违法分子所带来的人们内心中关于社会安定和经济增长的满足感;或者在法律的作用和功能论述中,将法律激励作为法律众多作用功能中的一种,而对于这种作用功能如何发挥却言辞寥寥;也或者在关于当代中国社会主义法律人民性和自由性的论述中,笼统而隐约地阐述法律对社会活力的激发;抑或者在权利与义务的作用分析中,论及权利为行为提供不确定指引、义务提供确定性指引时,几乎就要触及激励法治观的时候却止步不前。另外,就我国现代法理学为部门法学所提供的分析框架而言,部门法学在接受法律规范、法律关系、法律行为、法律责任的知识结构时,逐渐将部门法的问题理解为规则与归责问题,少有法学者将法律责任视为激励,反倒是经济学者看出了法律责任作为激励机制的端倪。〔27〕然而,随着部门法学的理论化发展,现有的法理学知识体系逐渐丧失了原有的理论指导力。或许,当我们看到部门法学对社会改革的推进作用时,我们也应当思索是否可以借助法律激励的理念化来对法理学的知识体系进行改造,从而重获理论指导力。

第三,我们说实证主义方法使法学成为一门科学,但是在法学作为科学的旗帜下,实证主义的研究方法遮蔽了一些亟待理论探索的命题,法律激励命题即是其中之一。这并不是说法律激励问题无法用实证方法加以分析,而是说过分强调实证分析的方法使法律激励被限制在技术层面,因过多地纠缠于细节,而难以升华至理念层面。并且,由于作为技术手段的法律激励问题涉及很多的社会文化与个体心理现象,很难适用于实证的分析方法,所以那些涉及人们对法律的理想、观念和态度问题,即真正属于法律激励技术的核心问题反而被实证主义者所避而不察。因此,尽管看上去现有的所有与法律激励问题相关的研究成果,都往往运用实证分析方法,或者总是要打着实证研究的旗号,但是真正运用实证分析方法而得出的理论观点却寥寥无几,这不仅在于实证主义方法本身就往往是“费大力做小事”研究形式,更在于法律激励命题中包含的诸多思想是无法通过单一的实证调查加以研究的。所以,过于强调或过多运用实证研究方法也是使法律激励研究停滞在规范制定的初级技术领域而难以“理念化”的重要因素。

(二)理念化转向的外部制约

就外部局限的具体因素来说,也主要包括三方面牵制力:一是现有的一些解释法律激励的理论资源说服力不足,外部的一些理论学说为法律激励的理论化提出了一些难以克服的命题;二是法律激励理论发展过程中所借鉴的理论资源过于集中与单一,并且对这些

---

〔26〕 参见《马克思恩格斯全集》(第1卷),中共中央马克思恩格斯列宁斯大林著作编译局译,人民出版社1956年版,第622~623页。

〔27〕 参见张维迎:《信息、信任与法律》,生活·读书·新知三联书店2003年版,第194~205页。

理论资源的借鉴使法律激励的研究更加趋于技术化；三是当代中国法治发展过程中对法制建设所提出的具体要求使法律激励的研究更多集中在具体领域或具体对象的微观问题上，而无暇形成关于整个法律和法治理论的宏观法律激励理论。

具体来说，第一，现有关于法律激励的理论研究尽管正在尝试提出一套完整的理论阐述，但仍然没有在理论争鸣中确立起一个明确的理论纲领，对外部理论挑战缺乏回应力。一方面，想要使学术界接受"激励"作为法律的核心理念，需要我们学习20世纪国内"权利学派"以"权利本位论"说服"义务本位观"的论理经验，以"激励法学"和"励治法治"来说服"惩罚法学"和"惩治法治"。但是一来国内法律激励研究者数量不多，呼声亦小，二来也非意识形态的剧烈转型期，想要激发学界共识实属不易。另一方面，将"激励性"作为对法律治理的核心属性来理解时，难免涉及一些问题。比如，谁来激励谁？激励的方向和目标如何产生和设定？激励的效果由谁评估？法律上如何处理激励失效的问题？等等。这些问题提出的背后总是伴随着对法律工具论的隐忧，也常常暗藏着来自对法律家长主义的批判和质疑，"过度全面的法律激励"甚至会被扣上法律专制主义的帽子。对于这样的质问，现有的研究成果还无力回答。[28] 也正是出于这样的信心不足和理论担忧，使法律激励的研究被堵在了从"技术"通往"理念"的道路上。

第二，就发展法律激励理论的外部知识资源而言，我们常常利用的资源来自于经济学理论，包括制度经济学、信息经济学和行为经济学。而这种来自于以"理性人"为基础的经济分析，使法律激励的研究过程更像是一场通过对"胡萝卜加大棒"的计算而对民众行为的算计，因而无法升格为理念被民众所接受。事实上，正如前文提及的实证主义方法对法律激励理念化的影响一样，经济学上关于法律激励的研究成果虽然丰富，并且从立法技术而言对法律激励规范的设定具有重要指导意义，但是如果仅仅借助经济学资源则难以推进法律激励的理念化。然而，除了经济学的资源可供借鉴之外，心理学和行为科学的理论也可以作为法律激励研究的重要资源。尤其是对于当代中国法治实践而言，华人本土心理学的研究成果能够在法律激励的研究中发挥更大的理论助力。因为本土心理学的研究不仅仅强调心理活动的机制与规律，更加注重的是社会文化与个体心理的互动，这使法律激励研究本身不仅能够更贴近生活现实，也能够使其研究成果建立在对人本身的了解和理解基础上，从而也符合法律激励理念化的初衷，更有利于推进励治法治观念在民众中的传播与接受。

第三，当下中国社会建设的具体任务使法律激励的研究方向往往聚焦在具体的实践操作层面。例如，党的十八大以来，提出了经济建设、政治建设、文化建设、社会建设与生态文明建设的任务目标，加上科学立法的不断强调，在各个方面的制度建设之中都涉及法律激励机制的设计问题，这使得尽管在相关制度建设的过程中，法律激励问题受到了广泛关注和研究，但是总是局限在对具体问题的对策分析之上。从而使研究者和准备涉足的研究力量产生了两个错觉倾向：一是认为法律激励命题的研究之所以重要，就在于其能够

---

[28] 对于法律激励与政策引导所产生的专制担忧，也是当前西方社会面对的重要难题，争议不断。参见 Richard H. Thaler, Cass R. Sunstein. *Nudge*, Oversea Publishing House, 2009, pp. 160 – 169; Cass R. Sunstein, *Why Nudge*, Yale University Press, 2014, pp. 35 – 45。

解决具体的实践问题,因此对实践中具体制度规范的激励机制设计研究也就是法律激励理论研究工作的全部;二是认为尽管不能将法律激励机制研究作为法律激励命题的全部,但是这种机制设计的研究工作是法律激励研究的核心,零散的技术化研究成果经过汇总之后即可形成法律激励理论,法律激励的"理念化"是法律激励理论体系化的结果。前者的错误之处在于放弃了理论自觉,后者的错误在于没有认识到法律激励的"理念化"本身也是法学理论和法治理论革新的一部分,具有重构法学研究范式的意义,因此本身并不能通过在旧有范式下研究成果的积少成多而自然取得。

综上所述,正是这些研究中的内外部因素使法律激励的研究被置于技术化的层面,停留在法治的微观层面,无法形成对法治建设和法治理论所应发挥的贡献力。然而,不能就此悲观地认为法律激励问题只能因此停留在技术研究层面,我们也还要看到,在当下法治中国建设的语境中,仍然存在一些条件,为法律激励从技术向理念的转变提供了思想和实践支持。

四、从立法技术到治理理念的现实条件

既然在前文的分析中,我们已经可以发现,使法律激励命题的研究被局限在技术层面的主要症结在于:将法律激励等同于法律奖励,并与法律惩罚的功能相对立。那么,要破除法律激励研究的技术化瓶颈,也就是要克服我们旧有的对法律功能的认识,尤其是克服将法律看作为行为惩治方式的惩治法治观认识。尽管前文提及多方面因素,为人们在惩治法治观与励治法治观[29]二者之间的选择设置了语境依赖上的困难,但是由于法治实践的开放性,使原有的法学话语体系和方法论体系得到更新,由此也在研究语境上为法律激励技术向法律激励理念过渡提供了开放的空间。

第一,就经济建设领域而言,在国家与市场间关系方面,无论从西方还是我国的经济发展经验与趋势来看,惩治不能带来经济繁荣,励治才是经济发展的关键。在经济学家看来,"法律的首要目的是通过提供一种激励机制,诱导当事人事前采取从社会角度看最优的行动",[30]国家挥动这只"看得见的手"乃是为了指引市场这只"看不见的手",而不是以打击或替代为目的。市场秩序本身的逻辑就是一套激励体系,引导生产资源向更多需要的方向流动。"市场经济是法治经济"不仅意味着法治是市场活动的规范基础,要依靠法治思维和法律手段解决市场经济发展中的问题,而且反过来而言,也意味着作为治理方式的法治也必然要适应治理对象的特点,体现市场的激励性要素。仅仅依靠国家强制力建立的经济秩序不是市场经济,自然也不是法治经济。所以,从法律对经济发展的促进作用而言,法律的核心功能在于激励,法律上的惩罚性措施也都是服务于激励的,是激励机制的一部分。

第二,就当下中国的社会治理理念而言,我们逐渐认识到,在国家与社会的关系问题

[29] 需要特别说明的是,励治法治观中的"励治"是"激励之治"之意,其中激励的内涵包括了奖励与惩罚两个层面,因此并不与"惩罚"完全对立,但是却与仅仅将法律作为惩罚手段的"惩治法治观"构成了思想上的竞争关系。

[30] 张维迎:《信息、信任与法律》,生活·读书·新知三联书店2003年版,第66页。

上，国家并不凌驾于社会，法治社会不是国家借用法律对社会的管控与约束，而是社会依据法律进行的自我治理，尤其是对中国特色社会主义法治建设的人民性而言，法治不是他治而是自治。从激励理论上来说，他治中所包含的成分更多的是强制，往往停留在机械激励和定向激励的层面，自治则包含着自我激励的要素。从他治转向自治的社会治理理念的变化，也就意味着从机械激励转向自我激励的更高境界。在笔者看来，“自我激励是法律激励的根本动力，并作为法律激励的最终理想”。[31] 因此，从他治向自治的理念转型也就必然意味着对法律激励的理念认可。

第三，从当下中国制度建设的重心来看，“控制权力、保障权利、权力服务于权利”的法治观逐渐在民众内心所确立，“将权力关进制度的笼子里”更加体现出法治建设的方向在于从“重在治民”转向“重在治官”。因此，即使仍然坚持法律的主要方面在于惩罚，那么我们也会发现随着重心的转移，法律惩罚的范围和空间也在逐渐缩小。并且，在最为体现法律惩罚性特征的刑法规范中，我们也不断强调谦抑与克制，提倡社区矫正的弱强制性刑罚执行程序和方式，[32] 在依法行政中讲求行政自制[33] 等，这也恰恰说明了惩罚性作为法律的核心属性地位的有所削弱。法律的惩罚性范围的缩减及强度的弱化暗示出惩治法治观的日渐衰弱。

第四，从法治中国建设的趋向来看，法治建设不仅仅关注于社会行为的治理，更加注重对社会心理的治理，从“行为治理”转向“民心治理”。比如，中共十八届三中全会决定中，提出“深化司法体制改革，加快建设公正高效权威的社会主义司法制度，维护人民权益，让人民群众在每一个司法案件中都感受到公平正义”，将人民群众对法治的“感受”摆在了突出的地位，这意味着法治建设的现实需要使我们不得不打破原有的观点，重新反思并丰富对“除了我的行为以外，我是根本不存在的，我根本不是法律的对象”[34] 这一经典提法的理解：对于不关注“心理感受”的行为规范而言，惩治足以胜任；对于关注“心理感受”的制度建设而言，必须依仗励治。

第五，从法治中国建设的实践情形来看，软法治理实践为励治法治观提供了实践基础和经验来源。软法是指“那些效力结构未必完整，无需依靠国家强制保障实施，但能够产生社会实效的法律规范”。[35] 软法治理即是强调在国家强制力不足或缺失的情况下，不具法律约束力的规则仍然能够发挥良性治理的功能。可以说，软法之治的形态有很多，在国际治理层面普遍存在，在国内治理层面包括，如国家立法中的指导性、号召性、激励性、宣示性等非强制性规范；国家机关制定的规范性文件中的不能运用国家强制力保证实施的非强制性规范；政治组织创制的各种自律规范；社会共同体创制的各类自治规范等。[36]

---

〔31〕 丰霏：《法律激励的理想形态》，载《法制与社会发展》2011 年第 1 期。

〔32〕 参见朱立恒：《刑事执行程序与“宽严相济”的向背及调整》，载《当代法学》2011 年第 2 期。

〔33〕 参见崔卓兰：《行政自制理论的再探讨》，载《当代法学》2014 年第 1 期。

〔34〕 《马克思恩格斯全集》（第 1 卷），中共中央马克思恩格斯列宁斯大林著作编译局译，人民出版社 1995 年版，第 121 页。

〔35〕 何志鹏、尚杰：《中国软法研究：成就与问题》，载《河北法学》2014 年第 12 期。

〔36〕 参见罗豪才、宋功德：《软法亦法：公共治理呼唤软法之治》，法律出版社 2009 年版，第 2 ~ 4 页。

多元的软法渊源不仅暗示出当代中国的“多元主义法律规则”,[37]也同样体现出有别于惩治法治观的励治理论实践可能。

第六,从中国特色社会主义法治理论的发展创新来看,以励治法治观代替惩治法治观的理论尝试将具有重要的实践意义。中共十八届四中全会提出,“必须从我国基本国情出发,同改革开放不断深化相适应,总结和运用党领导人民实行法治的成功经验,围绕社会主义法治建设重大理论和实践问题,推进法治理论创新,发展符合中国实际、具有中国特色、体现社会发展规律的社会主义法治理论,为依法治国提供理论指导和学理支撑”。而对励治法治观所承载的、包容了惩罚与奖励双重属性的“法律激励”命题的研究,不仅是“汲取中华法律文化精华,借鉴国外法治有益经验”的有益尝试,而且也能够真正贴近中国社会的法律实施实践,从而更好地服务于法治中国建设。

五、结语

综上所述,尽管在汉语“激励”的语词使用中,我们常常以其指代“奖赏鼓励”,将其与法律惩罚相对立,但是从法律激励的研究内容及其所承载的“改革”意义来看,仅仅将法律激励理解为勉励性法律规范而对其进行的技术化和对策性研究,并不足以发挥其所有的理论创新力。“法律激励”命题的研究需要包容奖励与惩罚的双面研究,并摆脱技术化的樊篱,实现治理理念化的提升,以励治法治观替换惩治法治观。所以,对于“法律激励”的研究的最终目的并不在于解决科学立法的技术手段,而在于更新我们对法治的基本理念。在笔者看来,既然说“法治化是国家治理现代化的必由之路”,[38]那么,在当代中国法治建设的语境中,强调励治法治观的“法律激励”命题也就激活了国家治理法治化对“良法善治”的真正主张。

---

〔37〕 参见强世功:《“法治中国”的道路选择——从法律帝国到多元主义法治共和国》,载《文化纵横》2014年第4期。

〔38〕 张文显:《法治与国家治理现代化》,载《中国法学》2014年第4期。

年会简况

第十届东亚法哲学大会暨中国法理学研究会2016年年会简况

朱明哲

2016年11月5日至6日，第十届东亚法哲学大会暨中国法理学研究会2016年年会在北京京仪大酒店隆重召开。本次会议的主题为"全球化背景下的国家治理与制度建构"，由中国法学会法理学研究会、国家"2011计划"司法文明协同创新中心、东亚法哲学会和中国政法大学共同举办。来自中国、中国香港、中国台湾、日本、韩国、奥地利、英国等国家和地区的200多位知名专家学者参加了本次会议。

本次会议的开幕式由中国法学会副会长、中国社科院法学研究所所长、学部委员李林主持。开幕式上，中央政法委副秘书长、中国法理学研究会会长徐显明，中国政法大学校长黄进，东亚法哲学会理事长、日本北海道大学名誉教授、浙江大学光华法学院特聘教授今井弘道，司法文明协同创新中心联席主席、中国政法大学教授张保生，中国法学会副会长、吉林大学资深教授张文显等先后致辞。徐显明教授首先代表中国法理学研究会对大家表示欢迎，并对主办方、承办方和外方支持者表示感谢。随后，他以G20国峰会上"创新、开放、包容"的中国方案为切入，指出法哲学家应该在价值选择上关注世界问题，中国法哲学家更应该有远大的目标意识。在道路选择上，中国应该是自下而上与自上而下相结合，使我们既有国际眼光，又有制度自信。黄进教授首先以11月5日的世界海啸日为起点，从时间角度指出今天可能给中国法学界带来重要意义。随后他追溯了中国政法大学悠久的历史，并以"三个华丽转身"作为其突出特色，指出在法大的发展进步中，法理学同样经历了学科团队不断增强、学术问题不断清晰、学术水平不断提高的过程，也形成了优秀的学术梯队。今井弘道教授回顾了东亚法哲学大会的历程以及东亚及日本法哲学的发展。张保生教授代表司法文明协同创新中心欢迎与会者的到来，希望本次大会为司法文明创新贡献智慧力量。最后发言的张文显教授代表中国法学会并以东亚法哲学大会初始发起人之一的名义向本次大会的召开表示祝贺。他将中国法理学研究置于世界法哲学背景下，充分肯定了本次会议主题的深刻、开放和现实性。接着以法律全球化背景下的中国国家治理问题进行了深入的分析，期待与国内外同行的进一步交流，并预祝大会圆满成功。

开幕式结束后，大会随即进入第一单元的主题报告阶段。本单元由中国社会科学院荣誉学部委员、著名法学家李步云教授主持，四位著名学者围绕大会主题"东亚法律文明、进步与法治"做了精彩的主题报告。中国政法大学终身教授李德顺发言的题目为"论法治与民主不可分——法治中国的几个基本理念之辩"，指出应回到思想的起点和观念的本质,重新认识民主与法治之间的内在联系。东亚法哲学会理事长、日本北海道大学名誉教授、浙江大学光华法学院特聘教授今井弘道发言的题目为“市场的法哲学与帕舒卡尼斯的《法一般理论与马克思主义》”,呼吁为应对东亚地区因发展不均衡而出现的紧张局势,应结合市场主义和平等主义,建立一种新的“公正市场的法哲学”。香港大学法学院教授陈弘毅发言的题目为“司法违宪审查:从历史、比较及理论中反思”,探讨了不同样式、结构和类型的司法违宪审查,尤其是因司法违宪审查和宪法解释的活跃运作而衍生的独特性问题。韩国仁和大学教授郑泰旭发言的题目为“法治主义的两种模式:自由模式对正义模式”,在比较了两种不同的法治模式之后,强调应重新考虑将自由模式的法治主义纳入正义模式的自由主义这一更大的框架之中。

本次会议共设12个不同的主题研讨单元,除上述第一单元的主题报告外,在为期两天的会议中,与会学者分别围绕“东亚法治及其模式”“国家治理的地方与域外经验”“中国法律的历史转型”“中国传统与法律文化”“司法哲学与司法文明”“法律逻辑与法律方法”“人权理念及其制度安排”“自然法哲学及其挑战”“宗教、伦理与法治”“全球化与东亚法制的变迁”等进行深入讨论。在正式的大会主题研讨单元之外,本次会议还专门设置了5个不同研讨主题的特别工作坊,分别聚焦“变革中的当代东亚与法学”“德沃金的法哲学与法治”“追求东亚法治模式”“法律方法与法治”“基层治理视角中的法律监督”等议题并展开讨论。

11月5日下午,6个不同的主题单元同时展开研讨。由中国人民大学法学院教授朱景文与日本金泽大学教授足立英彦主持的第二单元围绕“东亚法治及其模式”主题展开讨论。维也纳大学亚洲研究系教授石安娜首先做了“法律之治/依法而治的一般故事”的报告;中国政法大学教授王夏昊关注“中国特色社会主义法治概念的重构”问题;来自东北财经大学法学院的王子正教授和王毅华博士向与会者报告了“新加坡法治模式及其启示”;第六篇论文是扬州大学法学院的张清教授和程冰洁同学提交的“东亚法治发展利益导向机制研究”;第七篇报告来自湖北警官学院的马忠泉副教授,主题为“论法治的双层结构”;最后一位报告人是重庆大学法学院副教授贾焕银,聚焦“中国法治问题的三重展开”。西南政法大学的张永和教授和华东政法大学的马长山教授分别对几位报告人的论文作了细致精当的评议。本单元主题宏大、论证严谨,对东亚法治模式进行了很好的探索,极具启发性。

以“国家治理的地方和域外经验”为主题的第三单元由上海师范大学光启学者刘作翔教授和日本札幌学院大学名誉教授铃木敬夫共同主持。第一篇报告来自北京大学法学院张骐教授的“自由、价值理性法治及其司法实现”;随后,南京师范大学法学院教授龚廷泰和常州市政法委法治处处长常文华共同做了题为“政社互动:中国社会治理的新模式”报告;第三篇报告来自西南政法大学的周祖成教授和池通博士,关注“国家法治建设的县域经验”;有关“藏区等全国基层社会治理与乡村法治建设的理性思考”来自江苏师范大学法学院的南杰·隆英强教授;湖南大学法学院的赵旭教授及陈宜和唐沐艺两位博士共同做了“充分认识互联网对国家治理的优化作用”的报告;第八篇报告关注“西南民族地区宗教事务治理法治化”,报告人是广西师范大学法学院教授周世中和广西师范大学漓江学院讲师钟林林;同样基于田野调查的另一篇报告来自贵州民族大学周相卿的“黔东南雷公山地区苗族习惯法处罚规范研究”；最后一篇报告是对“国家治理体系中的区域法治发展类型学分析”。清华大学法学院教授高其才和中国政法大学法学院教授王夏昊对上述报告作了评议，现场讨论气氛热烈。

下午一点半，由复旦大学法学院教授孙笑侠和台湾政治大学法学院教授江玉林主持的“中国法律的历史转型”第四单元讨论开始。首先，清华大学法学院教授高其才做了“习惯法的当代传承与弘扬”的报告；北京理工大学副教授刘毅关注的主题是“家国传统与治理转型”；第三位发言人是南京大学法学院教授周安平，报告题目是“法治化进程的艰难与曲折：83‘严打’运动再认识”；第四篇报告是来自河北大学政法学院副教授陆洲的“论我国立法过程中的商谈规则”；湘潭大学法学院的张义清教授的发言主题为“配套立法：授权条款支配下的‘次级’立法”；浙江大学光华法学院博士后韩业斌的发言聚焦“法治一体化建设与法治悖论的消解”；西南财经大学法学院龙庆兰副教授则以比较法的视角做了题为“公司还是宗祠：比较法背后的故事”的报告；安徽大学法学院讲师伍德志以“中国司法信任危机中的文化‘宿命’与不信任的制度化”为主题做了报告；最后，重庆大学法学院教授陈忠林和西南政法大学教授周祖成对几位报告人的报告做了精彩评议。

山东大学法学院教授齐延平和武汉大学法学院教授汪习根主持了“中国传统与中国文化”的第五单元主题研讨。第一位报告人为中国政法大学教授张中秋，报告主题是“从礼法到政法——传统与现代中国法的结构与哲学及改造提升”；中山大学教授黄建武关注的是“忠恕之道与现代法律制度——儒家传统的现代意义探微”；吉林大学法学院教授李拥军和博士生雷蕾的报告题目是“‘报’文化视角下的贿赂型犯罪的认定”；江西财经大学法学院副教授谢红星报告的主题是“法家‘刻薄寡恩’笃论——从‘刻薄寡恩’看法家的治理理论”；第五个报告人是西北政法大学副教授董青梅做了题为“中医哲学对现代法律的可能启示”的报告；来自济南大学的讲师钱继磊发言以“试论易经与先秦法家思想的渊源关系”为主题；第七位报告人是来自南开大学法学院讲师贾卓威，报告主题是“论表达自由权在西方的源头及其历史经验——兼议东亚国家表达自由权保护的可能源流”；第八位报告人林永亮来自中共中央对外联络部当代世界研究中心，关注的主题是“东亚主权观念：生成方式·秩序意涵·重构路径”；来自上海社科院的孙岩博士的发言以“从习惯重述到法律规范——民国同业公会法历史变迁”为主题；本单元最后一篇报告由河北政法学院刘国利副教授和唐山市人民检察院李鹏飞共同完成，题目为“东西比较视野下的法律与人情”。上海师范大学教授蒋传光和西北大学法学院教授柯岚对上述报告进行细致精当的评议。

中国政法大学教授郑永流和中山大学教授黄建武主持了以“司法哲学与司法文明”为主题的第六单元主题研讨。华中科技大学公共管理学院教授齐海滨和李钊博士做了题为“公共治理的时间经验——一个试探性的导论”的报告；第二位报告人是厦门大学法学院教授郭春镇，报告题目为“当法律责任理论遭遇认知神经科学”；浙江工业大学教授石东坡的报告以“论法治话语的本体性质与空间条件”为主题；山东大学副教授郑智航做了题为“权威体制与地方法治实验”的报告；青岛科技大学教授赵玉增关注的论题为“中国大陆法官‘找法’的路径分析”；北京航空航天大学副教授泮伟江以“司法裁判：经验与混淆”为主题做了发言；中南财经政法大学资琳副教授聚焦“契约法的正义原则初探”；本单元最后一篇报告来自湖南科技大学胡正常教授和宋智敏副教授,报告主题是"完善我国农村纠纷多元化解决机制的思考"。武汉大学法学院教授徐亚文和重庆大学法学院教授陈忠林针对上述主题发言分别进行了评议。

以"法律逻辑与法学方法"为主题的第七单元讨论紧随其后,该单元的主持人为中国人民大学教授张志明和苏州大学教授胡玉鸿。世新大学教授张嘉尹做了题为"解释与建构的区分:新原意主义作为宪法解释理论的强项与弱点"的报告;中国人民大学博士后冯威做了题目为"中国的法学方法问题:回顾与展望"的主题发言;第三篇报告以"分析法学传统中的权力与授权规范"为主题,报告人为天津商业大学法学院副教授马驰;对"假冒伪劣"的关注引发了两个关联报告,来自中南财经政法大学的张继成教授以"哲学视域下的假冒伪劣"为报告主题,中南财经政法大学的李光恩博士亦做了以"假冒伪劣何以违法、如何规则"的主题发言;重庆大学法学院陈忠林教授的报告聚焦"如何让法学成为科学——法学方法的变革与法学理论的重构";黑龙江大学讲师王艳慧以"关系契约理论的法解释学意义"为主题进行发言;长春理工大学法学院唐萌副教授和何佳璐同学的发言讨论了"法律推理在中国法治化进程中的运用"问题。主题报告结束后,中国政法大学教授陈景辉一一对上述报告进行了评议,指出规范化的讨论应当明确问题的层次,指出问题的困难究竟何在,并对陈忠林教授否认法理学的主张提出了商榷。西北政法大学教授严存生则从哲学反思的角度对发言者的概念基础进行了评议,十分具有启发性。

11月6日上午,大会的主题单元讨论继续进行。第八单元以"人权理念及其制度安排"为议题,由中国政法大学教授刘星、吉林大学教授杜宴林主持。苏州大学王健法学院教授胡玉鸿做了题为"法律主体论纲"的报告;吉林大学教授许玉镇的报告主题是"基层社会治理法治化的中国经验与反思:以长春市南关区公众评价区级政府绩效制度为例";本单元第三位发言人是上海交通大学凯原法学院博士生刘显刚,报告主题聚焦"依法治国的胎动时刻";中国青年政治学院的讲师张国旺以"人民的自我治理——卢梭论政府形式、法权结构与生活图景"为主题;来自河南大学的贾永健副教授发言主题是"探索东亚法治秩序的正义特质——从儒家的'义务对等'型法正义切入";"法治中国进程中的宪法爱国主义"的报告则由扬州大学法学院教授张清和扬州市委的张晓晶共同完成;从康德视角看待法治是由华东师范大学晨晖学者吴彦所做,其题目是"康德论法治状态——兼及 Sharon Byrd 和 Joachim Hruschka 的解读之检讨";广东财经大学教授房文翠报告的题目是"论法律原则的适用方式——以阿列克西原则理论为框架的'孝子弑母案'为例"。厦门大学教授宋方青和浙江大学光华法学院教授焦宝乾围绕上述主题报告做了精彩的评议。

第九单元的研讨以"自然法哲学及其挑战"为主题,由东亚法哲学会秘书长铃木贤和河海大学法学院院长杨春福主持。第一位发言人是日本金泽大学教授足立英彦,题目为"有关非实证主义的法律概念";来自中国社会科学院国际法研究所的田夫以"菲尼斯自然法理论中的中心情形与附带情形"为主题进行报告;第三个主题报告为"儒家思想对世界人权理论的世俗化",报告人是中国人民公安大学法学院讲师化国宇;来自华南理工大学的陈征楠副教授关注"法的道德正当性的逻辑模型";本单元第五篇报告是关于"试论中国法制近代化与现代转型",报告人刘艺工教授来自大连理工大学人文学部法律系;西南政法大学杨天江教授的报告以“何谓法？何种自然？——评托马斯·阿奎那的《论法律》”为主题；来自常州大学的夏纪森教授以“一个重要的观念：自生自发秩序”为题做了发言。中国政法大学教授曹义孙和北京师范大学教授梁迎修对上述主题报告进行了针对性评议。

第十个主题单元聚焦“宗教、伦理与法治”，由清华大学教授许章润和华东政法大学教授马长山共同主持。第一篇报告主题是“东亚宗教、伦理与法治的文化际会：艺术展览场景下的现代性思考”，报告人是上海开放大学教授芦琦；河北经贸大学讲师王岩云的发言以“法律职业精神建设论纲”为主题；中国政法大学外国语学院教授张清、副教授郝瑞丽和副教授刘艳则共同做了题为“从刑事判决书看中西法律文化”的报告；南京农业大学两位副教授张敏、严火其的报告主题是“美反虐待动物思想的早期实践——《自由之体》法典反虐待动物条款研究”；本单元第五位发言人是山东大学讲师张帆，报告主题是“法律父爱主义的两个谬误”；苏州大副教授张薇薇研究法律诗学，发言聚焦于“略论诗歌精神和法律精神的呼应与对话”；西南政法大学讲师朱林方报告的题目为“论中国法上的‘家’及其创造性转化——以民事法为中心”。中国政法大学教授柯华庆、山东政法学院教授孙培福对上述主题报告进行了针对性评议。

第十一单元的讨论主题是“全球化与东亚法制的变迁”。本单元的研讨由西南政法大学校长付子堂教授和南京师范大学法学院龚廷泰教授主持。第一位报告人是中国人民大学朱景文教授，报告主题是“法治的普适性和特殊性——中国的理论与经验”；第二位发言人是台湾政治大学法学院许耀明副教授，发言主题“法律全球化之系统性反思：治理主体与治理关系之重构”；第三位报告人江玉林教授同样来自台湾政治大学法学院，其报告聚焦“赖和文学与殖民法律批判”；第四位报告人是来自于中南财经政法大学研究生院副院长张德淼教授，题目是“世界正义工程法治指数的反思与中国启示”；第五位报告人是来自中国政法大学法学院的蒋立山教授，报告主题是“两次跨越：法治中国的路线图问题研究”；第六位报告人是国际基督教大学社会科学研究所助理研究员渡贯谅，他的报告关注于一个微观的问题：“无人机的内在合法性：从宪法角度审视无人驾驶交通工具的法律地位”；第七位报告人是英国谢菲尔德法学亚洲研究博士候选人铃木美男，题目是“反对全球化浪潮的制度宪法”；第八位报告人是昆明理工大学副教授李丽辉，报告主题是“日本法律近代化的精神动因”；第九位报告人是清华大学法学院副教授陈新宇，报告主题是“晚晴修律的外国人视角——冈田朝太郎与赫善心的比较研究”。中国政法大学法律史研究院副院长张中秋教授和中国人民大学法学院的冯玉军教授对上述主题报告进行了精到的评议。

本次会议的第十二单元，也是大会的总结与闭幕式于2016年11月6日10:30～12:30在京怡大酒店多功能厅举行。本单元由上海交通大学凯原法学院沈国明教授和世新大学法学院院长张嘉尹教授主持。第一位总结报告人是浙江大学光华法学院葛洪义教授，他首先对于这次大会的多层次讨论安排(大会主题报告、分单元讨论、特别工作坊)表示赞赏，特别是工作坊形式的引进，与世界学术会议接轨，对年轻学者有很大的吸引力；随后，他对李德顺、今井弘道、陈弘毅、郑泰旭四位教授的主题报告进行了具体中肯的点评，并分享了他本人对东亚法治问题的研究体会和思考。第二位总结报告人是东亚法哲学协会秘书长、日本明治大学教授、日本北海道大学名誉教授铃木贤。铃木教授使用娴熟的汉语进行发言,他指出这次会议的讨论非常紧凑、细致,要进行全面的总结是较为困难的,因此他更乐意提出通过这次会议可能引出的一个东亚法哲学讨论中的重要问题,即法治、宪政等理念在东亚的普遍化问题,并对这一问题谈了自己的看法。第三位总结报告人是韩国仁和大学法学院教授郑泰旭。他首先对本次大会涉及的有关中国、韩国、日本、中国台湾、中国香港等国家和地区的诸多多样化的议题进行了总结,这些问题包含了有关法治的一般理论与具体问题、国家治理问题、法律文化问题、思想史问题、少数民族习惯法问题等,并对本次大会第一单元的主题报告进行了具体细致的点评。第四位总结报告人是台湾政治大学法学院的江玉林教授,他首先对这次会议会务组的辛勤工作表示感谢,他指出,这次东亚法哲学会议与中国法理学年会结合在一起,因此议题非常广泛,讨论十分丰富,但基本是在法律全球化这个背景下进行的。其次,江教授就法治在东亚的普遍化问题提出了自己的看法。他指出,法律的统治是与批判的问题、抵抗的问题联系在一起的,法治是与良心问题、自由精神紧密联系在一起的。他从台湾社会所接受的近50年的日本殖民统治以及国民党40多年的白色恐怖统治这一背景出发,对这一论点进行了简要的阐述。最后,世新大学法学院张嘉尹教授对上述四位教授的发言进行了总结。在他看来,法理学是对法律一般问题的研究。在一般法理念方面,本次大会的议题涵盖了自然法、自然伦理、人权等问题,在司法方法层面,涉及法学方法、法律逻辑、司法哲学、司法文明等问题,在制度层面也涉及了国家治理、违宪审查制度等具体问题。这些问题的讨论,对于在法律全球化背景下深入理解东亚法文明大有裨益。随后,"孙国华法学理论优秀青年学术成果奖"颁奖典礼在隆重而热烈的气氛中举行。

最后进行的是本次会议的闭幕式。闭幕式由中国人民大学教授朱景文主持。第一位致辞人是中国政法大学副校长时建中教授,他首先代表中国政法大学黄进校长对于这次会议的筹办团队以及诸多嘉宾的与会表达感谢,之后他从一位部门法学者的角度,对于法学理论研究与部门法研究之间"道"与"术"的关系进行了精辟的点评,并对法律全球化与网络化时代的新兴法律问题进行了简要论述。第二位致辞人是东亚法哲学协会理事长、日本北海道法学名誉教授今井弘道,他对本次会议的成功举办表示祝贺,对会议的承办团队的辛勤工作表示感谢。今井教授指出,在法律全球化的今天,法治事业和法学研究面临许多严峻的挑战,我们必须众志成城,共同为东亚的法治事业不懈努力。第三位致辞人是第十一届东亚法哲学大会的承办方代表、香港大学法学院教授陈弘毅。他指出,东亚包括中国内地、日本、韩国、中国台湾地区、港澳地区等,对于法治的建设,我们选择了不同的道路。中国内地选择了中国特色社会主义法治,日本、韩国是资本主义法治,港澳地区目前实行一国两制,但我们面临着同样的法律全球化的挑战及一些共同的问题,这些问题涵盖了方方面面,在这次会议的议题中就得到了体现。陈教授指出,逆水行舟、不进则退,我们东亚法学同仁要在民主、法治的一些基本理念共识的基础上,为法治建设继续努力。最后,他对于香港大学能够再次承办东亚法哲学大会表示荣幸。第四位致辞人是中国法学会副会长、中国社会科学院法学研究所所长、学部委员李林教授,他代表中国法理学会对这次会议的举办、承办方东亚法哲学协会、中国政法大学、2011 司法协同创新中心,对以舒国滢教授为执行主席的会议筹办委员会及会议工作人员的经济、高效的工作,对下一届中国法理学年会的承办者厦门大学法学院，下一届东亚法哲学大会的承办者香港大学，逐一进行感谢。随后，李会长对这次会议成功举办的经验要素进行了总结，并与国家治理的一些共同要素进行了类比，并就中国法治建设的理论问题简要谈了自己的看法。他指出，在追求法治建设的总体目标上，我们是基本一致的，虽然在一些具体问题、实现路径上有所不同，但我们坚持求同存异，共同努力，一定可以共同开创出东亚法治建设更好的局面。随后，下一届中国法理学年会的承办者厦门大学法学院院长宋方青教授对厦门大学以及厦门大学法学院进行了简要的介绍，期待诸多专家明年到厦门大学参会。最后，朱景文教授宣布第十届东亚法哲学大会暨中国法理学研究会2016年年会胜利闭幕。

图书在版编目(CIP)数据

中国法理. 第3辑 / 李林, 齐延平主编. -- 北京 :
法律出版社, 2017
ISBN 978 -7 -5197 -1651 -6

Ⅰ. ①中… Ⅱ. ①李… ②齐… Ⅲ. ①法理学-中国
-文集 Ⅳ. ①D920.0 -53

中国版本图书馆CIP数据核字(2017)第287090号

中国法理(第3辑)
ZHONGGUO FALI(DI 3 JI)

中国法理学研究会主办
李 林 齐延平 主编

责任编辑 韩满春
装帧设计 马 帅

出版 法律出版社
总发行 中国法律图书有限公司
经销 新华书店
印刷 北京京华虎彩印刷有限公司
责任校对 杨锦华
责任印制 陶 松

编辑统筹 学术·对外出版分社
开本 787毫米×1092毫米 1/16
印张 17
字数 310千
版本 2017年11月第1版
印次 2017年11月第1次印刷

法律出版社/北京市丰台区莲花池西里7号(100073)
网址/www.lawpress.com.cn
投稿邮箱/info@lawpress.com.cn
举报维权邮箱/jbwq@lawpress.com.cn
销售热线/010 -63939792
咨询电话/010 -63939796

中国法律图书有限公司/北京市丰台区莲花池西里7号(100073)
全国各地中法图分、子公司销售电话:
统一销售客服/400 -660 -6393
第一法律书店/010 -63939781/9782
西安分公司/029 -85330678
重庆分公司/023 -67453036
上海分公司/021 -62071639/1636
深圳分公司/0755 -83072995

书号:ISBN 978 -7 -5197 -1651 -6
定价:58.00元